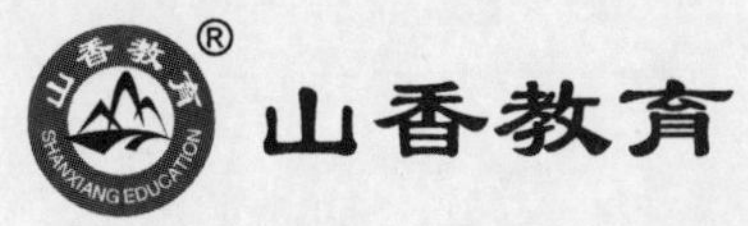

国家教师资格考试

高分过关题库

保教知识与能力·幼儿园

|试题|

关注公众号，点击“笔试练习”领取历年真题及预测卷20套！

山香教师资格考试命题研究中心　主编

图书在版编目(CIP)数据

保教知识与能力: 幼儿园 / 山香教师资格考试命题研究中心主编. -- 北京: 首都师范大学出版社, 2023.7
国家教师资格考试高分过关题库
ISBN 978-7-5656-7604-8

Ⅰ. ①保… Ⅱ. ①山… Ⅲ. ①学前教育 - 幼教人员 - 资格考试 - 习题集 Ⅳ. ①G61-44

中国国家版本馆 CIP 数据核字(2023)第 106157 号

国家教师资格考试高分过关题库
BAOJIAO ZHISHI YU NENGLI YOU'ERYUAN
保教知识与能力 · 幼儿园
山香教师资格考试命题研究中心　主编

策划编辑　张文强
责任编辑　李军政　曹亮亮　　封面设计　山香教育
首都师范大学出版社出版发行
地　　址　北京市海淀区西三环北路 105 号
邮　　编　100048
电　　话　010 - 68418523(总编室)　010 - 68982468(发行部)
网　　址　http://cnupn.cnu.edu.cn
印　　刷　河南黎阳印务有限公司
经　　销　全国新华书店
版　　次　2023 年 7 月第 1 版
印　　次　2023 年 7 月第 1 次印刷
开　　本　787mm × 1092mm　1/16
印　　张　30
字　　数　590 千
定　　价　58.00 元

前 言

一、考情说明

中小学教师资格考试是由国家建立考试标准，省级教育行政部门组织的全国统一考试，包括笔试和面试两部分。笔试主要考查申请人从事教师职业所应具备的思想政治素质、教育理念、职业道德、法律法规知识、科学文化素养、阅读理解、语言表达、逻辑推理和信息处理等基本能力；教育教学、学生指导和班级管理的基本知识；拟任教学科领域的基本知识，活动设计实施评价的知识和方法，运用所学知识分析和解决教育教学实际问题的能力。申请幼儿园教师资格的，笔试还应考查幼儿教育基本理论、原理，保教知识与能力。笔试一般在每年 3 月和 11 月各举行一次，笔试单科成绩有效期为 2 年。笔试科目均合格的考生，可参加教师资格考试面试。下表为各学段的笔试科目及面试相关情况。

<table>
<tr><th colspan="3" rowspan="2">类别</th><th colspan="3">笔试科目</th><th rowspan="2">面试</th></tr>
<tr><th>科目一</th><th>科目二</th><th>科目三</th></tr>
<tr><td colspan="3">幼儿园</td><td>综合素质</td><td>保教知识与能力</td><td rowspan="2">—</td><td rowspan="5">教育教学实践能力</td></tr>
<tr><td colspan="3">小学</td><td>综合素质</td><td>教育教学知识与能力</td></tr>
<tr><td rowspan="5">中学</td><td colspan="2">初级中学</td><td rowspan="5">综合素质</td><td rowspan="5">教育知识与能力</td><td rowspan="3">学科知识与教学能力</td></tr>
<tr><td colspan="2">高级中学</td></tr>
<tr><td rowspan="2">中职</td><td>文化课教师</td></tr>
<tr><td>专业课教师</td><td rowspan="2">（试点省自行组织）</td><td rowspan="2">（试点省自行组织）</td></tr>
<tr><td colspan="2">中职实习指导教师</td></tr>
<tr><td colspan="7">注 1. 初级中学的《学科知识与教学能力》科目分为：语文、数学、英语、物理、化学、生物、道德与法治、历史、地理、音乐、体育与健康、美术、信息技术、历史与社会、科学等 15 个学科。
注 2. 普通高级中学的《学科知识与教学能力》科目分为：语文、数学、英语、物理、化学、生物、思想政治、历史、地理、音乐、体育与健康、美术、信息技术、通用技术等 14 个学科。</td></tr>
</table>

二、图书特点

为了让考生有针对性地备考，使复习有方向有条理，作为国内研究开发教师资格考试辅导教材的专业机构，山香教育在深入分析历年教师资格考试真题的基础上，结合考试大纲，策划了本套题库，致力于帮助广大考生实现教师之梦。

本套题库具有以下特点：

第一，分章练习，全真模考。

本套题库分为试题本和答案本，每本分上、下两篇。上篇“过关快刷”按章划分知识，涵盖学前儿童发展、学前教育原理、生活指导、环境创设、游戏活动的指导、教育活动的组织与实施、教育评价七章，章内设置“刷考点”“刷真题”“刷专题”模块。下篇“全真模考”包括两套模拟试卷，仿照真题试卷结构、题型设置，模拟考场答题情境。

第二，题量丰富，解析详尽。

本套题库题量丰富，题型全面。答案本解析详尽，设有“方法技巧”“易错提示”“易混辨析”栏目，不仅能够帮助考生强化记忆、加深理解、提升能力，还能够帮助考生梳理易错易混知识点，突破难点，掌握做题方法技巧。

第三，精选真题，透视考点。

本套题库精心选择2015—2023年笔试真题，知识点覆盖面广，帮助考生了解教师资格考试命题趋势和特点，掌握考试内容。

第四，知识导图，巩固要点。

本套题库在试题本每章的“刷考点”模块，通过思维导图的形式串联本章知识，对重要知识点挖空，在答案本呈现挖空的知识点，有效地帮助考生查漏补缺，巩固要点。

第五，定位页码，答案速查。

本套题库在试题本每章“刷考点”“刷真题”以及“刷专题”部分放置对应的答案页码图标 链接答案本 P249，提示本模块或本专题所对应的答案本页码，方便考生查找答案和解析。在答案本的单项选择题下放置“答案速查”表格，汇总答案，方便考生快速核对。

第六，扫码看题，解疑答惑。

本套题库挑选部分试题放置二维码，考生可以扫描二维码观看试题精讲视频，视频内有资深讲师剖析试题，为考生答疑解惑。

本套题库难免存在一些不足之处，衷心希望各位读者朋友批评指正，同时希望这套题库能为考生顺利通过教师资格考试提供帮助。

编　者

目　录

上篇　过关快刷

下篇　全真模考

上篇　过关快刷

第一章 学前儿童发展

链接答案本 P249

- 学前儿童发展
  - 婴幼儿发展概述
    - 婴幼儿身心发展的年龄特征及发展趋势
      - 婴儿期的年龄特征(0～1 岁)★
      - 先学前期的年龄特征(1～3 岁)
        - 学会独立行走
        - 使用工具
        - 心理的发展
        - ①________的萌芽
      - 幼儿期的年龄特征(3～6 岁)
        - 幼儿初期(3～4 岁)
        - 幼儿中期(4～5 岁)
        - 幼儿晚期(5～6 岁)
      - 婴幼儿心理发展的基本趋势
        - 从简单到复杂
        - ②________
        - 从被动到主动
        - ③________
    - 儿童心理发展阶段的重要时期
      - 转折期和危机期
      - 关键期
      - 敏感期或最佳期
    - 影响学前儿童发展的因素:遗传素质、环境、学前教育、儿童的主观能动性★★
  - 儿童发展理论流派
    - 埃里克森的人格发展阶段理论★
      - (0～1 岁)基本的信任感对不信任感:培养信任感
      - (1～3 岁)④________:培养自主性
      - (3～6 岁)⑤________:培养主动性
      - (6～11 岁)勤奋感对自卑感:培养勤奋感
      - (12～18 岁)自我同一性对角色混乱:培养自我同一性

- 学前儿童发展
  - 儿童发展理论流派
    - 皮亚杰的认知发展阶段理论★★★
      - 感知运动阶段（0～2岁）：客体永久性
      - ⑥________（2～7岁）：⑦________、思维不可逆、⑧________、⑨________
      - 具体运算阶段（7～11岁）：去自我中心性、可逆性、守恒
      - 形式运算阶段（11岁～成人）
    - 维果斯基的最近发展区理论
      - 最近发展区
      - 教学应走在发展前面★★
    - 斯金纳的操作行为主义：正强化、负强化、惩罚
    - 班杜拉的社会学习理论★★
      - 观察学习
      - 强化的种类：直接强化、⑩______⑪______
    - 格塞尔的成熟势力说
  - 幼儿身体发育和动作发展
    - 幼儿身体发育的规律：连续性和阶段性；不均衡性；个别差异性
    - 幼儿身体发育的评价指标
      - 形态指标：⑫________、⑬________、头围、胸围、坐高
      - 生理功能指标
      - 心理指标
    - 幼儿身体各系统的发展特点
      - 幼儿运动系统发展的特点★
      - 幼儿循环系统发展的特点
      - 幼儿呼吸系统发展的特点
      - 幼儿神经系统发展的特点★
      - 幼儿消化系统发展的特点
    - 幼儿动作发展的规律和特点
      - 幼儿动作发展的特点★
        - 粗大动作的发展
        - 精细动作的发展
      - 幼儿动作发展的基本规律★★
        - 从整体到局部规律
        - ⑭________
        - ⑮________
        - ⑯________
        - ⑰________

- 学前儿童发展
  - 学前儿童认知的发展
    - 学前儿童注意的发展★★
      - 3～6岁幼儿注意发展的主要特征
        - 无意注意占优势
        - ⑱________
      - 注意的品质：注意的广度、⑲________、⑳________、注意的分配
      - 幼儿注意的分散与防止
    - 幼儿感知觉的发展
      - 幼儿感觉的发展：视觉、听觉、触觉★
      - 幼儿知觉的发展★
        - 空间知觉：形状知觉、大小知觉、方位知觉、距离知觉
        - 时间知觉
      - 感知觉规律在幼儿教育中的运用
    - 学前儿童记忆的发展
      - 学前儿童记忆的发展趋势
        - 记忆保持时间的延长
        - 记忆容量的增加
        - 记忆内容的变化
        - 记忆的意识性与记忆策略的形成
      - 幼儿记忆发展的特点★
        - ㉑______占优势，㉒______逐渐发展
        - 记忆的理解和组织程度逐渐提高
        - ㉓______占优势，㉔______逐渐发展
        - 幼儿记忆的意识性和记忆方法逐渐发展
    - 学前儿童想象的发展
      - 幼儿想象发展的特征★
        - ㉕______为主，㉖______开始发展
        - 再造想象为主，㉗______开始发展
        - 幼儿想象具有夸张性
      - 学前儿童想象的培养
    - 学前儿童思维的发展
      - 发展的趋势★
        - 思维方式的变化
        - 思维工具的变化
        - 思维活动的内化
        - 思维内容的变化
      - 发展的特点★
        - 幼儿初期的思维仍具有一定的㉘________
        - ㉙________是幼儿思维的主要特征
        - 幼儿晚期抽象逻辑思维开始萌芽

- 学前儿童发展
  - 学前儿童认知的发展
    - 学前儿童思维的发展
      - 基本过程的发展:分析与综合、比较、分类★
      - 学前儿童概念的发展
        - 概念的一般特点
        - 实物概念的发展
        - 数概念的发展:口头数数、给物说数、㉚________、掌握数概念★★
      - 学前儿童判断、推理的发展★
    - 学前儿童言语的发展
      - 趋势
        - 语音知觉发展在先,正确语音发展在后
        - ㉛________发生发展在先,语言表达发生发展在后
      - 言语的发生和阶段★
      - 主要特征★★
        - 幼儿口语的发展
        - 书面言语掌握的可能性
      - 在实践中提高学前儿童的言语能力
  - 学前儿童情绪情感的发展
    - 情绪的发展与特点
      - 学前儿童基本情绪的发展
      - 学前儿童社会情绪的发展
      - 幼儿情绪的特点:易冲动性、不稳定性、外露性、易感性★★
    - 学前儿童高级情感的发展:㉜________、理智感、美感★
    - 学前儿童情绪情感发展的一般趋势★
      - 情绪情感的社会化
      - 情绪情感的丰富和深刻化
      - 情绪情感的㉝________
    - 幼儿情绪的培养与调节策略★
  - 学前儿童个性的发展
    - 学前儿童自我意识的发展:自我概念、㉞________、自我体验、自我控制★★
    - 学前儿童气质的发展★★
      - 希波克拉底的气质分类:胆汁质、多血质、黏液质、抑郁质
      - 托马斯—切斯的三类型说
      - 学前儿童气质的培养措施
    - 学前儿童性格的年龄特点
    - 学前儿童能力的发展特点

- 学前儿童发展
  - 学前儿童社会性的发展
    - 学前儿童亲子关系的发展★★
      - 依恋：焦虑—回避型、安全型、焦虑—反抗型
      - 父母陪伴对幼儿健康成长的意义
    - 学前儿童同伴关系的发展
      - 影响幼儿同伴关系发展的因素：家庭、托幼机构、幼儿自身的特征
      - 帮助儿童建立良好同伴关系的策略
    - 学前儿童性别角色的发展★
      - 性别概念的获得阶段
      - 性别角色的发展阶段与特点
    - 幼儿社会性行为的发展
      - 幼儿的亲社会行为
        - 幼儿亲社会行为发展的阶段和特点
        - 移情对儿童亲社会性行为发展的影响
      - 幼儿的攻击性行为★★
        - 工具性攻击行为
        - 敌意性攻击行为
        - 幼儿攻击性行为的影响因素：父母的惩罚、㉟________、强化、挫折
      - 社会性行为培养
  - 幼儿的个体差异★
    - 幼儿个体差异类型
    - 个体差异形成的原因
    - 尊重幼儿个体差异的举措
  - 学前儿童发展常用的研究方法：观察法、谈话法、作品分析法、实验法、测验法★
  - 幼儿期的问题行为及其矫治
    - 幼儿的身体发展常见问题：发育迟缓、肥胖
    - 幼儿的心理发展常见问题：口吃、多动症、自闭症、分离焦虑★
    - 幼儿的其他问题行为：说谎、偷盗、吮吸手指

《保教知识与能力. 幼儿园》题型、题量、分值构成及每题作答时长参考

满分	考试时间	题型	题量	分值构成	每题作答时长参考
150 分	120 分钟	单项选择题	10 道	每小题 3 分，共 30 分	2 分钟
		简答题	2 道	每小题 15 分，共 30 分	10 分钟
		论述题	1 道	20 分	15 分钟
		材料分析题	2 道	每小题 20 分，共 40 分	20 分钟
		活动设计题	1 道	30 分	25 分钟

链接答案本 P249

一、单项选择题(每小题 3 分,共 57 小题。参考时限 115 分钟)

1.[2023 上半年]幼儿园教师通过记录幼儿在日常生活与活动中的表现来分析其心理特点,这种研究方法是(　　)

A. 观察法　　B. 谈话法　　C. 测验法　　D. 实验法

2.[2023 上半年]为保障幼儿身体健康发育,教师要求幼儿有正确的站姿和坐姿,这是因为幼儿(　　)

A. 骨骼弹性大,可塑性强,易变形　　B. 骨骼弹性大,可塑性小,易变形

C. 骨骼弹性小,可塑性小,易变形　　D. 骨骼弹性小,可塑性强,易变形

3.[2023 上半年]自闭症儿童的典型特点不包括(　　)

A. 言语发展迟缓　　B. 对人缺乏兴趣

C. 胆小怕生　　D. 重复性的刻板行为

4.[2023 上半年]十个月大的贝贝看见妈妈把玩具塞进了盒子,他会打开盒子把玩具找出来。这说明贝贝的认知具备了(　　)

A. 守恒性　　B. 间接性　　C. 可逆性　　D. 客体永久性

5.[2022 下半年]在幼儿记忆活动中占主要地位的是(　　)

A. 有意记忆　　B. 语词记忆　　C. 形象记忆　　D. 意义记忆

6.[2022 下半年]某一时期,儿童学习某种知识和形成某种能力比较容易,心理某个方面的发展最为迅速,儿童心理发展的这个时期被称为(　　)(易混)

A. 反抗期　　B. 敏感期　　C. 转折期　　D. 危机期

7.[2022 下半年]有些幼儿经常看电视上的暴力镜头,其攻击行为会明显增加,这是因为电视的暴力内容对幼儿攻击行为的习惯起到(　　)

A. 定势作用　　B. 惩罚作用　　C. 依赖作用　　D. 榜样作用

8.[2022 下半年]与婴儿最初的情绪反应相关联的是(　　)

A. 生理的需要　　B. 归属和爱的需要

C. 尊重的需要　　D. 自我实现的需要

9.[2022 上半年]关于幼儿言语的发展顺序,下列表述正确的是(　　)

A. 言语理解先于言语表达　　B. 言语表达先于言语理解

C. 言语理解与言语表达平行发展　　D. 言语理解与言语表达独立发展

10. [2022 上半年]幼儿对自己消极情绪的掩饰,说明其情绪的发展已经开始(　　)

A. 深刻化　　B. 丰富化　　C. 内隐化　　D. 精细化

11. [2022 上半年]导致"狼孩"心理发展滞后的主要因素是(　　)

A. 遗传有缺陷　　B. 生理成熟迟滞

C. 自然环境恶劣　　D. 社会环境缺乏

12. [2022 上半年]婴儿动作发展的正确顺序是(　　)(常考)

A. 翻身→坐→抬头→站→走　　B. 抬头→翻身→坐→站→走

C. 翻身→抬头→坐→站→走　　D. 抬头→坐→翻身→站→走

13. [2022 上半年]4 岁的瑞瑞不小心把小碗里的葡萄干撒在桌子上后,很惊奇地说:"哦,我的葡萄干变多了!"这说明他的思维处于(　　)

A. 感知运动阶段　　B. 前运算阶段

C. 具体运算阶段　　D. 形式运算阶段

14. [2021 下半年]提出"最近发展区"这一概念的心理学家是(　　)(常考)

A. 弗洛伊德　　B. 马斯洛　　C. 皮亚杰　　D. 维果斯基

15. [2021 下半年]幼儿期注意发展的特点是(　　)

A. 无意注意占优势,有意注意逐渐发展　　B. 有意注意占优势,无意注意逐渐发展

C. 无意注意逐渐发展,有意注意未出现　　D. 有意注意逐渐发展,无意注意未出现

16. [2021 下半年]幼儿时期占优势的记忆类型是(　　)

A. 意义记忆　　B. 形象记忆　　C. 语词逻辑记忆　　D. 动作记忆

17. [2021 下半年]下列选项中不符合幼儿自我评价特点的是(　　)

A. 依从性　　B. 表面性　　C. 主观情绪性　　D. 全面性

18. [2021 上半年]妈妈带三岁的岳岳在外度假。阿姨打来电话问:"你们在哪里玩?"岳岳说:"我们在这里玩。"这反映了岳岳的思维具有(　　)特征。(常考)

A. 具体性　　B. 不可逆性　　C. 自我中心性　　D. 刻板性

19. [2021 上半年]保护幼儿听觉器官的正确做法是(　　)

A. 引导幼儿遇到噪音时捂耳、张嘴　　B. 经常帮助幼儿掏耳、去耳屎

C. 要求幼儿捏住鼻翼两侧擤鼻涕　　D. 经常让幼儿用耳机听音乐、故事

20. [2021 上半年]小明搭房子时缺一块长条积木,他发现苗苗手里有一块,就直接过去抢。小明的这种行为属于(　　)(易混)

A. 工具性攻击　　B. 言语性攻击

C. 生理性攻击　　D. 敌意性攻击

21. [2021上半年]毛毛第一次看到骆驼时惊呼道:“快看,大马背上长东西了。”根据皮亚杰的理论,毛毛的反应可以用( )解释。

A. 平衡 B. 同化 C. 顺应 D. 守恒

22. [2021上半年]儿童认为规则是由有权威的人决定的,不可以经过集体协商改变。这说明儿童的道德认知处于( )

A. 习俗阶段 B. 他律道德阶段

C. 前道德阶段 D. 自律道德阶段

23. [2020下半年]大班幼儿认知发展的主要特点是( )(常考)

A. 直觉行动性 B. 具体形象性

C. 抽象逻辑性 D. 抽象概括性

24. [2020下半年]“我跑得快”“我是个能干的孩子”“我会讲故事”“我是个男孩”,这样的语言描述主要反映了幼儿( )方面的发展。

A. 自我概念 B. 形象思维 C. 性别认同 D. 道德判断

25. [2020下半年]田田因为想妈妈哭了起来,冰冰见状也哭了。过了一会儿,冰冰边擦眼泪边对田田说:“不哭不哭,妈妈会来接我们的。”冰冰的表现属于( )行为。

A. 依恋 B. 移情 C. 自律 D. 他律

26. [2020下半年]有些婴幼儿既寻求与母亲接触,又拒绝母亲的爱抚,其依恋类型属于( )

A. 焦虑—回避型 B. 安全型

C. 焦虑—反抗型 D. 紊乱型

27. [2020下半年]萌萌怕猫,当她看到青青和小猫一起玩得很开心时,她对小猫的恐惧也降低了。从社会学习理论的视角看,这主要是( )形式的学习。(易错)

A. 替代强化 B. 自我强化

C. 操作性条件反射 D. 经典条件反射

28. [2019下半年]菲儿把一颗小石头放进小鱼缸里,小石头很快就沉到了缸底。菲儿说:“小石头不想游泳了,想休息了。”从这里可以看出,菲儿思维的特点是( )(常考)

A. 直觉性 B. 自我中心性 C. 表面性 D. 泛灵论

29. [2019下半年]下列幼儿行为表现中数概念发展最低的是( )

A. 按数取物 B. 按物说数 C. 唱数 D. 默数

30. [2019下半年]有时一名幼儿哭会惹得周围的幼儿跟着一起哭。这表明幼儿的情绪具有( )

A. 冲动性 B. 易感染性

C. 外露性 D. 不稳定性

31. [2019 下半年]人的个性心理特征中,出现最早、变化最缓慢的是(　　)

A. 性格　　B. 气质　　C. 能力　　D. 兴趣

32. [2019 下半年]梅梅和芳芳在玩娃娃家,俊俊走过来说:"我想吃点东西。"芳芳说:"我们正忙呢。"俊俊说:"我来当爸爸炒点菜吧。"芳芳看了看梅梅,说:"好吧,你来吧"。从俊俊的社会性发展来看,下列哪一选项最贴近他的最近发展区(　　)

A. 能够找到一个自己喜欢的玩伴

B. 开始使用一定的策略成功加入游戏小组

C. 在4~5名幼儿的角色游戏中进行合作性互动

D. 能够在角色游戏中讨论装扮的角色行为

33. [2019 上半年]幼儿认真完整地听完教师讲的故事,这一现象反映了幼儿注意的什么特征(　　)(常考)

A. 注意的选择性　　B. 注意的广度

C. 注意的稳定性　　D. 注意的分配

34. [2019 上半年]小红知道9颗花生吃掉5颗,还剩4颗,却算不出"9-5"等于多少。这说明小红的思维具有(　　)

A. 具体形象性　　B. 抽象逻辑性

C. 直观动作性　　D. 不可逆性

35. [2019 上半年]人体各大系统中发育最早的是(　　)

A. 淋巴系统　　B. 生殖系统　　C. 神经系统　　D. 消化系统

36. [2019 上半年]芳芳在数积木,花花问她有几块三角形的,芳芳点数,"1、2、3、4、5、6,6个三角形"。花花又给了她4块,问她现在有多少块三角形积木,芳芳边点数边说:"1、2、3、4、5、6、7、8、9、10,我有10块啦!"就数学领域而言,下列哪一条最贴近芳芳的最近发展区(　　)(易错)

A. 认识和命名更多的几何图形

B. 默数、接着数等计数能力

C. 以一一对应的方式数10个以内的物体,并说出总数

D. 通过实物操作进行10以内加、减法的运算能力

37. [2018 下半年]婴儿出生大约6~10周后,人脸可以引发其微笑。这种微笑称为(　　)

A. 生理性微笑　　B. 自然微笑　　C. 社会性微笑　　D. 本能微笑

38. [2018 下半年]下列表述中,与大班幼儿实物概念发展水平最接近的是(　　)(易混)

A. 理解本质特征　　B. 理解功能性特征

C. 理解表面特征　　D. 理解熟悉特征

39.［2018 上半年］下列哪一个选项不是婴儿期出现的基本情绪体验（　　）

A. 羞愧　　B. 伤心　　C. 害怕　　D. 生气

40.［2018 上半年］皮亚杰的"三山实验"考察的是（　　）（易混）

A. 儿童的深度知觉　　B. 儿童的计数能力

C. 儿童的自我中心性　　D. 儿童的守恒能力

41.［2018 上半年］根据埃里克森的心理社会发展理论，1～3 岁儿童形成的人格品质是（　　）

A. 信任感　　B. 主动性　　C. 自主性　　D. 自我同一性

42.［2017 下半年］如果母亲具有敏感、接纳、合作、易接近等特征，其婴儿容易形成的依恋类型是（　　）（易错）

A. 回避型依恋　　B. 安全型依恋

C. 反抗型依恋　　D. 紊乱型依恋

43.［2017 下半年］下面几种新生儿的感觉中，发展相对最不成熟的是（　　）

A. 视觉　　B. 听觉　　C. 嗅觉　　D. 味觉

44.［2017 下半年］研究儿童自我控制能力和行为的实验是（　　）

A. 陌生情境实验　　B. 点红实验

C. 延迟满足实验　　D. 三山实验

45.［2017 上半年］下列哪一种活动重点不是发展幼儿的精细动作能力（　　）

A. 扣纽扣　　B. 使用剪刀　　C. 双手接球　　D. 系鞋带

46.［2017 上半年］生活在不同环境中的同卵双胞胎的智商测试分数很接近，这说明（　　）

A. 遗传和后天环境对儿童的影响是平行的

B. 后天环境对智商的影响较大

C. 遗传对智商的影响较大

D. 遗传和后天环境对智商的影响相当

47.［2017 上半年］初入园的幼儿常有哭闹、不安等不愉快的情绪，说明幼儿表现出了（　　）

A. 回避型依恋　　B. 抗拒性格　　C. 分离焦虑　　D. 黏液质气质

48.［2017 上半年］午餐时，盘子不小心掉在了地上，看到这一幕的亮亮对老师说："盘子受伤了，它难过得哭了。"这说明亮亮的思维特点是（　　）（常考）

A. 自我中心　　B. 泛灵论　　C. 不可逆　　D. 不守恒

49.［2016 下半年］婴幼儿的"认生"现象通常出现在（　　）

A. 3～6 个月　　B. 6～12 个月

C. 1～2 岁　　D. 2～3 岁

50.［2016 下半年］青青的妈妈说："那孩子的嘴真甜！"青青问："妈妈，您舔过她的嘴吗？"这主要反

映青青(　　)

A. 思维的片面性　　B. 思维的拟人性

C. 思维的生动性　　D. 思维的表面性

51.［2016 下半年］2 ~6 岁儿童掌握的词汇数量迅速增加，词类范围不断扩大，该时期儿童掌握词汇的先后顺序通常是(　　)

A. 动词、名词、形容词　　B. 动词、形容词、名词

C. 名词、动词、形容词　　D. 形容词、动词、名词

52.［2016 上半年］下雨走在被车碾压过的泥泞路上，晓雪说："爸爸，地上一道一道的是什么呀?"爸爸说："是车轮压过的泥印儿，叫车道沟。"晓雪说："爸爸脑门儿上也有车道沟(指皱纹)。"晓雪的说法体现的幼儿思维特点是(　　)

A. 转导推理　　B. 演绎推理　　C. 类比推理　　D. 归纳推理

53.［2016 上半年］教师拟定教育活动目标时，以幼儿现有发展水平与可以达到水平之间的距离为依据。这种做法体现的是(　　)

A. 维果斯基的最近发展区理论　　B. 班杜拉的观察学习理论

C. 皮亚杰的认知发展论　　D. 布鲁纳的发展教学法

54.［2016 上半年］1 岁半的儿童想给妈妈吃饼干时，会说"妈妈""饼""吃"，并把饼干递过去。这表明该阶段儿童语言发展的一个主要特点是(　　)

A. 电报句　　B. 完整句　　C. 单词句　　D. 简单句

55.［2015 下半年］评价幼儿生长发育最重要的指标是(　　)

A. 体重和头围　　B. 头围和胸围

C. 身高和胸围　　D. 身高和体重

56.［2015 下半年］一名从未见过飞机的幼儿，看到蓝天上飞过的一架飞机说："看，一只很大的鸟!"从语言发展的角度来看，这一现象反映的特点是(　　)

A. 过度规范化　　B. 扩展不足

C. 过度泛化　　D. 电报句式

57.［2015 上半年］幼儿看见同伴欺负别人会生气，看见同伴帮助别人会赞同。这种体验是(　　)

A. 理智感　　B. 道德感　　C. 美感　　D. 自主感

二、简答题(每小题 15 分，参考时限 10 分钟。共 9 小题)

1.［2022 下半年］简述幼儿无意想象的主要表现。

2. [2022 上半年]从图中可以看出儿童神经系统发育有什么规律?

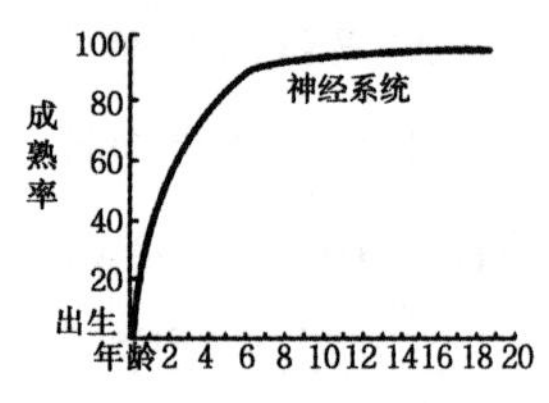

3. [2021 下半年]根据右图说明儿童动作发展规律。

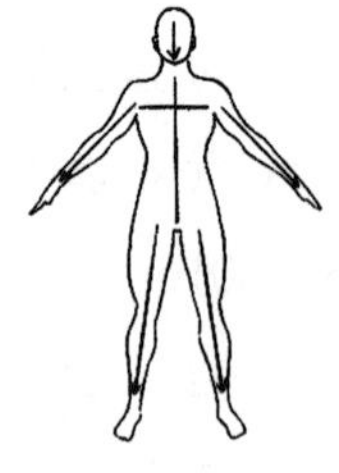

4. [2021 上半年]教师应当如何对待不同气质的幼儿?请举例说明。

5. [2020 下半年]简述幼儿工具性攻击和敌意性攻击的异同。

6.［2019 下半年］简述幼儿口语表达能力的发展趋势。

7.［2019 上半年］教师可以从哪些方面观察幼儿的注意力是否集中。

8.［2017 下半年］简述移情对儿童亲社会行为发展的影响。

9.［2016 下半年］父母陪伴对幼儿健康成长有何意义？

三、论述题(每小题 20 分,参考时限 15 分钟。共 1 小题)

[2018 上半年]为什么要让幼儿通过直接感知、实际操作和亲身体验的方式进行学习?请结合实例分别说明。

四、材料分析题(每小题 20 分,参考时限 20 分钟。共 5 小题)

1. [2022 下半年]**材料:**

三岁半的蒙蒙,很喜欢和小伙伴一起玩耍,可是奶奶却说:"你还小,出去玩会被别的孩子欺负的,就在家玩多好。"有时,邻居家的小朋友想到家里来找蒙蒙玩,蒙蒙奶奶却常嫌添乱,便替蒙蒙婉言谢绝,于是蒙蒙就只能在家独自玩耍……

问题:根据同伴对幼儿发展的作用的相关知识,评析蒙蒙奶奶的做法。

2.［2021 下半年］**材料：**

新入职的王老师第一次带大班小朋友做操时，发现大家的动作有些混乱，有的胳膊向左转，有的向右伸，这是为什么呢？昨天老教师带操时，明明大家动作很整齐呀！王老师有点不明白。

问题：

（1）请从幼儿左右概念发展水平的角度，分析幼儿动作混乱的原因。

（2）针对材料中的问题，提出建议。

3.［2021 上半年］**材料：**

教师为幼儿制作了一个玩具灶（见下图），并投放了羽毛、棉花、小木棒、乒乓球等不同材质的物品和扇子，让幼儿猜测哪些物品能被风吹起来并进行验证。小牛猜想羽毛和棉花能飞起来，就开始扇风，结果发现他们确实能飞起来。他使的劲大了，发现乒乓球也飞起来了。一直旁观的小雷惊讶地说："原来用劲儿扇，乒乓球也能飞起来呀！"

问题：材料中小雷、小牛都在学习吗？请分别说明理由。

4.［2020 下半年］**材料：**

教师为小班幼儿制作了一列“小火车”（见下图），在每节车厢上分别贴了不同品种与数量的“水果”标签，要求幼儿能按标签投放“水果”。

雪儿看看标签，然后往不同的车厢装进与标签品种一样的“水果”，每节车厢都装满了“水果”。

莉莉看着标签，并用手点数标签上的“水果”，嘴里还念着数字，然后拿出相应品种和数量的“水果”放进车厢。

明明看看标签，就取出相应品种和数量的“水果”放进车厢，然后看着车厢里的“水果”，自言自语道：“嗯，都放对了。”

问题：

（1）根据上述三位幼儿各自的表现分析其数学能力发展的水平。

（2）该材料对教育的启示是什么？

5.［2019 下半年］**材料：**

小班张老师观察发现，小明和甘甘上楼时都没有借助扶手，而是双脚交替上楼梯；下楼时小明扶着扶手双脚交替下楼梯，甘甘则没有借助扶手，每级台阶都是一只脚先下，另一只脚跟上慢慢下。

问题：

(1)请从幼儿身心发展角度，分析小班幼儿上下楼梯的动作发展特点。

(2)分析两名幼儿表现的差异及可能原因。

专题一　婴幼儿发展概述

链接答案本 P265

一、单项选择题(每小题 3 分，共 24 小题，参考时限 50 分钟)

1. 3 岁的阳阳不再像以前那样听话了，一有机会便采取独立行动，要求自己穿衣服、吃饭，不让做的偏要做，不知道什么叫危险；成人劝阻他的某个行为时，他就会表现出强烈的烦躁和对抗的情绪，常常爱说不。这说明阳阳正处于(　　)

A. 关键期　　B. 敏感期　　C. 最佳期　　D. 危机期

2. 儿童在 2 ~ 3 岁时，独立行动的愿望很强烈，这标志着儿童(　　)(常考)

A. 自我评价的萌芽　　B. 自我体验的萌芽

C. 自我控制的萌芽　　D. 自我意识的萌芽

3. 下列不属于6～12个月婴儿身心发展的年龄特征的是(　　)

A. 能够坐、站　　B. 出现分离焦虑

C. 能重复、连续地发出一些音节　　D. 开始认生

4. 小班幼儿兴趣爱好多变,大班幼儿则开始形成较稳定的个性倾向,这说明幼儿心理发展的趋势是(　　)

A. 从简单到复杂　　B. 从具体到抽象

C. 从被动到主动　　D. 从零乱到成体系

5. 儿童一岁以前的触觉探究行为呈现出的特征是(　　)

A. 主要运用口腔对周围进行探究　　B. 主要运用手对周围进行探究

C. 主要运用脚对周围进行探究　　D. 主要运用眼睛对周围进行探究

6. 下列哪一项属于幼儿中期的特征(　　)

A. 学会独立行走　　B. 行为具有强烈的情绪性

C. 开始自己组织游戏　　D. 个性初具雏形

7. 婴儿喜欢将东西扔在地上,成人捡起来给他,他又扔在地上,如此反复,乐此不疲。这说明婴儿喜欢(　　)

A. 玩东西　　B. 重复连锁动作　　C. 手的动作　　D. 抓握物体

8. 3个月的婴儿能分辨颜色的鲜明与灰暗,3岁的幼儿已经能辨别各种基本颜色。这说明幼儿心理发展的趋势是(　　)

A. 从简单到复杂　　B. 从被动到主动

C. 从具体到抽象　　D. 从零乱到成体系

9. "三岁之魂,百岁之才。"儿童发展到三岁,可以说完成了人生第一个发展时期。下列对三岁儿童特点的表述不正确的是(　　)

A. 强烈的情绪性　　B. 好模仿

C. 初步的生活自理　　D. 有意性行为开始发展

10. 下列哪种现象能表明新生儿视听协调(　　)

A. 有些婴儿听到音乐会露出笑容

B. 听到巨大的声响,婴儿会瞪大眼睛

C. 婴儿听到母亲叫"宝宝",就会去找妈妈

D. 婴儿看到大人逗他,会表现出快乐的样子

11. 如果对六个月大的婴儿进行步行训练,不仅无益,而且有碍其他方面的发展。这说明(　　)

A. 遗传素质为人的发展提供了可能性

B. 遗传素质的成熟过程制约着人的发展的过程及阶段

C. 遗传素质的差异性对人的发展有负面影响

D. 遗传素质具有可塑性和可逆性

12. 儿童学习简单口语的最佳期或敏感期在( )

A. 1 岁 B. 1 ~2 岁 C. 2 ~4 岁 D. 4 ~5 岁

13. 一般情况下,幼儿自我意识萌芽出现的年龄阶段是( )

A. 2 ~3 岁 B. 3 ~6 岁 C. 8 ~9 岁 D. 10 ~11 岁

14. 老师带着幼儿到户外观察果树,小班时,幼儿东张西望,不能完成老师要求的观察任务;到了大班,幼儿能认真完成老师的要求,完整地说出果树的特征。这说明幼儿心理的发展趋势是( )

A. 从简单到复杂 B. 从具体到抽象

C. 从被动到主动 D. 从零乱到成体系

15. 晶晶与合合是同卵双胞胎,他们的遗传基因相同,但是性格却不相同,这表明了( )(易错)

A. 遗传物质决定心理发展 B. 遗传物质为心理发展提供动力

C. 遗传物质为心理发展提供现实条件 D. 遗传物质为心理发展提供可能性

16. 下列属于 5 ~6 岁幼儿心理发展的年龄特征的是( )

A. 认识依靠行动 B. 开始掌握认知方法

C. 开始接受任务 D. 最初步的生活自理

17. 如果新生儿的一只手或双手被压住,他会转头张嘴;当手掌上的压力减去时,他会打呵欠。这是( )

A. 巴宾斯基反射 B. 游泳反射

C. 莫罗反射 D. 巴布金反射

18. "童言无忌"从儿童心理学的角度看是( )

A. 儿童心理落后的表现 B. 符合儿童年龄特征的表现

C. "超常"的表现 D. 父母教育不当所致

19. 儿童的各种心理过程和特性,出生时并不齐备,而是在发展过程中先后出现的。这说明学前儿童心理发展的一个总趋势是( )

A. 由笼统到分化 B. 由具体到抽象

C. 由被动到主动 D. 由不齐全到齐全

20. ( )的幼儿已能计划游戏的内容和情节,会自己安排角色。怎么玩,有什么规则,基本都能商量解决,但是游戏过程中产生的矛盾仍需要教师帮助才能解决。

A. 小班　　B. 中班　　C. 大班　　D. 学前班

21. 美国心理学家布卢姆通过实验研究发现,学前期是人的一生中心理发展的敏感期,所谓敏感期是指在儿童发展的某一时期,儿童(　　)

A. 开始在意其他人对自己的看法　　B. 尝试思考人生的意义

C. 学习某种知识和行为比较容易　　D. 逐渐形成个人的性格特点

22. 明明是个很喜欢玩游戏的小班小朋友,在幼儿园时,看见丽丽在玩小火车,他也玩小火车,看见涛涛在堆积木,他也想去堆积木。他的行为体现了幼儿(　　)的心理特点。

A. 爱模仿　　B. 爱玩、会玩

C. 合作意识强　　D. 独立性强

23. "染于苍则苍,染于黄则黄"说明(　　)对人的成长发展的影响是巨大的。

A. 颜色　　B. 环境　　C. 遗传　　D. 物质

24. 每个年龄阶段的孩子有其不同的特点。下列选项中,属于小班幼儿身心发展的特征的是(　　)

A. 更加活泼好动、爱玩、会玩　　B. 好学好问

C. 个性初具雏形　　D. 思维带有直觉行动性

二、简答题(每小题 15 分,参考时限 10 分钟。共 4 小题)

1. 简述影响学前儿童发展的因素。

2. 简述学前儿童心理发展的基本趋势。

3. 简述幼儿初期(3～4岁)身心发展的年龄特征。

4. 简述关键期的含义。

专题二　儿童发展理论流派

链接答案本 P268

一、单项选择题(每小题3分,共46小题,参考时限90分钟)

1. 幼儿的大部分模仿行为属于下列哪种观察学习(　　)

A. 直接的观察学习　　B. 抽象性观察学习

C. 创造性观察学习　　D. 以上均不是

2. 依据皮亚杰的道德认知发展理论,处于自律道德水平的个体的典型表现是能够(　　)(常考)

A. 根据行为动机判断对错　　B. 根据行为后果判断对错

C. 服从权威人物　　D. 一如既往地遵守规则

3. 根据皮亚杰的认知发展阶段理论,在(　　)的儿童的认知结构发生了重组和改善,能够进行逻辑推理,但必须依赖实物和直观形象的支持。

A. 感知运动阶段　　B. 前运算阶段

C. 具体运算阶段　　D. 形式运算阶段

4. 以下不属于皮亚杰提出的前运算阶段儿童思维特点的是(　　)

A. 思维具有可逆性

B. 认为外界一切事物都是有生命的

C. 所有人都有相同的感受,一切以自我为中心

D. 认知活动具有具体性,不具有抽象的思维

5. ( )的操作条件反射说是行为主义学习理论发展过程中的代表性学习观之一。

A. 巴甫洛夫　B. 桑代克　C. 赫尔　D. 斯金纳

6. 小明特别想吃西瓜,就告诉妈妈,爸爸想吃西瓜。这表明其认知发展处于( )

A. 感知运动阶段　B. 前运算阶段

C. 具体运算阶段　D. 形式运算阶段

7. 对幼儿能在阅读活动中保持安静的行为予以表扬后,幼儿今后在阅读活动中保持安静的行为增加了,这属于强化评价法中的( )

A. 自我强化　B. 替代强化　C. 正强化　D. 负强化

8. ( )强调"学习的最佳期限"问题,他认为,技能的学习不应当错过最佳年龄,否则,对儿童的发展不利。

A. 皮亚杰　B. 斯金纳　C. 维果斯基　D. 班杜拉

9. 五岁的童童独立完成拼图游戏后,感到很开心,奖励给自己一个糖果,紧接着更加投入地完成下一次的游戏活动,这种行为属于( )

A. 直接学习　B. 间接学习　C. 自我强化　D. 替代强化

10. 月月和爸爸玩捉迷藏的游戏,躲好后让爸爸来找她。爸爸一看,月月的脸被窗帘遮住了,但一大截腿在窗帘下面露了出来。这表明月月的思维处于( )(常考)

A. 自我中心阶段　B. 去自我中心阶段

C. 可逆性阶段　D. 感知运动阶段

11. 照料者对婴儿的需求应给予及时回应是因为:根据埃里克森的观点,在生命中第一年婴儿面临的基本冲突是( )

A. 主动感对内疚感　B. 基本的信任感对不信任感

C. 自我同一性对角色混乱　D. 自主感对羞耻感

12. 游戏中李老师观察到平平对"水从高处往低处流"已有所了解,她接下来投放了各种属性的水管及支撑物等材料,引发平平继续探究"水管高度与水流速度的关系"。李老师的行为主要符合( )(常考)

A. 需要层次理论　B. 最近发展区理论

C. 强化理论　D. 多元智能理论

13. 可用来解释儿童因为经常观看电视上的暴力镜头,攻击性行为增加的现象是( )

A. 直接强化　B. 替代强化　C. 自我强化　D. 负强化

14. 下列选项中,(　　)主张教育万能论,认为后天教育能够完全决定人的发展。

A. 华生　B. 维果斯基　C. 斯金纳　D. 班杜拉

15. 下列说法不符合前运算阶段儿童认知特点的是(　　)

A. 和一个女孩打电话时,她也许会说:"看看我的新芭比娃娃。"就好像你能通过电话看到那边的情况一样

B. 如果一个孩子滑了一跤,头磕到了桌子上,他也许会抱怨这张"坏桌子"为什么会伤害他

C. 莉莉和达达都有一个装有一样多葡萄干的盒子,莉莉看见达达将盒子里的葡萄干洒在桌子上,她想:"哇,达达的葡萄干要比我那小盒子里装的葡萄干多得多。"

D. 如果有两串珠子,珠子的个数相同、大小一样,其中红的一串拉成直线,而蓝的一串堆成一堆,孩子能理解两串珠子的个数是一样多的

16. 幼儿认为月亮在跟他走,只要他不走,月亮也就不走了,这种现象反映了儿童(　　)的心理特点。

A. 思维的表面性　B. 自我中心

C. 思维不可逆　D. 思维的刻板性

17. 豆豆原本只知道用小勺子盛面糊做饼干。在老师的提示和示范下,豆豆可以用大勺子做更多花样的糕点,豆豆这一变化的过程体现了(　　)的概念。

A. 关键期　B. 不平衡期　C. 敏感期　D. 最近发展区

18. 每次吃东西时小涵的爸爸妈妈总是先把最好的给爷爷奶奶,久而久之,小涵在吃东西时也会把最好的给爷爷奶奶。这表明(　　)

A. 幼儿可以通过操作性条件反射习得某种行为

B. 幼儿可以通过奖惩习得某种行为

C. 幼儿可以通过观察和模仿习得某种行为

D. 幼儿可以通过反复练习习得某种行为

19. 幼儿最初认为蝙蝠是鸟类,班级开展关于哺乳动物的主题活动后,幼儿知道了蝙蝠虽然会飞,但却是哺乳动物,这属于(　　)(易混)

A. 同化　B. 顺应　C. 图式　D. 平衡

20. 埃里克森在他的人格发展阶段理论中提出,人格发展的每一阶段都有相应的发展任务,即解决该阶段的发展危机,成功地度过这一危机,就会获得该阶段良好的人格品质而克服不良品质。根据他的理论,1 ~ 3 岁的幼儿的发展任务是(　　)

A. 获得信任感,克服不信任感　B. 获得自主感,克服羞怯和怀疑

C. 获得主动感,克服内疚感　D. 获得勤奋感,克服自卑感

21. 皮亚杰认为,婴儿的客体永久性真正出现在(　　)阶段。

A. “被动地期望”　　B. “客体位移后寻找”

C. “探索部分被遮盖的物体”　　D. “儿童开始主动寻找”

22. 最近发展区是指儿童无法依靠自己来完成,但可在成人和更有技能的儿童帮助下来完成的任务范围。其上限是(　　)(常考)

A. 儿童无法依靠自己来完成的任务　　B. 儿童已能独立完成的任务

C. 他人已能独立完成的任务　　D. 他人还不能独立完成的任务

23. 当一个不守纪律的学生表现出良好的守纪行为时,老师便撤销对他的批评,老师的这一做法属于(　　)(易错)

A. 正强化　　B. 负强化　　C. 消退　　D. 惩罚

24. 关于皮亚杰认知发展阶段的特征,描述正确的是(　　)

A. 阶段出现的顺序不是固定不变的,是可以颠倒的

B. 每一阶段有其独特的认知图式,这些相对稳定的图式决定了个体行为的一般特征

C. 图式发展的前一阶段和后一阶段没有任何关系

D. 心理发展不是一个连续不断建构的过程

25. 根据皮亚杰的观点,人在认识周围世界的过程中,形成自己独特的认知结构,这被叫做(　　)

A. 图式　　B. 同化　　C. 顺应　　D. 平衡

26. 埃里克森认为,在心理发展的每个阶段,个体都会面临着一个需要解决的心理社会问题,该问题引起个体心理发展的矛盾和危机,3～6岁幼儿主要面临的矛盾和危机是(　　)(易混)

A. 基本的信任感对不信任感　　B. 自主感对羞耻感

C. 主动感对内疚感　　D. 勤奋感对自卑感

27. 刚学会抓握的婴儿,当他看见床上的毛绒玩具,会用抓握的方式去获得玩具;当他看见远处的拨浪鼓时,他也想要用抓握的动作去获取拨浪鼓。从皮亚杰的认知发展理论出发,这属于(　　)

A. 同化　　B. 顺应

C. 图式　　D. 平衡

28. 幼儿看到同伴因讲礼貌而受到表扬时,就会增强其产生同样行为的倾向。根据班杜拉的强化理论,这属于(　　)

A. 直接强化　　B. 自我强化　　C. 替代强化　　D. 负强化

29. 格塞尔的(　　)证明了生理成熟在儿童心理发展中的作用。

A. 三山实验　　B. 点红实验

C. 双生子爬梯实验　　D. 视觉悬崖实验

30. 下列选项中，属于合理运用强化理论的是（　　）

A. 家长通过奖励玩具、冷饮等方式制止孩子的哭闹行为

B. 教师在课堂上用调侃的方式出言制止想要获取关注的扮鬼脸的学生

C. 教师在课堂上发现某学生在聊天后，就让其罚站，之后在他认真听课的时候奖励他坐下

D. 某学生出于对数学的喜欢，经常自主地解数学题，教师见他如此喜爱数学便多次给予他物质奖励

31. 关于儿童“最近发展区”的观点，不正确的是（　　）

A. 发展要先于教学，以更好地进行教学

B. 教学内容应略高于儿童的现有发展水平

C. 教学要走在发展的前面，以更好地促进发展

D. 教学应同时考虑儿童现有发展水平和所能达到的水平

32. 下列选项中，属于替代强化的是（　　）

A. 不写完作业就不让看电视

B. 孩子哭闹，家长就答应其无理要求

C. 小明拾金不昧被表扬，我也要拾金不昧

D. 考得好就让玩游戏

33. 妈妈正在做饭，果果主动帮忙递了厨具，妈妈的肯定和表扬让果果觉得自己做了一件很有意义的事情。根据埃里克森的心理社会发展理论，果果当前正处于（　　）

A. 自主对羞耻阶段　　B. 主动对内疚阶段

C. 亲密对孤独阶段　　D. 自我同一性对角色混乱阶段

34. 格塞尔的“成熟势力说”本质上是（　　）

A. 教育万能论　　B. 遗传决定论

C. 相互作用论　　D. 环境决定论

35. 儿童已经知道什么是牛，当他外出旅游时看到了一种不同于以往所见到的牛，如牦牛，经观察和询问后，把牦牛也纳入到自己已有的牛的认知结构中。这一认知过程被皮亚杰称为（　　）

A. 同化　　B. 内化　　C. 顺应　　D. 平衡

36. 四岁幼儿不能理解从一捆游戏棒中拿出来的一根小棒是这捆游戏棒的一部分，这说明幼儿思维处于（　　）

A. 形式运算阶段　　B. 具体运算阶段

C. 前运算阶段　　D. 接近联想阶段

37. 小朋友帮助同学受到了老师的表扬，以后该小朋友就经常做好事，其基本原理是(　　)

A. 无条件反射　　B. 经典条件反射

C. 模仿学习　　D. 操作性条件反射

38. 在行为学习理论中，(　　)认为人类学习是在做出某种行为后，受到环境或教育的某种强化而形成的。

A. 桑代克　　B. 巴甫洛夫　　C. 斯金纳　　D. 班杜拉

39. 一个孩子出现打人行为，因此父母罚他一个月不准吃肯德基，这种做法属于(　　)

A. 正强化　　B. 消退　　C. 负强化　　D. 惩罚

40. 认为儿童的侵犯行为是通过替代强化而获得的理论是(　　)

A. 生态系统理论　　B. 社会学习理论

C. 条件反射理论　　D. 知觉学习理论

41. 埃里克森认为，人的(　　)发展持续一生，其形成和发展过程分为八个阶段。

A. 自我意识　　B. 人格　　C. 能力　　D. 心理品质

42. 根据埃里克森的人格发展阶段理论，6～11 岁的学生面临的主要发展任务是(　　)

A. 培养自主性　　B. 培养勤奋感

C. 培养主动性　　D. 培养自我同一性

43. 心理学家皮亚杰曾做了一个“三山实验”，实验材料是一个包括三座高低、大小和颜色不同的假山模型。实验首先要求儿童从模型的四个角度观察“这三座山”，然后要求儿童面对模型而坐，并且放一个玩具娃娃在山的另一边，让儿童描述对方看到的景象，五六岁的儿童通常描述自己看到的景象。这说明儿童思维具有(　　)

A. 抽象逻辑性　　B. 单向性

C. 不可逆性　　D. 自我中心性

44. 获得了“客体永久性”概念是处于(　　)的幼儿思维发展的最大成就之一。(常考)

A. 感知运动阶段　　B. 前运算阶段

C. 具体运算阶段　　D. 形式运算阶段

45. 儿童能以命题形式进行思维，说明其认知发展已达到(　　)

A. 感知运动阶段　　B. 前运算阶段

C. 具体运算阶段　　D. 形式运算阶段

46. 皮亚杰认为，儿童早期不能很好地区分主体和客体，他们的认识常常表现出(　　)的特点。

A. 概念含混　　B. 人物不分　　C. 泛化　　D. 泛灵论

二、简答题（每小题15分，参考时限10分钟。共5小题）

1. 简述皮亚杰的道德认知发展阶段理论。

2. 简述埃里克森的人格发展阶段理论。

3. 简述班杜拉的观察学习的概念及分类。

4. 什么是正强化？什么是负强化？什么是惩罚？

5. 简述埃里克森的人格发展阶段理论中,3 ~6 岁幼儿面临的危机及发展特点。

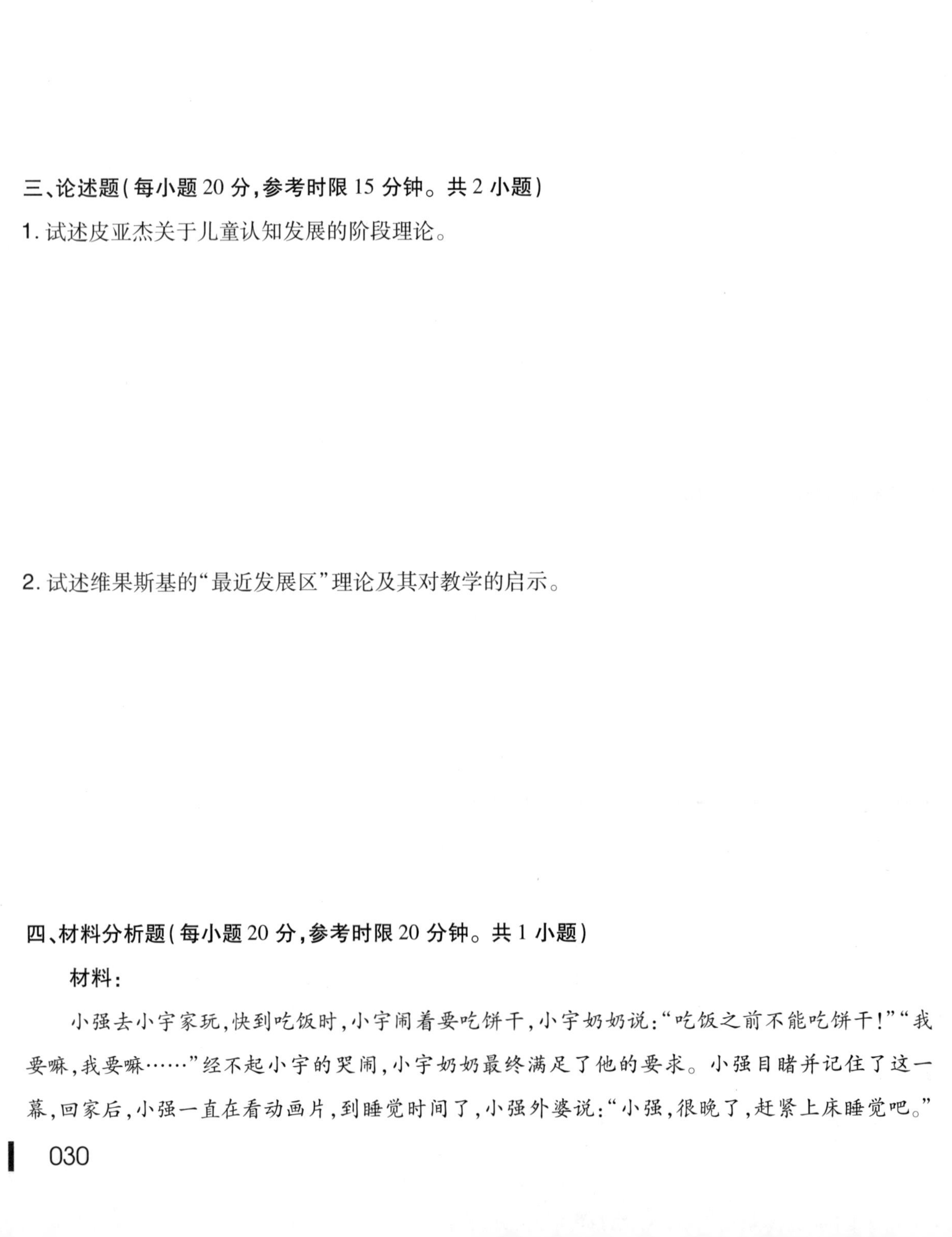

三、论述题(每小题 20 分,参考时限 15 分钟。共 2 小题)

1. 试述皮亚杰关于儿童认知发展的阶段理论。

2. 试述维果斯基的“最近发展区”理论及其对教学的启示。

四、材料分析题(每小题 20 分,参考时限 20 分钟。共 1 小题)

材料:

小强去小宇家玩,快到吃饭时,小宇闹着要吃饼干,小宇奶奶说:“吃饭之前不能吃饼干!”“我要嘛,我要嘛……”经不起小宇的哭闹,小宇奶奶最终满足了他的要求。小强目睹并记住了这一幕,回家后,小强一直在看动画片,到睡觉时间了,小强外婆说:“小强,很晚了,赶紧上床睡觉吧。”

这时小强脑子里浮现出小宇哭闹的画面，于是，以前会乖乖上床的小强一反常态地哭闹着要继续看动画片，外婆经不起小强的哭闹妥协了。后来，小强的哭闹行为变得越来越多。

问题：请结合材料，运用班杜拉的社会学习理论分析小强的行为。

专题三　幼儿身体发育和动作发展

链接答案本 P275

一、单项选择题（每小题 3 分，共 24 小题，参考时限 50 分钟）

1. 关于学前儿童运动系统的特点，以下说法不正确的是（　　）

A. 学前儿童骨骼的弹性大，可塑性强，软骨较多，骨骼容易变形

B. 学前儿童足弓周围韧带较松、肌肉细弱，若长时间站立、行走，足底负重过多，易引起足弓塌陷

C. 学前儿童关节窝较浅，周围韧带较松，容易脱臼

D. 学前儿童肌肉中水分较多，蛋白质及储存的糖原较少，因此肌肉柔嫩，收缩力差，力量小，易疲劳，而且疲劳后很难恢复

2. 学前教育阶段可分为胎儿期、婴儿期和幼儿期。这表明个体发展具有（　　）

A. 规律性　　B. 个别差异性　　C. 阶段性　　D. 社会性

3.6 岁儿童脑重达到成人的 90%，淋巴系统出生后 10 年生长迅速，12 岁时达到成人的 200%，身高、体重的增长基本上呈波浪线的形式。这体现了幼儿生长发育的(　　)

A. 阶段性　　B. 连续性　　C. 程序性　　D. 不均衡性

4. 为幼儿提供的食物要比成人的细软些，这主要是因为幼儿(　　)

A. 乳牙未全部萌出　　B. 消化能力较弱

C. 吸收能力较强　　D. 胃的容量较小

5. 幼儿会跳、会跑，但是画条直线却很困难。这是因为幼儿(　　)

A. 大肌肉群发育早，小肌肉群发育晚　　B. 手部肌肉能量储备小

C. 练习较少　　D. 腕关节韧带不够结实

6. 评价运动系统发育状况的基本生理功能指标是(　　)(易混)

A. 握力和背肌力　　B. 肺活量

C. 脉搏和血压　　D. 身高和体重

7. 婴幼儿的心率特点是(　　)

A. 年龄越小，心率越快　　B. 年龄越小，心率越慢

C. 时常忽快，时常忽慢　　D. 时常停止

8. 在体育活动中，教师不仅要观察幼儿动作发展的情况，还要善于进行设计和指导，让每位幼儿每天都有机会进行使用大肌肉和小肌肉的活动。下列活动中，属于发展幼儿小肌肉动作的活动是(　　)(易错)

A. 用手指拾起豆子　　B. 走高度、宽度适宜的平衡木

C. 投掷“沙包”练习　　D. 模仿动物走

9. 幼儿从抱着奶瓶喝奶，到可以自己用筷子吃饭。这说明儿童动作发展具有(　　)

A. 大小规律　　B. 近远规律

C. 首尾规律　　D. 从整体到局部规律

10. 婴幼儿呼吸方式的特点是(　　)

A. 以胸式呼吸为主

B. 以腹式呼吸为主

C. 腹式呼吸和腹胸式呼吸两种方式并重

D. 既不属于胸式呼吸也不属于腹式呼吸

11. 斌斌和轩轩出生时身高、体重差不多，到两岁时，斌斌长得高高胖胖的，轩轩却瘦瘦小小的，这说明学前儿童的生长具有(　　)规律。(易混)

A. 阶段性　　B. 不均衡性

C. 个体差异性　　D. 相互关联性

12. 小华和小强是一对双胞胎兄弟，哥哥小华对色彩的敏感度比较高，以后想当个画家；而弟弟小强数学思维比较强，以后想从事与金融相关的工作。这体现了人的发展具有(　　)

A. 顺序性　　B. 整体性

C. 不平衡性　　D. 个别差异性

13. 语言学习关键期的存在体现儿童心理发展的(　　)

A. 顺序性　　B. 阶段性　　C. 个别差异性　　D. 不均衡性

14. (　　)的发育在童年时期(即第一个十年)几乎没有什么进展，而在全身第二次发育开始以后才迅速发展。

A. 生殖系统　　B. 神经系统　　C. 循环系统　　D. 淋巴系统

15. 评价幼儿生长发育的指标不包括(　　)

A. 形态指标　　B. 动作指标　　C. 生理功能指标　　D. 心理指标

16. 在下列消化系统的功能中，幼儿较成人强的是(　　)

A. 胃的消化功能　　B. 肠的吸收功能

C. 肝的解毒功能　　D. 牙齿的咀嚼功能

17. 幼儿动作发展遵循(　　)规律。

A. 头部→躯干→颈部→下肢　　B. 头部→颈部→下肢→躯干

C. 翻身→抬头→坐→爬→站→行走　　D. 抬头→翻身→坐→爬→站→行走

18. 儿童先学会站，后学会走。这说明儿童的发展具有(　　)的特点。

A. 程序性　　B. 连续性和阶段性

C. 不平衡性　　D. 个别差异性

19. 下列关于婴幼儿生长发育特点的描述，不正确的是(　　)

A. 幼儿肌肉容易疲劳，户外活动时，适时让幼儿休息，避免过度疲劳

B. 幼儿的消化功能强而吸收功能弱

C. 幼儿年龄越小，呼吸频率越快

D. 幼儿年龄越小，心率越快，幼儿心肌容易疲劳

20. 下列符合儿童动作发展规律的是(　　)

A. 从局部动作发展到整体动作　　B. 从边缘部分的动作发展到中央部分的动作

C. 从粗大动作发展到精细动作　　D. 从下部动作发展到上部动作

21. 学前儿童肌肉的特点不包括(　　)

A. 小肌肉群先发育　　B. 发育不平衡

C. 能量储备较差　　D. 大肌肉群先发育

22. 人的身心发展是一个从低级到高级、由简单到复杂、由量变到质变的连续不断的发展过程，这体现了人的身心发展规律中的(　　)

A. 顺序性　　B. 阶段性　　C. 不平衡性　　D. 互补性

23. 一些家长为了让自己的孩子能够在上小学时获得“领跑”优势，在入学前就通过各种培训班的“先导性课程”，强迫孩子掌握小学阶段的特定知识内容与技能。这些家长的做法主要违背了儿童身心发展的(　　)

A. 不平衡性　　B. 差异性　　C. 阶段性　　D. 互补性

24. 学前儿童的动作发展最先从头部和躯干的动作开始，然后发展臂、腿等部位的动作，最后是手的精细动作的发展，这体现了学前儿童动作发展具有的规律之一是(　　)(常考)

A. 从大到小　　B. 由近及远

C. 从上到下　　D. 从无意到有意

二、简答题(每小题 15 分，参考时限 10 分钟。共 7 小题)

1. 简述幼儿身体发育的不均衡性的特点。

2. 简述幼儿血液的特点。

3. 简述幼儿心脏的特点。

4. 简述幼儿呼吸运动的特点。

5. 简述幼儿神经系统发展的特点。

6. 简述幼儿动作发展的基本规律。

7. 简述幼儿身体发育的特点。

专题四　学前儿童认知的发展

链接答案本 P279

一、单项选择题(每小题 3 分,共 100 小题,参考时限 200 分钟)

1. 小班集体教学活动一般安排 15 分钟左右,是因为小班幼儿有意注意的时间一般是(　　)

A. 3 ~5 分钟　　B. 10 ~12 分钟

C. 15 ~16 分钟　　D. 20 ~25 分钟

2. 玲玲跳舞时,既能使自己的动作与音乐合拍,又能与同伴保持一致,还能配上适当的表情。这属于(　　)

A. 注意的分配　　B. 注意的广度

C. 注意的范围　　D. 注意的稳定性

3. 吉布森和沃克进行的“视崖实验”被称为发展心理学的经典实验之一,是一项旨在研究幼儿(　　)的实验。

A. 空间知觉　　B. 方位知觉　　C. 深度知觉　　D. 距离知觉

4. 王老师按顺序出示“冰箱、香蕉、自行车、芒果、电饭煲、小汽车”的图片让幼儿进行记忆,明明很快表示记住了,他回答说:“刚刚老师的图片里有香蕉和芒果,有自行车和小汽车,还有电饭煲和冰箱。”明明运用的记忆策略是(　　)

A. 特殊定位策略　　B. 复述策略　　C. 提取策略　　D. 组织性策略

5. 离园前,张老师提醒小朋友明天带手工作品。玲玲一直念叨着这件事,一看见妈妈来接自己,赶紧扑过去告诉妈妈。玲玲使用的记忆策略是(　　)

A. 视觉复述策略　　B. 复述策略　　C. 组织性策略　　D. 提取策略

6. 东东喜欢画猫,但他画的猫常常眼睛特别大,身躯特别小,嘴巴、耳朵更是小得几乎看不见,完全不合理。对他这样画猫的原因分析不正确的是(　　)(常考)

A. 幼儿想象力丰富,比成人更善于想象

B. 幼儿认知水平较低，往往抓不住事物的本质

C. 幼儿的心理过程有显著的情绪性，常常过于夸大感兴趣的东西

D. 幼儿的想象力具有夸张性

7. 游览过八达岭长城的人，头脑中重现长城的形象是(　　)

A. 思维　　B. 表象　　C. 注意　　D. 联想

8. 2 岁孩子往往会伸手要求站在楼上的妈妈抱。这说明他的(　　)

A. 大小知觉发展不足　　B. 形状知觉发展不足

C. 距离知觉发展不足　　D. 想象力不够丰富

9. 教师在浅黄色的背景上标了小白兔的图片，小朋友反映看不清，原因是教师忽视了(　　)

A. 幼儿思维特点，图片不够生动　　B. 幼儿注意特点，图片不够鲜明

C. 幼儿视觉发展现状，幼儿距离图片太远　D. 感觉对比规律，白色与浅黄色对比不强烈

10. 问一个 3 岁的儿童"你有姐姐吗?"他会说："有。"再问："你姐姐有弟弟吗?"他却说："没有。"这说明学前儿童的思维具有(　　)的特点。

A. 片面性　　B. 经验性　　C. 固定性　　D. 不可逆性

11. (　　)是指幼儿会对目标内容给予某种特定的标签，以便对其进行有效的记忆。

A. 定位策略　　B. 视觉复述策略

C. 组织策略　　D. 提取策略

12. (　　)的儿童已经能初步辨认红、橙、黄、绿、蓝等基本色，但在辨认混合色或近似色时，往往比较困难，也难以说出颜色的正确名称。

A. 幼儿前期(1 ~3 岁)　　B. 幼儿初期(3 ~4 岁)

C. 幼儿中期(4 ~5 岁)　　D. 幼儿晚期(5 ~6 岁)

13. 幼儿园小朋友听老师讲《龟兔赛跑》的故事，头脑中呈现出乌龟和兔子赛跑的生动形象，这种心理活动属于(　　)

A. 再造想象　　B. 创造想象　　C. 无意想象　　D. 幻想

14. 小朋友们在活动室内进行活动时，突然窗外飞进一只小鸟，小朋友们都兴奋地去看小鸟。小朋友们这时的注意是(　　)

A. 随意注意　　B. 无意注意　　C. 有意后注意　　D. 有意注意

15. 一名幼儿对小朋友说："我爸爸可高了，有三层楼那么高。"这是因为该幼儿(　　)

A. 喜欢撒谎

B. 认知存在障碍

C. 思维相对性差，片面性大，在想象中过分夸大事物的某个部分或某种特征

D. 记忆与想象相混淆，把自己的想象当做真实的事情描述出来了

16. 幼儿看到天上白云的形状，一会儿想象它是一匹飞奔的“骏马”；一会儿想象它是一座会动的“山”。这种想象属于(　　)

A. 无意想象　B. 有意想象　C. 再造想象　D. 幻想

17. 幼儿学习后第三天测得学习的保持量比当即测得学习的保持量多的现象是(　　)

A. 记忆扩张现象　B. 记忆回涨现象

C. 记忆潜伏现象　D. 记忆提取现象

18. 从记忆的内容来看，儿童最早出现的记忆是(　　)

A. 运动记忆　B. 情绪记忆　C. 形象记忆　D. 语词记忆

19. 学前儿童最早能辨别的几何图形是(　　)

A. 菱形　B. 平行四边形　C. 半圆形　D. 圆形

20. 白天从电影院看完电影走出来，觉得阳光非常刺眼，什么都看不清，过了一会视觉才恢复正常。这种现象是(　　)(易混)

A. 对比现象　B. 暗适应现象　C. 定位现象　D. 明适应现象

21. 大班幼儿萱萱对妈妈说：“妈妈，我长大以后也想和你一样，做一个医生。”这是一种(　　)

A. 经验性想象　B. 情境性想象

C. 愿望性想象　D. 拟人化想象

22. 活动室的布置过于花哨，更换的次数过于频繁，教学辅助材料过于有趣、繁多，教师的衣着打扮过于新奇，都可能分散儿童的注意。这说明(　　)可引起儿童分心。

A. 无关刺激的干扰　B. 疲劳

C. 焦虑　D. 缺乏兴趣

23. 亮亮看见人生病时要打针吃药，当他看到小树长虫时，就从地上捡起一根小棍给树打针。这说明幼儿思维的(　　)

A. 经验性　B. 固定性　C. 抽象性　D. 近视性

24. 一般情况下，大班幼儿注意集中的时间可达到(　　)

A. 5 分钟　B. 10 分钟　C. 15 分钟　D. 30 分钟

25. 教师面向幼儿领操，要求幼儿举左手，教师应该(　　)

A. 举自己的右手　B. 转身背对幼儿举自己的右手

C. 举自己的左手　D. 请一位幼儿面向大家举起右手

26. 教师在向小班幼儿描述常规时应避免使用否定性的语句，这是由于(　　)

A. 按规定不能用　B. 小班幼儿年龄小，语言理解能力弱

C. 说否定句有损教师形象　　D. 容易造成幼儿的逆反心理

27. 下列属于4～5岁幼儿想象特点的是(　　)

A. 想象出现了有意成分　　B. 想象活动没有目的,没有前后一贯的主题

C. 想象的形象力求符合客观逻辑　　D. 想象依赖于成人的语言提示

28. 许多幼儿在医院看到穿白大褂的医生就开始哭了,幼儿对白大褂医生的记忆类型属于(　　)

A. 形象记忆与情绪记忆　　B. 形象记忆与运动记忆

C. 情绪记忆与逻辑记忆　　D. 运动记忆与情绪记忆

29. 瑞瑞说:"妈妈,我要吃饼干。"妈妈把饼干给了瑞瑞。吃完饼干,瑞瑞走进自己房间拿出积木自言自语:"先搭一个吊车,再给大吊车搭一个停车场。"根据皮亚杰的理论,瑞瑞的前后两句话属于(　　)

A. 自我中心言语和社会性言语　　B. 都属于自我中心言语

C. 都属于社会性言语　　D. 社会性言语和自我中心言语

30. 幼儿在词汇的发展上一般先掌握实词,然后掌握虚词,实词中最先掌握的是(　　)

A. 名词　　B. 动词　　C. 形容词　　D. 数量词

31. 老师在讲故事时,经常会用不同的语气、语速来表现故事中不同角色,这样做是为了引起幼儿的(　　)

A. 无意注意　　B. 有意注意　　C. 有意后注意　　D. 注意转移

32. 贝贝请求妈妈给她买一种手工材料,但想不起名称,后来逛超市时,她很快就找到了这种材料,告诉妈妈后顺利地买到了材料。贝贝的这种记忆现象属于记忆环节中的(　　)

A. 识记　　B. 保持　　C. 再认　　D. 回忆

33. 幼儿计算"5个苹果吃掉3个,还剩几个"时,呈现的思维形态属于(　　)(常考)

A. 直观行动思维　　B. 抽象思维

C. 具体形象思维　　D. 发散思维

34. 关于幼儿空间知觉的发展,下列说法错误的是(　　)

A. 3岁可以辨别上下方位　　B. 4岁开始辨别前后方位

C. 5岁可以准确辨别左右方位　　D. 孩子一出生,就具备听觉定位能力

35. 思维的(　　)是指儿童逐渐学会从他人的角度看问题。

A. 去自我中心性　　B. 可逆性　　C. 守恒性　　D. 具体形象性

36. 在幼儿园里我们经常看到,老师出示贴绒小鸭,问幼儿有几只鸭子,有的幼儿却答成鸭子是黄颜色的。这种现象是心理学中的(　　)现象。

A. 中心记忆　　B. 偶发记忆　　C. 主观臆想　　D. 客观臆想

37. 为适应幼儿无意注意占优势这一特点，要求幼儿文学作品(　　)

A. 开头要尽量长一些　　B. 篇幅宜长一些

C. 人物和发展线索出现要晚　　D. 故事情节要紧张

38. 小朋友在活动中，一直认真地、完整地听老师讲故事。这体现了(　　)

A. 注意的选择性　　B. 注意的稳定性

C. 注意的范围　　D. 注意的分配

39. 幼儿边给自然角的花浇水边说："小花啊小花，你一定要快快地长大。"这是一种(　　)

A. 社会化言语　　B. 外部性言语

C. 自我中心言语　　D. 告知性言语

40. 四岁的磊磊在画画时，画了一棵树，突然想起什么，又开始画一把剑，等会儿又画小鸭、蛋糕等，这说明磊磊(　　)

A. 想象内容具有系统性　　B. 想象主题不稳定

C. 以想象过程为满足　　D. 想象具有预定性

41. 老师发现小班幼儿在活动中不专心，基于幼儿的特点，老师的最佳提示是(　　)

A. 注意听讲　　B. 看谁最乖

C. 小眼睛看老师　　D. 不要不专心

42. 幼儿知道"冬天太冷，最好不要到户外去"反映了幼儿(　　)

A. 感觉的概括性　　B. 知觉的概括性

C. 思维的概括性　　D. 记忆的概括性

43. 由于幼儿是以自我为中心辨别左右方向的，幼儿教师在动作示范时应该(　　)

A. 背对幼儿，采用镜面示范　　B. 面对幼儿，采用镜面示范

C. 面对幼儿，采用正常示范　　D. 背对幼儿，采用正常示范

44. 幼儿能以自我为中心辨别左右是在(　　)

A. 4 岁　　B. 5 岁　　C. 6 岁　　D. 7 岁

45. 3 岁的鹏鹏在不理解古诗词含义的情况下，也能很熟练地背诵古诗，这是(　　)

A. 意义识记　　B. 机械记忆　　C. 理解记忆　　D. 抽象记忆

46. 涵涵通过多次尝试拉桌布取得放在桌布中央的玩具，下次看到床单上的玩具就会通过拉床单来拿到，说明涵涵的思维处于(　　)

A. 具体形象思维阶段　　B. 直观行动思维阶段

C. 抽象逻辑思维阶段　　D. 发散思维阶段

47. "儿童以为儿子都是小孩，爷爷奶奶都是白头发"这种现象突出表现了幼儿思维的(　　)

A. 可逆性　　B. 固定性　　C. 拟人性　　D. 近视性

48. 桌面上一边摆 4 颗糖,另一边摆 3 颗糖,教师问:"一共有几颗糖?"从幼儿的下列表现来看,数学能力发展水平最高的是(　　)

A. 把一边的 4 颗糖和另一边的 3 颗糖放一起,然后一个个数

B. 看了一眼 4 颗糖,说出 4,暂停一下,接着数 5、6、7

C. 左手伸出 4 根手指,右手伸出 3 根手指,暂停一下,说出 7 颗

D. 幼儿先看 4 颗糖,后看 3 颗糖,暂停一下,说出 7 颗

49. 方方看到姐姐,把玩具拿给姐姐说:"姐姐拿,姐姐拿。"方方的句子属于(　　)(常考)

A. 单词句　　B. 关联句　　C. 复合句　　D. 双词句

50. 早上天阴沉沉的,佳佳对妈妈说:"天黑了,晚上了,爸爸要下班了。"这说明佳佳对时间的知觉(　　)

A. 与语言发展相关　　B. 与情感相关

C. 与生活经验相关　　D. 与想象能力相关

51. 下列行为中,属于有意注意的是(　　)

A. 一名幼儿突然摔倒大哭,其他幼儿的目光纷纷转向他

B. 老师烫了头发,幼儿都新奇地注意着老师的头发

C. 上课时,幼儿自始至终都认真地听老师讲课

D. 老师突然拿来一个新玩具,幼儿都不由自主地围了过来

52. 幼儿悠悠喜欢弹钢琴,能一边弹琴,一边唱歌,这属于注意的(　　)

A. 转移　　B. 分配　　C. 广度　　D. 稳定性

53. 教师对小班幼儿说,站到靠墙一边,而不是站到右边是因为(　　)

A. 幼儿的方位知觉发展落后于对方位词的理解

B. 幼儿方位知觉的发展还未达到"恒常"水平

C. 幼儿的方位辨别能力比较弱

D. 幼儿的方位知觉发展早于方位词的掌握

54. "六一"儿童节聚会时,小朋友们一听到《我爱北京天安门》这首歌曲时,就知道自己曾经唱过,这种记忆现象在心理学上叫做(　　)

A. 再认　　B. 识记　　C. 回忆　　D. 保持

55. 幼儿认为"下午是午睡起来以后"。这说明幼儿对时间的知觉依靠的是(　　)

A. 日历的变化　　B. 季节的变化

C. 钟表的变化　　D. 生活作息制度

56. 在小(1)班的美术活动中,张老师让孩子们穿上了印有 Kitty 猫的围裙,这个围裙太有吸引力了,孩子们忍不住左摸摸右看看,张老师几次提醒孩子们不要看围裙,集中注意听老师说话都

没效果。这是因为围裙引起了幼儿(　　)(易错)

A. 注意的分配　　B. 注意的转移

C. 注意的选择　　D. 注意的分散

57. 李老师写了自己的电话号码在黑板上看看谁先记住,结果小明把这组数据按顺序编成一个小故事,很快就记住了老师的电话号码。小明对这组数据的识记属于(　　)

A. 情绪记忆　　B. 无意识记　　C. 机械记忆　　D. 意义识记

58. 关于幼儿记忆的年龄特征不正确的是(　　)

A. 有意记忆逐渐发展　　B. 语词记忆占优势

C. 较多运用机械记忆　　D. 形象记忆占优势

59. (　　)是儿童处于由不会分类向开始发展初步分类能力的过渡时期。

A. 5~6 岁　　B. 2~3 岁　　C. 6~7 岁　　D. 3~4 岁

60. 学前儿童能对事物进行比较,他们比较的发展趋势是(　　)

A. 先学会找物体的相同之处,后学会找物体的不同之处,最后学会找物体的相似之处

B. 先学会找物体的相似之处,后学会找物体的相同之处,最后学会找物体的不同之处

C. 先学会找物体的不同之处,后学会找物体的相同之处,最后学会找物体的相似之处

D. 先学会找物体的不同之处,后学会找物体的相似之处,最后学会找物体的相同之处

61. “小班幼儿保持注意力集中的时间大约是 3~5 分钟”指的是注意的(　　)

A. 稳定性　　B. 广度　　C. 选择　　D. 范围

62. 东东看动画片着迷了,饭也不吃。妈妈说:“那你就看个够吧,别吃饭了。”东东就一直看,以为真的不用吃饭了。东东不能理解妈妈说的是反话,是因为幼儿的思维具有(　　)(易混)

A. 表面性　　B. 片面性　　C. 形象性　　D. 抽象性

63. 小班幼儿一般能正确辨别的图形有(　　)

A. 椭圆形、三角形、正方形　　B. 圆形、长方形、椭圆形

C. 圆形、正方形、三角形　　D. 正方形、三角形、椭圆形

64. 幼儿指着苹果,从左到右,一边点着物体一边说数词:“1 个,2 个……”在点到最后一个时,提高声音说 4 个。这种数数方法是(　　)

A. 口头数数　　B. 按物点数　　C. 接数　　D. 按群计数

65. 儿童一进商场就被漂亮的玩具吸引,儿童在这一刻出现的心理现象是(　　)

A. 注意　　B. 想象　　C. 需要　　D. 思维

66. 视敏度是指发觉一定对象在体积和形状上最小差异的能力,即视力。(　　)左右是幼儿视敏度发展最快的时期。

A. 0~5 个月　　B. 2 岁　　C. 4~5 岁　　D. 7 岁

67. 小朋友听老师讲《猴子捞月》的故事，头脑中就会形成各种猴子的形象，如老猴子沉稳持重，小猴子调皮灵活等。这是(　　)

A. 符号表象　　B. 创造想象　　C. 再造想象　　D. 直觉思维

68. 下列选项中学前儿童最难认识的事物是(　　)

A. 沙、石　　B. 土　　C. 水　　D. 空气

69. 在游戏时，一边做动作，一边说话，用言语补充和丰富自己的行动的言语是(　　)

A. 对话言语　　B. 内部言语　　C. 游戏言语　　D. 独白言语

70. 幼儿说："我妈妈给我买了一辆玩具汽车！"其实，他妈妈只是答应过他，还没有真的给他买。这反映了幼儿想象的(　　)特点。

A. 夸张性　　B. 虚幻性　　C. 情境性　　D. 过程性

71. 贝贝喝糖水之后吃橘子，觉得橘子好酸；妈妈喂他喝了苦瓜汤后，他觉得喝白开水都有点甜。这体现了(　　)的现象。(易混)

A. 同时对比　　B. 联觉

C. 继时对比　　D. 感觉的补偿作用

72. 儿童从会算"两个苹果加三个苹果等于五个苹果"，上升到"2 + 3 = 5"的思维变化，体现的发展趋势是(　　)

A. 从动作思维到形象思维　　B. 从形象思维到抽象逻辑思维

C. 从发散思维到辐合思维　　D. 从常规性思维到创造性思维

73. 幼儿抱着一只玩具鸭子，只是静静地坐着，当老师说："鸭子要游水了。"幼儿的想象才活跃起来。这说明(　　)

A. 经验性想象对幼儿的重要作用

B. 成人的语言提示对幼儿有意想象的发展起重要作用

C. 实际行动对幼儿的想象具有重要作用

D. 幼儿的想象受个人愿望的影响

74. 幼儿时常提出一些不平常的问题，这是以下哪方面的具体表现(　　)(易混)

A. 再造想象　　B. 创造想象　　C. 无意想象　　D. 有意想象

75. 幼儿把香蕉、玉米归为一类，认为它们都是"黄颜色的"。这反映了幼儿(　　)

A. 受自我中心的影响

B. 带有模仿性，缺乏有意性

C. 开始根据事物的表面属性、功用和情境进行分类

D. 能初步根据事物的本质属性进行分类

76. 情境性言语与连贯性言语的主要区别在于(　　)

A. 是否完整连贯　　B. 是否反映了完整的思想内容

C. 是否为双方所共同了解　　D. 是否直接依靠具体事物做支柱

77. 幼儿容易掌握代表实际东西的概念,如"小汽车""飞机"等,不容易掌握比较抽象的概念,如"交通工具"等。这反映出幼儿的思维具有(　　)特点。

A. 表面性　　B. 具体性　　C. 经验性　　D. 固定性

78. 幼儿常以(　　)作为时间定向的依据。

A. 钟表时间　　B. 外界环境的变化　　C. 作息制度　　D. 家长的要求

79. 让一个 4 岁半的幼儿看"牛、人、船、猪"四张图,要求拿出不同的一张,他拿出了"船",是因为(　　)

A. 他认为牛、人、猪经常在一起出现,而船不是

B. 他认为船是没有生命的,而另外的都是有生命的

C. 他认为牛、人、猪都有头、脚和身体,而船没有

D. 以上理由都不正确

80. 人可以辨别物体的颜色形状,分辨各种声音、气味、味道以及空间远近和时间长短等。这反映了(　　)

A. 感觉和知觉　　B. 听觉和运动觉

C. 感觉和推理　　D. 感觉和嗅觉

81. 3 岁儿童方位知觉发展水平为(　　)

A. 开始辨别上下方位　　B. 开始以自我为中心辨别前后

C. 开始以自身为中心辨别左右　　D. 开始以他人为中心辨别左右

82. 某班幼儿在做游戏时,教室外突然传来动听的歌声,很多幼儿不由自主地唱起了歌,这种注意属于(　　)

A. 无意注意　　B. 有意注意　　C. 有意前注意　　D. 有意后注意

83. 幼儿对舞蹈、体操等各种动作的记忆属于(　　)

A. 形象记忆　　B. 运动记忆　　C. 情绪记忆　　D. 语词记忆

84. 幼儿一边听老师念诗"鹅鹅鹅,曲项向天歌",一边在脑海中浮现一群白鹅在水中嬉戏的场景。这种心理现象是(　　)

A. 思维　　B. 注意　　C. 想象　　D. 记忆

85. 幼儿喜欢给小凳子穿上鞋以免它脚冷,给布娃娃打针吃药以治病。这种现象体现了幼儿思维具有(　　)

A. 具体性　　B. 逻辑性　　C. 固定性　　D. 拟人性

86. 午餐的时候，佳佳对晨晨说："今天是星期二，昨天是星期三……"晨晨说："是的。"表明佳佳和晨晨的(　　)

A. 记忆能力较差　　B. 空间知觉水平较差

C. 语言表达能力较差　　D. 时间知觉水平较差

87. 在美术活动"交通工具"中，幼儿设计出未来交通工具，所运用的想象是(　　)

A. 无意想象　　B. 再造想象　　C. 创造想象　　D. 不随意想象

88. 幼儿园要求幼儿专心吃饭，不许随便说话，以保证幼儿吃好、消化吸收好。这主要是因为幼儿(　　)

A. 注意的范围小　　B. 注意容易分散

C. 注意容易转移　　D. 注意的分配能力差

89. 婴幼儿在户外活动时，往往会发生奔跑时撞上障碍物或互相碰撞的安全问题。原因之一是他们(　　)的发展受个体经验的局限。

A. 大小知觉　　B. 方位知觉　　C. 形状知觉　　D. 距离知觉

90. 幼儿听奶奶抱怨小鸡长得慢，就把小鸡埋在土里，把鸡头留在外面，还用水浇，并告诉奶奶："您的小鸡一定会长得大大的。"这属于幼儿思维的(　　)

A. 不可逆性　　B. 可逆性　　C. 经验性　　D. 拟人性

91. 小班幼儿在看木偶剧时，看到大老虎出场会感到害怕，担心大老虎会扑过来咬自己。这表明幼儿想象的特点是(　　)

A. 再造想象占主要地位，创造想象开始发展

B. 无意想象为主，有意想象开始发展

C. 想象常常脱离现实，或者与现实混淆

D. 想象无预定目的，以想象的过程为满足

92. 3 岁的小颖因为喜欢苹果的形状而记住了苹果的特征，这属于(　　)(常考)

A. 形象记忆　　B. 身体记忆　　C. 运动记忆　　D. 特殊记忆

93. 一岁半的兴兴抓着妈妈的衣服，大声嚷嚷："妈妈饭饭！"兴兴使用的句式是(　　)

A. 简单句　　B. 完整句　　C. 电报句　　D. 复合句

94. 教育教学方式的多样性和新颖性有助于提高幼儿(　　)

A. 注意的广度　　B. 注意的稳定性

C. 注意的分配　　D. 注意的转移

95. 幼儿看见小坦克，就想要玩开坦克；听见蛙鸣，就想要学青蛙跳；拿到雪花积木片，就会想到冬天的漫天风雪；如果没有玩具，幼儿可能呆呆地坐着。这反映了幼儿(　　)

A. 想象的无意性　　B. 相似联想较强

C. 直觉思维较强　　D. 想象的有意性

96. 幼儿学习“曲项向天歌”时理解“曲项”——弯脖子,“向天歌”——朝天空唱歌,很快记住了这句诗,这种记忆属于(　　)

A. 无意记忆　　B. 情绪记忆　　C. 机械记忆　　D. 意义记忆

97. 张老师引导孩子们探究横切苹果的秘密,他问幼儿:“我们常常会竖切苹果,但如果我们横切苹果,里面会有什么秘密呢?”幼儿立马对横切苹果的活动很感兴趣。张老师的提问引起了幼儿的(　　)

A. 无意注意　　B. 有意注意

C. 有意后注意　　D. 无意后注意

98. 幼儿认为上午就是做游戏的时间,这说明幼儿的时间知觉(　　)

A. 与日夜变化相联系　　B. 与季节变化相联系

C. 与具体事物相联系　　D. 与生物钟相联系

99. 注意的两个特点是(　　)

A. 指向性与选择性　　B. 集中性与紧张性

C. 指向性与分散性　　D. 指向性与集中性

100. 儿童开始以他人为中心辨别左右的年龄大约是(　　)

A. 5 岁　　B. 7 岁　　C. 2 岁　　D. 3 岁

二、简答题(每小题 15 分,参考时限 10 分钟。共 19 小题)

1. 简述幼儿有意注意产生的条件。

2. 简述学前儿童理解能力的发展趋势。

3. 简述学前儿童言语发生发展的趋势。

4. 简述幼儿想象夸张性的表现。

5. 简述幼儿创造想象的特点。

6. 简述幼儿颜色视觉的发展特点。

7. 简述幼儿注意分散的原因及预防措施。

8. 简述活动中影响幼儿注意稳定性的因素。

9. 简述学前儿童常见的记忆策略。

10. 简述学前儿童思维能力的培养措施。

11. 简述幼儿方位知觉的发展趋势。

12. 简述幼儿实物概念的发展。

13. 简述幼儿记忆发展的特点。

14. 简述幼儿期句子理解发展的特点。

15. 简述幼儿时间知觉的发展。

16. 简述注意的品质。

17. 简述幼儿思维发展的特点。

18. 简述幼儿掌握数概念的三个成分。

19. 简述学前儿童判断的发展趋势。

三、论述题(每小题 20 分,参考时限 15 分钟。共 3 小题)

1. 试述幼儿想象发展的特征。

2. 试述幼儿教师如何在实践中提高幼儿的言语能力。

3. 为什么意义记忆比机械记忆效果好?

四、材料分析题(每小题20分,参考时限20分钟。共14小题)

1. 材料:

涂鸦活动中,小朋友正在画画,刘老师很有心,不停地指导幼儿。“小泽,天空怎么是绿色的呢?你抬头看看,天多么蓝!”“方方,太阳再小一点就好了,一幅画就一个太阳。”“你的小鸟怎么像飞机,要……”关于刘老师的做法,有两种观点。一种认为老师干涉过多,绿天空又如何?重要的是孩子的想象力。第二种认为画画就是要画出个样子,哪来的绿色天空?小朋友一旦形成绿色天空这种认识,以后就很难改正了。

问题:你认为刘老师的做法对吗?并谈谈对上述两种观点的看法。

2. 材料:

周一上午,中(2)班幼儿一到班级就发现活动室四周挂满了彩带和红灯笼,孩子们高兴极了,在活动室里追逐起来。穿着红色新裙子的王老师开始上公开课了,只见平平盯着头顶上摇动的红灯笼,红红跟兰兰小声议论着王老师的新裙子,明明和东东聊着刚才的游戏,看到这一情景,王老师不时停止活动,提醒孩子们。为了完成教学任务,王老师匆匆走完了活动流程。活动结束后,王老师认为今天的活动没组织好。

问题:

(1)从注意影响因素的角度,分析本次活动未达到预期效果的原因。

(2)对本次活动提出改进建议。

3. 材料：

离园时，三岁的小凯兴奋地对妈妈说："妈妈，今天我得了一个'小笑脸'，老师还贴在我的脑门儿上了。"妈妈听了很高兴。连续两天，小凯都这样告诉妈妈。后来妈妈和老师沟通后才得知，小凯并没有得到"小笑脸"。妈妈生气地责怪小凯："你这么小，怎么就说谎呢？"

问题：小凯妈妈的说法是否正确？试结合幼儿想象的特点分析上述现象。

4. 材料：

轩轩把小狗玩具丢在地上，妈妈说："轩轩，你的小狗躺在地上会感冒哦！"轩轩马上把小狗捡起来，并给它盖上小毛巾，然后安心地玩起了搭积木的游戏。搭好桥墩，要选一个桥面，轩轩看了看桥墩，又瞅瞅桥面，从九个大大小小的桥面中选了和桥墩差不多大的桥面搭上去，刚刚好呢！正当轩轩玩得开心时，妈妈叫他吃饭，叫他几遍都不应，妈妈生气地说："你就玩个够吧，别吃饭了！"轩轩高兴地说："好！"又继续搭积木。

问题：请结合材料分析轩轩的思维水平，并结合材料阐述该思维水平的特点。

5. 材料：

有时候幼儿教师花大力气教幼儿记住某首儿歌，孩子们仍然不能完全记牢，但他们偶尔听到的某首童谣，看到的某个电视广告，只需一两次就能把广告词熟记于心。

问题：结合幼儿记忆的这一现象，请分析影响幼儿无意记忆的因素。

6. 材料：

乐乐今年四岁，特别喜欢自言自语。搭积木时，他边搭边说："这块放在哪里呢……不对，应该这样……这是什么……就把它放在这里做门吧……"搭完一个机器人后，他会兴奋地对着它说："你不要乱动，等我下了命令后，你就去打仗！"

问题：请根据学前儿童言语功能发展的有关原理，对材料加以分析。

7. 材料：

大班开学第一周，李老师试图教班里的幼儿在课堂上应该怎样做。他说："当我提问时，你应该举起右手，我将会叫你回答。你们能够像我这样举起右手吗？"20 只手举起来了，但都是左手。

问题：试分析出现这种现象的心理原因。

8. 材料：

陈老师带小班幼儿到户外观察幼儿园的果树，幼儿瞧瞧这棵，看看那棵，摸摸那棵。集中谈话时，许多小朋友说不出其中任何一棵树的特征、形状等。但小朋友能说出，看到了天上有小鸟在飞，水池里有小金鱼在游来游去，果树上有蝴蝶在飞舞，操场上有小朋友在玩"老鹰抓小鸡"的游戏。陈老师对此很是无奈。

问题：

(1)请分析材料中所反映的幼儿注意发展的特点。

(2)结合材料，提出合理的教育建议。

9. 材料：

娜娜 4 岁了，已经上了幼儿园，但是最近，幼儿园老师向娜娜妈妈反映的情况，让娜娜妈妈很是无奈。原来老师发现娜娜的普通话和别的小朋友差很多，总是带着方言的感觉，有时候和小朋友交流，会突然蹦出几句方言，不仅是小朋友连老师也听不懂。娜娜妈妈也没有办法，娜娜的爷爷奶奶经常在家里讲方言，时间久了，娜娜也学会了。

问题：请根据学前儿童言语发展中的问题的有关原理，对材料进行分析。

10. 材料：

某幼儿园一位新教师在教幼儿 10 以内减法时，为了帮助幼儿理解，用非常形象的语言描述“3 - 1 = 2”：“森林里有三只漂亮的小白兔，一天来了一只大灰狼，把其中一只小白兔给叼走了，最后只剩下了两只。”老师刚说完，有个孩子突然大哭起来，整个课堂一下子乱了套。

问题：结合材料，请分析幼儿理解发展的特点。

11. 材料：

小班幼儿菲菲在纸上涂着涂着，觉得像苹果，于是说自己画的是苹果；又涂着涂着，说是大海的波浪。过了一会儿，她突然想起妈妈织的毛衣，又说成是毛衣了，最后她把整个画面涂黑了。

问题：

(1)材料体现了菲菲的何种心理现象？

(2)结合材料分析菲菲这种心理现象的特点。

12. 材料：

有人做了一个实验，实验要求儿童想办法利用一个木棍取得用手拿不到的糖果。实验设置了三种条件，第一种，在儿童面前的桌子上放有木棍和按要求摆放的糖；第二种，提供画有木棍和糖果的图画；第三种，只口头言语布置任务，实验结果如下。

不同年龄儿童完成任务占比情况表

年龄(岁)	第一种	第二种	第三种
3～4	55	17.5	0
4～5	85	53.8	0
5～6	87.5	56.4	15

问题：

(1)分析三种条件下儿童所使用的思维方式，并说出原因。

(2)利用表中数据分析儿童思维方式的变化。

13. 材料：

幼儿教师在幼儿园教学中要使用大量直观形象的教具，以帮助幼儿理解教学内容。在给孩子讲故事时，教师讲到“大象用鼻子把狼卷起来”时，用手做出“卷”的动作，说到“大象把狼扔到河里去”时，又用手做出扔的样子，孩子们也学着老师的样子做出相应的动作，脸上露出会意的笑容。

问题：

(1)材料中体现了儿童思维发展的什么特点？

(2)根据该特点，教师应如何有针对性地对幼儿的思维进行培养？

14. 材料：

新学期开始不久，孩子们在寒假休息了大半个月回来后，我发现班上出现了这么一个现象：当孩子们需要移动小椅子进行活动的时候，总是习惯用一只手拎住椅背拖行，或是把椅背夹在腋下，像拄着拐杖一样一摇一晃地行走。每当这个时候教室里总是充斥着椅子在地板上敲打摩擦的声音，很是刺耳，也不安全。起先是一两个新生，接着是班上一大半的孩子都有这种行为。由于这学期新加了 9 个新生，为此，我一方面在课堂教学中对一些行为习惯重新进行了指导，另一方面在平时不断进行强调和纠正。但收到的效果却差强人意，每次孩子们总是要在老师的提醒下才改变搬椅子的姿势。

在一次教学活动中，我要求孩子们把小椅子放在指定地方，有个别孩子的动作很慢，我担心影响教学时间，便伸手帮了一把。正当我一手一把地拎着小椅子时，有个孩子突然开口说：“老师，要两只手搬椅子。”孩子们的目光一下子都集中在了我身上，我一愣，马上把小椅子放了下来，用双手搬起了一把椅子。下课的时候，我在指导孩子们搬动小椅子的时候，自己先用双手把小椅子搬了起来。不需要太多的语言，更没有平时的大喊大叫，孩子们安静地用规范的动作把小椅子搬到了指定地方，并且没有一个孩子拖椅子。

问题:试分析上述这种现象的原因。

专题五　学前儿童情绪情感的发展

链接答案本 P298

一、单项选择题(每小题 3 分,共 27 小题,参考时限 55 分钟)

1. 王老师给小朋友们准备了一些活动材料,在幼儿动手操作之前,先给幼儿讲解操作过程的注意事项。为了避免干扰,王老师将材料放在小朋友的椅子下面并让他们不要动。明明看到小宇偷偷拿材料,赶紧报告王老师。这是明明(　　)发展的体现。

A. 道德感　　B. 美感　　C. 理智感　　D. 责任感

2. 当询问幼儿喜爱某位教师的原因时,小班的幼儿会强调长相和声音等外在因素。而中大班的幼儿则会把关注点聚焦到性格、能力和教育态度等内在因素上。这反映的幼儿情绪与情感发展特点和趋势是(　　)

A. 丰富化　　B. 深刻化　　C. 稳定性　　D. 社会化

3. 甜甜刚上幼儿园时,看见奶奶走了就难过地哭了起来,旁边的小朋友也跟着哭了起来,这一现象反映了幼儿的情绪具有(　　)

A. 冲动性　　B. 外露性　　C. 科学性　　D. 易感染性

4. 幼儿园老师常常把刚入园的哭着要找妈妈的孩子与班内其他孩子暂时隔离开来。这主要是因为(　　)

A. 老师不喜欢哭闹的孩子　　B. 该幼儿不适合上幼儿园

C. 幼儿的情绪容易受感染　　D. 幼儿常常处于激动的情绪状态

5. 孩子摔倒会引起本能的哭泣,但刚一哭,马上就自己对自己说:“我不哭,我不哭……”这时的孩子脸上还挂着泪珠,甚至还在继续哭。这主要是因为(　　)(常考)

A. 幼儿情绪的易冲动性　　B. 幼儿情绪的易感染性

C. 幼儿的情绪是不稳定的　　D. 幼儿情绪的外露性

6. 张老师发现小班幼儿告状会说“某某抢我的玩具”或“某某打我了”,到了中班幼儿告状会说“某某不遵守规定”或“某某在欺负某某”。这表明(　　)

A. 幼儿的道德感随着年龄增长不断发展

B. 幼儿的效能感随着年龄增长不断发展

C. 幼儿的荣誉感随着年龄增长不断发展

D. 幼儿的美感随着年龄增长不断发展

7. 婴幼儿喜欢被成人接触、抚爱,这种情绪反应的动因是为满足儿童的(　　)

A. 生理性需要　　B. 情绪表达性需要

C. 社会性需要　　D. 自我调节性需要

8. “没有观众看戏,演员也没劲了”,可以比喻使用(　　)帮助孩子控制情绪。

A. 冷处理法　　B. 转移法　　C. 消退法　　D. 反思法

9. 以下关于儿童情绪的表述,不正确的是(　　)

A. 游戏带来的欢乐对儿童心理发展是有益的,成人应该高度重视

B. 身体和心理的分离是引起婴幼儿痛苦的重要原因

C. 婴幼儿的情绪非常不稳定,容易变化,常常破涕为笑

D. 6 岁左右幼儿情绪稳定性逐渐增强,基本可以不受家庭和老师感染

10. 豆豆摔倒刚要大哭时,妈妈立即说:“我们豆豆很勇敢,摔倒从来不哭!”豆豆听了妈妈的话,一骨碌从地上爬了起来。豆豆妈妈运用(　　)的方式调控幼儿的情绪。

A. 耐心倾听　　B. 理解幼儿情绪

C. 接纳幼儿情绪　　D. 积极暗示

11. 2 ~3 岁年幼的儿童,不太在意小朋友是否和他一起玩;而 3 ~4 岁的幼儿,对朋友的孤立以及成人的不理睬,特别是误会、不公正对待、批评等,会特别在意。这体现了儿童情绪情感的(　　)

A. 易感染性　　B. 自我调节化　　C. 深刻化　　D. 丰富化

12. 5 岁的小华很喜欢问问题，好奇心很强，并因为提问和得到满意的回答而感到愉快。这是由于(　　)的发展。

A. 道德感　　B. 理智感

C. 美感　　D. 成就感

13. 下列现象属于情绪的是(　　)

A. 看到美味佳肴会让人产生愉快的体验

B. 解答出一道难题时感到满足

C. 撒谎后心里感到不安

D. 游历美好山川时让人心生美感

14. 幼儿看到故事书中的“坏人”，常常会把它抠掉。这表现了幼儿情绪的(　　)

A. 冲动性　　B. 不稳定性　　C. 外露性　　D. 内隐性

15. 在幼小的儿童身上常常见到破涕为笑，脸上挂着泪水又笑起来的情况。这主要是因为(　　)

A. 幼儿情绪由生理需要控制着　　B. 幼儿的意志力差

C. 幼儿的情绪是不稳定的　　D. 幼儿自我意识还未形成

16. 下列选项中，不属于幼儿情绪调控的发展趋势的主要表现的是(　　)

A. 情绪的冲动性逐渐减少　　B. 情绪和情感从外显到内隐

C. 情绪的稳定性逐渐提高　　D. 情绪和情感从内隐到外显

17. 从两个月起，幼儿便开始出现对人脸的积极情绪反应，这体现了(　　)

A. 儿童情绪的社会化　　B. 儿童依恋的发展

C. 儿童道德情感的发展　　D. 儿童社会认知的发展

18. (　　)岁前是幼儿道德感萌芽的时期。

A. 2　　B. 3　　C. 4　　D. 5

19. 对于小班刚入园正在哭闹的幼儿而言，教师帮助其控制情绪的最佳方法是(　　)

A. 冷处理法　　B. 转移注意法

C. 反思法　　D. 自我说服法

20. 随着年龄的增长，儿童情绪变化的规律是从生理需要的满足到(　　)

A. 精神需要的满足　　B. 交往需要的满足

C. 安全需要的满足　　D. 社会性需要的满足

21. 鲜艳的花朵、优美的体操、悦耳的音乐都可以引起人们的(　　)

A. 道德感　　B. 理智感　　C. 美感　　D. 应激

22. 幼儿园举行猜谜语活动，硕硕冥思苦想，终于猜出其中一个，在这个过程中，他表现出沉醉、愉快、满足、自豪等情绪状态。这种体验是(　　)

A. 美感　　B. 道德感　　C. 理智感　　D. 本体感

23. 小班幼儿看到班上其他小朋友哭，自己也哭了起来，这说明他们(　　)

A. 出现了分离焦虑　　B. 情绪不稳定

C. 情绪开始分化　　D. 对事物的理解受情绪影响

24. 在孩子哭闹后，让他想一想这样哭闹好不好；和小朋友玩玩具发生争执时，让他想一想自己的行为对不对，还有哪些解决问题的办法。这采用的是(　　)

A. 转移注意法　　B. 冷处理法　　C. 想象法　　D. 行为反思法

25. 爸爸关掉电脑后，贝贝又哭又闹，爸爸没有理会，过了一会儿，贝贝慢慢地平静下来。爸爸采用的方法是(　　)

A. 转移注意法　　B. 自我说服法　　C. 冷处理法　　D. 反思法

26. 幼儿的理智感明显发展起来的年龄是(　　)

A. 2 岁左右　　B. 3 岁左右　　C. 4 岁左右　　D. 5 岁左右

27. 有个孩子平时不爱说话，一天他主动发言，老师高兴地说："太好了！我知道你能行！"回到家，妈妈也给他鼓励，他非常高兴。从此以后，这个小朋友发言越来越大胆，越来越积极。这属于(　　)

A. 正面肯定和鼓励　　B. 耐心倾听幼儿说话

C. 正确运用暗示和强化　　D. 树立良好的榜样

二、简答题(每小题 15 分，参考时限 10 分钟。共 4 小题)

1. 简述情绪与情感的区别。

2. 简述帮助幼儿控制情绪的几种方法。

3. 简述学前儿童高级情感的主要内容。

4. 简述学前儿童的几种基本情绪。

三、论述题(每小题 20 分,参考时限 15 分钟。共 2 小题)

1. 试述学前儿童情绪情感发展的一般趋势。

2. 试述幼儿情绪发展的特点,并分析教师应如何培养幼儿的情绪控制能力。

四、材料分析题(每小题20分,参考时限20分钟。共3小题)

1. 材料:

甜甜今年三岁了,她最喜欢吃冰激凌,有一次因为天气冷,妈妈没有给她买,她就伤心地哭了起来,这时爸爸给她一块巧克力,她就笑了。还有一次,她看见邻居家小朋友哭了,她也跟着哭了起来。

问题:根据材料分析学前儿童情绪的发展趋势,并谈谈成人应该教会幼儿用哪些方法调节情绪。

2. 材料:

小班幼儿莉莉的妈妈是个善于帮助孩子控制情绪的母亲。一天,莉莉跟着妈妈逛商店时看到一个玩具要妈妈买,妈妈认为这与家里已有的一个玩具很类似,便不想给她买,可莉莉又哭又闹,一定要买这个玩具。这时,莉莉妈妈略一沉思,便对莉莉说:"莉莉,走,咱们到另外一个地方去看看有没有比这更好的玩具。"说完便领着孩子迅速离开了原地,接着就给莉莉讲故事、做游戏,一起唱歌……莉莉很快就沉浸在妈妈所引发的欢乐的情绪中。

问题:

(1)莉莉妈妈所采用的是哪种帮助幼儿控制情绪的方法?

(2)联系实际说说成人帮助幼儿控制情绪的另几种方法。

3. 材料：

3 岁的阳阳，从小跟奶奶生活在一起。刚上幼儿园时，奶奶每次送他到幼儿园准备离开时，阳阳总是又哭又闹。当奶奶的身影消失后，阳阳很快就平静下来，并能与小朋友高兴地玩。由于担心，奶奶每次走后又折返回来。阳阳再次看到奶奶时，又立刻抓住奶奶的手，哭泣起来。

问题：

(1)阳阳的行为反映了幼儿情绪的哪些特点？

(2)阳阳奶奶的担心是否有必要？教师该如何引导阳阳？

专题六　学前儿童个性的发展

链接答案本 P304

一、单项选择题(每小题 3 分，共 35 小题，参考时限 70 分钟)

1. 豆豆性情平和、内向稳重、做事认真、有韧性、有条理，动作有些不灵活，适应环境慢。李老师平时注意引导他参加各种活动，鼓励他多说话，引导他快速完成任务。豆豆的气质类型很可能是(　)

A. 胆汁质　　B. 多血质　　C. 黏液质　　D. 抑郁质

2. 明明小朋友在回答自己为什么是个好孩子时说："我不撒谎，我认真参加游戏，并把玩具让给别人。"这是(　　)

A. 依从性评价　　B. 对自己外部行为的评价

C. 对自己的内在品质评价　　D. 对自己个别方面的评价

3. 大班孩子在做"木头人"游戏，游戏规则是 1 分钟内谁先动谁就输，当孩子们在做各种造型木头人时，老师在旁不停给孩子们挠痒痒或做鬼脸，但孩子们都一动不动。这一游戏促进孩子们意志品质中(　　)的发展。

A. 独立性　　B. 坚持性　　C. 果断性　　D. 自制力

4. 浩浩不喜欢参加集体游戏,活动时,受了委屈从不大哭,但自己会不开心很久,遇到开心的事情也不会明显地表现出来,浩浩的气质类型属于(　　)

A. 黏液质　　B. 多血质　　C. 胆汁质　　D. 抑郁质

5. “我喜欢自己这个样子”“我觉得自己很讨厌”。这属于自我意识中的(　　)(常考)

A. 自我控制　　B. 自我观察　　C. 自我体验　　D. 自我辩解

6. 问两岁半的康康:“你是个乖孩子吗?”康康回答:“乖的,老师都说我很乖的。”这说明2~3岁儿童的自我评价(　　)

A. 具有主观情绪性　　B. 主要依赖成人的评价

C. 具有自主性　　D. 具有情境性

7. 小张同学活泼好动、反应迅速、喜欢与人交往、注意力容易转移、兴趣容易变换,其气质类型最可能是(　　)

A. 胆汁质　　B. 多血质　　C. 黏液质　　D. 抑郁质

8. 从一个人行为的一个方面可看出他的个性,这是个性(　　)的表现。

A. 独特性　　B. 整体性　　C. 稳定性　　D. 社会性

9. 老师说:“看,娟娟坐得多直!”顿时,许多幼儿都挺起腰坐直。这反映幼儿的性格特点是(　　)

A. 活泼好动　　B. 好奇好问　　C. 模仿性强　　D. 自制力强

10. 对幼儿来说,个性发展的主要内容是(　　)开始形成。

A. 自我意识　　B. 个性特征　　C. 调控系统　　D. 情绪状态

11. 微微妈妈发现微微具有优势智能,于是重点培养孩子,认为她会成为舞蹈演员。说明微微具有(　　)智能。

A. 语言　　B. 视觉—空间　　C. 音乐　　D. 身体—动觉

12. 王老师改变了以往的就餐方式,以自助餐的方式,让幼儿学会按照自己的食量大小拿取食物,王老师的这种做法有利于培养孩子的(　　)

A. 独立性　　B. 总结性　　C. 合作性　　D. 研究性

13. 自我意识萌芽最重要的标志是(　　)

A. 会叫“妈妈”　　B. 思维出现　　C. 学会评价　　D. 掌握代词“我”

14. 一个人在社会生活中交往越广泛,社会关系也就越复杂、越深刻,他的精神世界就越丰富。这反映了个性的(　　)特征。

A. 稳定性　　B. 整体性　　C. 社会性　　D. 个别性

15. “多元智能理论”是加德纳提出的智力结构理论,而儿童多元智力评估核查表则是根据该理论设计的多元智力评估方法。其中“是否喜欢文字游戏”“是否善于记人名、地名”属于核查儿童

多元智力中的(　　)

A. 视觉—空间智力　　B. 言语—语言智力

C. 逻辑—数理智力　　D. 交往—交流智力

16. “我好开心,今天我当了值日生,老师表扬了我。”这句话反映的是幼儿自我意识心理结构中的(　　)

A. 自我认识　B. 自我体验　C. 自我评价　D. 自我监控

17. 以下不适合对气质属于黏液质的孩子进行教育的方式是(　　)

A. 多给予他们参加各种活动的机会

B. 引导他们学会控制情绪的方法,增强他们的自制力和韧性

C. 引导他们快速完成活动

D. 及时表扬他们的成绩,培养他们的自信心

18. “老师说我是好孩子”说明幼儿对自己的评价是(　　)

A. 独立性的　B. 个别方面的　C. 多方面的　D. 依从性的

19. 丽丽脾气急,在生活中还表现出:动作快、吃饭快、做事喜欢一口气做完、易冲动……这反映丽丽个性的(　　)特征。

A. 整体性　B. 开放性　C. 稳定性　D. 独特性

20. 君君一遇到困难就怯懦退缩,这反映的是性格的(　　)(易混)

A. 态度特征　B. 情绪特征　C. 理智特征　D. 意志特征

21. 对不同品质类型的幼儿应采取针对性的教育措施,发扬其气质中的长处,培养良好的性格。对黏液质的幼儿应培养的良好品质是积极精神,应防止的不良品质是(　　)

A. 粗暴任性　B. 粗枝大叶　C. 墨守成规　D. 疑虑孤独

22. 小峰是李老师班上一名让人头疼的学生,他的自制力很差,而且很容易冲动暴躁。小峰的气质类型最可能是(　　)

A. 胆汁质　B. 多血质　C. 黏液质　D. 抑郁质

23. 研究者使用一种叫做“镜像测验”的方法是为了测试幼儿(　　)的发展。

A. 自我意识　B. 角色意识　C. 独立性　D. 气质

24. 与儿童自我意识的真正出现相联系的是(　　)

A. 言语的发展　　B. 动作的发展

C. 情感的发展　　D. 意志的发展

25. 针对多血质儿童,教育时应注意(　　)

A. 培养其勇敢进取、豪放的品质,防止任性、粗暴

B. 培养其热情开朗的性格及稳定兴趣,防止粗枝大叶、虎头蛇尾

C. 培养其积极探索精神及踏实、认真的特点，防止墨守成规、谨小慎微

D. 培养其机智、敏锐和自信心，防止疑虑、孤独

26. 托马斯和切斯将婴儿的气质类型划分为(　　)三种。

A. 容易型、困难型、冲动型　　B. 容易型、困难型、迟缓型

C. 容易型、困难型、稳定型　　D. 容易型、稳定型、冲动型

27. 在幼儿园学习跳舞的活动中，一个叫毛毛的小朋友由于没有学会老师的跳跃动作而受到其他小朋友的嘲笑，由此，毛毛对舞蹈课感到恐惧、焦虑和害羞，开始不喜欢上舞蹈课。请问与毛毛的情感相联系的是(　　)

A. 自我意识　　B. 想象

C. 思维活动　　D. 感知觉

28. 培养机智、敏锐和自信心，防止疑虑、孤僻。这些教育措施主要是针对(　　)的幼儿。

A. 抑郁质　　B. 多血质　　C. 黏液质　　D. 胆汁质

29. 小晶怕挨批评，每做一件事，只要有人说不好，她就不做了。这说明小晶(　　)

A. 胆怯　　B. 自制性差　　C. 自信心不足　　D. 主动性差

30. 小明剪纸时动作不协调，剪得不整齐，说明他的(　　)需要发展。

A. 认知能力　　B. 社会能力　　C. 操作能力　　D. 模仿能力

31. 幼儿性格的年龄特点不包括(　　)

A. 模仿性强　　B. 喜欢交往　　C. 好奇好问　　D. 内向

32. 下列关于个性的说法不正确的是(　　)

A. 它属于心理现象

B. 个性是相对稳定的

C. 个性心理特征包括能力、气质和性格等成分

D. 个性形成的基础是人的内在需要

33. 表现出“精力旺盛、表里如一、刚强、易感情用事”特征的气质类型是(　　)

A. 胆汁质　　B. 多血质　　C. 黏液质　　D. 抑郁质

34. 当一个儿童的兴趣发生变化后，他的知识结构、认知能力也会随之变化，同样他的自我评价、自我体验、态度和行为也会随之变化。这体现了个性的(　　)特点。

A. 独特性　　B. 稳定性　　C. 开放性　　D. 整体性

35. 健健进入大班后，不再看见玩具就闹着要买，而是会听从大人的意见，并自我说服道：“家里玩具太多了，不需要再买了。”从儿童心理发展的角度说明健健(　　)

A. 形成节约的概念　　B. 学会自我安慰

C. 理解玩具太多无益　　D. 自制力获得发展

二、简答题(每小题 15 分,参考时限 10 分钟。共 9 小题)

1. 简述幼儿自我评价发展的特点。

2. 简述幼儿自我控制发展的趋势。

3. 简述幼儿自我意识的培养策略。

4. 简述个性的基本特征。

5. 简述幼儿良好性格的培养措施。

6. 简述加德纳的多元智能理论。

7. 简述学前儿童气质发展的特点。

8. 简述幼儿性格的年龄特点。

9. 简述希波克拉底的气质分类。

三、材料分析题(每小题20分,参考时限20分钟。共5小题)

1. 材料:

幼儿东东,因打了人,没有拿到小红花,而其他小朋友都拿到了。当天妈妈来接他时,他不肯回家,非要拿到小红花才肯离园。经过说服,他明白了道理。从第二天起,他自觉控制自己的行为,每天都要问老师:"我今天表现好吗?"一天,老师说他有进步,给他一朵小红花,东东高兴极了。

问题:结合材料,分析学前儿童自我意识发展主要表现在哪些方面。

2. 材料:

问:小朋友,你叫什么名字,几岁啦?

答:我叫刘雨薇,我5岁了。

问:你有什么本领啊?

答:我会值日,会擦桌子,会分碗筷,会讲故事,我打针也不哭,所以我是好孩子。

问:你喜欢什么啊?

答:我很喜欢芭比娃娃,可是妈妈不给我买新的了,因为妈妈说家里有很多,不能再买了。

问:那你不喜欢什么呢?

答:我不喜欢吃胡萝卜,可是老师和妈妈说吃了对眼睛好,我就吃了。

问题：

(1)材料中体现了该小朋友的何种心理现象?

(2)结合材料分析该小朋友这种心理现象的特点。

3. 材料：

明明是幼儿园大班的孩子，无论参加什么活动，他都十分积极主动，精力旺盛。明明平时做事很急，想干什么就立即行动，想要的东西也必须马上得到，否则会坐立不安。明明做事有闯劲，但时常马马虎虎。待人大方，热情直率，爱打抱不平。他喜欢别人听从他的支配，否则便大发脾气，甚至动手打人。事后虽也后悔，但当时总是难以克制。

问题：

(1)根据明明的上述行为表现，分析他基本上属于什么气质类型?为什么?

(2)谈谈应如何根据幼儿四种不同的气质类型特点，有针对性地进行教育。

4. 材料：

亮亮是个活泼的孩子，平时一刻也停不下来，一天，他看见班上有一架遥控飞机，就问："老师，这是什么？""这是遥控飞机。"亮亮又问："它为什么会飞啊？""因为有遥控器。""为什么有遥控器就会飞啊？""因为遥控器里面有电池。"趁老师不注意，亮亮偷偷撬开了遥控飞机。老师看见了，很生气地批评了他，亮亮大哭着说："我想看看里面有什么秘密。"

问题：

(1)亮亮的行为体现了哪些性格特点？请根据材料分析。

(2)结合材料提出合理的教育建议。

5. 材料：

强强对妈妈提出了一个要求，让他独自在洗衣机中洗自己的袜子，并且要把手伸到洗衣机里去操作，他说大人都是这样做的，他也要这样做。妈妈告诉他小孩子是不可以去摆弄洗衣机的，这样很危险。强强不愿意听，偏要去弄，妈妈只得拔掉了洗衣机的电源插头。强强折腾了半天，这边扳扳摸摸，那边敲敲打打，发现洗衣机还是没能转动起来，于是他大怒，哭闹着说："我自己来，我要。"

问题：请你运用儿童心理发展的有关理论对上述材料进行分析。

专题七　学前儿童社会性的发展

链接答案本 P310

一、单项选择题(每小题3分,共33小题,参考时限65分钟)

1. 鲍尔比提出,依恋的发展分为四个阶段。其中修正目标的合作阶段发生在(　　)

A. 2.5岁以后　　B. 6个月~2.5岁

C. 3~6个月　　D. 0~3个月

2. "儿童在陌生情境中,难以主动地去探究周围环境,而且探究活动很少,表现出明显的陌生焦虑。母亲离开时相当忧伤,但重逢时又难以被安慰。"这属于哪种依恋类型(　　)(常考)

A. 安全型依恋　　B. 回避型依恋

C. 反抗型依恋　　D. 缺乏型依恋

3. 小(2)班的欣欣从小身体就弱,经常生病,个头也很小,不喜欢和别人说话,经常会因为没有小朋友跟她一起玩而大哭。在同伴交友关系中,欣欣属于(　　)

A. 被排斥型幼儿　　B. 被忽视型幼儿

C. 被欣赏型幼儿　　D. 被关注型幼儿

4. 在一次区域活动期间,糖糖要去厕所,跟夏老师说过后就急匆匆地跑出门,不小心撞到了同学,糖糖立即向其道歉。夏老师看到后,夸奖糖糖懂礼貌,之后糖糖的文明礼貌行为出现得更多。夏老师采用的学前儿童亲社会行为的培养策略是(　　)

A. 角色扮演法　　B. 行为描述法

C. 善用精神奖励　　D. 移情训练法

5. 对于2岁儿童,男孩喜欢汽车,女孩喜欢毛绒玩具,对于玩具的选择体现了儿童的(　　)

A. 性别认同　　B. 性别角色认同

C. 性别角色标准　　D. 性别偏爱

6. 儿童显示出性别意识,并能正确辨别自己和他人是男孩或者女孩的年龄是(　　)

A. 3岁　　B. 4岁　　C. 5岁　　D. 6岁

7. 儿童在母亲离开时显得苦恼不安,母亲回来则立即与母亲接触,容易被抚慰并平静下来,这种亲子依恋关系属于(　　)

A. 回避型依恋　　B. 反抗型依恋

C. 安全型依恋　　D. 混合型依恋

8. 攻击性行为产生的直接原因主要是(　　)

A. 榜样　　B. 强化　　C. 父母的惩罚　　D. 挫折

9. 下列引起攻击性行为的原因，表述错误的是(　　)

A. 成人或环境对他们过于宽松，缺乏足够的身体活动

B. 通过攻击性行为的表现引起别人的注意

C. 儿童的自我价值受到打击、侵犯、伤害

D. 教师处理问题不公

10. 中班的乐乐性格比较孤僻，不喜欢和别人说话，自主游戏时常常自己一个人在旁边玩耍，遇到困难时也常常采取逃避的态度，特别害怕失败。在同伴交往关系中，乐乐属于(　　)

A. 受欢迎型儿童　　B. 被拒绝型儿童

C. 被忽视型儿童　　D. 一般型儿童

11. 幼儿能区别一个人是男孩还是女孩，就说明他已经(　　)

A. 形成了性别角色习惯　　B. 具有了性别概念

C. 产生了性别行为　　D. 对性别角色有明确的认识

12. 在性别角色发展的过程中，5 岁的孩子可能发生的事情是(　　)

A. 知道自己的性别　　B. 有明显的自我中心

C. 认为男孩子穿裙子也很好　　D. 认为男孩要胆大，女孩要文静

13. 慧慧上幼儿园，和妈妈分开时哭了起来，但妈妈离开不久，她便恢复了平静，跟其他小朋友一起玩。傍晚，妈妈来接她时，她快乐地投入妈妈怀里。慧慧这种依恋行为表现属于(　　)

A. 焦虑—回避型依恋　　B. 安全型依恋

C. 焦虑—反抗型依恋　　D. 紊乱型依恋

14. 关于攻击性行为的特点，下列说法不正确的是(　　)

A. 攻击型儿童受惩罚时其攻击性行为会加剧

B. 惩罚能抑制非攻击型儿童的攻击性

C. 父母的惩罚本身就给孩子树立了攻击性行为的榜样

D. 惩罚是抑制儿童攻击性行为的有效手段

15. 幼儿园大班儿童的攻击行为的特点是(　　)

A. 工具性攻击行为显著多于敌意性攻击行为

B. 敌意性攻击行为显著多于工具性攻击行为

C. 以言语攻击行为为主

D. 没有性别差异

16. 小白很喜欢和小朋友交往，在与同伴的交往中活跃、主动，但他经常被其他小朋友抱怨爱抢玩具和喜欢推打别人，因而常被同伴排斥。按照幼儿不同交往类型的心理特征划分，小白属于(　　)儿童。(易混)

A. 被抛弃型　　B. 被忽略型

C. 被拒绝型　　D. 受欢迎型

17. 小红看到小兰买了一个新的铅笔盒，觉得很喜欢，为了拿走小兰的铅笔盒便打了小兰，小红的行为属于(　　)(常考)

A. 敌意性攻击　　B. 工具性攻击

C. 随意性攻击　　D. 自我攻击

18. 妈妈在旁边，幼儿敢于在陌生环境中积极探索和玩耍的依恋类型属于(　　)

A. 安全型依恋　　B. 反抗型依恋

C. 回避型依恋　　D. 恐惧型依恋

19. 攻击性行为最大的特点是(　　)

A. 情绪性　　B. 破坏性　　C. 目的性　　D. 情境性

20. 能显著提高儿童的角色承担能力和亲社会水平的学前教育方法是(　　)

A. 角色扮演法　　B. 语言法　　C. 讨论法　　D. 移情法

21. 揭示儿童依恋类型的实验是(　　)(易混)

A. 陌生情境实验　　B. 点红实验

C. 延迟满足实验　　D. 三山实验

22. 豆豆看到丁丁一个人搬积木搬不动，他就跑过去帮忙。豆豆的这种行为属于(　　)

A. 亲社会行为　　B. 反社会行为

C. 攻击性行为　　D. 依恋行为

23. 儿童性别角色的认识经历了四个发展阶段，其中 3 ~4 岁儿童性别角色的发展阶段是(　　)

A. 知道自己的性别，并初步掌握性别角色知识

B. 自我中心地认识性别角色

C. 刻板地认识性别角色

D. 去自我中心地认识性别角色

24. 幼儿的攻击性行为(　　)

A. 不存在性别的差异，也没有年龄的差异

B. 不存在性别的差异，但有年龄的差异

C. 存在明显的性别差异

D. 存在性别差异，但不太明显

25. 2 ~3 岁的儿童所处的性别角色发展阶段是(　　)

A. 自我中心地认识性别角色阶段　　B. 初步掌握性别角色知识的阶段

C. 刻板地认识性别角色阶段　　D. 灵活认识性别角色阶段

26. 攻击性强的幼儿在规定时间内没有攻击行为，则可结合具体情况适当给予奖励。这是矫治严重的攻击行为的(　　)

A. 榜样法　　B. 阳性强化法　　C. 暂时隔离法　　D. 消退法

27. 被某些同伴喜欢，又被某些同伴讨厌的幼儿的同伴关系类型属于（ ）

A. 被忽视型儿童　B. 受欢迎型儿童

C. 矛盾型儿童　D. 一般型儿童

28. 儿童移情能力发展的关键期是（ ）

A. 2～3 岁　B. 3～4 岁　C. 4～6 岁　D. 6 岁以上

29. 亲社会行为产生的基础是（ ）

A. 分享　B. 合作　C. 移情　D. 谦让

30. 在儿童的亲社会行为中，（ ）最为常见，其次为分享行为、助人行为。

A. 安慰行为　B. 公德行为　C. 合作行为　D. 捐赠行为

31. 有的幼儿在同伴交往中过度活跃、话多、好争论、不愿意分享和合作，为引起别人的注意，常常做一些破坏性的行为，制造各种麻烦。这类儿童在同伴交往关系类型中属于（ ）

A. 受欢迎儿童　B. 被拒绝儿童

C. 被忽视儿童　D. 被回避儿童

32. 某幼儿表现出相互矛盾的依恋行为，在陌生的环境中显得困惑和不安，对陌生情境不能很好适应，但又无法把母亲当作他的"安全基地"。该幼儿的依恋类型是（ ）

A. 安全型　B. 回避型　C. 反抗型　D. 困难型

33. "依恋"是指婴儿与母亲（或代理母亲）之间所形成的由爱连接起来的永久性心理联系，最先提出这一概念的心理学家是（ ）

A. 鲍尔比　B. 埃里克森　C. 霍尔　D. 格塞尔

二、简答题（每小题 15 分，参考时限 10 分钟。共 8 小题）

1. 简述培养幼儿形成良好依恋的措施。

2. 简述影响学前儿童同伴关系发展的因素。

3. 简述幼儿形成不同依恋类型的原因。

4. 简述影响幼儿亲社会行为的因素。

5. 简述幼儿性别角色认知的发展阶段。

6. 简述幼儿获得性别概念的阶段。

7. 简述帮助儿童建立良好同伴关系的策略。

8. 简述幼儿亲社会行为发展的阶段和特点。

三、论述题(每小题 20 分,参考时限 15 分钟。共 3 小题)

1. 试述学前儿童亲子依恋的类型。

2. 什么是攻击性行为？试述幼儿期攻击性行为的特点。

3. 试述幼儿性别角色差异的具体体现。

四、材料分析题（每小题 20 分，参考时限 20 分钟。共 6 小题）

1. 材料：

阳阳的父母在外地工作，把阳阳长期托付给爷爷奶奶抚养。爷爷奶奶之间关系不融洽，经常争吵，对阳阳也疏于照料，只注意让阳阳吃饱穿暖，很少关心亲近阳阳。渐渐地，阳阳变得越来越不爱说话，不爱和其他小朋友玩，情绪不稳定，性情越来越孤僻。活动的积极性大大降低，坚持性也变差……父母回来看望他，阳阳也显得很冷漠，并且回避父母的亲近。

问题：结合材料，分析阳阳所形成的依恋类型及其影响，并提出帮助阳阳形成安全型依恋的合理建议。

2. 材料：

大一班有两位小朋友，一位叫明明，另一位叫强强。明明衣着整齐、乐于助人、有同情心、对人友好、有礼貌、善于与人分享合作、喜欢交往，深受同伴的喜爱。强强穿着邋遢、脾气暴躁、对人很有敌意，还喜欢打人、骂人，经常欺负小朋友，班上小朋友见到他就远远地躲开，没人愿意与他在一起。

问题：

(1)请根据材料分析两位小朋友所表现出的同伴交往类型。

(2)请结合材料分析影响他们同伴交往的主要因素。

3. 材料：

5岁的小强在幼儿园经常为了抢夺玩具与小朋友发生冲突，有时甚至对小朋友做出拳打脚踢等攻击性行为，在幼儿园其他人都躲着他，很不受小朋友欢迎。

问题：请结合材料，分析影响幼儿攻击性行为的因素有哪些。

4. 材料：

浩浩是某幼儿园大班的孩子，在幼儿园里，他是出了名的“身强体壮”的顽皮鬼，和其他小朋友矛盾不断，今天上午又挨了老师的一顿狠批。事情是这样的：前几天，浩浩所在的班刚转来了一个小朋友李明，李明个子也比较高，因此，浩浩和李明成为该班仅有的两个“高个”。浩浩主动找李明一块玩，可李明不太喜欢动，尤其不爱和浩浩这样风风火火的孩子玩。今天上午刚到班里，浩浩又找李明教他“玩魔术”，李明不同意，浩浩就动起手来……

在老师眼中，浩浩就是这样：总是主动和小朋友接触，可好景不长，一来二去，也就没人愿意和他玩了。然而，他自己仍别出心裁地玩得有滋有味。

问题：

(1)材料中浩浩的行为以及他和小朋友们的关系说明了什么？请用幼儿社会性发展的有关知识回答。

(2)这种儿童的表现是什么？怎样帮助他处理好和伙伴的关系？

5. 材料：

每天早晨一入园，涵涵就会急匆匆地跑进他所喜欢的区角。一会儿到娃娃家烧饭，一会儿去美术角画画。过了一会儿，他又对搭积木产生了兴趣，看见影影小朋友在玩一辆自己带来的警车，他跑过去二话不说就抢了警车，开始独自玩耍。影影小朋友“呜呜呜”哭着跑来告状，指着涵涵说：“老师，他抢我的汽车……”

问题：结合材料试分析涵涵的争抢行为产生的原因，并据此提出教育对策。

6. **材料：**

某省颁布的《普通幼儿园建设标准》中规定：幼儿园中班和大班的男、女厕位宜合理分隔，以后普通幼儿园新建、迁建都应按照这样的标准来设计规划。

问题：请结合学前儿童性别角色的发展阶段理论，分析材料中该行为的合理性。

专题八 幼儿的个体差异

链接答案本 P319

一、单项选择题（每小题 3 分，共 7 小题，参考时限 15 分钟）

1. 有的幼儿偏爱自己阅读，喜欢从书本上学习知识，不愿意听别人的解释；有的幼儿喜欢与其他小朋友一起讨论，交换意见。这表现了（　　）（常考）

A. 幼儿智力差异　　B. 幼儿性格差异

C. 幼儿性别差异　　D. 幼儿学习类型差异

2. 场依存型认知风格偏好的学习方式是（　　）

A. 合作学习　　B. 探索学习　　C. 自主学习　　D. 有意义学习

3. 在影响个体差异形成的主观因素中，（　　）是最活跃的因素。

A. 自我意识　　B. 心理状态　　C. 需要　　D. 兴趣和爱好

4. 场独立型的人容易将知觉目标从背景中分离出来，其特点是（　　）

A. 判断时以内部参照为准，不易受外部因素的影响

B. 以外部因素为判断依据

C. 善于察言观色，并注意记忆言语信息中的社会因素

D. 社会敏感性强

5. 小王擅长逻辑推理,但缺乏音乐才能;小李擅长绘画,但在数学计算方面表现较差。这反映出不同个体的(　　)

A. 智力类型差异　　B. 发展速度差异

C. 发展水平差异　　D. 发展过程差异

6. 在问题解决情境中,有的儿童总是急于给出答案而缺乏思考,这种认知方式属于(　　)

A. 具体型　　B. 场独立型　　C. 冲动型　　D. 发散型

7. 学龄前的女孩比男孩更善于跳跃,做节律运动,保持平衡。之后,男孩会在跑、跳、投等方面超过女孩,女孩则仍在单脚跳方面保持优势,这体现了(　　)

A. 学习类型的差异　　B. 学习能力的差异

C. 学习内容的差异　　D. 学习性别的差异

二、简答题(每小题 15 分,参考时限 10 分钟。共 3 小题)

1. 简述个体差异形成的原因。

2. 简述尊重幼儿个体差异的举措。

3. 简述幼儿个体差异的类型。

专题九 学前儿童发展常用的研究方法

链接答案本 P320

一、单项选择题(每小题3分,共6小题,参考时限10分钟)

1. 为了了解幼儿同伴交往的特点,研究者深入幼儿所在的班级,详细记录其交往过程的语言和动作等。这一研究方法属于(　　)

A. 访谈法　　B. 观察法　　C. 实验法　　D. 作品分析法

2. 在对学前儿童心理进行研究中,通过控制和改变儿童的活动条件,以发现由此引起的心理现象的规律性变化,从而揭示特定条件与心理现象之间的联系。这种方法称为(　　)

A. 观察法　　B. 实验法　　C. 调查访问法　　D. 测验法

3. 采用一定的量表来了解儿童心理发展水平的方法是(　　)

A. 观察法　　B. 实验法　　C. 问卷法　　D. 测验法

4. 林老师通过分析幼儿观察豆子生长变化的记录表,评价幼儿观察的细致性、系统性等发展情况。林老师使用的研究方法是(　　)(常考)

A. 问卷法　　B. 观察法　　C. 调查法　　D. 作品分析法

5. 在儿童的日常生活、游戏等活动中,创设或改变某种条件,以引起儿童心理的变化。这种研究方法是(　　)

A. 观察法　　B. 自然实验法

C. 测验法　　D. 实验室实验法

6. 教师以幼儿的绘画作品为依据,对其发展状况进行分析,这种方法是(　　)

A. 作品分析法　　B. 自然实验法

C. 谈话法　　D. 观察法

二、简答题(每小题15分,参考时限10分钟。共3小题)

1. 简述观察法的分类。

2. 什么是作品分析法？简述幼儿教师在进行作品分析时应注意的问题。

3. 简述实验法的类型。

三、论述题(每小题 20 分,参考时限 15 分钟。共 1 小题)

试述观察法的优缺点。

专题十 幼儿期的问题行为及其矫治

链接答案本 P321

一、单项选择题(每小题 3 分,共 13 小题,参考时限 25 分钟)

1. 预防学前儿童肥胖的关键是( )

A. 使其热量的消耗与摄入取得平衡　B. 树立“孩子越胖越好”的观念

C. 节食　D. 每月定时称体重

2. 刚上幼儿园的东东由于不适应新的环境,出现了分离焦虑,每次去幼儿园他都要紧紧抓住爸妈的手不放,爸妈一离开就哭闹不停,甚至对外人感到恐惧。针对这类问题,父母可以采取的有效措施不包括( )(常考)

A. 在入学前选择一些以幼儿园生活为主题的绘本,让孩子对集体生活产生兴趣

B. 告诉幼儿回来后会和他做些什么,让幼儿有期待感

C. 每次离家和回家设置一定的程序,让幼儿提前感知到分离,有心理准备

D. 平时少练习一些减少焦虑的活动

3. 对待自闭症幼儿的正确做法是( )

A. 不必进行康复训练　B. 通过康复训练融入社会

C. 必须送到特教学校　D. 特教教师全权负责

4. 关于幼儿口吃,下列不正确的说法是( )

A. 口吃并非生理上的缺陷或发音器官的疾病

B. 大部分口吃患者是幼小时学别人口吃所致

C. 受惊吓是常见原因

D. 幼儿说话时发生口吃,周围人应该及时提醒“你结巴了”,并耐心帮助孩子纠正

5. 东东 4 岁了,近来不知道什么原因说话老是结巴。面对东东这种情形,应该( )

A. 一出现结巴,立刻提醒

B. 刻意要求东东多说话,学会正确表达

C. 严肃地提醒东东:“说话之前,先想清楚。”

D. 关注但不评价,深入了解口吃的原因

6. 下列情形一般不会体现在患有多动症的儿童身上的是( )

A. 能保持有意注意力的集中,但不能保持无意注意力的集中

B. 经常不经思考就突然发生一些行动,自我控制能力差

C. 总是在活动,运动量大大超过同龄的孩子

D. 学习缺乏毅力,难以认真做作业

7. 矫治幼儿咬指甲癖的最佳方法是(　　)

A. 戴手套　　B. 不予理睬

C. 转移注意　　D. 手指涂黄连

8. 关于小儿肥胖症的预防,下列描述不正确的是(　　)

A. 培养良好进食习惯　　B. 禁止暴饮暴食

C. 积极参加体育活动　　D. 酌情使用生长激素

9. 刚入园的幼儿会产生分离焦虑现象,这属于学前儿童常见心理问题中的(　　)

A. 情绪障碍　　B. 品行障碍　　C. 发展障碍　　D. 行为障碍

10. 口吃是幼儿期语言障碍的一种常见问题,造成这个问题的主要原因是(　　)

A. 神经系统发育障碍　　B. 发音器官发育障碍

C. 正常机能发育迟缓　　D. 紧张创伤所致的障碍

11. 三岁半的圆圆来幼儿园 3 个月,但从不与同伴交往,也不回答老师的问题,总是独处,反复玩同一种类型的玩具。这一表现反映的心理问题是(　　)

A. 多动症　　B. 感觉统合失调

C. 儿童焦虑症　　D. 儿童自闭症

12. 2 ~5 岁的幼儿词汇日渐丰富,但说话时常有迟疑、不流畅的现象。这种现象被称为(　　)

A. 发育性口齿不流利　　B. 语言发育迟缓

C. 语言节奏障碍　　D. 口吃

13. 下列(　　)不属于自闭症幼儿的性格特点。

A. 对外界事物不感兴趣

B. 不能主动与人交往

C. 行为兴趣和活动方面狭窄、刻板和重复性质

D. 不能按父母的指导行事

二、简答题(每小题 15 分,参考时限 10 分钟。共 3 小题)

1. 简述幼儿发育迟缓的治疗措施。

2. 简述儿童孤独症（自闭症）的症状。

3. 简述幼儿肥胖的诱因。

三、论述题（每小题 20 分，参考时限 15 分钟。共 3 小题）

1. 试述幼儿多动症的原因。

2. 试述幼儿口吃的诱因及矫治措施。

3. 试述幼儿吮吸手指的原因及矫治措施。

四、材料分析题(每小题20分,参考时限20分钟。共1小题)

材料:

3岁的轩轩,有着大大的眼睛、白里透红的皮肤,一看就很招人喜欢。然而,到幼儿园里没有几天,老师就发现轩轩特别好动,她所进行的活动都很短暂,总是一个接着一个地换,如在活动室里,她几乎每分钟都在改变活动,一会儿玩积木,一会儿玩小汽车,一会儿玩拼图。更加让老师担心的是,稍不注意她就会爬上窗台往外看,还会袭击其他小伙伴……

问题:结合材料,分析轩轩为什么会有以上的行为表现。针对此类儿童,幼儿教师应如何教育?

第二章　学前教育原理

链接答案本 P325

- 学前教育原理
  - 教育与学前教育
    - 我国幼儿园教育的任务★★
      - 为幼儿实施保育和教育
      - 面向幼儿家长提供科学育儿指导
    - 教育与政治、经济和人的发展的关系★
  - 中外幼儿教育的发展
    - 幼儿教育机构的产生与发展
      - 欧文创办欧洲最早的幼儿教育机构
      - 福禄贝尔开办第一所幼儿园
      - 我国第一所幼儿园——湖北幼稚园
    - 国外幼儿教育家的学前教育思想★★
      - 洛克、卢梭、福禄贝尔
      - 杜威、蒙台梭利
    - 我国幼儿教育家的学前教育思想★★
      - 陶行知
      - 陈鹤琴
  - 学前教育的基本原则与特点
    - 学前教育的一般原则★
      - 尊重儿童的人格尊严和合法权益的原则
      - ①________
      - 目标性原则
      - ②________
      - ③________
      - 充分发掘教育资源，坚持开放办学的原则
      - 整合性原则（综合性原则）
    - 学前教育的特殊原则★
      - ④________
      - ⑤________
      - 教育的活动性和直观性原则
      - 生活化和一日活动整体性原则
    - 幼儿园教育的特点
  - 幼儿园班级管理
    - 幼儿园班级管理的含义和意义
    - 幼儿园班级管理的目的
    - 幼儿园班级管理的内容★
  - 幼儿教育法规
    - 《3～6岁儿童学习与发展指南》★★★
    - 《幼儿园教育指导纲要（试行）》★★★
    - 《幼儿园教师专业标准（试行）》★★★

链接答案本 P325

一、单项选择题(每小题3分,共35小题,参考时限70分钟)

1.[2023上半年]《幼儿园教育指导纲要(试行)》提出,幼儿园教育工作评价应当以(　　)

A. 幼儿评价为主　　B. 家长评价为主

C. 教师自评为主　　D. 专家评价为主

2.[2022下半年]幼儿园保育和教育工作从根本上来说是为了满足(　　)

A. 家长的教育要求　　B. 上级领导的要求

C. 小学的教育要求　　D. 幼儿发展的需求

3.[2022下半年]幼儿获得直接经验的方式是(　　)

A. 听老师讲课　　B. 阅读图书

C. 实际操作　　D. 看他人如何做

4.[2022下半年]发展幼儿语言表达能力的关键是让他们(　　)(常考)

A. 多交流多表达　　B. 多模仿别人说话

C. 多认字多写字　　D. 多背诵经典

5.[2022上半年]下列选项中不符合蒙台梭利教育观念的是(　　)

A. 儿童存在着与生俱来的“内在生命力”

B. 教育应让儿童获得自然的和自由的发展

C. 幼儿教师是揭示儿童内心世界的观察者

D. 自由游戏是儿童学习的主要方式

6.[2021下半年]在幼儿绘画活动中,教师最应该强调的是(　　)(易错)

A. 画面干净、美观　　B. 画的和教师的一样

C. 按照自己的意愿大胆表达　　D. 画得越像越好

7.[2021下半年]教师从生活中选择幼儿感兴趣的事物和问题作为教学内容的主要原因是(　　)

A. 教师容易制作教具　　B. 便于教师教学

C. 符合家长的希望　　D. 符合幼儿的学习特点

8.[2021上半年]“做人,做中国人,做现代中国人”这一教育目的的提出者是(　　)(易混)

A. 张雪门　　B. 陶行知

C. 陈鹤琴　　D. 张宗麟

9.[2020下半年]欧文创办的幼儿学校是世界上最早(　　)

A. 使用恩物开展教学的学前教育机构

B. 为工人子弟开办的学前教育机构

C. 为贵族子弟开办的学前教育机构

D. 为儿童提供"有准备的环境"的学前教育机构

10. [2019 下半年]下列不宜作为幼儿科学领域学习方式的是(　　)

A. 直接感知　　B. 实际操作　　C. 亲身体验　　D. 概念解释

11. [2019 上半年]幼儿园的双重任务是(　　)(常考)

A. 保教幼儿和服务家长　　B. 看护幼儿和服务家长

C. 培养习惯和传递知识　　D. 保育和教育幼儿

12. [2019 上半年]幼儿园教师要能接住幼儿抛来的"球",并用恰当的方式把"球"抛回给幼儿,让活动能持续下去,这里所体现的教师角色是(　　)

A. 幼儿学习活动的指导者　　B. 幼儿学习活动的管理者

C. 幼儿学习活动的设计者　　D. 幼儿学习活动的合作者

13. [2019 上半年]下列有关幼儿美术教育的做法中,不正确的是(　　)

A. 支持幼儿表达自己对美术作品的独特感受

B. 出示范画让幼儿模仿

C. 鼓励幼儿用自己的方式表现美

D. 为幼儿的美术创作提供丰富的材料

14. [2018 下半年]下列针对幼儿个体差异的教育观点,哪种不妥(　　)(常考)

A. 应关注和尊重幼儿不同的学习方式和认知风格

B. 应支持幼儿富有个性和创造性的学习与探索

C. 应确保每位幼儿在同一时间达成同样目标

D. 应对有特殊需要的幼儿给予特别关注

15. [2018 下半年]幼儿园教师应该是(　　)

A. 幼儿学习的引导者、决策者和管理者　　B. 幼儿学习的支持者、合作者和引导者

C. 幼儿学习的引导者、传授者和控制者　　D. 幼儿学习的管理者、决策者和传授者

16. [2018 下半年]下列说法中属于蒙台梭利教育观点的是(　　)

A. 注重感官教育　　B. 注重集体教学作用

C. 重视实物使用　　D. 通过游戏使自由与纪律相协调

17. [2018 下半年]教育过程中,教师评价幼儿的适宜做法是(　　)

A. 用统一的标准评价幼儿　　B. 根据一次测评结果评价幼儿

C. 用标准化测评工具评价幼儿　　D. 根据日常观察所获信息评价幼儿

18.［2018 下半年］小班幼儿观察植物时，下列哪条目标最符合他们的发展水平（　　）（易混）

A. 能感知到周围植物的多种多样

B. 会观察记录植物生长变化过程

C. 能察觉到植物外形特征与生存环境的关系

D. 能发现不同种类植物之间差异

19.［2018 上半年］关于学前教育任务最准确的表述是（　　）

A. 促进幼儿智力发展　　B. 促进幼儿身心的快速发展

C. 促进幼儿社会性发展　　D. 促进幼儿身心全面和谐发展

20.［2018 上半年］教师在组织中班幼儿的歌唱活动中，合理的做法是（　　）

A. 要求幼儿用胸腹式联合呼吸法唱歌　　B. 鼓励幼儿用最响亮的声音唱歌

C. 鼓励幼儿唱八度以上音域的歌曲　　D. 要求幼儿用自然声音唱歌

21.［2018 上半年］教师在区角中投放了多种发声玩具，小班幼儿在摆弄这些玩具时（　　）

A. 能概括不同声音产生的条件　　B. 对声音产生兴趣

C. 能描述出玩具是怎么发声的　　D. 能描述出不同玩具发声的特点

22.［2018 上半年］在引导幼儿感知和理解事物"量"的特征时，恰当的做法是（　　）

A. 引导幼儿感知常见事物的大小、高矮、粗细等

B. 引导幼儿识别常见事物的形状

C. 和幼儿一起手口一致地点数物体、说出总数

D. 为幼儿提供"按数取物"的机会

23.［2018 上半年］幼儿园艺术教育的主要目标是（　　）

A. 发展幼儿的艺术技能　　B. 培养幼儿的艺术感受和表达能力

C. 丰富幼儿的艺术知识　　D. 拓展幼儿的逻辑思维能力

24.［2018 上半年］陶行知创立的培养幼教师资的方法是（　　）（易错）

A. 讲授制　　B. 五指活动

C. 感官教育　　D. 艺友制

25.［2017 下半年］小彤画了一个长了翅膀的妈妈，教师合理的应对方式是（　　）（易混）

A. 让小彤重新画，以使其作品更符合实际

B. 画一个妈妈的形象，让小彤照着画

C. 询问小彤画长翅膀的妈妈的原因，接纳他的想法

D. 对小彤的作品不予评论

26.［2017 下半年］一般条件下，（　　）年龄段的幼儿能结合情境理解一些表示因果、假设等关系的相对复杂的句子。

A. 托班　　B. 小班　　C. 中班　　D. 大班

27.［2017 上半年］对幼儿学习品质的正确理解是(　　)

A. 活动过程中的态度和行为倾向　　B. 活动过程中的学习速度

C. 活动过程中的知识积累　　D. 活动过程中的道德品质

28.［2017 上半年］下列最能体现幼儿平衡能力发展的活动是(　　)

A. 跳远　　B. 跑步　　C. 投掷　　D. 踩高跷

29.［2017 上半年］对杜威“教育即生长”的正确理解是(　　)

A. 教育以儿童的本能和能力为依据　　B. 儿童的生长以教育目标为依据

C. 教育以促进教师的专业成长为基础　　D. 教育应促进儿童的身体发育

30.［2016 下半年］科学活动中，教师观察到某幼儿能用数字、图表来记录和整理自己观察到的现象，该幼儿最可能的年龄是(　　)

A. 6 岁左右　　B. 5 岁左右　　C. 4 岁左右　　D. 3 岁左右

31.［2016 下半年］《幼儿园教师专业标准（试行）》规定，我国幼儿园教师专业标准的基本理念是(　　)

A. 师德为先、幼儿为本、能力为重、知识为主

B. 能力为重、幼儿为本、知识为主、终身学习

C. 师德为先、幼儿为本、能力为重、终身学习

D. 师德为先、幼儿为本、知识为主、终身学习

32.［2016 上半年］教师在幼儿书写准备的指导中，不恰当的做法是(　　)

A. 用图画和符号表达自己的愿望和想法　　B. 书写自己的名字

C. 养成正确的写画姿势　　D. 学习书写常见汉字

33.［2016 上半年］在“秋天的树”美术活动中，教师不适宜的做法是(　　)

A. 让幼儿按照教师的范画绘画　　B. 组织幼儿观察幼儿园的树

C. 提供各种树的照片，组织幼儿讨论　　D. 引导幼儿观察有关树的名画

34.［2015 下半年］《幼儿园教育指导纲要（试行）》中的教育目标较多使用“体验”“感受”“喜欢”“乐意”等词汇。这表明幼儿园教育强调(　　)

A. 知识取向　　B. 情感态度取向

C. 能力取向　　D. 技能取向

35.［2015 上半年］从科学知识取向转向儿童经验取向的代表性教育著作是(　　)

A.《理想国》　　B.《爱弥儿》

C.《大教学论》　　D.《林哈德与葛笃德》

二、简答题(每小题 15 分,参考时限 10 分钟。共 4 小题)

1.[2019 上半年]列出幼儿园课程生活化的实施要求并分别举例说明。

2.[2017 下半年]为什么幼儿园教育内容要贴近幼儿生活?

3.[2016 下半年]简述幼儿社会学习的指导要点。

4.[2015 下半年]为什么不能把《3 ~6 岁儿童学习与发展指南》作为一把“尺子”去衡量所有的幼儿?请说明理由。

三、论述题（每小题 20 分，参考时限 15 分钟。共 4 小题）

1.［2022 下半年］教育家陈鹤琴认为，幼儿的发展具有整体性。虽然他把教学内容划分为健康、社会、科学、艺术和文学，但是他认为，它们之间应该相互贯通，为一个整体，正如人的手指和手掌的关系。

请结合陈鹤琴的整体性思想，说一说什么是学习与发展的整体性？如何在一日生活中切实做到？

2.［2021 上半年］幼儿园教师应具备哪些专业能力？

3.［2020 下半年］试述幼儿园班级管理工作的主要内容。

4. [2019 下半年]试述科学安排幼儿园一日生活的原则。

四、材料分析题(每小题 20 分,参考时限 20 分钟。共 2 小题)

1. [2021 下半年]**材料:**

毛毛是个活泼的孩子,这学期体检时,毛毛被检查出弱视,需要戴眼镜治疗。李老师发现毛毛戴眼镜后变得沉默了,还时不时把眼镜摘下来。李老师关心地问毛毛,毛毛说怕被小朋友们笑话,所以不想戴。于是李老师组织了一次"眼睛生病怎么办"的集体活动。活动后,幼儿都知道了眼睛生病要治疗,毛毛戴眼镜是为了治疗,毛毛又戴上了眼镜,和往常一样活泼好动了。

问题:

(1)李老师组织这次活动要解决的问题是什么?

(2)李老师的做法有哪些方面值得学习?

2. [2018 上半年]**材料:**

主题活动中,中班幼儿对画汽车产生了兴趣。为了提升幼儿的绘画能力,郭老师提供了"面包车"的绘画步骤图,组织每个幼儿根据步骤画出汽车。

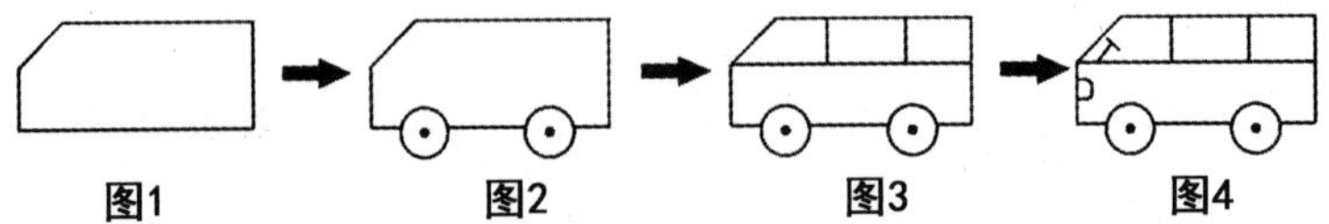

问题：

(1)郭老师是否应该投放绘画步骤图？为什么？

(2)如果你是郭老师，你会怎么做？

专题一　教育与学前教育

链接答案本 P335

一、单项选择题(每小题 3 分，共 5 小题，参考时限 10 分钟)

1. 下列关于学前教育与社会的关系说法正确的是(　　)

A. 社会经济发展水平决定着学前教育机构的产生

B. 政治制度决定着全部学前教育内容

C. 社会经济发展水平决定着学前教育的性质

D. 政治决定着学前教育的性质

2. 我国幼儿教育的基本出发点是(　　)

A. 对幼儿实施全面发展教育　　B. 对幼儿开展智力教育

C. 保护幼儿健康成长　　D. 对幼儿进行道德教育

3. 以下哪项不属于我国幼儿园的任务(　　)

A. 对幼儿实施保护和教育　　B. 培养创新人才，发展科学技术文化

C. 为家长工作、学习提供便利　　D. 服务社会，为社会发展做贡献

4. 在我国封建社会，封建统治者通过《三字经》《弟子规》等蒙学教材，为维护封建统治秩序打好基础，这反映了影响学前教育的因素是(　　)

A. 学校因素　　B. 政治因素　　C. 经济因素　　D. 文化因素

5. 幼儿园的双重任务是指幼儿园对幼儿实施保育和教育以及(　　)(常考)

A. 幼儿园对幼儿家长实施科学的育儿指导

B. 幼儿园为幼儿健康成长提供条件

C. 幼儿园为小学教育提供基础

D. 幼儿园是对幼儿进行照看

二、简答题(每小题 15 分，参考时限 10 分钟。共 2 小题)

1. 简述学前教育目标制定的依据。

2. 简述教育与经济的关系。

专题二　中外幼儿教育的发展

链接答案本 P336

一、单项选择题(每小题 3 分，共 40 小题，参考时限 80 分钟)

1. 我国教育家陶行知提出的教育方法是(　　)

A. 自然后果法　　B. 教、学、做合一

C. 整个教学法　　D. 发现式教学法

2. 根据杜威的“教育即生活”和陶行知的“知行合一”，采用单元教学的方法，彻底打破各学科之间的界限的课程是(　　)

A. 蒙氏课程　B. 五指课程　C. 行为课程　D. 瑞吉欧课程

3. 1907 年，蒙台梭利在罗马贫民区创办的幼儿教育机构的名称为(　　)

A. 幼儿园　B. 儿童之家　C. 快乐之家　D. 幸福乐园

4. 我国现代著名教育思想家陶行知认为幼儿教育应解放儿童的(　　)

A. 主动性　B. 活动　C. 兴趣　D. 创造力

5. 标志着我国学前公共教育诞生的教育机构是(　　)

A. 湖南幼稚园　B. 湖北幼稚园

C. 武昌蒙养院　D. 福建公立幼儿园

6. 小朋友们都在各自的兴趣小组玩，唯独小强一个人沮丧地坐在一边，原来小强太霸道，小朋友们都不喜欢和他一起玩，老师看在眼里并没有采取任何措施。从卢梭的自然教育理论出发，老师的这种教育方法属于(　　)

A. 自然后果法　B. 冷处理法　C. 权利剥夺法　D. 平等教育法

7. 在西方教育史上，最早提出学前教育思想的是(　　)

A. 柏拉图　B. 亚里士多德　C. 夸美纽斯　D. 苏格拉底

8. 重视儿童的感官教育，并设计了一套发展儿童感官的教学材料的幼儿教育家是(　　)

A. 柏拉图　B. 蒙台梭利　C. 卢梭　D. 夸美纽斯

9. 认为应当把儿童所应该学的东西结合在一起，完整地、有系统地教授儿童，即提出“整个教学法”的是(　　)

A. 陶行知　B. 蒙台梭利　C. 张雪门　D. 陈鹤琴

10. 提倡教育要适合孩子的“敏感期”的教育家是(　　)(常考)

A. 蒙台梭利　B. 卢梭　C. 福禄贝尔　D. 杜威

11. 提出教育要遵循儿童的自然，一切教育都应以感官教育为基础，强调直观、语言和活动在儿童发展中的重要作用，指出游戏是儿童教育的重要方法的教育家是(　　)

A. 班杜拉　B. 斯金纳　C. 乔姆斯基　D. 裴斯泰洛齐

12. 下列以“研究和试验如何办好农村幼稚园的具体方法”为办园宗旨的是(　　)

A. 南京鼓楼幼稚园　B. 上海大同幼稚园

C. 上海总工会幼儿园　D. 南京燕子矶幼稚园

13. 下列哪项属于卢梭的主张(　　)

A. 强调对幼儿进行教育，必须遵循自然的要求，顺应幼儿的自然本性

B. 强调“教育即生长”

C. 主张“泛爱”主义的教育思想，认为人人都有接受教育的可能性

D. 强调要重视幼儿的自主性

14. 陈鹤琴提出了（　　）的理论体系，作为其课程编制的基础。（常考）

A. 认识发展　B. 生活教育　C. 生活即教育　D. 活教育

15. 1923 年，陈鹤琴创办的我国最早的幼儿教育实验中心是（　　）

A. 南京燕子矶幼稚园　B. 香山慈幼院

C. 江西省实验幼稚师范学校　D. 南京鼓楼幼稚园

16. 以下不属于中国近代幼教开创者的是（　　）

A. 黄炎培　B. 陈鹤琴　C. 张雪门　D. 陶行知

17.（　　）是我国现代教育史上提倡乡村教育、兴办乡村学校的先行者。

A. 陈鹤琴　B. 陶行知　C. 张雪门　D. 张宗麟

18. 教育史上第一个承认游戏教育价值的是（　　）

A. 福禄贝尔　B. 卢梭　C. 蒙台梭利　D. 夸美纽斯

19. 论述了“绅士教育”，并在西方教育史上第一次把教育划分为体育、德育和智育三个方面的著述是（　　）

A.《爱弥儿》　B.《人的教育》　C.《教育漫话》　D.《教育人类学》

20. 杜威以实用主义哲学为基础建立其教育理论体系，他主张教育要以儿童为中心，基本方法是（　　）（常考）

A.“做中学”　B.“玩中学”　C.“教中学”　D.“乐中学”

21. 学前教育学是从教育学家（　　）开始创立的，以他为标志，学前教育理论才从普通教育学中分化出来，由笼统的认识到建立独立的范畴与体系，成为一门独立学科。

A. 亚里士多德　B. 柏拉图　C. 福禄贝尔　D. 夸美纽斯

22.（　　）创办了我国第一所学前儿童教育机构——湖北幼稚园。（易混）

A. 端方　B. 陶行知　C. 陈鹤琴　D. 张之洞

23. 蒙台梭利“有准备的环境”指的是（　　）

A. 教师高度控制的环境　B. 幼儿自由活动的环境

C. 教师指导的有秩序的环境　D. 幼儿自主操作材料的环境

24. 在教育史上，（　　）是提倡“爱的教育”和实施“爱的教育”的典范，他指出：“教育的主要原则是爱。”

A. 福禄贝尔　B. 卢梭　C. 裴斯泰洛齐　D. 夸美纽斯

25. 批判当时的幼儿教育犯了“外国病、花钱病、富贵病”的教育家是(　　)

A. 陶行知　　B. 陈鹤琴　　C. 张雪门　　D. 张宗麟

26. 提出“白板说”的教育思想家是(　　)

A. 夸美纽斯　　B. 洛克　　C. 卢梭　　D. 赫尔巴特

27. 实用主义教育学家杜威的“新三中心”指的是(　　)

A. 儿童中心、经验中心、活动中心　　B. 儿童中心、活动中心、课堂中心

C. 教师中心、书本中心、课堂中心　　D. 儿童中心、书本中心、活动中心

28. 美国教育家杜威曾说:“我们教育中将引起的改变是重心的转移,这是一种变革,这是一种革命。这是和哥白尼把天文学的中心从地球转到太阳一样的那种革命,这里,儿童变成了太阳,而教育的一切措施则围绕着他们转动……”这段话体现的是什么教育思想(　　)

A. 强调儿童的发现　　B. 以儿童为中心

C. 母亲是儿童最好的老师　　D. 重视儿童的经验

29. 陈鹤琴提出的“五指活动”指的是(　　)

A. 健康活动、社会活动、科学活动、艺术活动、文学活动

B. 体育活动、语言活动、科学活动、艺术活动、语文活动

C. 语言活动、社会活动、科学活动、美术活动、音乐活动

D. 社会活动、科学活动、常识活动、语文活动、文学活动

30. 卢梭教育理论体系中一个最基本的思想是(　　)

A. 把儿童当作儿童来看待　　B. 提出了“社会本位论”的儿童观

C. 提出了“白板说”　　D. 为儿童拟定了百科全书式的启蒙教育大纲

31. 提出“教育应该以儿童为中心”的教育家是(　　)

A. 蒙台梭利　　B. 福禄贝尔　　C. 杜威　　D. 张雪门

32. 由陶行知先生在 1927 年创办的我国第一所乡村幼稚园是(　　)

A. 湖南蒙养院　　B. 南京燕子矶幼稚园

C. 湖北幼稚园　　D. 鼓楼幼稚园

33. (　　)先生是我国著名的教育家,儿童心理学、儿童教育学的奠基人,被誉为“中国的福禄贝尔”和“中国幼儿园之父”。

A. 陶行知　　B. 陈鹤琴　　C. 鲁迅　　D. 张雪门

34. 下列选项中不属于蒙台梭利教育思想的是(　　)

A. 重视社会性培养　　B. 重视感官教育

C. 重视有准备的环境　　D. 重视敏感期的价值

35. 陈鹤琴先生在课程组织上不赞成分科教学，认为儿童的生活是完整的，因此学习内容也应该是完整的、相互连接的，不能四分五裂，因此他的课程被称为(　　)

A. 行为课程　　B. 生活课程　　C. 完整课程　　D. 五指活动课程

36. 西方教育史上第一本附有插图的儿童百科全书是(　　)

A.《大教学论》　　B.《蒙台梭利教学法》　　C.《世界图解》　　D.《爱弥儿》

37.《爱弥儿》这部著作明确阐述了自然主义教育观，其作者是(　　)

A. 裴斯泰洛齐　　B. 洛克　　C. 卢梭　　D. 福禄贝尔

38. 公益性学前教育较早可追溯到罗伯特·欧文创办的(　　)

A. 母育学校　　B. 幼儿学校　　C. 幼儿园　　D. 编织学校

39. 被认为是世界史上第一部学前教育专著的是(　　)

A.《母育学校》　　B.《爱弥儿》　　C.《教育漫话》　　D.《幼儿园教育学》

40. 最早将幼儿教育机构命名为“幼儿园”的是(　　)

A. 法国的福禄贝尔　　B. 英国的欧文

C. 意大利的蒙台梭利　　D. 德国的福禄贝尔

二、简答题(每小题 15 分，参考时限 10 分钟。共 7 小题)

1. 简述洛克的幼儿教育思想。

2. 简述福禄贝尔的教育思想。

3. 简述陈鹤琴的教育思想。

4. 陶行知的生活教育理论源自对杜威思想的吸收和改造,请简述两位教育家的主要观点。

5. 简述卢梭的教育思想。

6. 简述蒙台梭利的学前教育思想。

7. 简述杜威的学前教育思想。

专题三　学前教育的基本原则与特点

链接答案本 P341

一、单项选择题(每小题 3 分,共 10 小题,参考时限 20 分钟)

1. 教师在活动前要善于激发幼儿的学习兴趣和动机,这体现的是(　　)

A. 科学性、思想性原则　　B. 目标性原则

C. 主体性原则　　D. 保教合一原则

2. 吃饭时,老师教育小朋友要珍惜粮食,这种行为符合(　　)原则。

A. 直观性　　B. 生活性　　C. 保教结合　　D. 活动性

3. 在新型冠状病毒感染形势严峻时期,王老师精心设计"抗击疫情"的主题活动,引导幼儿做好防疫卫生,鼓励幼儿参与疫苗接种,该做法体现了(　　)(常考)

A. 教育生活化　　B. 生活教育化

C. 以游戏为基本活动　　D. 教育活动的多样性

4. 张老师当众披露婷婷的缺点,还给婷婷起绰号,张老师违背了(　　)

A. 坚持开放办学原则　　B. 尊重儿童人格尊严和合法权益原则

C. 目标性原则　　D. 科学性、思想性原则

5. 大班的苗苗掉了牙,哭着并拿着掉了的牙去找老师。老师安慰她说这是正常现象,然后根据这一事例在全班组织讨论为什么会掉牙,并进行了一系列活动:"我们要换牙了""如何保护牙"等,使幼儿懂得了一些换牙、保护牙的卫生常识以及注意养成良好的饮食习惯。这主要体现了学前教育的(　　)原则。

A. 生活教育化　　B. 发挥一日活动整体功能

C. 尊重儿童　　D. 实践性

6. 在幼儿园实践中某些教师认为幼儿进餐、睡眠、吃水果等是保育,只有上课才是传授知识、发展

智力的唯一途径，不注意利用各环节的教育价值。这种做法违背了(　　)

A. 发挥一日生活的整体功能原则　　B. 重视年龄特点和个体差异原则

C. 尊重儿童原则　　D. 实践性原则

7. 幼儿教师规定，在语言课上只讲故事，音乐课上只能唱歌，体育课上只做游戏的做法违背了(　　)的教育原则。

A. 启蒙性　　B. 发展适宜性　　C. 活动性　　D. 整合性

8. 洋洋尿裤子了，陈老师发现后让洋洋等保育员老师过来换裤子，陈老师的做法违背了学前教育的(　　)

A. 自主性原则　　B. 活动性原则　　C. 直观性原则　　D. 保教合一原则

9. 幼儿园提前学习小学低年级的内容，这种做法违背了(　　)

A. 主体性原则　　B. 发展适宜性原则

C. 以游戏为基本活动原则　　D. 教育的活动性原则

10. 王老师在组织"5"的分解、组成活动时，为幼儿提供了小棒、积木和圆片等学具供其操作，老师的做法体现了学前教育的原则是(　　)

A. 保教合一的原则　　B. 以游戏为基本活动的原则

C. 教育的活动性和直观性原则　　D. 生活化和一日活动的整体性原则

二、简答题(每小题 15 分，参考时限 10 分钟。共 5 小题)

1. 为什么说游戏是幼儿的基本活动？

2. 简述遵循发展适宜性原则的几层含义。

3. 简述幼儿园贯彻主体性原则时应注意的事项。

4. 简述贯彻科学性、思想性原则时应注意的事项。

5. 简述贯彻整合性原则时应注意的事项。

三、论述题(每小题 20 分,参考时限 15 分钟。共 1 小题)

试述学前教育的一般原则。

四、材料分析题(每小题20分,参考时限20分钟。共3小题)

1. 材料:

经过长时间教育,我发现班上大部分孩子洗手的方法还是不正确,手总是洗得不干净。我们几位老师看在眼里急在心里。于是,我让孩子们相互看看、摸摸自己和别人的手,比比谁的手干净,并让孩子们总结洗手的“小诀窍”。有的孩子说:“要用肥皂搓,再用水冲干净。”有的说:“洗手时要卷起袖子,不然会把衣服弄湿的。”我搬来了娃娃家的“脸盆”“肥皂”“毛巾”等,请孩子们学习并练习洗手的正确步骤:先卷袖子→打开水龙头冲一下手→用肥皂搓手心、手背、手指和手腕→用水冲干净→用毛巾擦干水。为了帮助孩子牢固地掌握正确的洗手方法,我还画了一些洗手的小图示,编上1、2、3、4、5,并附上简单的说明文字,将其贴在洗手池上方的墙上。终于,孩子们都能按正确的步骤洗手了。

问题:结合材料分析教师在活动中体现了哪些学前教育原则?

2. 材料:

大班某教师发现大部分幼儿需要不断提醒才会饮水,于是该老师开展了“多喝水身体棒”系列活动,通过情景表演“小猴生病的原因”,让幼儿明白饮水的重要性;开展“茶水店”游戏,丰富幼儿饮水的相关生活经验;在生活中引导幼儿饮水后用自己喜欢的方式做标识,保证充足的饮水量。一段时间后,该老师欣喜地发现幼儿逐渐养成了主动饮水的习惯。

问题:请结合“生活化和一日活动整体性原则”分析材料中教师的做法。

3. 材料：

点名是幼儿园一日生活中必不可少的环节，每天早上检查班级幼儿的出勤率，户外活动结束时确认幼儿是否归队等，都需要点名。然而在点名环节中，幼儿常常不太配合，经常发出怪声，替人答到，自顾自玩耍等。本来两分钟就能完成的点名，结果用了十来分钟。为了改变这种情况，王老师想出了一个办法，她用缓慢柔和的语气对孩子们说："今天兔妈妈和大灰狼争着要给小朋友点名。乖孩子的名字兔妈妈用最温柔、最好听的声音念出来，没有坐好的小朋友的名字，大灰狼就用凶巴巴的声音念出来。"幼儿一听，都安静坐好，唯恐大灰狼用凶巴巴的声音念出自己的名字，老师很快就完成了点名任务。

问题：结合材料分析王老师的做法体现的学前教育原则是什么？并谈谈在实践中如何贯彻这一原则。

专题四　幼儿园班级管理

链接答案本 P345

一、单项选择题(每小题 3 分，共 5 小题，参考时限 10 分钟)

1. 在创设"超市"游戏环境时，王老师和幼儿协商"超市"游戏规则，并让幼儿将规则用符号表征的形式呈现在区域里。王老师管理班级的方法是(　　)

A. 互动指导法　　B. 榜样激励法

C. 目标指导法　　D. 规则引导法

2. (　　)是指教师以行为结果作为目标，引导幼儿的行为方向，规范幼儿行为方式的一种管理方法。

A. 榜样示范法　　B. 目标指引法　　C. 互动指导法　　D. 规则引导法

3. (　　)是幼儿园教师最经常和最基本的管理工作，是幼儿园各项管理工作的中心部分。

A. 教育管理　　B. 生活管理　　C. 班级间交流管理　　D. 家庭教育管理

4. 下列不是学期中的生活管理内容的是(　　)

A. 每周检查班级幼儿生活管理计划的实施情况

B. 观察幼儿生活行为,记录好其表现

C. 总结班级幼儿生活管理工作,指出成绩与问题

D. 每日管理好幼儿生活用品

5. 幼儿园班级管理是通过计划、组织、实施、(　　)等环节来实现。(易错)

A. 总结　　B. 小结　　C. 调整　　D. 检查

二、简答题(每小题 15 分,参考时限 10 分钟。共 2 小题)

1. 简述幼儿园班级管理的目的。

2. 简述幼儿园班级管理的意义。

专题五　幼儿教育法规

链接答案本 P346

一、单项选择题(每小题 3 分,共 100 小题,参考时限 200 分钟)

1. (　　)是幼儿最好的学习方式,是幼儿最有意义的学习。

A. 玩中学　　B. 集体教学　　C. 同伴模仿　　D. 间接学习

2.《幼儿园教育指导纲要(试行)》提到的五个领域中,艺术领域是为了发展幼儿的(　　)

A. 感受能力　　B. 表现能力　　C. 评价能力　　D. 创造能力

3.《幼儿园教师专业标准(试行)》中对幼儿一日生活的组织与保育要求包括(　　)

①充分利用各种教育契机,对幼儿进行随机教育

②建立班级秩序与规则,营造良好的班级氛围,让幼儿感受到安全、舒适

③关注幼儿日常表现,及时发现和赏识每个幼儿的点滴进步,注重激发和保护幼儿的积极性、自信心

④有效保护幼儿,及时处理幼儿的常见事故,危险情况优先救护幼儿

A. ①②　　B. ②③　　C. ③④　　D. ①④

4.《幼儿园教育指导纲要(试行)》语言教育领域内容与要求指出,应培养幼儿对生活中常见的(　　)的兴趣。

A. 简单标记和图画符号　　B. 简单标记和文字符号

C. 简单标记和标点　　D. 简单标记和语言

5. 幼儿艺术领域学习的关键在于充分创造条件和机会,在大自然和(　　)中萌发幼儿对美的感受和体验,丰富其想象力和创造力。

A. 区域活动　　B. 游戏　　C. 社会文化生活　　D. 集体教学

6. 李老师在本班进行了关于绘本阅读有效指导的教育行动研究,这体现了教师专业能力的(　　)

A. 反思与发展　　B. 沟通与合作

C. 教育活动的计划与实施　　D. 一日活动的组织与保育

7. 幼儿园的教育内容是全面的、启蒙性的,可以相对划分为健康、语言、社会、科学、艺术等五个领域,也可作其他不同的划分。各领域的内容相互渗透,从不同的角度促进幼儿(　　)等方面的发展。

A. 知识、技能、能力、情感、健康　　B. 情感、态度、能力、知识、技能

C. 能力、语言、态度、知识、技能　　D. 情感、态度、知识、技能、潜力

8.《幼儿园教育指导纲要(试行)》指出,教师应"善于发现幼儿感兴趣的事物、游戏和(　　)中所隐含的教育价值,把握时机,积极引导"。

A. 生活　　B. 学习　　C. 运动　　D. 偶发事件

9. 幼儿的科学教育是科学启蒙教育,重在(　　)

A. 引导幼儿参与探究的过程和学习科学方法　　B. 教给幼儿粗浅的知识和探索的技能

C. 激发幼儿的认识兴趣和探究欲望　　D. 养成幼儿良好的学习习惯和兴趣

10. "具有一定的适应能力"目标属于《3~6岁儿童学习与发展指南》健康领域中(　　)子领域。

A. 身心状况　　B. 动作发展　　C. 生活习惯　　D. 生活能力

11.《幼儿园教育指导纲要(试行)》中指出:教育活动内容的选择应体现的原则是(　　)

A. 既符合幼儿的现有水平,又有一定的挑战性

B. 既符合幼儿的现实需要,又有利于其长远发展

C. 既贴近幼儿的生活来选择幼儿感兴趣的事情和问题,又有助于拓展幼儿的经验和视野

D. 以上都是

12.《3 ~6 岁儿童学习与发展指南》健康领域“动作发展”目标中指出,(　　)幼儿能以手脚并用的方式安全地爬攀登架、网等。

A. 3 ~4 岁　　B. 4 ~5 岁　　C. 5 ~6 岁　　D. 6 ~7 岁

13. 成人要充分尊重和接纳幼儿的说话方式,无论幼儿的表达水平如何,都应认真地(　　)并给予积极的回应。

A. 关注　　B. 倾听　　C. 等待　　D. 提问

14. 科学、合理安排和组织幼儿的一日生活,时间安排应有相当的(　　)(常考)

A. 系统性和灵活性　　B. 秩序性和灵活性

C. 稳定性和差异性　　D. 稳定性和灵活性

15. 下列关于学前儿童社会教育内容的要求,说法错误的是(　　)

A. 幼儿园、家庭和社会密切合作,协调一致,共同促进幼儿良好社会性品质的形成

B. 幼儿社会教育目标必须通过系统上课的方式实现

C. 幼儿社会态度和社会情感的培养尤应渗透在多种活动和一日生活的各个环节之中

D. 应为幼儿提供人际间相互交往和共同活动的机会和条件,并加以指导

16. 幼儿园教育活动的设计和实施主要体现在(　　)

A. 趣味性、综合性和活动性　　B. 趣味性、新颖性和活动性

C. 新颖性、综合性和儿童化　　D. 新颖性、游戏性和儿童化

17. 培养幼儿语言能力的关键是(　　)

A. 开展语言讲述活动　　B. 鼓励幼儿大声说话

C. 创设良好的语言环境　　D. 纠正幼儿的发音

18. 能努力做好力所能及的事,不怕困难,有初步的责任感,是(　　)领域的目标。

A. 健康　　B. 社会　　C. 语言　　D. 科学

19.《幼儿园教育指导纲要(试行)》指出,教师的态度和(　　)应有助于形成安全、温馨的心理环境。

A. 情绪　　B. 性格　　C. 管理方式　　D. 人格魅力

20. (　　)应自然地伴随着整个教育过程进行,综合采用观察、谈话、作品分析等多种方法。

A. 教育评价　　B. 教师评价　　C. 教育反思　　D. 教师反思

21. 幼儿每天的户外活动时间一般不少于________小时，其中体育活动时间不少于________小时。(　　)(易混)

A. 2　1.5　　B. 2　2.5　　C. 2　1　　D. 3　2

22. 《3～6 岁儿童学习与发展指南》的目标部分分别对 3～4 岁、4～5 岁、5～6 岁三个年龄段(　　)幼儿应该知道什么、能做什么，大致可以达到什么发展水平提出了合理期望，指明了幼儿学习与发展的具体方向。

A. 初期　　B. 中期　　C. 后期　　D. 末期

23. “在帮助下能穿脱衣服或鞋袜”属于《3～6 岁儿童学习与发展指南》中(　　)幼儿的“具有基本的生活自理能力”的期望目标。

A. 2～3 岁　　B. 3～4 岁　　C. 4～5 岁　　D. 5～6 岁

24. 在《3～6 岁儿童学习与发展指南》的实施中，李老师常常鼓励和支持幼儿用积木、纸盒、拼板等各种形状材料进行建构游戏或制作活动。这说明李老师(　　)(常考)

A. 尊重幼儿发展的个体差异　　B. 关注幼儿学习与发展的整体性

C. 理解幼儿的学习方式和特点　　D. 重视幼儿的学习品质

25. “对自己感兴趣的问题总是刨根问底”这一典型表现所属的年龄段一般是(　　)

A. 2～3 岁　　B. 3～4 岁　　C. 4～5 岁　　D. 5～6 岁

26. 5～6 岁幼儿连续看电视的时间不能超过(　　)

A. 10 分钟　　B. 20 分钟　　C. 30 分钟　　D. 40 分钟

27. “会用筷子吃饭”属于《3～6 岁儿童学习与发展指南》中(　　)幼儿的“手的动作灵活协调”的期望目标。

A. 2～3 岁　　B. 3～4 岁　　C. 4～5 岁　　D. 5～6 岁

28. 能在较窄的低矮物体上平稳地走一段距离是对(　　)幼儿提出的要求。

A. 托班　　B. 小班　　C. 中班　　D. 大班

29. 3～4 岁幼儿与同伴发生冲突时(　　)

A. 能在他人帮助下和平解决　　B. 能听从成人的劝解

C. 能自己协商解决　　D. 无需他人介入解决

30. “愿意和别人分享交流自己喜爱的艺术作品和美感体验”所体现的艺术领域目标是(　　)

A. 喜欢自然界与生活中美的事物　　B. 喜欢进行艺术活动并大胆表现

C. 具有初步的艺术表现与创造能力　　D. 喜欢欣赏多种多样的艺术形式和作品

31. “能感知和发现物体和材料的软硬、光滑和粗糙等特性”所属的科学领域目标是(　　)

A. 对周围的事物有好奇心　　B. 具有初步的探究能力

C. 亲近自然,喜欢探究　　D. 在探究中认识周围事物和现象

32. "能清楚地说出自己想说的事",这属于(　　)的目标。

A. 社会领域　　B. 语言领域　　C. 健康领域　　D. 科学领域

33. 幼儿因着急表述一件事而说不清楚时,教师应该(　　)

A. 叫另外一个幼儿替他说　　B. 提醒他不要着急,慢慢说

C. 代替他说　　D. 表扬他讲得很好

34. 幼儿科学学习的核心是(　　)(常考)

A. 认知　　B. 探究　　C. 理解　　D. 操作

35. "具有文明的语言习惯",该目标属于《3~6 岁儿童学习与发展指南》语言领域中的(　　)子领域。

A. 阅读与书写准备　　B. 阅读与理解

C. 倾听与书写准备　　D. 倾听与表达

36.《3~6 岁儿童学习与发展指南》指出,忽视幼儿(　　)培养,单纯追求知识技能学习的做法是短视而有害的。

A. 学习方法　　B. 学习能力　　C. 学习习惯　　D. 学习品质

37. "能模仿学唱短小歌曲"这一目标适合的年龄班是(　　)

A. 小班　　B. 中班　　C. 大班　　D. 学前班

38. 对幼儿良好的生活与卫生习惯要求不包括(　　)

A. 愿意饮用白开水　　B. 常喝白开水

C. 主动饮用白开水　　D. 积极饮用功能饮料

39. 中班幼儿小明能通过数数比较两组物体的多少,这说明他已能感知和理解(　　)的关系。

A. 数量与形状　　B. 形状与空间

C. 数、量及数量　　D. 数量与空间

40. 幼儿园必须把(　　)和促进幼儿的健康放在工作的首位。

A. 保护幼儿的生命　　B. 游戏

C. 保育工作　　D. 教育工作

41.《幼儿园教师专业标准(试行)》中对幼儿的态度与行为的基本要求不包括(　　)(易错)

A. 重视幼儿身心健康　　B. 维护幼儿合法权益

C. 信任幼儿,尊重个体差异　　D. 培育幼儿良好的意志品质

42. 幼儿年龄小,难免会出现冲突行为,这就要求幼儿园教师应具备的专业知识是(　　)

A. 幼儿发展知识　　B. 幼儿保育知识

C. 幼儿教育知识　　D. 通识性知识

43. 教师要建立班级(　　),营造良好的班级氛围,让幼儿感受到安全、舒适。

A. 常规要求　　B. 行为流程　　C. 日常守则　　D. 秩序与规则

44. 王老师通过认真学习《幼儿园教师专业标准(试行)》,了解到一名幼儿园教师在游戏活动的支持和引导方面应具备的能力主要有(　　)

①提供符合幼儿兴趣需要、年龄特点和发展目标的游戏条件

②充分利用与合理设计游戏活动空间,提供丰富、适宜的游戏材料,支持、引发和促进幼儿的游戏

③鼓励幼儿自主选择游戏内容、伙伴和材料,支持幼儿主动地、创造性地开展游戏,充分体验游戏的快乐和满足

④充分利用各种教育契机,对幼儿进行随机教育

⑤引导幼儿在游戏活动中获得身体、认知、语言和社会性等多方面发展

A. ①②③④　　B. ②③④⑤　　C. ①③④⑤　　D. ①②③⑤

45. 根据我国《幼儿园教育指导纲要(试行)》,下列对幼儿园科学教育领域的目标的表述,正确的是(　　)

A. 能运用各种感官,动手动脑,探究问题

B. 教育幼儿爱护玩具和其他物品,爱护公物和公共环境

C. 养成幼儿注意倾听的习惯,发展语言理解能力

D. 与家长配合,根据幼儿的需要建立科学的常规

46. 幼儿园教师需要掌握的通识性知识包括(　　)

①具有一定的自然科学和人文社会科学知识

②了解中国教育基本情况

③具有相应的艺术欣赏与表现知识

④具有一定的现代信息技术知识

A. ①③④　　B. ①②③　　C. ②③④　　D. ①②③④

47. 幼儿园教育应尊重幼儿的人格和权利,尊重幼儿身心发展的规律和学习特点,以(　　)为基本活动,保教并重,关注个别差异,促进每个幼儿富有个性的发展。

A. 游戏　　B. 教学　　C. 一日生活　　D. 劳动

48. 教师应成为幼儿学习活动的(　　)(常考)

A. 指导者、合伙者、支持者　　B. 帮助者、引导者、合作者

C. 朋友、支持者、合作者　　D. 支持者、合作者、引导者

49. 教师直接指导的活动和间接指导的活动相结合,保证幼儿每天有适当的(　　)

A. 任务计划和个人活动时间　　B. 学习安排和自由复习时间

C. 组织活动和自我服务时间　　D. 自主选择和自由活动时间

50. 幼儿园教育工作评价应当(　　)

A. 以行政人员评价为主,专家等参与评价为辅

B. 以园长自评为主,教师等参与评价为辅

C. 以教师自评为主,园长等参与评价为辅

D. 以家长评价为主,幼儿等参与评价为辅

51. 要充分尊重和保护幼儿的好奇心和学习兴趣,帮助幼儿逐步养成积极主动、(　　)等良好学习品质。

①认真专注　　②不怕困难

③敢于探究和尝试　　④乐于想象和创造

A. ①④　　B. ①②③　　C. ①②③④　　D. ②③④

52. 下列哪项不属于大班幼儿“手的动作灵活协调”目标(　　)

A. 熟练使用筷子　　B. 能够用简单的劳动工具

C. 能根据需要画出图形,线条基本平滑　　D. 能双手抓杠悬空吊起20秒

53. 艺术是实施美育的主要途径,应充分发挥艺术的情感教育功能,促进幼儿健全人格的形成,要避免仅仅重视表现技能或艺术活动的结果,而忽视幼儿在活动过程中的(　　)的倾向。

A. 审美经验　　B. 情感体验和态度

C. 艺术兴趣和能力　　D. 创造性表达

54. 能感受到家乡的发展变化并为此感到高兴,属于5~6岁幼儿(　　)表现之一。(易错)

A. 喜欢并适应集体生活　　B. 具有自尊、自信、自主的表现

C. 具有初步的归属感　　D. 具有初步的探究能力

55. “知道必要的安全保健常识,学习保护自己”属于幼儿园(　　)的目标。

A. 健康领域　　B. 语言领域　　C. 科学领域　　D. 艺术领域

56. 根据《幼儿园教师专业标准(试行)》规定,下列哪项属于幼儿园教师的专业能力(　　)

A. 熟悉幼儿园教育的目标、任务、内容、要求和基本原则

B. 了解关于幼儿生存、发展和保护的有关法律法规及政策规定

C. 了解幼儿发展中容易出现的问题与适宜的对策

D. 充分利用各种教育契机,对幼儿进行随机教育

57. “愿意用图画和符号表达自己的愿望和想法”是语言领域对(　　)幼儿发展水平提出的合理期望。

A. 2~3岁　　B. 3~4岁　　C. 4~5岁　　D. 5~6岁

58.《幼儿园教师专业标准(试行)》遵循幼儿为本的理念,以幼儿为主体,充分调动和发挥幼儿的(　　)

A. 主观性　　B. 主动性　　C. 主体性　　D. 主导性

59. 下列属于幼儿园语言领域目标的是(　　)

A. 能认读拼音字母　　B. 能清楚地说出自己想说的事

C. 能认读一定量的汉字　　D. 能正确书写常用汉字

60. 能发现生活中许多问题都可以用数学的方法来解决,体验解决问题的乐趣。这一典型表现属于哪个年龄段的儿童(　　)

A. 2 ~ 3 岁　　B. 3 ~ 4 岁　　C. 4 ~ 5 岁　　D. 5 ~ 6 岁

61.《幼儿园教育指导纲要(试行)》指出:幼儿园的教育活动,是教师以多种形式(　　)地引导幼儿生动、活泼、主动活动的教育过程。

A. 有目的、有计划　　B. 有内容、有措施

C. 有过程、有结果　　D. 有计划、有组织

62. 在幼儿的绘画活动中,教师的做法不正确的是(　　)

A. 不宜提供范画　　B. 用"像不像""好不好"等成人标准来评价

C. 肯定幼儿作品的优点　　D. 用表达自己感受的方式引导幼儿提高

63. 幼儿具有初步的阅读理解能力,体现为(　　)

A. 反复看自己喜欢的图书　　B. 能大体讲出所听故事的主要内容

C. 喜欢用涂涂画画表达一定的意思　　D. 愿意用图画和符号表达自己的愿望和想法

64. 环境是重要的教育资源,应通过环境的创设和利用,有效地促进幼儿的发展。充分利用(　　)和社区的教育资源,扩展幼儿生活和学习的空间。

A. 社会环境　　B. 家庭环境　　C. 自然环境　　D. 学习环境

65. 根据《幼儿园教育指导纲要(试行)》的相关规定,下列不属于社会领域目标的是(　　)

A. 理解并遵守日常生活中基本的社会行为规则

B. 能努力做好力所能及的事,不怕困难,有初步的责任感

C. 爱父母长辈、老师和同伴,爱集体、爱家乡、爱祖国

D. 亲近大自然,珍惜自然资源,有初步的环保意识

66. 在 5 ~ 6 岁幼儿探究动植物时,教师可以引导他们(　　)

A. 初步了解和体会动植物和人们生活的关系

B. 能感知和发现动植物的生长变化及其基本条件

C. 能察觉到动植物的外形特征、习性与生存环境的适应关系

D. 认识常见的动植物,能注意并发现周围的动植物是多种多样的

67. 3 ~4 岁儿童动作发展目标中,“具有一定的平衡能力,动作协调、灵敏”的行为表现之一为能够(　　)

A. 双手向上抛球　　B. 连续自抛自接球

C. 连续拍球　　D. 双手抛接球

68. 下列不属于幼儿教师能力结构的是(　　)

A. 创设环境的能力　　B. 计划教育活动的能力

C. 沟通能力　　D. 自我调节情绪的能力

69. 幼儿的学习是以(　　)为基础,在游戏和日常生活中进行的。(常考)

A. 认知　　B. 直接经验　　C. 间接经验　　D. 行为

70. 在对幼儿进行科学启蒙教育时,应如何指导(　　)

A. 要尽量创造条件让幼儿实际参加探究活动,使他们感受科学探究的过程和方法,体验发现的乐趣

B. 应为幼儿提供人际间相互交往和共同活动的机会和条件,并加以指导

C. 应充分发挥艺术的情感教育功能,促进幼儿健全人格的形成

D. 激发幼儿感受美、表现美的情趣,丰富他们的审美经验,使之体验自由表达和创造的快乐

71. 依据《幼儿园教师专业标准(试行)》,作为一名幼儿教师,应具备充分利用各种教育契机,对幼儿进行随机教育的能力,这一基本要求所属领域是(　　)

A. 沟通与合作　　B. 环境的创设与利用

C. 激励与评价　　D. 一日生活的组织与保育

72. 下列属于 3 ~4 岁儿童在社会适应方面的典型表现是(　　)

A. 对群体活动有兴趣　　B. 知道说谎是不对的

C. 敢于尝试有一定难度的活动和任务　　D. 能主动发起活动或在活动中出主意、想办法

73.《幼儿园教育指导纲要(试行)》强调幼儿园与家庭是(　　)

A. 合作伙伴关系　　B. 指导与被指导关系

C. 教育者与被教育者的关系　　D. 行政关系

74. 对于我国大部分的幼儿园来说,课程的整合首先应该关注的是(　　)

A. 领域间的整合　　B. 领域内的整合

C. 超领域的整合　　D. 多个领域之间的整合

75.“能用简单的记录表、统计图等表示简单的数量关系”是哪个年龄段幼儿的发展目标(　　)(易混)

A. 2 ~3 岁　　B. 3 ~4 岁　　C. 4 ~5 岁　　D. 5 ~6 岁

76. 下列属于幼儿教育科学领域的内容与要求的是( )

A. 引导幼儿对周围环境中的数、量、形、时间和空间等现象产生兴趣,构建初步的数概念,并学习用简单的数学方法解决生活和游戏中某些简单的问题

B. 在共同的生活和活动中,以多种方式引导幼儿认识、体验并理解基本的社会行为规则,学习自律和尊重他人

C. 教育幼儿爱护玩具和其他物品,爱护公物和公共环境

D. 与家庭、社区合作,引导幼儿了解自己的亲人以及与自己生活有关的各行各业人们的劳动,培养其对劳动者的热爱和对劳动成果的尊重

77. “珍惜自然资源,有初步的环保意识。”这属于( )的目标。

A. 健康领域 B. 语言领域 C. 社会领域 D. 科学领域

78. “根据幼儿的理解水平有意识地使用一些反映因果、假设、条件等关系的句子”是对以下哪一发展目标的教育建议( )

A. 具有文明的语言习惯 B. 愿意讲话并能清楚地表达

C. 认真听并听懂常用语言 D. 具有初步的阅读理解能力

79. 4 ~5 岁幼儿对动植物的认识水平符合以下哪种特点( )

A. 认识常见的动植物 B. 体验季节对动植物的影响

C. 能察觉到动植物的外形特征 D. 发现周围的动植物是多种多样的

80.《幼儿园教育指导纲要(试行)》中提到五个领域,每个领域都可以提炼出一个关键的能力。科学领域是( )

A. 感受能力 B. 表现能力 C. 创造能力 D. 思维能力

81.《3 ~6 岁儿童学习与发展指南》中明确规定了 3 ~6 岁儿童各年龄阶段的发展目标,下列属于 4 ~5 岁儿童发展目标的是( )

A. 经常问各种问题,或好奇地摆弄物品

B. 能用图画或其他符号进行记录

C. 在成人的帮助下能制定简单的调查计划并执行

D. 能用数字、图画、图表或其他符号记录

82. 要承认和关注幼儿的( ),避免用划一的标准评价不同的幼儿,在幼儿面前慎用横向的比较。

A. 个体差异 B. 全面性 C. 灵活性 D. 发展性

83.《幼儿园教师专业标准(试行)》对教师个人修养与行为的要求是( )

A. 善于自我调节情绪,保持平和心态 B. 具有团队合作精神,积极开展协作与交流

C. 尊重幼儿人格,维护幼儿合法权益　　D. 与同事合作交流,分享经验

84. 能从生活和游戏中感受事物的数量关系并体验到数学的重要和有趣,是(　　)领域的教学目标。

A. 科学　　B. 健康　　C. 艺术　　D. 社会

85. "能双手抓杠悬空吊起 10 秒左右"是对(　　)幼儿的要求。

A. 小班　　B. 中班　　C. 大班　　D. 托班

86. 以下属于幼儿园教师"环境的创设与利用"专业能力内容的是(　　)(易错)

A. 建立班级秩序与规则,营造良好的班级氛围,让幼儿感受到安全、舒适

B. 科学照料幼儿日常生活,指导和协助保育员做好班级常规保育和卫生工作

C. 充分利用与合理设计游戏活动空间,提供丰富、适宜的游戏材料,支持、引发和促进幼儿的游戏

D. 在教育活动中观察幼儿,根据幼儿的表现和需要,调整活动,给予适宜的指导

87. "知道接受了的任务要努力完成"是对(　　)幼儿的要求。

A. 托班　　B. 小班　　C. 中班　　D. 大班

88. 幼儿艺术领域学习的关键不在于(　　)

A. 引导幼儿学会用心灵去感受和发现美　　B. 接触周围环境中美好的人、事、物

C. 丰富幼儿的想象力和创造力　　D. 引导幼儿用自己的方式去表现和创造美

89. 教师要制订(　　)的教育活动计划和具体活动方案。

A. 阶段性　　B. 长期性　　C. 随机性　　D. 中长期

90. 凡凡在玩海洋球时,不小心将海洋球滚入水沟,她与同伴拿来棍子、绳子、捞网等材料,反复打捞 20 分钟,终于取出了海洋球。该过程体现了幼儿的学习品质是(　　)

A. 乐于想象　　B. 敢于创造

C. 好奇心和兴趣　　D. 敢于探究和尝试

91. 幼儿园要利用重要的(　　),应通过环境的创设和利用,有效地促进幼儿的发展。

A. 幼儿园资源　　B. 社会资源　　C. 环境资源　　D. 学习资源

92. 教师对幼儿保育和教育的态度与行为应做到(　　)

A. 关爱幼儿,重视幼儿身心健康

B. 尊重幼儿人格,平等对待每一个幼儿

C. 信任幼儿,满足有益于幼儿身心发展的不同需求

D. 保护幼儿的好奇心,培养想象力

93. 在科学探究中,"能根据观察结果提出问题,并大胆猜测答案"这一教育目标主要适用于(　　)

A. 托班　　B. 小班　　C. 中班　　D. 大班

94. 经常与幼儿玩拉手转圈、秋千、转椅等游戏活动，让幼儿适应轻微的摆动、颠簸、旋转，能促进其(　　)的发展。

A. 适应能力　　B. 平衡机能　　C. 应变能力　　D. 人际交往能力

95. 为了激发幼儿对航空航天的探索欲望及爱国之情，教师组织幼儿观看神舟十三号“天宫课堂”直播，体现了社会教育渗透在(　　)中。

A. 语言活动　　B. 游戏活动　　C. 日常生活　　D. 艺术活动

96. 5～6 岁的男孩子，身高应该达到(　　)

A. 95.1～105 厘米　　B. 106.1～125.8 厘米

C. 100.7～119.2 厘米　　D. 108～130 厘米

97. 幼儿教师引导幼儿理解数与数之间的关系，并用“加”或“减”的办法来解决问题，主要是通过(　　)

A. 实物操作　　B. 形式运算　　C. 数学训练　　D. 手指运算

98. 要保证幼儿每天睡(　　)，其中午睡一般应达到 2 小时左右。(易混)

A. 8～9 小时　　B. 9～10 小时　　C. 10～11 小时　　D. 11～12 小时

99. 下列哪项属于幼儿园语言教育领域的内容与要求(　　)

A. 为每个幼儿提供表现自己长处和获得成功的机会，增强其自尊心和自信心

B. 利用图书、绘画和其他多种方式，引发幼儿对书籍、阅读和书写的兴趣，培养前阅读和前书写技能

C. 教育幼儿爱清洁、讲卫生，注意保持个人和生活场所的整洁和卫生

D. 与家长配合，根据幼儿的需要建立科学的生活常规

100. “主动要求成人讲故事、读图书，喜欢跟读韵律感强的儿歌、童谣”属于哪一年龄段的幼儿的发展目标(　　)

A. 2～3 岁　　B. 3～4 岁　　C. 4～5 岁　　D. 5～6 岁

二、简答题(每小题 15 分，参考时限 10 分钟。共 8 小题)

1. 简述实施《3～6 岁儿童学习与发展指南》应把握哪几个方面。

2. 简述幼儿教师应具备的有关幼儿保育和教育的知识。

3. 简述在《幼儿园教育指导纲要（试行）》中指出的教育工作评价考察内容。

4.《3～6 岁儿童学习与发展指南》对幼儿“感知和理解数、量及数量关系”，提出了哪些教育建议？

5. 简述幼儿园科学领域的教育目标。

6. 根据《幼儿园教师专业标准(试行)》,简述幼儿教师应具备的沟通与合作能力的具体要求。

7. 简述 5 ~6 岁的幼儿在“健康”领域中的“手的动作灵活协调”这个目标中所具有的典型表现。

8.《幼儿园教师专业标准(试行)》中提出师德为先的具体要求是什么?

三、论述题(每小题 20 分,参考时限 15 分钟。共 5 小题)

1.《3 ~6 岁儿童学习与发展指南》在艺术领域的教育建议中提出,幼儿绘画时,不宜提供范画,特别不应要求幼儿完全按照范画来画。对此,你是如何理解的? 教学中应如何实施该建议。

2.《3～6岁儿童学习与发展指南》强调幼儿的学习是在日常生活中进行的，请以幼儿园的日常生活的某一环节为例(如进餐、午睡、盥洗等)，说明其中蕴藏的各领域的学习机会。

3. 试述幼儿教师需具备的专业知识。

4. 请结合工作实际，谈谈幼儿园教师应如何科学、合理地安排组织幼儿一日生活。

5. 试述对幼儿发展状况的评估要求。

四、材料分析题(每小题20分,参考时限20分钟。共5小题)

1. 材料:

在户外沙水池区,晨晨将几根细水管连接后,又用相同的方法将另外几根不同的水管连接在一起。之后,晨晨把水倒入细水管中,水一下子从水管的另外一头流出来,他高兴极了。他又将水倒入粗水管里,但水从管口涌出,并未从另一头流出。晨晨反复观察、尝试,终于发现水管摆放在一个斜坡上,水无法自下而上流出。于是,晨晨马上调整水管的摆放位置,当水顺利地从水管流出时,晨晨欢呼雀跃,自豪地向同伴分享自己成功地让水从水管里流出的过程。

问题:

(1)结合幼儿科学学习的核心,分析晨晨的行为表现。

(2)请提出教师支持晨晨推进活动的策略。

2. 材料:

一次早餐时间,杜老师对孩子们说:“要好好吃饭哦!因为只有这样才能长得高,长得结实,就像植物一样每天喝水,才能长得好。”杜老师刚说完就有个声音响起来:“杜老师,植物又没有嘴巴,它是用什么喝水的呢?”“对呀,对呀。”许多孩子随声附和着。听到这个问题,杜老师的第一个反应是:“这个问题有意思,虽然看似简单,但却是孩子由自身经验有感而发的,且充满童趣。如果我告诉他是植物的根,他们一定又会问为什么根会喝水等许多问题,这样一来,岂不是剥夺了孩子们一次观察和探究的机会吗?我何不抓住这个兴趣点,让他们自己寻找答案呢?”于是杜老师笑了笑说:“你们先吃饭,吃完了我就告诉你们。”饭后杜老师带着孩子们到自然角,看

了许多植物的种子。说道:“你们不是很想知道植物是怎样喝水的吗?我们现在就来种一些植物吧,你们仔细观察就会得到答案的。”

问题:请用《幼儿园教育指导纲要(试行)》有关知识,分析材料中杜老师的做法。

3. 材料:

中班的小萌是个爱看书的小姑娘。区域活动时,她总出现在阅读区,哪怕阅读区已经满了,她也要硬挤进去。班里最近新增了几本图书,小萌为了抢先看新书,匆匆忙忙地吃完午餐,就去阅读区了。小萌一下把两三本新书抱在身上,其他小朋友很想看,她也不愿意给。

问题:

(1)结合《3~6岁儿童学习与发展指南》,分析材料中小萌在社会适应方面的行为表现。

(2)结合材料提出教师的指导策略。

4. 材料：

期末，幼儿园专门腾出空教室，让两位教师对孩子进行体能测试，测试幼儿“拍球，平衡”能力，教师对照《3～6岁儿童学习与发展指南》，并用典型表现对不同年龄段幼儿进行评分。

问题：请分析教师的行为对吗？说说你的建议。

5. 材料：

大(1)班的小朋友在玩角色游戏，平平认为自己最高，应该扮演警察的角色；涂涂也认为自己最高；丁丁站在台阶上说：“我才是最高的。”三个人僵持不下。王老师说：“怎么样才能知道谁是最高的呢？”孩子们一脸茫然。

问题：

(1)结合《3～6岁儿童学习与发展指南》分析材料中幼儿数学认知的典型表现。

(2)结合材料提出指导策略。

第三章　生活指导

链接答案本 P363

- 生活指导
  - 幼儿园日常生活活动
    - 制定幼儿园日常生活制度的依据★
    - 幼儿园一日生活的主要环节★
    - 幼儿园一日生活安排的策略
  - 幼儿生活常规教育★
    - 幼儿生活常规概述★
    - 幼儿生活常规教育的内容与要求
    - 幼儿生活常规教育的方法
  - 幼儿园卫生保健常规
    - 学前儿童健康检查
      - 入园健康检查项目
      - 定期健康检查频率
      - 晨、午检及全日健康检查内容
    - 工作人员健康检查
      - 上岗前健康检查规定
      - 定期健康检查频率
    - 卫生与消毒
      - 环境卫生
      - ①________
      - ②________
    - 传染病预防与控制
  - 幼儿常见疾病预防和处理
    - 预防常见病：维生素 D 缺乏性佝偻病、缺铁性贫血
    - 常见的传染病及预防：风疹、麻疹、水痘、手足口病★
  - 幼儿营养与膳食
    - 营养基础知识
      - 蛋白质、脂类、碳水化合物
      - ③________：钙、铁、锌、碘
      - 维生素、水
    - 幼儿膳食
      - 学前儿童膳食的特点
      - 安排幼儿膳食的原则
      - 培养幼儿良好的饮食习惯
  - 幼儿安全与急救
    - 幼儿常见意外事故的急救处理★★
      - 异物进入人体：气管异物、消化道异物、眼内异物
      - 鼻出血，黄蜂、蜜蜂蜇伤
      - 突发人为伤害：划伤或割伤、抓伤、咬伤、扭伤
    - 托幼机构突发事件及应急措施

链接答案本 P363

一、单项选择题(每小题3分,共12小题,参考时限25分钟)

1.[2023上半年]下列几种意外事故,不正确的处理方式是(　　)

A.有小飞虫进入幼儿眼里,翻开眼皮后,用消毒棉签轻轻擦去

B.幼儿跌倒后轻微擦伤,对伤口清洗去污,涂上消毒药水

C.幼儿鼻内塞进了小珠子、豆粒等圆滑异物,用镊子去取

D.幼儿被蜜蜂轻度蜇伤后,在伤口处涂淡碱水或肥皂水等弱碱性液体

2.[2023上半年]《托儿所幼儿园卫生保健工作规范》规定,1~3岁儿童每年健康检查的次数是(　　)

A.1次　　B.2次　　C.3次　　D.4次

3.[2022上半年]根据《托儿所幼儿园卫生保健工作规范》规定,3~6岁儿童每年健康检查的次数是(　　)(易错)

A.1次　　B.2次　　C.3次　　D.4次

4.[2021下半年]洗手时,东东突然叫了起来:“洗手液溅进眼睛里了!”这时老师首先应该做的是(　　)

A.用流动水冲洗眼睛　　B.用干净的纸或软布擦眼睛

C.找保健医生　　D.拉开眼皮吹一吹

5.[2019下半年]缺锌会导致婴幼儿(　　)

A.食欲减退　　B.夜盲症　　C.佝偻病　　D.肌无力

6.[2017下半年]皮疹呈向心性分布(即躯干多,面部、四肢较少,手掌、脚掌更少)的疾病是(　　)

A.麻疹　　B.水痘　　C.手足口病　　D.猩红热

7.[2017上半年]教师引导幼儿擤鼻涕的正确方法是(　　)

A.把鼻涕吸进鼻腔

B.先压住一侧鼻孔擤鼻涕,再压住另一侧擤鼻涕

C.同时捏住鼻背两侧擤

D.用手背擦鼻涕

8.[2016下半年]风疹病毒的传播途径是(　　)

A.肢体接触　　B.空气飞沫　　C.虫媒传播　　D.食物传播

9.［2016 上半年］幼儿突然出现剧烈咳嗽，伴有呼吸困难，面色青紫。这种情况最可能是(　　)

A. 急性肠胃炎　　B. 异物落入气管

C. 急性喉炎　　D. 支气管哮喘

10.［2015 下半年］幼儿在户外活动中扭伤，出现充血、肿胀和疼痛，教师应对幼儿采取的措施是(　　)(易错)

A. 停止活动，冷敷扭伤处　　B. 停止活动，热敷扭伤处

C. 按摩扭伤处，继续活动　　D. 清洁扭伤处，继续活动

11.［2015 上半年］《托儿所幼儿园卫生保健工作规范》规定，托幼园所的工作人员接受健康检查的频率是(　　)

A. 每月一次　　B. 半年一次

C. 每年一次　　D. 三年一次

12.［2015 上半年］被黄蜂蜇伤后，正确的处理方法是(　　)

A. 涂肥皂水　　B. 用温水冲洗

C. 涂食用醋　　D. 冷敷

二、简答题(每小题 15 分，参考时限 10 分钟。共 2 小题)

1.［2016 上半年］从儿童发展角度，简述幼儿户外运动的价值。

2.［2015 下半年］举例说明如何在幼儿园实施幼儿一日生活的“动静交替”的原则。

三、论述题(每小题 20 分,参考时限 15 分钟。共 1 小题)

[2018 下半年]什么是幼儿园一日生活常规?试述培养幼儿一日生活常规的意义和方法。

专题一　幼儿园日常生活活动

链接答案本 P366

一、单项选择题(每小题 3 分,共 7 小题,参考时限 15 分钟)

1. 幼儿教师晨间接待幼儿入园工作的重点是(　　)

A. 提醒幼儿尽早进入学习状态　　B. 与家长交流沟通感情

C. 检查幼儿的身心状况　　D. 检查幼儿作业完成情况

2. 教师在组织大班幼儿生活活动环节中的正确做法是(　　)

A. 亲自为幼儿分餐具　　B. 进餐时批评幼儿

C. 纠正幼儿不良睡姿　　D. 让幼儿将发饰放在枕边

3. 盥洗是幼儿园一日生活的重要内容,包括洗手、洗脸、漱口、梳头等活动,关于洗手的环节要求表述不正确的是(　　)

A. 学习用七步洗手法洗干净双手　　B. 节约用水,可以省去洗手环节

C. 洗手时不弄湿衣袖,不玩水,节约用水　　D. 饭前饭后、便前便后、活动前后要及时洗手

4. 在幼儿进餐环节，以下做法错误的是(　　)

A. 教师要创设安静整洁、轻松愉快的进餐环境

B. 教师通过比赛的方式激发幼儿进餐的积极性，加快进食速度

C. 教师结合膳食菜肴，指导幼儿认识人体所需的营养素

D. 教师提醒幼儿采用正确的方法咀嚼食物

5. 照顾好幼儿睡眠的标志有(　　)

①晚上尽量早的入睡　②睡够应睡的时间　③保持良好的睡眠姿势和习惯　④按时睡

A. ①②③　　B. ①③④　　C. ②③④　　D. ①②③④

6. 随着气温下降，幼儿入园的时间越来越晚，很多幼儿错过了晨间锻炼的机会，甚至学习活动也迟到。幼儿园应合理安排(　　)，做到有规律、有节奏，保证足够的户外活动和学习时间。

A. 体育锻炼制度　　B. 学习制度

C. 生活作息制度　　D. 活动时间

7. 在幼儿园晨间检查中，一问、二摸、三看、四查中的“查”指的是检查(　　)(易错)

A. 体温是否正常　　B. 精神、脸色是否正常

C. 皮肤是否有皮疹　　D. 是否携带不安全的物品

二、简答题(每小题 15 分，参考时限 10 分钟。共 4 小题)

1. 简述幼儿入园晨检的具体步骤。

2. 简述幼儿园班级饮用水管理的具体要求。

3. 幼儿教师应如何安排和组织幼儿园一日生活？

4. 简述制定幼儿园日常生活制度的依据。

三、论述题(每小题 20 分，参考时限 15 分钟。共 2 小题)

1. 试述教师设计与组织教育活动应注意的问题。

2. 试述教师组织盥洗活动时应注意的事项。

四、材料分析题(每小题20分,参考时限20分钟。共2小题)

1.材料:

这几天,孩子们突然对盥洗室产生了极大的兴趣。孩子们的异常举动引起了李老师的注意,李老师悄悄地跟了进去,发现孩子们正在互相帮助卷袖子,这真让李老师欣慰——孩子们真是进步不小,还能主动互相帮助。李老师开心地走出盥洗室,可没多久,盥洗室里就传来了哗哗的水声,声音很大,李老师马上走进盥洗室,发现盥洗室里所有的水龙头都打开了,而且水还开得很大。孩子们的手臂、胸前的衣服都溅到水花了,可是孩子们一动不动地站在水槽前,眼睁睁地看着水就这样流走,没有把水龙头关上的意思,也没有节约用水的意识。这时,李老师生气了,她说:"赶快把水龙头关上,衣服都弄湿了,要着凉了,水还浪费了这么多。"可还没等她把话说完,小烨就兴冲冲地说:"李老师,你看,好大的瀑布呀!这些瀑布是我们几个做的。"李老师压抑着心中的怒火,决定对全班孩子进行教育。李老师先了解孩子们为什么要把所有的水龙头都开到最大,原来他们是对上次活动中提到的瀑布非常感兴趣,于是就在盥洗室里"制造瀑布"。李老师和孩子们约定下次再开展一次关于瀑布的活动,满足他们的好奇心,同时也跟孩子们一起讨论在盥洗室里的行为是否合适。

问题:

(1)试分析材料中李老师的教育行为。

(2)谈谈组织幼儿盥洗时,教师要注意哪些方面的保育。

2. 材料：

一个全日制幼儿园，幼儿园的老师中午安排幼儿准时上床午睡，按时起床，并让家长配合，在家也要准时上床，按时起床，从而帮助幼儿养成好的睡眠习惯，保证充足睡眠，但也不让幼儿睡眠时间过长。幼儿进餐也要求定时，每顿饭约 20～30 分钟，并且让幼儿细嚼慢咽，专心吃饭。此外，该园还每天安排 2～3 小时的户外活动。对幼儿的排便也进行了适当引导，培养幼儿定时大便的习惯，活动间歇提醒幼儿如厕，不要憋尿。

问题：根据材料分析该园的做法是否合理，为什么？

专题二　幼儿生活常规教育

链接答案本 P369

一、单项选择题（每小题 3 分，共 4 小题，参考时限 10 分钟）

1. 下列关于幼儿生活常规教育主要内容的描述，不正确的是（　　）

A. 培养良好的生活卫生习惯　　B. 培养生活自理能力

C. 自觉遵守作息时间和生活制度　　D. 维护心理健康

2. 下列哪项教育方法是利用了幼儿好模仿的特点（　　）

A. 评价激励法　　B. 图示观察法　　C. 游戏练习法　　D. 榜样示范法

3. 教师向幼儿讲述了《大公鸡和漏嘴巴》的故事，再组织幼儿讨论故事中的不同角色，启发幼儿要爱惜粮食。教师使用了（　　）

A. 情感陶冶法　　B. 渗透教育法　　C. 成果欣赏法　　D. 榜样示范法

4. 幼儿教师指导幼儿练习收拾整理个人用品、学习用具和玩具材料，这样做有利于（　　）

A. 发展儿童的秩序感、独立生活能力　　B. 让外人看起来整洁

C. 减轻教师、保育员的劳动负担　　D. 惩罚犯错误的孩子

二、简答题(每小题15分,参考时限10分钟。共1小题)

如何利用榜样示范法进行幼儿生活常规教育?

三、论述题(每小题20分,参考时限15分钟。共1小题)

试述幼儿生活常规教育的内容与要求。

四、材料分析题(每小题20分,参考时限20分钟。共1小题)

材料:

小班的郑老师发现,有的小朋友要教师提醒才记得喝水;有的小朋友会把自己的玩具带到床上;有的男孩子在小便时,经常尿在便池外面。针对这些情况,郑老师与幼儿共同创设"能量加油站",引导幼儿以刷卡的方式记录喝水的次数;放置收纳盒("小房子"),让幼儿把自己的小物件、玩具分类放到"小房子"里面休息;在男生小便池里面贴上"怪兽",引导幼儿对着怪兽射击。郑老师还会表扬做得对、做得好的幼儿。

问题:

(1)结合材料,分析郑老师培养幼儿良好的生活卫生习惯的行为。

(2)对郑老师现阶段的措施提出合理建议。

专题三　幼儿园卫生保健常规

链接答案本 P371

一、单项选择题(每小题3分,共4小题,参考时限10分钟)

1. 对小班幼儿进行常规教育时,最合适的语言描述是(　　)

A.“请注意不要错拿别人的手巾”

B.“拿别人的手巾小朋友会不高兴的”

C.“请拿自己的手巾,上面绣着你的小标志”

D.“乱拿别人的手巾老师会批评的”

2. 幼儿园幼儿健康检查的频率是(　　)(常考)

A. 每月一次　　B. 半年一次　　C. 每年一次　　D. 三年一次

3. 幼儿园对于传染病的预防和控制,应坚持早报告、早隔离原则。下列情形不需要立即上报的是(　　)

A. 个别幼儿出现咳嗽症状

B. 同一班级1天内出现3个幼儿有相似的不适症状

C. 个别幼儿出现不明原因的高热、呼吸急促症状

D. 同一班级连续3天内有5个以上幼儿出现相似的不适症状

4. 儿童离开托幼机构(　　)以上应当进行健康检查后方可再次入托幼机构。

A. 1个月　　B. 2个月　　C. 3个月　　D. 4个月

二、简答题(每小题15分,参考时限10分钟。共1小题)

简述幼儿园的日常消毒常规。

专题四　幼儿常见疾病预防和处理

链接答案本 P371

一、单项选择题(每小题3分,共20小题,参考时限40分钟)

1. 水痘是由水痘—带状疱疹病毒引起的小儿急性传染病。它的传播途径主要是(　　)(常考)

A. 虫媒传播　　B. 血液传播

C. 医源性传播　　D. 空气飞沫传播

2. 呼吸道传染病主要是通过(　　)

A. 食物传播　　B. 空气飞沫传播　　C. 水源传播　　D. 虫媒传播

3. 下列不属于幼儿佝偻病症状的是(　　)

A. 睡眠不安,夜间常惊醒哭闹

B. 骨骼改变,出现方颅、鸡胸等

C. 大脑皮层兴奋性降低,条件反射形成迟缓,语言发育较晚

D. 食欲不振,汗液分泌较少

4. 小曼眼周的肌肉出现问题,导致其两眼不能同时注视目标,这种现象称为(　　)

A. 弱视　　B. 斜视　　C. 近视　　D. 远视

5. 教会幼儿正确的刷牙方法,对于幼儿的牙齿健康极有帮助。下列刷牙方式中,操作不正确的是(　　)

A. 顺着牙齿生长的方向刷　　B. 上牙从上往下刷,下牙从下往上刷

C. 所有的牙齿都用横刷方式　　D. 每刷一个地方,需要往返5~10次

6. 依依出现了发热、咳嗽短促、胸痛、呼吸困难、气急、烦躁不安、面色苍白、鼻翼扇动等症状。她可能是患了(　　),必须及时治疗。

A. 感冒　　B. 哮喘　　C. 肺炎　　D. 鼻炎

7. 保护水痘易感儿童最有效的措施是(　　)

A. 预防接种　　B. 培养良好卫生习惯

C. 提供科学营养　　D. 保证充足睡眠

8. 晨检时,保健人员发现,某个孩子口腔黏膜有散落疱疹,手心出现同样疱疹,初步诊断是(　　),建议家长带到医院就诊。

A. 麻疹　　B. 风疹　　C. 水痘　　D. 手足口病

9. 下列关于痱子的预防，做法不正确的是（　　）

A. 夏季应注意居室内通风、降温　　B. 儿童应避免在烈日下玩耍

C. 勤洗澡，洗后扑上痱子粉　　D. 出汗后自然风干

10. 下列对麻疹表述错误的是（　　）

A. 由麻疹病毒引起的　　B. 不具备很强的传染性

C. 颊黏膜会出现费—科氏斑　　D. 发热 3～4 天后出现皮疹

11. 下列属于新生儿肺炎病因的是（　　）

A. 各种细菌感染肾造成　　B. 大肠杆菌进入尿道上行感染造成

C. 溶血性链球菌感染肺造成　　D. 某些药物的影响

12. 矫正弱视的最佳年龄是（　　）

A. 1～3 岁　　B. 3～6 岁　　C. 8～12 岁　　D. 12 岁以上

13. 佝偻病是发生在小儿生长过程中的一种疾病，是由于一系列因素导致钙、磷代谢障碍所致，最常见的佝偻病是由缺乏（　　）造成的。

A. 维生素 A　　B. 维生素 B　　C. 维生素 C　　D. 维生素 D

14. 幼儿园为幼儿做视力检查时，发现琪琪不能良好地分辨物体的远近、深浅等，且难以完成一些精细活动，初步判断琪琪患有（　　），建议家长带琪琪去医院进一步检查。

A. 弱视　　B. 近视　　C. 斜视　　D. 远视

15. 东东平日面色苍白、容易疲乏，常烦躁不安、精神不振、食欲减退。可能患有（　　）

A. 缺锌症　　B. 碘缺乏症

C. 缺铁性贫血　　D. 维生素 A 缺乏症

16. 关于湿疹，以下说法不正确的是（　　）

A. 可因食物过敏而致　　B. 可因过敏体质引起过敏

C. 可因羊毛、化纤引起过敏　　D. 病因易确定

17. 幼儿发生缺铁性贫血最主要的原因是（　　）

A. 先天储铁不足　　B. 饮食中铁的摄入量不足

C. 生长发育过快　　D. 疾病影响

18. 肺炎是学前儿童的常见病、多发病，一年四季都可发生，但是以（　　）季节多发。

A. 夏秋　　B. 冬春　　C. 春秋　　D. 夏冬

19. 为预防病毒性肝炎，幼儿园对餐具进行消毒时必须煮沸（　　）

A. 1～2 分钟　　B. 5～10 分钟

C. 10～15 分钟　　D. 15～30 分钟

20. 下列不属于风疹症状的为(　　)

A. 病初可有发烧、咳嗽、流鼻涕等症状　　B. 发烧当日或次日出现皮疹

C. 耳后及颈部淋巴结肿大　　D. 起病突然、高烧可达40℃

二、简答题(每小题15分,参考时限10分钟。共6小题)

1. 简述缺铁性贫血的病因。

2. 简述学前儿童急性上呼吸道感染的预防措施。

3. 简述学前儿童肺炎的预防及护理。

4. 简述幼儿龋齿的预防措施。

5. 简述维生素 D 缺乏性佝偻病的病因及预防措施。

6. 简述手足口病的病因和症状。

三、论述题(每小题 20 分,参考时限 15 分钟。共 2 小题)

1. 试述风疹的病因和症状。

2. 试述水痘的病因、症状及预防措施。

四、材料分析题(每小题 20 分,参考时限 20 分钟。共 2 小题)

1. 材料:

最近,空前的恐惧击碎了小李夫妇对孩子的甜蜜梦想。孩子已将近三岁了,自从五个月时左眼眶磕伤,包扎后,就发现孩子表现不正常,但并没引起夫妇俩太多注意,可最近,孩子的行为使他们一下子感到事态的严重:他的左眼视力非常差,总是把一个物体看成两个物体,并在拿东西时,触摸目标特别困难,甚至不能判断自身位置……夫妇俩深感事态严重,询问街坊邻居,都说不出所以然。

问题:

(1)孩子可能患了什么眼疾?导致这种疾病的原因是什么?

(2)如何矫治孩子的眼疾?

2. 材料：

豆豆生病了，最开始的时候只是出现发热、咳嗽的症状，豆豆妈妈以为只是普通的感冒，就只是给他喝了小儿感冒冲剂，仍然坚持送他上幼儿园。但几天之后，豆豆的手指、脚趾的背部、手掌、指甲周围、嘴巴周围等地方出现红色斑丘疹，很快发展成水疱，在臀部、躯干、四肢等部位也能见到。她才意识到不是普通的感冒，赶紧将豆豆送去了医院。

问题：

(1) 根据材料分析幼儿患了哪种疾病。

(2) 试述幼儿园该对幼儿做好哪些预防工作。

专题五　幼儿营养与膳食

链接答案本 P377

一、单项选择题（每小题 3 分，共 20 小题，参考时限 40 分钟）

1. 脂溶性维生素不包括(　　)

A. 维生素 A　　B. 维生素 C　　C. 维生素 D　　D. 维生素 E

2. 下列选项中属于缺乏维生素 A 的症状的是(　　)

A. 夜盲症　　B. 脚气病　　C. 口角炎　　D. 皮炎

3. 下列关于维生素的说法错误的是(　　)

A. 缺乏维生素 A 可患“夜盲症”

B. 维生素 B_1 参与蛋白质、脂肪、碳水化合物在人体内的代谢，体内缺乏会得口角炎和舌炎

C. 维生素 C 使三价铁还原成二价铁，可用于缺铁性贫血的辅助治疗

D. 婴幼儿缺乏维生素 D 会影响钙的吸收，可能会得佝偻病

4. 下列食物中含维生素 C 最丰富的是(　　)

A. 牛奶　B. 鱼虾　C. 新鲜蔬菜　D. 面包

5. 参与糖类代谢,对维持神经系统正常功能起着重要作用,同时促进儿童发育,增进食欲的是(　　)

A. 维生素 A　B. 维生素 D　C. 维生素 B_1　D. 维生素 C

6. 明明长期挑食、偏食,导致毛发干、脆,易脱落,皮肤干燥、粗糙而且还经常出现皮下血管出血,这是由于明明体内缺乏(　　)

A. 维生素 A 和维生素 B　B. 维生素 A 和维生素 C

C. 维生素 C 和维生素 D　D. 维生素 A 和维生素 D

7. 幼儿膳食要科学,以下符合营养学要求的是(　　)

A. 6 岁左右儿童每日进食 6 次

B. 在每餐食物中加氨基酸

C. 干稀搭配,粗细粮搭配

D. 菠菜含钙量高,可作为儿童摄取钙的主要来源

8. 缺碘对儿童最严重的后果是导致(　　)

A. 毛发脱落　B. 皮下出血　C. 肢体麻木　D. 智力低下

9. 患异食癖的儿童有两种原因:一种是钩虫病,另一种是体内缺(　　)

A. 锌　B. 碘　C. 钙　D. 磷

10. 食物供给中既要考虑量的多少,又要考虑是否优质的营养成分为(　　)

A. 碳水化合物　B. 脂肪　C. 蛋白质　D. 无机盐

11. 学前儿童对营养素和热能的需要,从种类上看,蛋白质、(　　)、碳水化合物、矿物质、维生素和水六大类缺一不可。

A. 氨基酸　B. 谷物　C. 脂肪　D. 脂肪酸

12. 预防幼儿“脚气病”的膳食配置方法是(　　)

A. 干稀搭配,少吃油炸食品　B. 荤素搭配,经常吃适量的鱼、禽、蛋

C. 蔬菜水果搭配,多吃新鲜蔬菜、水果　D. 粗细粮搭配,每天吃豆类及其制品

13. 幼儿教师要培养幼儿各种有利于消化吸收的进食行为,对此,下列做法中正确的是(　　)

A. 为增加食欲,要求幼儿在餐前做大量剧烈运动

B. 告诉幼儿要细嚼慢咽每一口饭菜

C. 将积木拿给正在吃饭的幼儿玩耍

D. 若发现幼儿不愿吃饭,选择用零食代替正餐

14. 对脂类的生理功能描述错误的是( )

A. 供给机体能量
B. 促进水溶性维生素的吸收
C. 人体组织的重要组成成分
D. 有保护功能

15. ( )缺乏会导致甲状腺素合成不足,典型的症状是甲状腺肿大。

A. 钙　B. 锌　C. 碘　D. 铁

16. 关于营养素,描述错误的是( )

A. 钙是构成人体骨骼和牙齿的重要成分
B. 钾是构成人体骨骼和牙齿的重要成分
C. 铁是合成血红蛋白的重要原料
D. 碘是合成甲状腺素的主要成分

17. 多晒太阳,有利于补充( )

A. 维生素 A
B. 维生素 B
C. 维生素 C
D. 维生素 D

18. ( )缺乏会造成毛细血管通透性增加,导致坏血病。

A. 维生素 C　B. 维生素 A　C. 维生素 B　D. 维生素 D

19. 幼儿园教师及家长要帮助幼儿养成良好的饮食习惯,如( )

A. 不定时、定量进餐
B. 少吃或不吃主食,多吃蔬菜
C. 不偏食,饮食多样
D. 少喝白开水,多喝牛奶

20. 下列哪项不属于蛋白质的生理功能( )

A. 构成、更新和修复机体组织
B. 促进食欲,增加饱腹感
C. 调节生理功能
D. 供给能量

二、简答题(每小题 15 分,参考时限 10 分钟。共 5 小题)

1. 简述碳水化合物的生理功能。

2. 简述钙的食物来源及生理功能。

3. 简述维生素 B_1 的生理功能和人体缺乏时的症状。

4. 简述幼儿良好饮食习惯的内容。

5. 简述托幼机构增进和保持幼儿食欲的方法。

三、材料分析题(每小题20分,参考时限20分钟。共2小题)

1. 材料:

中午进餐时间,小(1)班的孩子们在一口饭一口菜安静地就餐。进餐之前,老师给孩子们提出了很多要求,如安静地吃,饭和菜搭配吃,不要掉饭粒等,其中"饭、菜要吃完"的要求肯定是不会落下的。于是,就出现了以下情况:

片段一:博伦很快地吃完了饭,同时把菜吃得一干二净后来添第二碗。

片段二:清清吃完了饭,慢吞吞地吃菜,边吃边皱着眉头看了老师一下:"裴老师,我有点吃不下了。"老师问:"真的吃不下了?"旁边的小朋友说:"她是不喜欢吃青菜。"于是,老师说:"再吃一点,好吗?"清清很听话,低下头一小口一小口地吃着,老师想要她养成吃青菜的习惯。

片段三:彤彤好不容易将饭吃完,其他的孩子都已经在旁边看书了,而菜已经冰凉了,"裴老师,我吃不下了。"

问题:结合材料,谈谈应如何合理安排幼儿进餐。

2. 材料:

冬季到了,小朋友们的食欲大增,今天午餐吃白米饭、红烧鱼、排骨萝卜汤、素炒青菜。教师关上了门窗,生活老师洗好手,做好餐桌的桌面消毒,和小朋友们一起摆放好餐具、毛巾,为大家分发饭菜,值日的小朋友也忙着端饭、端菜,生活老师说:"要小心哦,汤有点烫,老师只盛了半碗汤,小朋友们要一碗一碗地端。"老师正在组织其他小朋友讨论今天的饭菜,但是,批评了刚才活动中表现不好的小朋友,有几个小朋友情绪低落。有个小朋友说:"老师,汤里面为什么要放葱?葱最难吃了。"老师对小朋友讲了吃葱的好处。生活老师在为小朋友剔除鱼刺时说道:"万一老师没有把鱼刺剔干净,大家小心鱼刺,慢慢吃。"有的小朋友把汤都喝完了饭还没有开始吃,也有

的小朋友饭菜搭配着吃，好几个小朋友把葱挑了出来放在桌上。先吃完的小朋友把碗筷放在指定的地方看书去了。

问题：结合材料进行分析，提出适当的保育建议。

专题六　幼儿安全与急救

链接答案本 P380

一、单项选择题（每小题 3 分，共 14 小题，参考时限 30 分钟）

1. 一只小昆虫爬进了跃跃的耳朵里，教师正确的处理方式是（　　）

A. 用强光接近跃跃的外耳道，将小昆虫引出来

B. 用棉签掏出来

C. 可用倾斜头、单脚跳跃的动作，将小昆虫跳出来

D. 用掏耳勺挖出来

2. 某幼儿不慎撞到桌腿，膝盖红肿，但未蹭破皮，应采取的措施是（　　）

A. 贴止疼膏　　　　B. 立即搓揉患处

C. 先热敷再冷敷　　D. 先冷敷再热敷

3. 学前儿童发生“折而不断”的骨折现象，被称为（　　）

A. 裂纹骨折　　　　B. 青枝骨折

C. 脆性骨折　　　　D. 粉碎性骨折

4. 幼儿气管有异物堵塞，现场急救最有效的方法是（　　）（常考）

A. 口对口吹气法　　B. 胸外心脏按压法

C. 肩部颠簸法　　　D. 海姆立克急救法

5. 小光的胳膊被狗咬伤了，教师在第一时间发现后采取的正确处理方法是（　　）

A. 用止血药粉或者药膏涂抹在伤口上

B. 用自来水对着伤口急水冲洗

C. 用嘴去吸吮伤口

D. 用牙膏、醋等非医疗物品冲洗伤口

6. 关于幼儿意外事故的急救，下列做法不正确的是（　　）

A. 发现幼儿被热水烫伤后应立即脱去衣袜，将创面放入冷水中浸泡半小时以上

B. 被狗咬伤后应立即用流动的自来水或肥皂水冲洗 15 ~ 20 分钟，之后送医院处理并及时接种疫苗

C. 发现煤气中毒者，应及时开窗通风，并把患者放置在较冷的地方使其受冻清醒，尽快恢复呼吸

D. 骨折的急救原则是限制伤肢再活动，避免断骨再刺伤周围组织，减轻痛苦，这种处理叫"固定"

7. 小明在中午吃饭的时候不小心被鱼刺卡住喉咙，老师采取的正确措施是（　　）（易错）

A. 吞咽饭团　　B. 喝醋　　C. 及时就医　　D. 自然咳出

8. 学校发生火灾时，下列做法错误的是（　　）

A. 第一时间组织学生疏散转移

B. 组织学生转移时要防止造成踩踏事故

C. 指导学生用湿毛巾捂住口鼻

D. 让学生通过电梯迅速逃生

9. 精英幼儿园某大班的幼儿在程老师的带领下到当地一所公园进行活动，顽皮的幼儿小明玩耍的时候不小心被一只黄蜂蜇伤，蜇伤后皮肤立刻红肿、疼痛，这时，程老师应该尽快将（　　）涂于受伤处。

A. 弱碱性溶液　　B. 弱酸性溶液　　C. 清水　　D. 强碱性溶液

10. 木木在幼儿园吃饭时，手不小心被烫伤，教师首先对木木的手的正确处理方式是（　　）

A. 抹牙膏　　B. 擦药　　C. 冷水冲洗　　D. 毛巾包裹

11. 沙子、飞虫入眼后正确的做法是（　　）

A. 翻开眼皮，用干净的棉签轻轻擦去　　B. 揉眼以揉出异物

C. 闭上眼睛　　D. 吹气

12. 明明的手背被亮亮咬伤，教师此时应采取的正确处理方法是（　　）

①皮肤没有破损的情况下可以不用处理

②皮肤没有破损的情况下可以轻轻按摩以及用温热毛巾敷于患处

③皮肤破损流血的，可以用温开水冲洗拭干后，以碘伏消毒、止血，并送到医院做消炎及病毒防

治处理

④皮肤破损流血的，可以用生理盐水冲洗拭干后，以酒精消毒、止血，并送到医院做消炎及病毒防治处理

A. ①②③　　B. ②③④　　C. ①②④　　D. ①②③④

13. 对于开放性骨折，下列做法正确的是(　　)

A. 要立刻止血

B. 要立刻将幼儿移动到平坦的地方

C. 幼儿开放性骨折时要先用夹板固定

D. 用绷带固定，同时包裹手指、脚趾，避免感染

14. 对新生儿使用胸外心脏按压法急救，应使胸骨下陷 1 厘米左右，然后放松，每分钟按压(　　)次左右。

A. 60　　B. 80　　C. 100　　D. 120

二、简答题(每小题 15 分，参考时限 10 分钟。共 5 小题)

1. 简述幼儿鼻出血常见的原因和处理方法。

2. 简述地震的防范措施。

3. 简述对幼儿划伤或割伤的处理。

4. 简述海姆立克急救法的具体操作方法。

5. 简述被黄蜂和蜜蜂蜇伤时的处理。

第四章　环境创设

链接答案本 P383

- 环境创设
  - 幼儿园环境创设
    - 幼儿园环境概述★
    - 幼儿园环境创设的意义★
    - 幼儿园环境创设的原则★
      - 教育性原则
      - ①________
      - ②________
      - ③________
      - 丰富性原则
      - 动态性原则
      - 经济性原则
    - 幼儿园环境创设的方法:讨论法、探索法、操作法、评价法
  - 常见活动区的创设及其功能
    - 幼儿园常见的活动区
      - 表现性活动区
      - 探索性活动区
      - 运动性活动区
      - 欣赏性活动区
    - 幼儿园常见活动区的创设
      - 活动区创设的原则★★
      - 创设活动区的具体要求
      - 活动区材料投放的原则★★
      - 活动区材料投放利用的具体要求
  - 幼儿园心理环境创设
    - 心理环境对幼儿发展的影响
    - 幼儿园心理环境创设的意义
    - 幼儿园心理环境创设的方法★
      - 创设优美、整洁的幼儿园物理环境
      - 以园长为中心,创设幼儿园教师之间和谐的精神环境
      - ④________
      - ⑤________
      - 重视幼儿园文化建设,形成良好的幼儿园风气
    - 教师的言行在幼儿心理环境形成中的重要作用

- 环境创设
  - 幼儿园与家庭的合作★
    - 家园合作的必要性
    - 幼儿园与家长互动沟通的方式
      - 集体方式：⑥________，家长学校，家长开放日，家长接待日和专家咨询，家园联系栏，小报、小刊和学习材料提供
      - 个别方式：家庭访问，个别谈话，家园联系册或联系卡，书信、电话、网络等，接送孩子时的随机交流
    - 家园合作中存在的问题及解决策略
  - 幼儿园与社区的合作
    - 幼儿园与社区合作的内容与方法
      - 整合社区资源，促进儿童发展
      - 发挥幼儿园的教育优势，为社区建设出力
    - 社区在幼儿园教育中的作用★
  - 幼儿园与小学衔接
    - 幼小衔接概述
      - 造成幼儿园与小学不衔接的原因
      - 幼小衔接的意义
    - 幼儿园实施幼小衔接工作的指导思想
      - 长期性而非突击性
      - 整体性而非单项性
      - ⑦________
      - 家、园、校的一致性而非孤立化
    - 做好幼小衔接工作应采取的措施★★
      - 幼儿园针对幼小衔接需要开展的工作
      - 家长针对幼小衔接需要开展的工作

刷真题

链接答案本 P383

一、单项选择题(每小题3分，共3小题。参考时限5分钟)

1.[2022 上半年]幼儿园创设物质环境时首先应考虑的要求是(　　)(常考)

A. 经济性　　B. 安全卫生性　　C. 功能性　　D. 美观性

2.[2021 下半年]教师与家长沟通的根本目的是(　　)

A. 让家长了解幼儿在园的表现　　B. 了解幼儿在家的表现

C. 家园合作，形成教育合力　　D. 完成园长交给的任务

3.[2017 上半年]幼儿园环境创设中，使用易于识别的生活行为规则标识图，其最主要的目的是(　　)

A. 美化环境　　B. 便于幼儿看图说话

C. 便于幼儿认识各种符号　　D. 便于幼儿习得生活技能和行为准则

二、简答题(每小题15分,参考时限10分钟。共2小题)

1.[2020下半年]简述社区在幼儿园教育中的作用。

2.[2017上半年]作为幼儿教师,如何在保教活动中营造更好的心理氛围?

三、论述题(每小题20分,参考时限15分钟。共3小题)

1.[2021下半年]有家长说:“这家幼儿园天天让孩子玩,什么都没教。不教拼音,不教写字,孩子连字都认不了几个。”为什么说该家长的说法是错误的?请说明理由。

2.[2017下半年]什么是幼儿园环境?为什么幼儿园教育中要强调创设良好的幼儿园环境?请联系实际说明。

3.［2016 下半年］试述如何做好幼小衔接工作。

四、材料分析题（每小题 20 分，参考时限 20 分钟。共 3 小题）

1.［2022 下半年］**材料：**

春天来了，老师们都忙着为班级布置有关“春天”的墙饰。张老师设计了一幅丰富又美丽的春天图画（图 1）；李老师只在墙上画了一棵光秃秃的树，她希望幼儿能随时将自己看到的信息用剪纸、绘画等方式反映到墙面上（图 2）。

图 1

图 2

问题：请评价两位老师的行为。

2.［2021 上半年］**材料：**

在某幼儿园大班的家长座谈会上，家长们纷纷提出：孩子快上小学了，幼儿园应减少游戏时间，增加算术、识字等教学内容，以便于孩子提前适应小学的学习生活。

问题：

(1)请根据上述说法，分析家长观念中存在的问题。

(2)请针对上述问题，提出解决方法。

3.［2017 上半年］**材料：**

教师为了帮助大班的幼儿了解春天的季节特征，同时在其中渗透数学教育，专门制作了一套“春天”的拼图(如图3)。拼图底板是若干道10以内计算题，每一小块图形的正面是春天景色的一部分，背面是计算题的得数(如图4)，教师希望幼儿根据计算题与得数的匹配找到拼图的相应位置。然而，材料投放后，教师却发现许多幼儿不用做计算题就能轻松完成拼图，也未对图片中的季节特征产生观察与探究的兴趣。

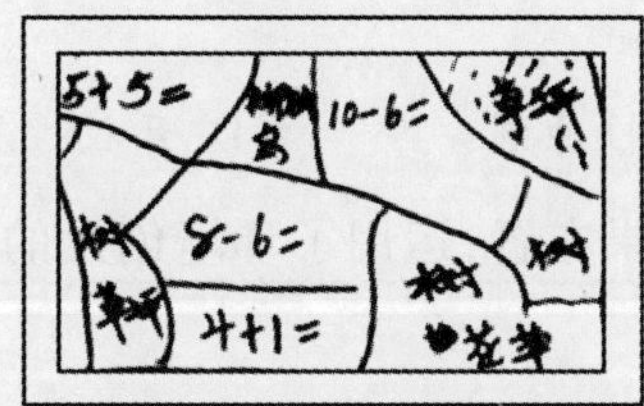

图3 未完成的拼图

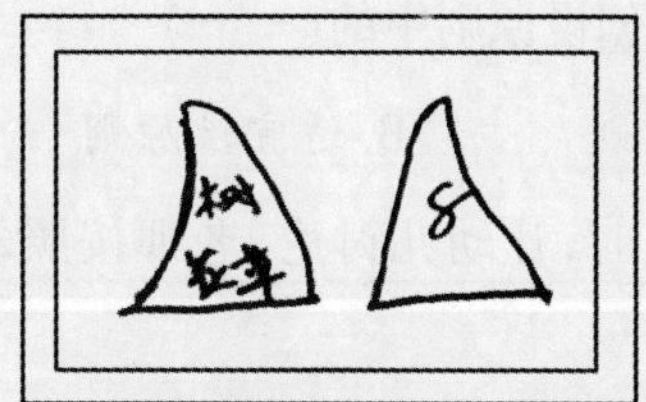

图4 其中一小块图形的正面和反面

问题：

(1)请从幼儿获得科学经验的角度，分析这一拼图材料的投放，对达成教学目标是否适宜？为什么？

(2)该材料在设计上存在什么问题？请提出改进建议。

专题一　幼儿园环境创设

链接答案本 P388

一、单项选择题(每小题 3 分,共 18 小题,参考时限 35 分钟)

1. 幼儿园的环境创设主要是指(　　)

A. 购买大型玩具　　B. 提供合格的物质条件和良好的精神环境

C. 安装塑胶地板　　D. 选择较清静的场所

2. 沿海幼儿园可充分利用各种各样的贝壳来布置环境,或作为材料供幼儿使用;农村幼儿园可将美丽的自然风光、丰富的农作物、各种家禽等作为活教材,丰富幼儿的经验,促进幼儿的发展。这体现了幼儿园环境创设的(　　)原则。

A. 开放性　　B. 动态性　　C. 适宜性　　D. 经济性

3. 创设幼儿园物质环境时,小班环境要有结构简单、色彩鲜艳、富有感官刺激等特点;中班环境在小班的基础上要突出操作性;大班环境要突出探索性和实验材料的丰富性。这主要体现了幼儿园物质环境创设原则中的(　　)

A. 经济性原则　　B. 适宜性原则　　C. 动态性原则　　D. 开放性原则

4. 布置自然区时,让幼儿讨论,老师按照幼儿讨论的结果布置,运用了环境创设的(　　)原则。(常考)

A. 开放性　　B. 幼儿参与性　　C. 经济性　　D. 安全性

5. 环境内容应随季节、节日、教学任务以及幼儿兴趣爱好、需要和能力的变化而不断更新。这是幼儿园物质环境创设中的(　　)

A. 动态性原则　　B. 启发性原则

C. 适合性原则　　D. 效用性原则

6. 从狭义上理解,幼儿园环境是指(　　)

A. 幼儿园生活环境　　B. 幼儿园心理环境

C. 幼儿园教育的一切外部条件　　D. 幼儿园内一切影响幼儿发展的因素

7. "环境的布置要通过儿童的头脑和双手"这句话体现了创设环境应遵循(　　)

A. 教育性原则　　B. 开放性原则　　C. 适宜性原则　　D. 幼儿参与性原则

8. 幼儿园里的开关、插座一般设置在幼儿不易够到的位置,幼儿园小班一般不用体积过小的玩具等。这体现了幼儿园环境创设的(　　)

A. 可变性原则　　B. 安全性原则

C. 参与性原则　　D. 经济性原则

9. 10 月份的主题是"秋天",教师结合相关的内容,采用"秋天的叶子""秋游剪影""中秋月饼""秋天的歌"等板块,将学习内容通过环境展示出来,让孩子们从环境中直接感知秋天。这体现了环境创设的(　　)

A. 科学性　　B. 教育性　　C. 经济性　　D. 安全性

10. 为了让幼儿了解和认识蔬菜,徐老师以"香香的蔬菜"为主题,布置了一面主题墙,这一方式主要利用了环境创设的(　　)

A. 整体感　　B. 教育性　　C. 时效性　　D. 主体性

11. 让幼儿自己在环境中发现问题,独立地解决问题,同时获得知识的是(　　)

A. 讨论法　　B. 探索法　　C. 操作法　　D. 评价法

12. 关于幼儿园环境创设,下列说法错误的是(　　)

A. 排除安全隐患　　B. 讲究环境动态可变

C. 符合幼儿审美习惯　　D. 坚持以教师为中心

13. 创设幼儿园环境时考虑不同地区、不同条件园所的实际情况,做到因地制宜、因陋就简,这体现了(　　)原则。

A. 参与性　　B. 发展适宜性　　C. 经济性　　D. 开放性

14. 小班孩子喜欢模仿,所以老师给他们的玩具应该同种类的多一些,这遵循了幼儿园环境创设的(　　)

A. 经济性原则　　B. 适宜性原则

C. 开放性原则　　D. 幼儿参与性原则

15. "充分利用当地的自然优势,为幼儿修沙坑,让幼儿在沙坑里做造型、进行结构游戏,用树枝在沙上画画、写字。"这是环境创设的(　　)

A. 幼儿参与性原则　　B. 安全性原则

C. 经济性原则　　D. 发展适宜性原则

16. 黄老师组织全班幼儿参观小学后,请每位幼儿将自己参观小学的感受、体会或愿望用图画的形式表征出来,并与幼儿共同创设"我心目中的小学"主题环境。这体现了幼儿园环境创设中的(　　)原则。

A. 全面性　　B. 幼儿参与性　　C. 安全性　　D. 经济性

17. 幼儿园在配备玩具时要充分考虑安全性，下列玩具不能配备的是(　　)

A. 尖头飞镖　　B. 橡皮泥

C. 小皮球　　D. 彩笔

18. 某幼儿园教师准备结合国庆节组织“爱祖国”的主题活动，于是提前收集祖国各地名胜古迹的图片贴在教室的墙上，这体现了环境创设的(　　)

A. 教育性原则　　B. 经济性原则

C. 阶段性原则　　D. 安全性原则

二、简答题(每小题 15 分，参考时限 10 分钟。共 2 小题)

1. 简述幼儿园环境创设的一般原则。

2. 简述幼儿园环境创设的安全性原则的要求。

三、材料分析题（每小题 20 分，参考时限 20 分钟。共 3 小题）

1. 材料：

新学期初，园长要求各班进行环境创设，中班的李老师开始忙碌起来，她上网搜了许多与“马路上的车”有关的文字和图片资料，并精心布置在班级墙上，一时间主题墙被布置得满满当当，开学后引来一些幼儿驻足观看。有的说：“这上面写的是什么呀？”有的说：“什么呀，一点也不好看。”还有的踮起脚尖还是看不到高挂在墙上的图片……没过几天，主题墙前冷冷清清。

问题：结合材料，分析李老师在班级环境创设中的问题并提出合理建议。

2. 材料：

某幼儿园的区角活动创设很有特色。每个班里都至少有 7 ~ 8 个区域供孩子分组进行探索活动，有小菜市场、智力活动区、科学活动区、动手操作区、表演区、音乐活动区、语言区等，内容非常丰富。但仔细看才发现：语言区里幼儿用来排图讲述的图片已经积了一层灰，而且排得过于整齐；智力活动区里的几幅塑封好的拼图无人问津，原因是这些材料太难了，该班幼儿不感兴趣。

问题：请从幼儿园环境创设的角度，评析该幼儿园区域环境创设中存在的问题并提出建议。

3. 材料：

大班的幼儿对饲养动物产生了兴趣，于是王老师打算在教室组建一个饲养角。他首先询问幼儿，你们希望饲养什么动物，有的幼儿说大象，有的说狮子，有的说养金鱼和小乌龟，王老师把幼儿所提到的动物名称写下来，并引导他们想一想，每种动物要吃的食物，它们的习性，居住的场所。孩子们一时也回答不出来，王老师便建议大家回去问一下家长，和他们一起翻阅图书，上网查询、搜集相关资料。然后王老师和幼儿一起把收集的资料以主题的形式展示出来，并讨论教室里到底适合饲养哪些动物。幼儿纷纷发表了意见，得出的结论是，在教室里不可能饲养大象、狮子等，最适合饲养金鱼、小乌龟，最后大家一起制订了饲养计划，每个小朋友轮流喂养小动物，并填写观察记录表。

问题：

(1)王老师在活动中体现的教师角色有哪些？

(2)王老师的做法体现了幼儿环境创设的哪些基本原则？

专题二　常见活动区的创设及其功能

链接答案本 P392

一、单项选择题(每小题 3 分，共 10 小题，参考时限 20 分钟)

1. 幼儿园环境创设应有效促进幼儿的发展，对于小班幼儿活动区的设置，下列做法正确的是(　　)

A. 提供的材料应体积较小，同类材料数量较少

B. 提供的材料应体积较大，同类材料数量较多

C. 可以专门建设益智区等智力活动区

D. 应提供材料及结构复杂的积塑、数字卡等材料

2. 王老师在益智区里投放了几张不同难度的记录表,幼儿可以根据自己的能力选择运用打钩、画图案、写数字等多种表征方式进行记录。王老师投放材料的做法符合(　　)原则。

A. 丰富性　　B. 层次性　　C. 情感性　　D. 探索性

3. 放大镜、天平、水箱等材料应投放在(　　)

A. 美工区　　B. 木工区　　C. 科学区　　D. 积木区

4. 某教师把钓鱼玩具的鱼钩线设计得长短不一,体现了活动区材料投放的(　　)(易错)

A. 目的性　　B. 整合性　　C. 层次性　　D. 操作性

5. 教师提供的区域活动材料能让幼儿动手做做、摆摆,再配以说说、画画,体现了活动区材料投放的(　　)

A. 层次性原则　　B. 操作性原则　　C. 丰富性原则　　D. 适宜性原则

6. 关于幼儿活动区的布置,正确的说法是(　　)

A. 以阅读为主的图书区可与娃娃家放在一起

B. 自选游戏环境的创设是由教师进行的

C. 可在积木区提供一些人偶、小动物、交通工具模型等辅助材料

D. 娃娃家应该是完全敞开式,让每个人都能看到里面有什么

7. 提供拼图、七巧板、迷宫、棋类、扑克牌、几何拼摆等材料让幼儿操作的区域是(　　)

A. 生活操作区　　B. 美工区　　C. 益智区　　D. 语言区

8. 尹老师引导美工区的幼儿将制作好的动物指偶放到语言区一起进行桌面游戏,尹老师这样做的主要目的是(　　)

A. 美化语言区的环境　　B. 丰富语言区的材料

C. 增进区域之间的互动　　D. 优化区域空间布局

9. 区域活动的材料和工具要符合幼儿的年龄特点,体现活动区材料投放的(　　)原则。

A. 丰富性　　B. 目的性　　C. 适宜性　　D. 层次性

10. 幼儿园在布置娃娃家、商店等活动区域时,应多提供原材料和(　　),让幼儿有更多的机会参与制作活动。

A. 半成品　　B. 范例　　C. 成品　　D. 图示

二、简答题(每小题 15 分,参考时限 10 分钟。共 5 小题)

1. 简述幼儿园活动区材料投放的原则。

2. 简述幼儿园常见的活动区。

3. 简述幼儿园活动区材料投放利用的具体要求。

4. 简述幼儿园活动区材料投放时遵循适宜性原则应注意的问题。

5. 简述幼儿园活动区的功能。

三、论述题(每小题 20 分,参考时限 15 分钟。共 1 小题)

试述创设活动区的具体要求。

四、材料分析题(每小题 20 分,参考时限 20 分钟。共 3 小题)

1. 材料:

某幼儿园在结构区进行了分步骤的材料投放,开始投放一些大型积塑让幼儿拼插、搭建,然后投放一些木板海绵块,暗示幼儿混合使用材料,过一段时间后,又投放一些纸盒、易拉罐等,鼓励幼儿综合运用多种材料,搭建有主题内容的物体。

问题:请从幼儿园环境创设的角度,评价该幼儿园的行为。

2. 材料：

中班的幼儿开始学习使用筷子，黄老师发现有幼儿对筷子非常感兴趣，经常提出有关筷子的问题，于是就请幼儿和家长共同收集许多不同材质、颜色、长短、粗细的筷子，并与幼儿探讨筷子可以怎么玩。黄老师按照幼儿的想法把筷子投放到不同区域，音乐区的幼儿把筷子当作鼓槌、指挥棒来演奏乐曲；建构区的幼儿用筷子搭建楼房；生活区的幼儿用筷子来玩夹珠子的游戏；美工区的幼儿用筷子做各种手工作品；娃娃家的幼儿用筷子来玩吃饭的游戏等。幼儿发挥自己的想象力，在各个活动区玩得不亦乐乎。

问题：请结合材料，分析区域活动材料投放的有效策略。

3. 材料：

小班幼儿就要入园了，小 A 班的老师为孩子们创设的活动环境里有 3 个娃娃家、30 本图书（其中有许多是相同的）等，小 B 班的老师为孩子们创设的活动环境里有娃娃家、医院、超市各 1 个，30 本各不相同的图书等。

问题：请对这两位老师的做法进行点评。

专题三　幼儿园心理环境创设

链接答案本 P396

一、单项选择题(每小题 3 分,共 5 小题,参考时限 10 分钟)

1. 幼儿园的心理环境不包括(　　)

A. 园舍建筑　　B. 同伴关系

C. 师幼关系　　D. 教师同事关系

2. 刘老师在春蕾幼儿园见习的时候,见到班主任李老师在辅导幼儿画画,但是有一名男孩画一半就不画了,跑去做黏土,李老师也没有阻止。刘老师不解,问李老师为什么不鼓励孩子把画画完。李老师说:“为什么一定要让孩子做他不喜欢做的事呢? 要知道当他对一件事不感兴趣时他是很难成功的。”李老师的话体现了班级心理环境创设中的(　　)

A. 建立良好的师生关系　　B. 建立团结友爱的班集体

C. 帮助幼儿建立良好的同伴关系　　D. 尊重幼儿,让幼儿主动发展

3. 幼儿园环境是儿童生活的基本保障,是幼儿园的“第三位教师”。下列属于幼儿园心理环境的是(　　)

A. 户外绿化　　B. 种植园地

C. 幼儿园文化氛围　　D. 园所建筑

4. 下列幼儿教师的言语、行为有利于幼儿园心理环境创设的是(　　)(易错)

A. 某幼儿教师批评了一个尿裤子的 3 岁幼儿,说:“你尿裤子,太丢人了,去边上反思去。”该教师为自己的言语辩解说,这样做有助于幼儿抗挫折能力的培养

B. 某幼儿教师在与幼儿互动时,对不愿意参加互动的儿童说:“如果你现在不参加,以后都不要到幼儿园来了。”该幼儿教师认为对幼儿来说,必要的威胁与恐吓是有效的教育手段

C. 某幼儿教师在教学过程中对班级里相貌漂亮的小朋友极为关注,对那些长相一般的小朋友有所忽视,对此行为,她解释道:“爱美之心,人皆有之,我有这样的表现也算人之常情吧。”

D. 某幼儿教师对正在搭积木的小朋友说:“你做得真好,你真是太能干了。”而这个小朋友仅仅是把几块积木摞在一起。该教师解释说,虽然孩子搭得很简单,但是对孩子的鼓励有助于孩子的创造性发展

5. 幼儿教师之间的交往会影响班级、幼儿园的心理氛围,这主要是因为(　　)

A. 幼儿教师是幼儿园教育的主体　　B. 幼儿教师是班级的主体

C. 幼儿教师是环境创设的主体　　D. 幼儿教师是幼儿模仿的对象

二、简答题(每小题 15 分,参考时限 10 分钟。共 3 小题)

1. 简述幼儿园心理环境创设的意义。

2. 简述幼儿园心理环境创设的方法。

3. 简述教师的言行对幼儿心理环境形成的重要作用。

专题四　幼儿园与家庭的合作

链接答案本 P397

一、单项选择题(每小题 3 分,共 8 小题,参考时限 15 分钟)

1. 下列适合家长开放日的内容是(　　)

A. 请家长参加大班幼儿离园告别会　　B. 允许家长随时看幼儿园的监控

C. 解决个别家长的问题　　D. 向家长进行定期汇报

2. 幼儿园邀请家长来园观摩半日活动，这种形式是(　　)

A. 家长会　B. 家长学校　C. 家长接待日　D. 家长开放日

3. 当发现某幼儿心理有问题时，教师需要向家长详细反馈幼儿在园各方面的情况，与家长讨论和寻找问题的解决办法。这种情况最有效的家园沟通方式是(　　)

A. 家庭访问　B. 书信便笺　C. 家园联系手册　D. 家长会

4. 教师想让家长亲眼看到幼儿在园的表现，可以采取的方式是(　　)

A. 家长会　B. 家长开放日

C. 家长接待日　D. 家园联系栏

5. 家园合作的形式不包括(　　)

A. 家园联系册　B. 参观小学　C. 家长会　D. 家长开放日

6. 下列说法不属于"家长是幼儿园重要的教育力量"的表现的是(　　)

A. 家长是教师最好的合作者，是教师了解幼儿最好的信息源

B. 家长本身是幼儿园宝贵的教育资源

C. 家长与教师的配合使教育计划的可行性等能更好地得到保证

D. 幼儿园帮助家长树立正确的教育观念和教育方法

7. 林老师发现乐乐最近变得很爱打人，而且经常不来幼儿园。林老师想要和家长沟通，详细了解乐乐发生变化的原因。下列最合适的做法是(　　)(易错)

A. 微信　B. 电话　C. 家访　D. 随机交流

8. 某幼儿园固定每周一下午，由园长负责解答来访家长的问题，听取家长的意见和建议。这种幼儿园与家长互动沟通的方式是(　　)

A. 家长会　B. 家长学校　C. 家长开放日　D. 家长接待日

二、简答题(每小题 15 分，参考时限 10 分钟。共 2 小题)

1. 简述家园合作的必要性。

2. 简述幼儿园与家长互动沟通的方式。

三、论述题(每小题20分,参考时限15分钟。共1小题)

结合实际,分析家园合作中易出现的问题和解决策略。

四、材料分析题(每小题20分,参考时限20分钟。共3小题)

1. 材料:

升入大班后,跳绳成了孩子们最头疼的事情。例如,我们班的晨晨小朋友,每一次我让大家跳绳的时候,他总是拿着绳子左揉揉右抡抡,从来不跳绳。我便问他:“你为什么不跳绳呢?”他红着眼睛说:“妈妈说跳绳太难了,不让我学,怕我太累。”听完他的话,我便鼓励他大胆地跳,先把绳子抡到自己的脚前方,双脚再并齐向前一起跳,半个小时过去了,他终于会连贯地跳一个了,当时晨晨特别高兴,还兴奋地大叫:“老师,我会跳一个了,我一定会学会的!”

问题:请分析材料中的现象,并针对此现象提出自己的意见或解决措施。

2. 材料：

中班的铭铭，每天来园总是黏着奶奶的手，不肯松手，奶奶好说歹说半天，他才眼泪汪汪的勉强让奶奶离开。平时铭铭和其他孩子玩不到一起，经常独自看着同伴玩游戏，老师鼓励他去参加小朋友的游戏，他也不愿意，他的自理能力弱，吃饭、穿衣动作很慢，还经常把饭菜掉在桌子上，衣服穿反。老师和铭铭奶奶沟通后发现，铭铭爸妈由于工作忙，基本顾不上铭铭，他一直由奶奶抚养，并且奶奶对他十分宠爱，从来不让他自己动手做事。

问题：请分析铭铭存在的问题及出现问题的原因，并提出针对性解决措施。

3. 材料：

某幼儿园大班亲子活动中，家长和幼儿一起开心地玩着游戏，只见有些家长拿着相机朝幼儿不停地拍照片，还不时地让幼儿摆出各种动作；有些家长则陪在幼儿旁边，看到幼儿操作有困难，要么直接上阵，亲自解决，要么对着幼儿一顿“呵斥”；还有些祖辈家长，由于体力、精力有限，早已坐在旁边休息，让幼儿自己在一旁玩耍。

问题：如果你是本班的老师，你会怎样做？

专题五　幼儿园与社区的合作

链接答案本 P400

一、单项选择题(每小题 3 分,共 4 小题,参考时限 10 分钟)

1. 社区学前教育是教育社会化的体现,下列属于社区学前教育的是(　　)

A. 妈妈教幼儿叠衣服

B. 吴老师带中班幼儿玩娃娃家游戏

C. 组织参观医院、社区超市

D. 幼儿园请家长参观幼儿园举行的亲子活动

2. 有的幼儿园在课程中将社区的历史、风俗、革命传统等作为乡土教材来利用,使幼儿园教育内容丰富而有特色。这发挥了(　　)对幼儿园教育的意义。

A. 社区资源　　B. 社区环境　　C. 社区习俗　　D. 社区文化

3. 幼儿园请交通警察来园给孩子们讲解交通规则。这属于(　　)(易混)

A. 幼儿园与家庭合作　　B. 幼儿园与社区合作

C. 家庭与社区合作　　D. 家庭与交警合作

4. 下面不属于幼儿园为社区提供的支持的是(　　)

A. 提供优生方面的服务与指导　　B. 提供优教方面的服务与指导

C. 提供优育方面的服务与指导　　D. 提供社区安全保障

二、简答题(每小题 15 分,参考时限 10 分钟。共 1 小题)

简述幼儿园与社区合作的内容与方法。

专题六　幼儿园与小学衔接

链接答案本 P401

一、单项选择题(每小题 3 分,共 10 小题,参考时限 20 分钟)

1. 在大班下学期,幼儿园可以(　　)

A. 带领大班幼儿参观小学　　B. 布置小学化,不设游戏区角

C. 采取小学作息制度,一天上 6 节课　　D. 布置至少 2 个小时的家庭作业

2. 很多幼儿因为不能管理好自己的学习用具和生活用品,不能按情况穿脱衣服,不能记住喝水等,从而影响身体健康和学习,使其对小学生活感到适应困难。因此,在培养幼儿对小学生活的适应性方面,应注意培养幼儿的(　　)

A. 主动性　　B. 人际交往能力

C. 独立性　　D. 规则意识

3. 搞好幼儿园和小学的衔接工作,是幼儿园的基本教育任务之一。要求家长带领孩子参观即将进入的小学,看看小学教室、操场等,初步熟悉从家庭到学校的路径属于(　　)准备。

A. 心理　　B. 能力　　C. 学习　　D. 物质

4. 齐齐刚上小学,常常在上课期间乱走动、有许多小动作,也常常忘记老师布置的作业。这说明齐齐需要加强(　　)的培养。

A. 独立性　　B. 主动性

C. 人际交往能力　　D. 规则意识和任务意识

5. 关于幼儿园的幼小衔接工作,下列说法不正确的是(　　)

A. 衔接工作应贯穿整个幼儿园　　B. 对幼儿进行某些方面的强化训练

C. 幼儿园、小学、家庭通力协作　　D. 避免"小学化倾向"

6. 幼儿园在帮助幼儿做好入小学前的学习准备方面,需要做的工作不包括(　　)(常考)

A. 入学前教幼儿拼音、认字、做算术　　B. 培养幼儿良好的学习习惯

C. 保护幼儿的好奇心和主动性　　D. 培养幼儿的倾听和表达能力

7. 幼小衔接的工作重点应该放在(　　)方面。

A. 入学的适应性　　B. 幼儿身体素质

C. 文化课学习　　D. 社会性培养

8. 下列有关幼小衔接的说法,正确的是(　　)

A. 幼儿入学适应困难,是因为幼儿园教育过于游戏化

B. 幼小衔接完全是幼儿园的责任

C. 幼儿园的幼小衔接工作不仅仅在大班,小中班也应该开展

D. 幼小衔接主要是教幼儿拼音、认字等内容

9. 在幼儿入小学后,有的新生在老师询问作业时,很轻松地说:“我不喜欢做。昨天妈妈带我去奶奶家了,所以我没写。”这种现象要求幼小衔接工作中要(　　)

A. 帮助幼儿做好入学前的准备　　B. 培养幼儿的规则意识和任务意识

C. 培养幼儿的主动性　　D. 培养幼儿的独立性

10. 在大班幼小衔接活动中,教师与幼儿共同创设了“小学调查”的主题墙。这主要是为了(　　)

A. 激发幼儿良好的入学动机　　B. 培养幼儿的责任感

C. 提高幼儿的学习能力　　D. 帮助幼儿形成良好的学习习惯

二、简答题(每小题 15 分,参考时限 10 分钟。共 5 小题)

1. 简述做好幼小衔接工作的意义。

2. 简述幼儿园实施幼小衔接工作的指导思想。

3. 简述幼儿园培养幼儿对小学生活的适应性的措施。

4. 幼儿园应如何帮助幼儿做好入学前的学习准备？

5. 简述家庭针对幼小衔接需要开展的工作。

三、论述题(每小题 20 分，参考时限 15 分钟。共 1 小题)

试述幼儿阶段与小学阶段的不同特点。

四、材料分析题(每小题 20 分，参考时限 20 分钟。共 3 小题)

1. 材料：

某幼儿园按国家的要求规范办园，坚持以游戏为基本活动，反对幼儿园小学化倾向。中班下学期快结束的时候，一名家长忧心忡忡地对班级老师说："我们的孩子在幼儿园里整天玩，老师不教写字，也不教数学，回家也不布置家庭作业，上小学后真害怕跟不上别的小朋友的进度，下学期我要考虑给孩子转园了。"

问题：请结合上述情况，围绕"科学的幼小衔接"做出分析。

2. 材料:

贝贝上了大班后,父母越来越焦虑。因为看到隔壁同龄的小兰上辅导班后,已经能写许多字,会做算术题了,而贝贝整天沉浸在搭积木、画画、看图画书中,什么都不会。于是贝贝妈妈用微信联系老师说:“幼儿园总是在玩游戏,如果再不上拼音和算术课,我们担心贝贝跟不上小学教学,你们幼儿园是不是应该多上点课,早点让贝贝适应小学生活。”

问题:

(1)请你分析这一现象。

(2)如果你是贝贝班上的老师,你将如何与家长交流?

3. 材料:

大班幼儿成为小学生后会面临很多问题,如早上起不来、不敢大胆发言、下课不去厕所、上课却想上厕所、不习惯老师的教学风格、不会听课做笔记……爸妈的担心远不止这些。某幼儿园最近对300多个大班幼儿的家长进行问卷调查,发现“幼儿不习惯小学老师从而影响学习兴趣”是家长们最为担心的问题。“幼儿园的老师可亲又可爱,孩子们把她们当成姐姐、妈妈或者阿姨。而小学老师总是比较严厉,功课完不成,少不了要批评,孩子本来就有点内向,我怕老师会成为她上小学后最不适应的因素。”王女士的女儿今年九月即将成为一名小学生,她正为幼小衔接发愁。

问题:结合材料分析幼儿教育与小学教育的不同,如何做好幼小衔接工作?

第五章　游戏活动的指导

链接答案本 P406

- 游戏活动的指导
  - 幼儿游戏概述
    - 幼儿游戏的内涵
    - 幼儿游戏理论
      - 早期的传统理论:复演说、精力过剩说、机能快乐说、生活预备说
      - 当代的游戏理论:精神分析理论、认知动力说、学习理论
    - 幼儿游戏的特点★
      - 游戏是儿童①________的活动(自由性)
      - 儿童重视的是②________,而非游戏的结果,无强制性的外在目的
      - 游戏是充满想象和创造的活动(想象性)
      - 游戏具有假想成分,是在假想的情景中反映社会生活,是③________统一的活动(虚构性和社会性)
      - 游戏是能给儿童带来积极情感体验的活动(愉悦性)
      - 游戏是具体的活动
    - 幼儿游戏的类型★★
      - 以幼儿对游戏的体验形式为依据的分类
      - 以儿童社会性发展为依据的分类
      - 以认知发展为依据的分类
        - 感觉机能性游戏
        - ④________
        - ⑤________
        - 规则性游戏
      - 以游戏的教育作用为依据的分类
      - 以儿童行为表现为依据的分类
        - 语言游戏
        - 动作技能游戏
        - 想象游戏
        - 交往游戏
        - ⑥________
      - 以教育的目的性为依据的分类
        - 自发游戏
        - 教学游戏
    - 游戏的功能★★
      - 游戏促进儿童身体发展
      - 游戏促进儿童⑦________的发展
      - 游戏促进儿童⑧________的发展
      - 游戏促进儿童情感的发展
      - 游戏促进儿童⑨________的发展

- 游戏活动的指导
  - 幼儿游戏的指导
    - 尊重幼儿游戏的自主性
      - 尊重幼儿游戏的意愿和兴趣
      - 尊重幼儿游戏的氛围和游戏中的想象、探索、表现、创造
    - ⑩________
      - 丰富幼儿的生活经验
      - 观察并合理参与幼儿游戏
      - 教师对幼儿游戏的介入
    - 按幼儿游戏发展的特点指导游戏★★
      - 小班幼儿的游戏特点
      - 中班幼儿的游戏特点
      - 大班幼儿的游戏特点
    - 按各种游戏类型的特点指导游戏
      - 角色游戏的指导★★
      - 结构游戏的指导
      - 表演游戏的指导
    - 正确评价幼儿的游戏
    - 使⑪________成为幼儿园的基本活动

链接答案本 P406

一、单项选择题(每小题 3 分,共 8 小题,参考时限 15 分钟)

1. [2022 上半年]下列选项中关于自发性游戏的观点,正确的是(　　)

A. 幼儿园游戏不包括自发性游戏　　B. 自发性游戏不需要教师指导

C. 教师组织的游戏比自发性游戏有价值　　D. 自发性游戏具有多种教育价值

2. [2021 上半年]幼儿通过塑造角色表现文艺作品内容的游戏是(　　)(常考)

A. 角色游戏　　B. 结构游戏　　C. 智力游戏　　D. 表演游戏

3. [2020 下半年]幼儿赛跑、下棋一般属于(　　)

A. 表演游戏　　B. 建构游戏　　C. 角色游戏　　D. 规则游戏

4. [2018 下半年]小班同一个“娃娃家”中,常常出现许多“妈妈”在烧饭,每位幼儿都感到很满足。这反映小班幼儿游戏行为的特点是(　　)

A. 喜欢模仿　　B. 喜欢合作　　C. 协调能力差　　D. 角色意识弱

5. [2017 下半年]当教师以“病人”身份进入小班“医院”时,有六位“小医生”同时上来询问病情,每个孩子都积极地为教师看病,打针,忙得不亦乐乎。结果,老师一共被打了六针。对小班幼儿这种游戏行为最恰当的理解是(　　)(易混)

A. 过于重视教师的身份　　B. 角色游戏呈现合作游戏的特点

C. 在游戏角色的定位上出现混乱　　D. 角色游戏呈现平行游戏的特点

6. [2016 上半年]为了让幼儿在户外运动中一物多玩,最适宜的做法是(　　)

A. 教师集体示范　　B. 幼儿自主探究

C. 教师分组讲解　　D. 教师逐一训练

7. [2015 下半年]幼儿以积木、沙、雪等材料为道具来模仿周围现实生活的游戏是(　　)

A. 表演游戏　　B. 结构游戏　　C. 角色游戏　　D. 规则游戏

8. [2015 上半年]儿童最早玩的游戏类型是(　　)

A. 练习性游戏　　B. 规则游戏　　C. 象征性游戏　　D. 建构游戏

二、简答题(每小题 15 分,参考时限 10 分钟。共 2 小题)

1. [2022 下半年]简述游戏对幼儿发展的作用。

2. [2015 上半年]简述角色游戏活动中教师的观察要点及其目的。

三、论述题(每小题 20 分,参考时限 15 分钟。共 1 小题)

[2019 上半年]幼儿园集体教学活动和游戏的涵义分别是什么?试述两者的区别与联系。

四、材料分析题(每小题 20 分,参考时限 20 分钟。共 3 小题)

1.［2020 下半年］**材料:**

中班角色游戏中,有幼儿提出要玩“打仗”游戏,他们在材料柜里翻出好久不玩的玩具吹风机当“手枪”、仿真型灯箱当“大炮”,“哒哒哒”地打起来,玩得不亦乐乎。李老师看到此情景非常着急,连忙阻止:“这是理发店的工具,不能这样玩。”

问题:

(1)李老师的阻止行为是否合适?请说明理由。

(2)如果你是李老师,你会怎么做?

2.［2019 下半年］**材料:**

几个幼儿正在玩游戏,他们把竹片连接起来,想让乒乓球从一头开始沿竹槽滚动,然后落在一定距离外的竹筒里,游戏过程中,他们遇到了很多困难,如球从竹片间掉落(见图 1);竹片连成的“桥”太陡,球怎么也落不到竹筒里(见图 2)……他们通过不断努力,终于让球滚到了竹筒里。

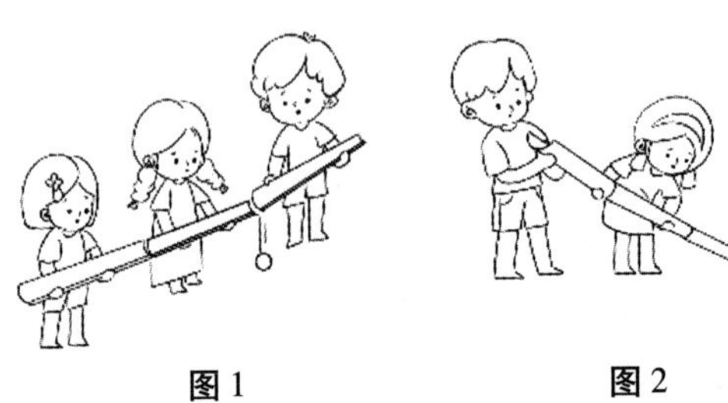

图 1　　　　图 2

问题：

(1)幼儿可以从上述活动中获得哪些经验？

(2)请结合材料分析说明。

3.[2019上半年]材料：

在开展“烧烤店”游戏前，大一班的李老师加班加点为幼儿准备了烧烤架、烧烤夹以及各种逼真的“鱼丸”“香肠”“土豆片”等食材；大二班王老师没有直接投放材料，而是与幼儿商量，支持他们自己去寻找、搜集所需材料。幼儿游戏情景分别见图3(大一班)和图4(大二班)。

图3

图4

问题：

(1)哪位教师的做法更恰当？

(2)请分别对两位教师的做法进行评析。

专题一 幼儿游戏概述

链接答案本 P410

一、单项选择题(每小题 3 分,共 37 小题,参考时限 75 分钟)

1. 露露无意中把手上的石头丢在地上,发出“哐”的响声,这引发了她的兴趣,她玩起了捡—丢石头的游戏,并重复了很多次。从皮亚杰的儿童游戏发展理论来看,露露的游戏处于(　　)阶段。

A. 练习性游戏　　B. 象征性游戏
C. 规则性游戏　　D. 联合性游戏

2. 儿童根据故事、童话的内容,运用动作、表情、语言、扮演角色,进行创造性表演的游戏属于(　　)(易混)

A. 表演游戏　　B. 角色游戏　　C. 结构游戏　　D. 智力游戏

3. 以游戏矫治儿童的心理问题与行为问题,运用的理论是(　　)

A. 元交际　　B. 复演说　　C. 精神分析　　D. 同化说

4. 某幼儿在建构区用积木建小房子,该区域的其他幼儿看到了立马跟着这么做,这种游戏一般出现在(　　)

A. 独自游戏阶段　　B. 联合游戏阶段
C. 合作游戏阶段　　D. 平行游戏阶段

5. 幼儿扮演银行职员、警察、医生、教师的游戏属于(　　)(常考)

A. 角色游戏　　B. 结构游戏　　C. 表演游戏　　D. 智力游戏

6. 做泥工游戏时,幼儿将橡皮泥捏成小人,这属于(　　)游戏。

A. 练习性　　B. 规则性　　C. 结构性　　D. 象征性

7. 小班的李老师经常组织幼儿玩各种游戏,壮壮参加了这些游戏后,由入园时的焦虑不安、乱发脾气到现在的每天开开心心。这说明游戏可以促进幼儿(　　)

A. 情感的发展　　B. 语言的发展　　C. 认知的发展　　D. 社会性的发展

8. 儿童在游戏中玩出新玩法,这体现了游戏可以促进儿童(　　)

A. 创造力的发展　　B. 语言的发展
C. 身体的发展　　D. 情感的发展

9. 前几天李老师和幼儿共同阅读了《咕噜牛》绘本，依据绘本故事中的主要情节和内容，孩子们开展了一个表演游戏。这体现了表演游戏区别于其他游戏类型的根本特征是(　　)

A. 创造性　　B. 游戏性　　C. 表演性　　D. 社会性

10. 关于练习性游戏，下列表述错误的是(　　)

A. 是对某种运动的重复进行

B. 是最早出现的一种游戏形式

C. 练习性游戏的驱动既可能是外加的，也可能是内发的

D. 有新的动作技能需要掌握时，还会重复出现

11. 提出“精力过剩说”游戏理论的人是(　　)

A. 弗洛伊德　　B. 格罗斯　　C. 斯宾塞　　D. 霍尔

12. 下雪了，孩子们开心地用雪堆着各种雪人，这属于(　　)

A. 角色游戏　　B. 结构游戏　　C. 表演游戏　　D. 规则性游戏

13. 一个孩子一手抱着布娃娃一手拿着汤匙给布娃娃喂饭，嘴巴里还不停地说：“宝宝乖，好好吃，吃好了去玩游戏。”这样的游戏属于(　　)(常考)

A. 感知运动游戏　　B. 象征性游戏

C. 结构游戏　　D. 规则游戏

14. 教师对儿童游戏的评价应该是(　　)

A. 反面评价　　B. 正面评价

C. 正面评价和反面评价相结合　　D. 消极评价

15. 幼儿根据《鳄鱼怕怕，牙医怕怕》的故事，分别扮演不同的角色，对故事进行改编、创编。他们玩的游戏属于(　　)

A. 角色游戏　　B. 建构游戏　　C. 音乐游戏　　D. 表演游戏

16. 下列游戏类型中，社会性行为水平最高的是(　　)

A. 独自游戏　　B. 平行游戏　　C. 联合游戏　　D. 合作游戏

17. 教师说谜面，让幼儿说出谜底，这是通过(　　)的方式增进知识、发展幼儿智力。

A. 角色游戏　　B. 表演游戏　　C. 结构游戏　　D. 智力游戏

18. 幼儿以自主创编的故事为主题，借助语言、动作和表情进行表现的游戏是(　　)

A. 智力游戏　　B. 语言游戏　　C. 角色游戏　　D. 表演游戏

19. 有一组幼儿在沙地里用类似的材料和方式游戏，他们之间互不交往、互不联系，偶尔互相模仿，其社会性水平处于(　　)

A. 平行游戏　　B. 独自游戏　　C. 联合游戏　　D. 合作游戏

20. 儿童在结构游戏中，由独自搭建发展为能与同伴联合搭建，主要反映了游戏中儿童(　　)的水平。

A. 运用材料　　B. 建构形式发展

C. 社会性发展　　D. 行为发展

21. 游戏中，幼儿将小板凳想象成汽车，并模仿司机，一根木棍可以当做枪、针筒，反映幼儿游戏(　　)

A. 自主自愿　　B. 让幼儿感到愉悦、快乐

C. 反映现实　　D. 充满想象、创新

22. 在幼儿游戏中常不受实际环境的具体条件和时间的限制，通过想象创造新场景。这体现了游戏的(　　)

A. 愉悦性　　B. 主动性　　C. 虚构性　　D. 非功利性

23. 在建构区中，幼儿需要思考"搭建什么东西？用什么搭？怎样搭才像？"等一系列问题，这一过程说明游戏对幼儿认知发展的作用是(　　)

A. 可以让儿童在潜移默化中学到知识　　B. 培养儿童的注意力和观察力

C. 激发儿童的创造力和思考力　　D. 培养儿童的发散思维

24. 下列最能促进幼儿语言发展的游戏是(　　)

A. 词语接龙　　B. 老鹰捉小鸡　　C. 搭积木　　D. 击鼓传花

25. 某幼儿园中班的幼儿在玩"小明比小刚高，小刚比小红高，那么谁最高，谁最矮"的游戏。这属于游戏中的(　　)(易错)

A. 体育游戏　　B. 音乐游戏　　C. 美术游戏　　D. 智力游戏

26. 下列哪项不属于创造性游戏(　　)

A. 角色游戏　　B. 规则性游戏　　C. 结构游戏　　D. 表演游戏

27. 教师要求幼儿按"抱娃娃—喂娃娃—哄娃娃睡觉"的流程图玩娃娃家游戏，这种做法违背了游戏的(　　)

A. 现实性特征　　B. 娱乐性特征　　C. 假想性特征　　D. 自主自愿特征

28. 下列不属于角色游戏的是(　　)

A. "娃娃家"游戏　　B. "看医生"游戏

C. "逛商店"游戏　　D. "造城堡"游戏

29. 幼儿在玩"切西瓜"的体育游戏中，能够控制自己的欲望，轮流当"切西瓜的人"。这体现了游戏能促进幼儿的(　　)

A. 语言发展　　B. 身体发展　　C. 情感发展　　D. 动作发展

30. 小乐双手拿着一个圆形的塑料盘左右旋转说:"妈妈,火车来了,快让开。"小乐玩的是(　　)

A. 感觉运动游戏　　B. 建构性游戏

C. 规则性游戏　　D. 象征性游戏

31. 能帮助幼儿增强对图形数量的理解,并获得对称、厚薄、宽窄、上下等概念的创造性游戏是(　　)

A. 角色游戏　　B. 结构游戏　　C. 智力游戏　　D. 体育游戏

32. 幼儿反复敲打桌子,在房间里跑来跑去,在椅子上摇来摇去,这类游戏属于(　　)

A. 结构游戏　　B. 规则游戏

C. 感觉机能性游戏　　D. 想象性游戏

33. 角色游戏中,教师观察幼儿能否主动协商处理同伴关系。这主要考察的是(　　)(常考)

A. 幼儿的情绪表达能力　　B. 幼儿的社会交往能力

C. 幼儿的规则意识　　D. 幼儿的思维发展水平

34. 丢手绢游戏最能体现的幼儿游戏特点是(　　)

A. 想象和真实的统一　　B. 自由和约束的统一

C. 过程和结果的统一　　D. 轻松和紧张的统一

35. 下列关于儿童游戏的阐述,不正确的是(　　)

A. 动机或需要是儿童游戏的心理动力

B. 游戏过程中,儿童的语言具有游戏语言和角色语言两种形态

C. 任何游戏都包含着智力因素

D. 从同伴游戏向亲子游戏扩展,儿童的人际情感不断复杂化,并获得多种情感寄托,是游戏中学前儿童情感社会化的途径之一

36. 虚拟性或象征性是游戏的普遍特征,并以"假装"或"好像是"为标志或条件,此类游戏可以给儿童提供充分的遐想空间。这说明了游戏能促进儿童(　　)

A. 语言的发展　　B. 体能的发展

C. 想象力的发展　　D. 创造能力的发展

37. 幼儿运用在美工课学会的技能,在游戏中用泥捏制各种用具、水果、人和动物,满足了游戏的需要。这类游戏属于(　　)

A. 集体游戏　　B. 结构游戏　　C. 角色游戏　　D. 表演游戏

二、简答题（每小题 15 分，参考时限 10 分钟。共 7 小题）

1. 简述幼儿游戏的内涵。

2. 简述幼儿游戏的特点。

3. 简述游戏对幼儿认知和语言的促进作用。

4. 简述游戏促进幼儿创造力发展的主要表现。

5. 简述角色游戏和表演游戏的异同。

6. 简述游戏促进幼儿社会性发展的主要表现。

7. 简述以认知发展为依据的游戏分类。

三、材料分析题(每小题20分,参考时限20分钟。共2小题)

1. 材料:

今天萱萱是公共汽车的小司机,她见自己车上没有乘客,于是就大声嚷道:“快来乘车。我要开到动物园去了。”此时,娃娃家的妈妈推着娃娃来乘车,刚想上车,砚砚走来对娃娃家妈妈说:“这辆车不能乘,没有消过毒。”小司机听到了,连忙从座位上站起来。跑到积木箱前拿出一块绿色圆形积木,告诉他们:“我这辆车已经消过毒了,这是消过毒的标记。”经她这么一说,砚砚和娃娃家的妈妈都乘上了这辆公共汽车,小司机的脸上露出了笑容。

问题:结合材料分析游戏对儿童发展的重要意义。

2. **材料:**

某老师在语言活动“小乌龟开店”的基础上,组织一次表演游戏。教师一一出示早已准备好的道具,介绍完道具,配班老师带领全班幼儿“开火车”离开活动室去“剧场”看表演。主班老师忙着在活动室里布置场景:一家花店,一家书店,一家气球店。场地布置好了,幼儿由配班老师带领进“剧场”。主班老师提问:“谁愿意上来表演?”几十只小手举了起来,老师挑了五个没有举手而上次语言活动表现又不好的幼儿上来表演。表演时,老师不停地提示孩子们对话、做动作。第二轮,老师请了五个“做得好的孩子”上来表演,五个孩子表演同一个角色。老师还是不时地按照故事情节规范语言,纠正孩子们的动作。好多孩子忙着摆弄有趣的道具,忘了表演,老师又不停地提醒。

问题:请根据幼儿游戏的基本特征,试分析材料中的活动是不是真正意义上的游戏活动。

专题二　幼儿游戏的指导

链接答案本 P416

一、单项选择题(每小题3分,共16小题,参考时限30分钟)

1. 幼儿老师结束角色游戏时,不恰当的方式是(　　)

A. "下班时间到了,服务员要打扫了"

B. "请还没有采购的经理明天继续"

C. "时间到了,游戏结束了"

D. "商品已经售完,没有买到商品的顾客下次再来"

2. 教师加入幼儿的游戏,扮演游戏中的某一角色,根据幼儿当时的兴趣和需要,以游戏情节需要的角色动作和角色语言来引导幼儿的游戏行为,使幼儿得到暗示和启发。这种游戏指导的方式是(　　)

A. 内部干预　　B. 外部干预　　C. 直接指导　　D. 正向指导

3. 儿童的游戏水平具有年龄差异性,在角色游戏中,小班幼儿以模仿为主,大班幼儿则以(　　)为主。

A. 创造　　B. 交往　　C. 模仿　　D. 合作

4. 图书区里李老师发现幼儿大多选择自己热爱的故事书,对生疏的故事书不感兴趣。李老师拿出一本幼儿不太爱看的书,他先介绍书名,并提出问题:"《绿色王国的吃大王》中的'吃大王'是谁? 为什么他是'吃大王'?"然后请幼儿自主阅读并寻找答案。李老师主要采用的介入策略是(　　)

A. 交叉式介入　　B. 平行式介入　　C. 材料指引　　D. 语言指导

5. 教师在什么样的情况下应该介入幼儿游戏(　　)(易错)

A. 幼儿进入游戏角色　　B. 幼儿出现偏离游戏预设角色的想象

C. 有小朋友争着要担当某一角色　　D. 游戏即将结束时

6. 在开展角色游戏时,王老师发现"理发店"没有顾客,理发师无所事事,王老师就去当顾客,并建议理发师去超市买一些理发用品。王老师在该游戏中的角色是(　　)

A. 幼儿活动的支持者　　B. 幼儿活动的组织者

C. 幼儿活动的整合者　　D. 幼儿活动的中介者

7. 教师不参与游戏,但积极地帮助幼儿为游戏做准备,并随时为正在进行的游戏提供帮助。这说明教师在游戏中扮演了(　　)角色。

A. 不参与者　　B. 导演者　　C. 旁观者　　D. 舞台管理者

8. 教师在幼儿附近，和幼儿玩相同或不同材料和情节的游戏，通过暗示作用引导幼儿模仿，从而促进游戏发展，这种介入方法称之为(　　)

A. 间接介入　　B. 直接介入　　C. 平行式介入　　D. 交叉式介入

9. 下列关于老师在幼儿玩沙游戏中的指导，不恰当的一项是(　　)

A. 李老师：告诉幼儿玩沙的人数越多越好，这样更有趣

B. 罗老师：教育幼儿玩沙时不揉眼、不扬沙

C. 许老师：让幼儿发挥想象力，比一比谁用沙堆砌的小房子最好看

D. 刘老师：指导幼儿收拾好玩沙工具并洗净手

10. 小明在"娃娃餐厅"游戏时，发现"食材"不够了，便大声叫道："老师，没有菜了。"张老师此时拿了一筐雪花片走过来，对着小明说："这不就有了吗？"小明会心地一笑，便又继续游戏了。张老师在该游戏中运用的介入策略是(　　)

A. 平行式介入　　B. 交叉式介入

C. 材料指引　　D. 语言指导

11. 关于大班儿童角色游戏的特点，下列表述正确的是(　　)

A. 没有明确主题，往往重复某个同样动作　　B. 处于社会性游戏阶段

C. 处于平行游戏阶段　　D. 在游戏中独立解决问题的能力增强

12. 阳阳在建构区将积木叠高，开心地说："我搭了一座大桥。"然后，他双手将大桥推倒，再搭建、再推倒……乐此不疲。这主要符合小班结构游戏(　　)的特点。

A. 材料选用盲目　　B. 建构技能简单，喜欢重复简单的动作

C. 易中断，坚持性差　　D. 无建构主题

13. 游戏活动中，班上的男孩儿们最喜欢用插塑积木拼搭各种手枪、宝剑，然后打斗玩耍。看到这种情况，你认为该如何介入(　　)(易错)

A. 和幼儿一起讨论"怎样玩更合适"，并为幼儿的游戏提供支持

B. 把幼儿拼搭好的手枪、宝剑拆掉，制止打斗游戏

C. 不予干预，继续让幼儿玩打斗游戏

D. 直接把插塑积木拿走

14. 在幼儿园"快递公司"角色游戏中，教师扮演"寄快递的人"却假装不知道要怎样正确寄快递，吸引"工作人员"主动前来介绍，在这里，教师使用了(　　)

A. 交叉式介入法　　B. 平行式介入法

C. 垂直介入法　　D. 情感性鼓励

15. 下列关于教师对幼儿游戏的介入,理解有误的是(　　)

A. 教师介入的角色定位分为非支持性角色和支持性角色

B. 当幼儿在游戏内容发展或技巧方面发生困难时教师可以介入

C. 教师介入时注意分层次指导,介入后不用退出

D. 教师的介入应该建立在对幼儿游戏细致观察的基础之上

16. 小班幼儿游戏的特点不包括(　　)

A. 重内容、轻规则　　B. 游戏中有良好的表征水平

C. 目的性不强　　D. 兴趣持续时间短

二、简答题(每小题 15 分,参考时限 10 分钟。共 8 小题)

1. 简述教师介入幼儿游戏的恰当时机。

2. 简述教师指导幼儿游戏的要点。

3. 简述衡量幼儿游戏是否成功的关键。

4. 简述教师应如何确保游戏成为幼儿园的基本活动。

5. 简述中班幼儿角色游戏的指导要点。

6. 简述幼儿智力游戏的组织与指导原则。

7. 简述小班幼儿的游戏特点。

8. 简述为幼儿结构游戏创造良好条件的策略。

三、论述题(每小题 20 分,参考时限 15 分钟。共 2 小题)

1. 试述大班幼儿结构游戏的特点和指导要点。

2. 试述幼儿音乐游戏的指导内容和指导原则。

四、材料分析题（每小题20分，参考时限20分钟。共5小题）

1. 材料：

今天是中(1)班“美美餐厅”开张营业的第一天，来就餐的客人很多。小宝忙着上菜（小朋友剪的蔬菜纸片），贝贝则忙着给客人拿餐具。招待了几位客人后，菜没了。小宝跑来向教师求助：“老师，菜没了。”教师随手拿起了一小盒雪花片说：“这不还有嘛！”小宝和贝贝就用这些“蔬菜”去招待客人了，过了一会儿，小宝又说：“菜没了。”贝贝听到后，看看刚才放雪花片的盒子，说：“嗯，真是没有菜了！”接着他想起了什么似的，回头对小宝说：“有了，我去买菜。”只见他跑向玩具架，又端了一盒雪花片回来，边跑边兴奋地说：“菜买回来，菜买回来了！”于是小宝又开始给客人上菜，贝贝则继续给没有餐具的客人分餐具。分到最后，餐具也没有了，贝贝对没有餐具的两位客人说：“餐具没有了，你们用手拿着吃吧。”客人当当说：“啊！用手拿着吃有细菌呀！”另一位客人瓜瓜则伸出两个手指说：“这样吃！”只见他把手指当成筷子，夹起一片雪花片“啊呜啊呜”地吃起来。当当看到后，也连忙伸出手指，夹起一片雪花片吃起来，边吃边和瓜瓜咯咯地笑。

问题：请结合材料，分析贝贝和瓜瓜的行为表现，并给出教师的回应策略。

2. 材料：

在进行建构游戏时，瑞瑞说："我想搭宝塔。"萱萱说："我想搭围墙。"卉卉说："我想搭小桥。"李老师说："那你们一起搭个公园，怎么样？"孩子们想了一下说："好吧。"于是他们为搭建公园忙碌了起来。约二十分钟后，他们铺好了路，建好了桥，搭好了两层宝塔，在搭第三层的时候，由于身高原因，无法盖顶。孩子们反复尝试都没有成功，大家很沮丧，正要放弃时，李老师问："有什么工具可以让我们变高呢？"卉卉一听立刻说，我们可以用梯子，于是他们迅速找来了人字梯，这时李老师走过来悄悄扶着梯子，笑眯眯地看着大家。

问题：

(1)结合材料，分析老师三次介入幼儿游戏的时机是否适合，并说明原因。

(2)结合实践，分析教师应如何适时介入幼儿的游戏活动。

3. 材料：

刘老师发现幼儿园大班“理发店”里的“顾客”很少，很多小朋友对“理发店”不感兴趣。于是，刘老师带幼儿到真正的理发店参观。在理发店里，刘老师引导幼儿观察理发店的设施，理发师与顾客的活动，鼓励幼儿就感兴趣的问题询问理发师；记录幼儿的问题与发现，还拍下了许多照片，如顾客躺着洗头，梳漂亮的发型以及理发店里的各种工具等。回到幼儿园，刘老师组织幼儿开展“怎样开好理发店”的讨论活动。她呈现了在理发店拍的照片，引发幼儿回顾，有的幼儿说：“我们也想躺着洗头，可是没有躺椅呀。”有的说：“我要给顾客梳漂亮的头发，可是没有发型书怎么办呢?”……刘老师说：“可不可以用我们身边的材料来做呢?”在老师的启发下，幼儿提出用积木搭建躺椅，自己画发型图等想法。刘老师支持幼儿的做法，并提供大型积木、制作发型图的材料等。之后，顾客在“理发店”能躺着洗头，能选漂亮的发型，能烫发……“理发店”又红火起来了。

问题：请结合材料，分析刘老师采用了哪些策略来支持幼儿的游戏活动。

4. 材料：

老师在表演区投放了自制的有关《西游记》人物的面具，小朋友很感兴趣。东东、丽丽、妞妞、明明、强强五个小朋友来到表演区，争着要戴上孙悟空的面具来表演。这时，老师建议他们相互协商，每个人扮演《孙悟空打妖怪》儿歌里的一种角色，然后再相互交换角色。小朋友们表示同意。他们商量后，分配好各自的角色，戴上不同的面具：孙悟空、猪八戒、唐僧、沙和尚等。东东想扮演老妖婆，但是没有面具，妞妞想了一个办法，找来一块头巾系在东东头上。孩子们拿着自制的道具准备表演，老师鼓励他们大胆按照儿歌的内容做动作，边念儿歌边表演。当"老妖婆"出现时，孩子们变得兴奋起来；当"老妖婆"被孙悟空打倒后，大家都高兴地欢呼起来。接下来再表演时，孩子们的表演欲望更强烈了。

问题：

(1)结合材料分析表演游戏的功能。

(2)指出材料中教师指导表演游戏方法的成功之处。

5. 材料：

户外游戏时，驾驶员冬冬经过十字路口，他认为这里应该有扮演交警的小朋友指挥他过马路，但是冬冬发现没有交警，于是他就喊了出来："王老师，马路上没有交警。"王老师说："交警不在，说明现在是自动的红绿灯，我数十下绿灯就亮了，你的车就可以通行了。"接着老师就十、九、八……三、二、一地数了起来，冬冬停下来假装看信号灯，嘴巴里跟老师一起数到"一"后开车过了马路。而再次开到一个路口时，只见他自己停下来，嘴巴里说着"九、八……三、二、一，绿灯，开车。"

问题：请对上述材料进行评析，再谈谈如何指导幼儿开展角色游戏。

第六章　教育活动的组织与实施

链接答案本 P421

- 教育活动的组织与实施
  - 幼儿园教育活动概述
    - 幼儿园教育活动的基本类型★
      - 从幼儿园教育活动的结构出发
      - 从幼儿园教育活动的特征出发
      - 从幼儿园教育活动的①______出发
      - 从幼儿园教育活动的性质出发
      - 从幼儿园教育活动的②______出发
    - 幼儿园教育活动目标分析
      - 认知领域
      - 动作技能领域
      - ③______
    - 幼儿园教育活动内容的选择与编排
      - 幼儿园教育活动内容的特点
      - 幼儿园教育活动内容选择的原则
      - 幼儿园教育活动内容的设置与编排
    - 幼儿园教学活动的常用方法
      - 口授法:谈话法、讲解与讲述法
      - 直观法:观察法、演示法、示范法、范例法
      - 活动法:游戏法、实验法、练习法
    - 幼儿园教育活动的组织途径
  - 幼儿园主题活动方案设计★★★
    - 主题活动的特点
    - 主题活动名称
    - 主题活动总目标
    - 子活动:活动名称、活动目标、活动准备、活动过程、活动延伸
  - 学前儿童健康教育
    - 学前儿童健康教育的目标
    - 学前儿童健康教育的组织形式
    - 学前儿童健康教育的方法

- 教育活动的组织与实施
  - 学前儿童语言教育
    - 学前儿童语言教育的含义
    - 学前儿童语言教育的目标
    - 学前儿童语言教育的内容
    - 学前儿童语言教育的方法★
    - 学前儿童语言教育活动的设计与实施★★★
      - 学前儿童谈话活动的设计与实施
      - 学前儿童讲述活动的设计与实施
      - 学前儿童听说游戏活动的设计与实施
      - 学前儿童文学活动的设计与实施
      - 学前儿童早期阅读活动的设计与实施
  - 学前儿童社会教育
    - 学前儿童社会教育的目标
    - 学前儿童社会教育的原则
      - 情感支持原则
      - 实践性原则
      - ④________原则
      - 一致性原则
      - 生活教育原则
    - 学前儿童社会教育的方法★
      - 一般方法:讲解法,谈话法,讨论法,观察、演示法,参观法,行为练习法,强化评价法
      - 特殊方法:榜样示范法、角色扮演法、陶冶熏染法、共情训练法、价值澄清法
  - 学前儿童科学教育
    - 学前儿童科学教育的目标
    - 学前儿童科学教育活动的内容与选择要求
    - 不同年龄阶段学前儿童科学学习的特点★★
    - 学前儿童科学教育的方法★

- 教育活动的组织与实施
  - 学前儿童数学教育
    - 学前儿童数学学习的心理特点
      - ⑤________
      - 从个别到一般
      - 从外部动作到内部动作
      - ⑥________
      - 从不自觉到自觉
      - ⑦________
    - 学前儿童数学教育的目标
    - 学前数学教育活动内容选择的要求
    - 学前数学教育的方法
  - 学前儿童音乐教育
    - 学前儿童音乐教育活动的基本类型
    - 学前儿童音乐教育的目标
    - 学前儿童音乐教育活动的设计与组织★★
      - 学前儿童歌唱活动的设计与组织
      - 学前儿童韵律活动的设计与组织
      - 学前儿童打击乐演奏活动的设计与组织
      - 学前儿童音乐欣赏活动的设计与组织
  - 学前儿童美术教育
    - 学前儿童美术教育的目标
    - 学前儿童美术教育的内容
    - 学前儿童绘画发展的特点
      - 年龄特点
      - 特殊表现：抽象性、"透明"式、展开式、夸张性、拟人化、动态性
    - 学前儿童美术教育的方法
  - 幼儿园教育活动中的师幼关系
    - 师幼关系的内涵
    - 师幼关系的类型
    - 良好师幼关系的特征、意义及构建策略

链接答案本 P421

一、单项选择题(每小题3分,共5小题,参考时限10分钟)

1.［2021下半年］下列选项中属于实施正面教育原则方法的是(　　)

A. 树立榜样　　　　B. 只表扬不批评

C. 纠正错误　　　　D. 对幼儿的错误不予理睬

2.［2021 上半年］在科学活动《奇妙的气味》中，教师分别准备了装有水、食醋、酱油等液体的瓶子，请幼儿看一看，闻一闻。教师在活动中使用了（　　）方法。（易混）

A. 实验　　B. 参观　　C. 观察　　D. 讲述

3.［2019 上半年］按照布卢姆等人教育目标分类的观点，了解青蛙的生长发育过程属于（　　）（易错）

A. 情感目标　　B. 认知目标

C. 动作技能目标　　D. 行为目标

4.［2018 下半年］教师在重阳节组织幼儿到敬老院探访老人，这反映幼儿园教育活动内容选择的什么原则（　　）

A. 兴趣性　　B. 时代性　　C. 生活性　　D. 发展性

5.［2016 上半年］一名幼儿画小朋友放风筝，将小朋友的手画得很长，几乎比身体长了 3 倍。这说明幼儿绘画的特点具有（　　）

A. 形象性　　B. 抽象性　　C. 象征性　　D. 夸张性

二、简答题（每小题 15 分，参考时限 10 分钟。共 2 小题）

1.［2021 下半年］简述种植活动对幼儿发展的价值。

2.［2021 上半年］体育活动中与活动后，教师分别可以从哪些方面判断幼儿的活动量是否合适？

三、论述题(每小题20分,参考时限15分钟。共1小题)

[2015下半年]试述积极师幼关系的意义,并联系实际谈谈教师应如何建立积极的师幼关系?

四、活动设计题(每小题30分,参考时限25分钟。共3小题)

1.[2023上半年]设计一个中班科学教育活动,帮助幼儿感知和发现植物的生长变化及其基本条件。

要求写出活动名称、活动目标、活动准备和活动过程。

2. [2022 下半年]老师发现，大班的孩子们在玩买卖的游戏时，不管物品的价格多少，总是随意地付款和收款。比如：3 元钱的东西，孩子们总是会拿 1 元、5 元、10 元的代钱币付钱；有的幼儿不计算总和，不管多少钱都随意给钱，收款的幼儿也随意收下。

针对幼儿这一问题，请设计一个教育活动。要求写出设计思路、活动名称、活动目标、活动准备和活动过程。

3. [2020 下半年]为了帮助小班新入园幼儿尽快适应集体生活，余老师准备开展“高高兴兴上幼儿园”系列主题活动。请围绕该主题为余老师设计三个子活动。

要求：

(1)写出主题活动总目标。

(2)写出其中一个子活动的活动方案，包括活动的名称、目标、准备和主要环节。

(3)写出另外两个子活动的名称、目标。

专题一　幼儿园教育活动概述

链接答案本 P427

一、单项选择题(每小题 3 分,共 6 小题,参考时限 10 分钟)

1. 幼儿园教学活动必须符合幼儿身心发展水平和年龄特征,使幼儿获得的知识是粗浅的、基础的、具体的、容易理解的、简单的。这体现了幼儿园教育活动的特点是(　　)

A. 启蒙性　　B. 趣味性　　C. 动态性　　D. 生活性

2. 幼儿园的教育内容可以相对划分为健康、语言、社会、科学、(　　)五个领域。

A. 音乐　　B. 美术　　C. 泥塑　　D. 艺术

3. 在科学活动中,引导幼儿使用教师提供的电池、导线、灯泡等材料,想方法使灯泡变亮,这种教学方法是(　　)

A. 示范法　　B. 观察法　　C. 实验法　　D. 口授法

4. 由教师创设一定的环境,提供相应的材料,给予一定的间接影响的教育活动类型是(　　)

A. 主题活动　　B. 小组活动　　C. 集体活动　　D. 个别活动

5. 教师带幼儿散步时,幼儿园里飘来一团团柳絮,教师趁机引导幼儿感知柳絮的特点,这体现了幼儿园教育活动内容的(　　)特点。

A. 广泛性和启蒙性　　B. 趣味性和游戏化

C. 综合性和整体性　　D. 生活性和生成性

6. 用“小猫钓鱼”的游戏让幼儿练习数数体现了幼儿园教育活动的(　　)(易混)

A. 直观性原则　　B. 兴趣性原则　　C. 启发性原则　　D. 科学性原则

二、简答题(每小题 15 分,参考时限 10 分钟。共 3 小题)

1. 简述幼儿园教育活动内容选择的原则。

2. 简述布卢姆的教育目标类型。

3. 简述幼儿园教学活动的常用方法。

专题二　幼儿园主题活动

链接答案本 P428

一、单项选择题(每小题 3 分,共 3 小题,参考时限 6 分钟)

1. 王老师在班上开展了“丰收水果店”的主题活动,将社会、科学、健康、语言等领域有机联系在一起。这反映了主题活动的特点是(　　)

A. 知识的横向联系　　B. 整合各种教育资源

C. 富有弹性的计划　　D. 生活化、游戏化的学习

2. 大(1)班开展主题活动“恐龙的故事”,在指导过程中不宜(　　)

A. 整合各种教育资源　　B. 有机联合各领域知识

C. 活动内容根据实际情况开展生成　　D. 多用集体的教学形式

3. 在大班主题活动《我的牙齿》中,刘老师将目标设置为“知道牙齿的结构和不同类型,了解不同类型牙齿的功能”,这个目标属于(　　)(常考)

A. 情感态度目标　　B. 认知目标

C. 技能目标　　D. 价值观目标

二、活动设计题(每小题30分,参考时限25分钟。共3小题)

1. 请根据大班幼儿的身心特点和下面的材料,设计一个关于秋天的主题活动,要求写出主题活动名称,主题活动总目标,两个子活动。每个子活动包括:活动名称、活动目标、活动准备和活动过程的主要环节。

附儿歌

菊　花

菊花、菊花,你向着太阳开放,散发着清香。
黄叶飘飘为你舞蹈,秋风沙沙为你歌唱。
歌唱你勇敢,歌唱你坚强。

2. 小班孩子由于年龄小,对于保护自己、珍惜生命的意识是极其缺乏的,《幼儿园教育指导纲要(试行)》指出:要为幼儿提供健康、丰富的生活和活动环境,满足幼儿多方面发展的需要;要让幼儿知道必要的安全保健知识,学习保护自己。

请以"安全我知道"为主题设计小班主题活动。

要求:

(1)写出主题活动总目标。

(2)写出其中一个子活动的活动方案,包括活动的名称、目标、准备和主要环节。

(3)写出另外两个子活动的名称、目标。

3. 春雨沙沙沙，沙沙沙地落了，周围的花开了，草绿了，叶长了，鸟叫了……幼儿园小朋友们的好奇心也被激发了。

请围绕此情境为中班幼儿设计主题活动，应包含三个子活动。

要求：

(1)写出主题活动的总目标。

(2)写出其中一个子活动的具体活动方案，包括活动名称、目标、准备及主要环节。

(3)写出另外两个子活动的名称、目标。

专题三　学前儿童健康教育

链接答案本 P433

一、单项选择题(每小题 3 分，共 4 小题，参考时限 8 分钟)

1. 学前儿童能进一步认识身体的主要器官，逐步形成接受疾病预防与治疗的积极态度和行为。这属于(　　)年龄阶段的目标。

A. 小班　　B. 中班　　C. 大班　　D. 学前班

2. 了解有关预防龋齿及换牙的知识，注意用眼卫生。这属于(　　)年龄阶段的目标。

A. 小班　　B. 中班　　C. 大班　　D. 学前班

3. 在体育活动中，说明幼儿已经非常疲劳的表现是(　　)(常考)

A. 面色十分红或苍白，躯干大量出汗　　B. 肩部出汗较多

C. 面色稍红　　D. 动作准确

4. 将骑脚踏车的动作练习活动变成有趣的模仿活动，激发幼儿练习的兴趣，这种组织方法属于(　　)

A. 比赛法　　B. 讲解法　　C. 游戏法　　D. 信号法

二、简答题(每小题 15 分,参考时限 10 分钟。共 2 小题)

1. 简述学前儿童健康教育活动的组织形式。

2. 简述中班的健康教育目标。

三、活动设计题(每小题 30 分,参考时限 25 分钟。共 3 小题)

1. 根据 4 ~5 岁幼儿能单手将投掷物向前投掷 4 米左右的典型表现,设计一个中班体育活动方案。

要求:写出活动名称、活动目标、活动准备、活动过程、活动延伸。

2. “沙包”是我国传统民间体育游戏活动中的一种游戏材料，游戏参与者通过投掷、夹跳、顶沙包等方式，不仅可以锻炼其手臂的力量，同时也可以让其协调能力、反应能力、平衡能力得到发展。

请以“沙包乐”为题，设计一节大班体育活动。

3. 张老师发现班中的幼儿不会正确使用牙齿进行咀嚼；进餐后不能主动漱口，需教师提醒，在牙齿检查时发现个别幼儿有龋齿。

请帮助张老师设计一个“牙齿真干净”的教育活动，写出活动目标、活动准备和活动过程。

专题四　学前儿童语言教育

链接答案本 P438

一、单项选择题(每小题3分,共5小题,参考时限10分钟)

1. 教师在向幼儿讲述长篇故事时,应该(　　)

A. 不停顿、一口气讲完

B. 设置固定的讲故事时间,时间一到就立即停止讲述

C. 在情节转折或扣人心弦处有意停顿

D. 反反复复讲述,以免幼儿忘记前面的内容

2. 在《小熊请客》语言教育活动中,其中的一条目标是“感知作品语言和结构的表现特点”,这是(　　)阶段儿童语言教育的目标。

A. 小班　　B. 中班　　C. 大班　　D. 学前班

3. 下列语言教育目标中,属于谈话活动目标的是(　　)

A. 培养儿童认真倾听的习惯和完整、连贯、清楚的表述能力

B. 培养儿童在口语交往活动中快速、机智、灵活的倾听和表达能力

C. 培养儿童对书面语言的兴趣,引导他们逐渐产生对汉字的敏感性

D. 培养儿童运用口头语言与他人交际的意识、情感和能力

4. 初步学习常见的交往语言和礼貌用语是对(　　)年龄段幼儿的要求。(易混)

A. 小小班　　B. 小班　　C. 中班　　D. 大班

5. 在儿童故事活动的过程设计中,编写故事高潮和结局,即编“有趣情节”的是(　　)

A. 小班　　B. 中班　　C. 大班　　D. 学前班

二、简答题(每小题15分,参考时限10分钟。共3小题)

1. 简述学前儿童语言教育总目标(终期目标)。

2. 简述中班儿童听说游戏的活动目标。

3. 简述学前儿童语言教育的内容。

三、活动设计题(每小题30分,参考时限25分钟。共3小题)

1. 请以诗歌《春雨的吉他》为课题,设计一个中班的教学活动。要求写出活动目标、活动准备和活动过程。

附诗歌:

春雨的吉他

滴滴答,滴滴答,春雨在弹吉他,他的听众可不少。

花婆婆竖起了耳朵,蜗牛弟弟伸长了脖子,蝴蝶姐妹停止了飞舞。

他们都陶醉在春雨的吉他声中。

2. 张老师发现班级幼儿看见老师摆放在柜子上的小动物教具，如：头饰、手偶，会不由自主地拿起来玩玩，有的还抱抱、亲亲。在生活中观察到：幼儿对可爱的小动物会情不自禁用自己的方式去表达爱意。

请根据小班幼儿年龄特点，设计一个关于动物的语言活动，要求写出活动目标、活动准备及活动过程。

3. 根据大班幼儿年龄阶段的特点，设计一个关于“蒲公英”的文学活动，要求写出活动目标、活动准备以及活动过程。

蒲公英

草地上开着许多野花，我最喜欢蒲公英。

蒲公英开着黄色的小花朵，多么有趣的蒲公英。花朵凋谢后，花托上能结出雪白的、绒毛似的球。田野的风吹着，那雪白的绒毛在天空中飞扬起来，比柳絮还要轻。飞着飞着，又像一朵朵雪花轻盈地降落下来。

专题五 学前儿童社会教育

链接答案本 P442

一、单项选择题(每小题3分,共5小题,参考时限10分钟)

1.“教育儿童初步懂得不提无理要求、不无故发脾气”是(　　)的社会教育目标。

A. 托儿所　B. 幼儿园小班　C. 幼儿园中班　D. 幼儿园大班

2. 在日常教育中,幼儿教师在运用干预攻击性行为常用方法中的(　　)时,会提醒幼儿向那些能够做出合作、分享和助人行为的幼儿学习,并用动画片、故事中的英雄形象鼓励幼儿,促使他们认可并接受良好的社会行为。

A. 强化法　B. 角色扮演法　C. 榜样示范法　D. 转移注意法

3. 学前儿童社会教育中最经常使用的方法是(　　)

A. 讲解法　B. 谈话法　C. 讨论法　D. 演示法

4. 教师或家长通过儿童的现实生活事件或通过讲故事、情境表演等方式,引导儿童设身处地地站在别人的位置考虑问题,使儿童理解和分享他人的情绪、情感体验,从而与之产生共鸣的训练方法是(　　)

A. 陶冶法　B. 角色扮演法　C. 共情训练法　D. 行为练习法

5. 教师看到一个学前儿童将剪纸的废纸丢在地上,对他说:“这里有一个纸篓,我们把剪下来的纸丢在里面!”这体现了学前儿童社会教育原则中的(　　)(常考)

A. 正面教育原则　B. 情感支持原则

C. 环境熏陶原则　D. 一贯性原则

二、简答题(每小题15分,参考时限10分钟。共1小题)

简述学前儿童社会教育的方法。

三、活动设计题(每小题30分,参考时限25分钟。共2小题)

1. 人类只有一个可生息的村庄——地球。可是这个村庄正在被人类制造出来的各种环境灾难所威胁:水污染、空气污染、植被萎缩、物种濒危、江河断流、垃圾围城、土地荒漠化、臭氧层空洞……保护地球、保护我们的生存空间已经迫在眉睫。幼儿虽然不可能直接从事环保工作,但完全可以从小事做起,从我做起。

　　请围绕环保的主题设计一个大班社会教育活动,帮助幼儿树立环保意识,萌发爱护生存环境的情感。

2. 车在生活中与我们的关系密切:孩子周末游玩需要车;上学较远需要车;消防车、洒水车、公共汽车,我们的生活也离不开车子。

　　请以“各种各样的车”为主题设计一个中班社会活动,写出活动目标、活动准备和活动过程。

专题六　学前儿童科学教育

链接答案本 P445

一、单项选择题(每小题3分,共8小题,参考时限15分钟)

1. 教师在教育活动中既向儿童介绍电动豆浆机,又让儿童认识另一种做豆浆的工具——石磨。这充分体现了学前儿童科学教育内容的(　　)

A. 科学性和启蒙性要求　　B. 广泛性和代表性要求

C. 地方性和季节性要求　　D. 时代性和民族性要求

2. "看到小草被踩就说'它会疼的'"属于(　　)学前儿童科学学习的特点。

A. 2~3岁　　B. 3~4岁　　C. 4~5岁　　D. 5~6岁

3. "帮助儿童学习运用简单的工具进行测量的方法"这一目标适合(　　)

A. 小班　　B. 中班　　C. 大班　　D. 学前班

4. 教师在组织幼儿认识春天时,不适合幼儿进行探究的是(　　)

A. 春天的景色　　B. 春天的气候成因

C. 春天的天气　　D. 春天的动植物

5. 学前儿童通过眼睛、手等感官的观察来测量物体,这种测量方式是(　　)

A. 普通测量　　B. 观察测量

C. 正式量具测量　　D. 非正式量具测量

6. 有一个幼儿园为了体现自身教育特色,开展了"探索昆虫"的科学教育活动,在一个学期里,教师让儿童认识了近200种昆虫。这种教育内容选择的不恰当之处在于(　　)

A. 违反了科学性、启蒙性要求　　B. 违反了生活性、系统性要求

C. 违反了地方性、季节性要求　　D. 违反了时代性、民族性要求

7. 大班科学活动中,教师引导幼儿通过自主选择材料制作风车,感知影响风车转动的多种因素,教师主要采用的教学方法是(　　)

A. 操作法　　B. 观察法　　C. 测量法　　D. 游戏法

8. 在向成人的提问中,不但喜欢问"是什么",而且还爱问"为什么"。例如,会问:"为什么鸟会飞?""为什么洗衣机会转动?"还常常会刨根问底,探个究竟。这反映了儿童科学学习具有(　　)的特点。

A. 好奇好问　　B. 积极的探索欲望

C. 表面性和片面性　　D. 自我中心

二、简答题(每小题 15 分,参考时限 10 分钟。共 5 小题)

1. 简述 5 ~6 岁儿童科学教育活动中知识方面的目标。

2. 简述选择学前儿童科学教育内容的要求。

3. 简述学前儿童科学教育活动内容选择的“科学性和启蒙性”体现在哪些方面。

4. 简述学前儿童科学教育的方法。

5. 简述 4 ~5 岁儿童科学学习的特点。

三、活动设计题(每小题 30 分,参考时限 25 分钟。共 4 小题)

1. 请以“有魔力的磁铁”为活动内容,设计一份中班科学活动计划。要求写出活动名称、活动目标、活动准备、活动过程、活动延伸。

2. 在幼儿园科学领域子领域“科学探究”的活动中，5～6岁幼儿的活动目标是：能探究并发现常见的物理现象产生的条件或影响因素。

请以“奇妙的影子”为主题设计一个大班科学活动，要求写出活动目标、活动准备及活动过程。

3. 蔡老师发现在日常生活中经常有幼儿玩肥皂、搓肥皂泡的现象，幼儿经常接触到各种各样的肥皂，有香皂、药皂、增白皂等，却对肥皂的种类、用途等还不太了解。

请以“有趣的肥皂”为主题设计一个中班科学活动，写出活动目标、活动准备和活动过程。

4. 声音是由振动着的物体发出的，而一切发出声音的物体都在振动，一旦发声体的振动停止，声音也就停止了。声音并不是一定要依靠空气传播，如果有其他媒质，声音也可传播。如果有人把耳朵贴在桌面，当你敲击桌面的另一处，他能清楚地听到打击的声音。用两只纸杯，杯底用一根线穿起来，制成一个“电话”。当你绷紧细线，一个人对一只纸杯口说话，另一个人把另一只纸杯口贴着耳朵，就能听到对方说话的声音，这种传话器就是依靠细线作媒质来传播声音的。

请根据材料，设计一个大班科学教育活动，要求写出活动名称、活动目标、活动准备和活动过程。

专题七　学前儿童数学教育

链接答案本 P451

一、单项选择题(每小题3分,共6小题,参考时限12分钟)

1. 数学活动中为梳理幼儿零散的经验,提高对数学概念的认识,教师宜采用(　　)

A. 操作法　　B. 讨论法　　C. 游戏法　　D. 演示法

2. 年龄小的孩子能够准确地回答出自己家里有妈妈、爸爸、爷爷、奶奶和自己,但却不能简单直接地用抽象的数字“5”来概括家里共有几人,这体现了儿童早期数学概念发展过程中具有(　　)的特点。

A. 从个别到一般　　B. 从外部动作到内部动作

C. 从具体到抽象　　D. 从同化到顺应

3. 学习10以内的序数,这是(　　)的教育目标。

A. 小班　　B. 中班　　C. 大班　　D. 学前班

4. 在认识6以内的数字活动中,幼儿教师给幼儿提供一定数量的花朵模型让幼儿计数。这种方法是(　　)

A. 比较法　　B. 操作法　　C. 发现法　　D. 游戏法

5. 这是一棵大树,那是一棵小树;今天班上有3个小朋友没有来;手帕是正方形的,毛巾是长方形的等。这说明学前数学教育活动内容具有(　　)(易错)

A. 启蒙性　　B. 生活性　　C. 可探索性　　D. 系统性

6. 教师通过语言和运用直观教具,把抽象的数、量、形等知识加以说明和解释,以帮助幼儿理解相关的数学知识。这种教法叫做(　　)

A. 讲解演示法　　B. 操作法　　C. 比较法　　D. 实验法

二、简答题(每小题15分,参考时限10分钟。共2小题)

1. 简述学前儿童数学学习的心理特点。

2. 简述数学教育活动内容选择的要求。

三、活动设计题(每小题 30 分,参考时限 25 分钟。共 3 小题)

1. 请设计一节大班数学活动“我们来测量”。要求写明:活动设计意图、活动目标、活动准备、活动过程。

2. 幼儿在生活中对物体的高矮已有了初步的认识,但对于比较的方法却不甚了解,常常凭直观的感觉。请以“比高矮”为主题设计一个中班数学活动,写出活动目标、活动准备和活动过程。

3. 请以“4 以内的数”为主题设计一个小班数学活动，写出活动目标、活动准备和活动过程。

专题八　学前儿童音乐教育

链接答案本 P456

一、单项选择题（每小题 3 分，共 5 小题，参考时限 10 分钟）

1. 能用正确的姿势唱歌，唱准曲调和节奏，是对（　　）年龄段的要求。（易混）

A. 托班　B. 中班　C. 小班　D. 大班

2.（　　）是通过跟随音乐做动作的方式参与到音乐进行的过程中去，这是学前儿童感知、理解和表现音乐最自然、最重要的途径之一。

A. 动作材料　B. 语言材料　C. 视觉材料　D. 游戏材料

3. 为 4 岁前儿童选择韵律动作时，应以（　　）为主。

A. 基础动作　B. 模仿动作　C. 舞蹈动作　D. 专门动作

4. 在韵律教学活动中，从复习某个熟悉的动作开始，练习新动作学习的活动，或直接从观察新动作示范开始的新动作学习活动的方法是（　　）

A. 观察导入　B. 回忆导入

C. 基本动作复习或练习导入　D. 队形复习或学习导入

5. 结构短小、内容紧凑、形象生动集中、音乐表现手法简单的歌曲如《小老鼠》，歌唱教学最适应的方法是（　　）

A. 识谱教唱法　B. 分句教唱法

C. 整体教唱法　D. 歌词先行教唱法

二、简答题(每小题 15 分,参考时限 10 分钟。共 2 小题)

1. 简述小班歌唱活动的目标。

2. 简述学前儿童歌唱活动中教唱新歌的方法。

三、活动设计题(每小题 30 分,参考时限 25 分钟。共 2 小题)

1. 音乐游戏对于幼儿来说有很大的好处,音乐游戏有助于提高幼儿的感受力,能激发幼儿的表现欲望和表现力,还能培养幼儿的创造能力。

请以“找朋友”为主题设计一个大班音乐游戏活动,写出活动目标、活动准备和活动过程。

2. 请根据小班幼儿发展特点,以“小老鼠上灯台”为主题设计音乐教育活动。要求写出活动目标、活动准备及活动过程。

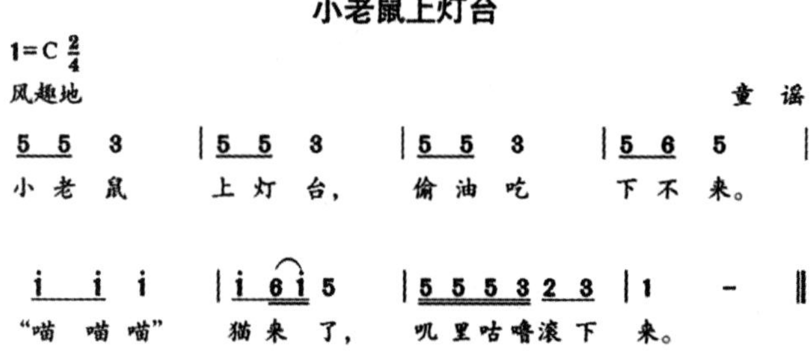

专题九　学前儿童美术教育

链接答案本 P459

一、单项选择题(每小题 3 分,共 6 小题,参考时限 12 分钟)

1. 下列不属于小班幼儿手工活动目标的是(　　)

A. 培养对手工活动的兴趣并愿意尝试各种手工工具和材料

B. 学习用胶棒、胶水等粘贴沙子、种子等点状材料

C. 学习用搓、捋圆、压扁、粘合的方法塑造简单的立体物象

D. 初步学习用其他点状、线状、面状和块状的自然物和废旧材料制作玩具

2. 学前儿童美术教育中,教师应引导中班儿童在绘画中表现感受过物体的(　　)

A. 轮廓特征　　B. 基本形态

C. 基本结构和主要特征　　D. 动态结构

3. 童童画画时不能以透视的观念绘画,经常把从多个角度观察的结果组合在一张画中。童童的绘画表现出(　　)的特征。

A. 装饰性　　B. 透明式　　C. 夸张式　　D. 展开式

4. 幼儿开始将头脑中花朵的表象用图画的方式表现出来，这表明幼儿绘画能力发展到(　　)

A. 涂鸦期　　B. 象征期　　C. 图式期　　D. 写实期

5. 学前儿童美术教育中，教师应引导小班儿童在泥工活动中塑造(　　)

A. 平面物象　　B. 简单立体物象

C. 结构复杂物象　　D. 物象主要特征和细节

6. 儿童为在画中强调表现某一意图，不会顾及画中形象的大小、比例、内容等是否合理。这样的画常常会令人感到很夸张。这说明儿童绘画表现(　　)的特征。(常考)

A. 拟人化　　B. 美梦式　　C. 展开式　　D. 夸张性

二、简答题(每小题15分，参考时限10分钟。共1小题)

简述学前儿童美术教育的方法。

三、活动设计题(每小题30分，参考时限25分钟。共2小题)

1. 幼儿园近期准备开展“美术展览节”活动，许老师准备将本班幼儿的扎染作品在展览节上展出。

请以“扎染”为主题设计一个大班美术活动，写出活动目标、活动准备和活动过程。

2. 为了促进幼儿艺术表现与创造能力，请根据中班幼儿的年龄特点，设计一次“可爱的小娃娃”泥工活动。要求写出设计意图、活动目标、活动准备、活动过程等。

专题十　幼儿园教育活动中的师幼关系

链接答案本 P462

一、单项选择题(每小题 3 分，共 3 小题，参考时限 6 分钟)

1. 建立和谐的师幼关系是创设良好精神环境的主要组成部分，下列不利于尽快建立和谐师幼关系的是(　　)

A. 热爱、尊重幼儿　　B. 身体接触降低陌生感

C. 对幼儿纪律的遵守要求严格　　D. 创设宽松、自由的互动氛围

2. 下列做法体现师幼关系平等的是(　　)

A. 教师制止幼儿将材料搬出区域　　B. 教师蹲下来快速对幼儿提出要求

C. 教师在幼儿游戏时督促其遵守规则　　D. 教师用幼儿能理解的语言及时回应

3. 教师要重视幼儿的情感交流，下列在与幼儿沟通的过程中做法不妥的是(　　)

A. 热情地面带笑容，认真解答幼儿提出的问题　　B. 对幼儿的活动表示关注和感兴趣

C. 替幼儿选择他们玩乐的游戏和活动　　D. 倾听幼儿对行为的解释

二、简答题(每小题 15 分，参考时限 10 分钟。共 1 小题)

幼儿教师应如何建立理想的师幼关系？

第七章　教育评价

链接答案本 P463

- 教育评价
  - 幼儿园教育评价概述
    - 幼儿园教育评价的目的
    - 幼儿园教育评价的类型★
      - 相对评价、绝对评价、①________
      - 诊断性评价、②________、终结性评价
      - 自我评价、他人评价
    - 幼儿园教育评价应注意的问题
      - 树立正确的评价观
      - 与③________相结合
      - 充分、合理地运用评价结果
  - 幼儿发展评价的方法
    - 测验法
    - ④________
    - 谈话法
    - 作品分析法★
    - ⑤________

链接答案本 P463

单项选择题（每小题 3 分，共 1 小题。参考时限 2 分钟）

［2019 下半年］在教学过程中，王老师随时观察和评价幼儿的行为表现，并以此为依据调整指导策略，该老师采用的评价方式是（　　）

A. 诊断性评价　　　　B. 标准化评价

C. 终结性评价　　　　D. 形成性评价

专题一 幼儿园教育评价概述

链接答案本 P463

一、单项选择题(每小题 3 分,共 4 小题。参考时限 10 分钟)

1. 下列几种评价中,较多采用非正式评价的是( )

A. 诊断性评价 B. 课程评价 C. 终结性评价 D. 形成性评价

2. 幼儿教师在儿童入园时对儿童各方面的情况进行了解和评价,这是对儿童的( )(常考)

A. 诊断性评价 B. 形成性评价 C. 终结性评价 D. 总结性评价

3. 幼儿教育评价的目的是( )

A. 了解幼儿的发展需要,以便提供更加适宜的帮助和指导

B. 让家长知道孩子在幼儿园的表现

C. 完成教育评价任务

D. 加强家园合作

4. 某幼儿园为了更好地了解小、中、大班幼儿的身高、体重是否与标准的身高、体重吻合,向每个班级下发了标准,这属于( )

A. 相对评价 B. 个体内差异评价

C. 形成性评价 D. 绝对评价

二、简答题(每小题 15 分,参考时限 10 分钟。共 1 小题)

简述幼儿园教育评价应注意的问题。

专题二　幼儿发展评价的方法

链接答案本 P464

一、单项选择题(每小题3分,共4小题。参考时限10分钟)

1.幼儿园教育评价最主要的方法是(　　)

A.观察法　　B.谈话法　　C.调查法　　D.测验法

2.运用档案袋评价时,档案袋中的内容不包括(　　)

A.评定标准　　B.有关要求与说明

C.学生简介　　D.佐证材料

3.明明所在的幼儿园每天上午十点都会做十分钟的课间操,每到这个时间点李老师都会在旁边仔细观察孩子们的做操状况。李老师使用的幼儿学习评价的方法是(　　)

A.事件抽样观察法　　B.情景观察法

C.轶事记录法　　D.时间抽样观察法

4.教师通过幼儿的绘画作业,了解幼儿的能力、倾向、技能和情感状态等,这种分析研究方法是(　　)

A.观察法　　B.测验法　　C.谈话法　　D.作品分析法

二、简答题(每小题15分,参考时限10分钟。共1小题)

简述幼儿发展评价的方法。

三、材料分析题(每小题20分,参考时限20分钟。共1小题)

材料:

母亲节来临之际,教师组织孩子们画自己的妈妈,画得好的作品可以贴到教室门口的展示栏里。乐乐小朋友将妈妈画好后,又在画面上画了许多杂乱无章的心形,破坏了作品的整体效果,当老师问他原因时,他说:“这些爱心代表着我爱妈妈。”“乐乐小朋友画这么多‘心’,老师知道你非常喜欢妈妈(及时表扬他爱妈妈的情感,肯定他感恩的做人态度),对吗?”“我妈妈可漂亮了!”乐乐自豪地说。“可是妈妈的‘眼睛’被心形挡住了怎么办?”乐乐思索不回答。教师启发道:“你看过儿子给妈妈端洗脚水的电视广告吗?儿子很爱妈妈,妈妈辛苦一天回到家,儿子主动端水让妈妈洗洗脚。你也非常喜欢妈妈,能为妈妈做点什么呢?”“我妈妈非常喜欢玫瑰花。”“那你再画一些美丽的花送给妈妈,好吗?”

问题:结合材料,分析教师对乐乐小朋友采取了哪些评价方法?教师对乐乐的评价反映了什么样的教育评价理念?

下篇　全真模考

国家教师资格考试全真模拟试卷(一)

链接答案本 P467

保教知识与能力(幼儿园)

注意事项:

1. 考试时间为 120 分钟,满分为 150 分。

2. 请按规定在答题卡上填涂、作答,在试卷上作答无效,不予评分。

一、单项选择题(本大题共 10 小题,每小题 3 分,共 30 分)

在每小题列出的四个备选项中只有一个是符合题目要求的,请用 2B 铅笔把答题卡上对应题目的答案字母按要求涂黑。错选、多选或未选均无分。

1. 幼儿常把被动语态句“女孩被男孩推倒”理解为“女孩推倒男孩”。这说明其语态理解(　　)

A. 受语序影响　　B. 受暗示影响

C. 受经验影响　　D. 受语气影响

2. 明明是个好奇心很强的孩子,喜欢打破砂锅问到底,当成人给他满意的答案时,他就觉得很愉悦。这种情感是(　　)

A. 道德感　　B. 理智感　　C. 美感　　D. 实践感

3. 小小将热水倒入鱼缸中,问他为什么时,他说老师说了喝开水不生病,小鱼也应该喝开水。这说明幼儿思维特点是(　　)

A. 行动性　　B. 经验性　　C. 抽象性　　D. 简单性

4. 陈鹤琴先生提出的“活教育”方法论坚持(　　)

A. 以“教”为中心　　B. 以“学”为中心

C. 以“做”为中心　　D. 以“求进步”为中心

5. 幼儿园教育目标中最有操作性的、最具体的目标是(　　)

A. 班级一周计划的教育目标　　B. 幼儿年龄阶段目标

C. 某一具体活动的教育目标　　D. 班级一日计划的教育目标

6. 小明模仿当医生的爸爸,手拿听诊器,为“病人”看病,小明玩的游戏是(　　)

A. 角色游戏　　B. 建构游戏　　C. 表演游戏　　D. 语言游戏

7. 儿童的社会性发展是(　　)

A. 与生俱来的　　B. 由遗传素质决定的

C. 在成长过程中自然形成的　　D. 在与外界环境相互作用过程中形成的

8. 如果确定幼儿的关节脱臼了,幼儿教师不可采取的措施是(　　)

A. 立即寻求医疗救助　　B. 不要移动关节

C. 用药膏涂抹在脱臼部位　　D. 如不熟悉脱臼的整理技术,不要贸然复位

9. 儿童易患口角炎、角膜炎、皮炎等,可能是缺乏(　　)

A. 维生素 A　　B. 维生素 B_2　　C. 维生素 C　　D. 维生素 D

10. 培养幼儿具有良好的生活与卫生习惯,知道保护眼睛,4～5 岁幼儿连续看电视等不超过(　　)

A. 10 分钟　　B. 15 分钟　　C. 20 分钟　　D. 30 分钟

二、简答题(本大题共 2 小题,每小题 15 分,共 30 分)

11. 简述《幼儿园教育指导纲要(试行)》中语言领域的目标。

12. 简述幼儿大小知觉的发展。

三、论述题(本大题1小题,20分)

13. 试述教师在组织幼儿园活动时,如何发挥一日活动整体教育功能的原则。

四、材料分析题(本大题共2小题,每小题20分,共40分)阅读材料,并回答问题。

14. 材料:

区角活动时,小班的萌萌与东东争抢积木,被东东抓伤了脸,萌萌大哭,东东赶紧离开了现场装作若无其事的样子,小李老师急忙走过来,看了看受伤的萌萌的脸,又生气又担心,她生气东东把萌萌抓伤,又担心萌萌的爸爸来接孩子时数落自己,她把东东拖到萌萌面前命令他给萌萌道歉,并恐吓说:“如果下次再抓伤人,老师就把手给绑了。”

问题:

(1)你认为小李老师在处理幼儿之间的问题时有何不妥?(10分)

(2)假如你遇到此问题你会与孩子怎样交流?(10分)

15. 材料：

建构游戏区里，乐乐取来装有雪花片的玩具筐，说道："我要搭摩天轮了。"他用十字插的方式将深绿色和浅绿色的雪花片有规律地拼搭出"摩天轮"的立体柱底座，然后用橘黄色、柠檬黄色的雪花片组建成摩天轮的圆形边框，在圆形边框内部按浅绿、深绿的规律用一字插的方式将雪花片连接起来。这时花花来观看并与他交流，乐乐并未回应，花花便离开了。

搭建过程中，圆形边框总是会倾斜变形。乐乐思考了一会，拆开拼插好的"摩天轮"的边框及底座，重新采用花插的方式用橘黄色、柠檬黄色雪花片拼插出"摩天轮"的旋转轮，用围合的方式搭建"摩天轮"的外围圆圈，这时，旁边角色区的欢欢在大声地吆喝着，乐乐抬头望了望，又继续搭建"摩天轮"的外围圆圈。过了7分钟，"摩天轮"外围圆圈与旋转轮成功地连接了，乐乐开心地笑了……

问题：根据材料中乐乐的游戏行为表现，分析该游戏中乐乐身体、认知、情绪情感、社会性及创造力等方面的发展水平。

五、活动设计题（本大题共30分）

16. 春季正是花开的季节，走在路边可以看到各色各样的花盛开的景象，被风一吹，花瓣随风起舞，就像是被赋予了灵性一样，花瓣落下又像是下了一场花雨，忍不住让人想起花瓣飘落的那一刻！

请根据所提供的材料，设计幼儿园大班活动"花的礼物"，要求写出活动目标、活动准备、活动过程。

国家教师资格考试全真模拟试卷(二)

链接答案本 P470

保教知识与能力(幼儿园)

注意事项:

1. 考试时间为 120 分钟,满分为 150 分。

2. 请按规定在答题卡上填涂、作答,在试卷上作答无效,不予评分。

一、单项选择题(本大题共 10 小题,每小题 3 分,共 30 分)

在每小题列出的四个备选项中只有一个是符合题目要求的,请用 2B 铅笔把答题卡上对应题目的答案字母按要求涂黑。错选、多选或未选均无分。

1. (　　)摈弃了传统观念,提出儿童的心理最初只是一块白板,它的变化取决于后天的学习和经验。

A. 洛克　　B. 马斯洛　　C. 斯金纳　　D. 格塞尔

2. 花花依恋妈妈,妈妈离开之后会大哭,等到妈妈回来后会抱着妈妈、打妈妈。花花属于什么依恋类型(　　)

A. 反抗型　　B. 安全型　　C. 回避型　　D. 紊乱型

3. 通常将幼儿园环境分为物质环境和精神环境,以下属于物质环境的是(　　)

A. 玩具、图书　　B. 师生关系　　C. 同伴关系　　D. 管理制度

4. 在幼儿园课程评价中,既是课程评价对象,又是课程评价主体的是(　　)

A. 教师和家长　　B. 管理人员和教师

C. 教师和儿童　　D. 管理人员和儿童

5. 成人往往按照自己习惯设计的蓝图去要求、塑造儿童,使儿童的天性得不到发展。这是因为在制定学前教育目标时未考虑到(　　)

A. 社会发展的需要　　B. 教育方针

C. 教育政策　　D. 学前儿童的需求

6. 红红看动画片时,妈妈喊她很多遍她都没有听见。这一现象体现了注意的(　　)

A. 指向性　　B. 调节性　　C. 集中性　　D. 维持性

7. 关于《3～6岁儿童学习与发展指南》的描述错误的是(　　)

A. 语言是交流和思维的工具

B. 科学领域的子领域是科学探究和数学认知

C. 人际交往和社会适应是幼儿社会学习的主要内容

D. 艺术领域的子领域是感知与欣赏、绘画和创造

8. 异物入眼时,老师应采取的正确处理方法不包括(　　)

A. 让学前儿童用力眨眼睛,利用泪水将异物带出

B. 用温水或蒸馏水冲洗眼睛

C. 翻开上下眼睑,用干净的棉签、纱布擦去异物

D. 用干净的手帕揉擦

9. 幼儿正在画"汽车",听到别人说"这像汽车吗?"他立刻说:"我画的是房子。"这一现象表明幼儿(　　)

A. 以想象过程为满足　　B. 想象的内容零散无系统

C. 想象的主题不稳定　　D. 想象受兴趣的影响

10. 教师的新奇服饰、活动室纷繁的布置等容易引起幼儿(　　)

A. 注意的转移　B. 注意的分散　C. 注意的范围　D. 注意的分配

二、简答题(本大题共2小题,每小题15分,共30分)

11. 简述学前儿童想象力的培养措施。

12. 简述幼儿园游戏活动对幼儿情感发展的作用。

三、论述题(本大题1小题,20分)

13. 试述学前儿童比较的发展趋势。

四、材料分析题(本大题共2小题,每小题20分,共40分)阅读材料,并回答问题。

14. 材料:

孩子们最喜欢的全园性视觉探索活动开始了,冰冰来到了编织区。在编织区的一个角落里,拉着放射状的绳子(表示蜘蛛网的中轴线)。墙上挂着一些不同颜色的毛线和细包装带,贴着一张编织蜘蛛网的示意图。冰冰问老师:"这是干什么的?"老师告诉他可以编蜘蛛网。他答了一声表示很新奇并马上走到角落,随手抽出一根绿色的毛线,开始在原先拉好的绳子上缠绕起来。刚开始手中的毛线始终在一根线上做反复的缠绕。老师在一旁轻轻地提醒他:"想一想蜘蛛是怎样结网的?"他似乎受到了一些启发,开始将缠绕后余下的毛线向另一根中轴线拉去,拉到后又开始反复缠绕。老师又轻轻拍了拍墙上的蜘蛛网示意图,并用手指在示意图上画蜘蛛网的走向,从一根中轴线拉向旁边一根,再拉到旁边一根,依次画三个圆。冰冰看后大受启发,手中的毛线拉向旁边一根中轴线,第一根毛线用完了,他又取了一根同样颜色的在下面重新开始拉网编织起来,但是没有规律。老师告诉他:"蜘蛛网是很有规律、很有次序的,一圈结完再结一圈,可是你刚才那圈还没结完。"冰冰连忙抽回毛线回到原来的地方继续结起网来。就这样一连用绿色的毛线结了三圈。老师问他:"这里有这么多颜色的毛线,能不能让你的蜘蛛网变得更漂亮呢?"这回冰冰用黄色的毛线结了两圈,又改成绿色的毛线编了两圈。就这样两种颜色交替编织,终于完工了。老师和同伴看见说:"你编的蜘蛛网真像,而且颜色一层一层真漂亮。"冰冰高兴极了,拉着旁边的同伴来欣赏他编织的蜘蛛网。

问题:结合材料,分析幼儿教师应如何引导幼儿的游戏?

15. 材料：

学期初，丁老师为了创设并营造良好的美工环境，收集、购买了许多自然材料，如落叶、松果、木片、树枝、花生壳、贝壳、螃蟹壳等，应有尽有。幼儿进入区域以后，端着一筐筐材料，摆摆弄弄、敲敲打打，没一会儿就放下这些自然材料，跑到其他区玩了。丁老师面对一柜子混乱的材料无从下手，美工区开设一段时间后，仍没有看到幼儿利用材料进行创作。

问题：

（1）分析丁老师投放材料的方式是否适宜。（10 分）

（2）结合丁老师的做法，请分析区域材料投放需要注意哪些要点。（10 分）

五、活动设计题（本大题共 30 分）

16. 最近班级有小朋友总是在吃饭的时候把青菜挑出来，还有小朋友在吃饭的时候只吃菜，不吃主食。

请根据上述情况，以“珍惜粮食”为主题设计一个中班社会活动，要求写出活动目标、活动准备及活动过程。

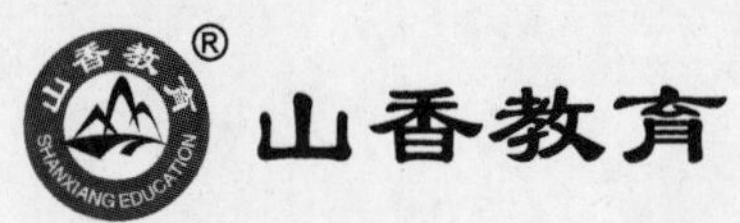

国家教师资格考试

高分过关题库

保教知识与能力·幼儿园

答案

山香教师资格考试命题研究中心　主编

目　录

上篇　过关快刷

下篇　全真模考

上篇　过关快刷

第一章　学前儿童发展

刷考点

①自我意识
②从具体到抽象
③从零乱到成体系
④自主感对羞耻感
⑤主动感对内疚感
⑥前运算阶段
⑦自我中心性
⑧泛灵论
⑨不能守恒
⑩替代强化
⑪自我强化
⑫身高
⑬体重
⑭首尾规律
⑮近远规律
⑯大小规律
⑰无有规律
⑱有意注意初步发展
⑲注意的稳定性
⑳注意的转移
㉑无意记忆
㉒有意记忆
㉓形象记忆
㉔语词记忆
㉕无意想象
㉖有意想象
㉗创造想象
㉘直观行动性
㉙具体形象思维
㉚按数取物
㉛理解语言
㉜道德感
㉝自我调节化
㉞自我评价
㉟大众传播媒介（榜样）

刷真题

一、单项选择题

答案速查

1～5	AACDC	6～10	BDAAC	11～15	DBBDA	16～20	BDCAA
21～25	BBBAB	26～30	CADCB	31～35	BCCAC	36～40	BCBAC
41～45	CBACC	46～50	CCBAD	51～57	CCAADCB		

1. A　【解析】本题考查学前儿童发展常用的研究方法。观察法是研究者有目的、有计划地观察学前儿童在日常生活、游戏、学习和劳动等自然状态下的言语、表情、动作、行为等，并做详细的记录，然后分析儿童身心发展特点的方法。题干的描述属于观察法。

B 选项，谈话法是研究者根据一定的研究目的和计划，通过和儿童交谈，以了解儿童身心发展特点的方法。研究者除记录儿童答话内容外，同时观察记录学前儿童的谈话态度、表情变化、表达能力等。通过这些客观表现，研究学前儿童心理发展规律。

C 选项，测验法是研究者利用一定的测验项目和量表，来了解学前儿童发展水平的方法。对学前儿童进行测验一般采用个别测验，逐个进行，不宜用团体测验。测验法是一种专业性很强的研究方法，测验人员必须接受过一定的专业训练并取得相应资格才能使用。

D 选项，实验法是研究者通过有目的地控制一定的条件以观测儿童的行为反应，从而揭示一定条件与某种行为之间关系的方法。BCD 选项均不符合题干描述，故本题选 A。

2. A 【解析】本题考查幼儿骨骼的特点。骨的成分主要是有机物和无机盐。有机物使骨具有弹性和韧性，无机盐使骨具有硬度和脆性。幼儿骨骼有机物的含量多，无机盐的含量较少，因而硬度小，弹性大，可塑性强，容易发生弯曲变形。不良姿势可能会导致骨骼发育异常，并影响生理功能的正常发挥和生命活动的正常进行。因此应从小培养幼儿坐、立、行的正确姿势，保证其骨骼的正常生长发育。

3. C 【解析】本题考查自闭症的典型表现。自闭症也称坎纳综合征，也有人译为孤独症，这是一种严重的发展障碍，会有严重的社交和言语困难。自闭症的典型表现主要有三个方面：(1)社会交往方面的严重障碍。自闭症的幼儿因其缺乏社会兴趣，对一切人，甚至他们的父母，都表现得很冷漠。(2)语言交往方面的障碍。很多自闭症幼儿终身有失语症或只能说极为有限的单词，其语言应用能力也很低。患儿在语言的声调、重音、速度、节律及音调等方面均可能表现出异常。还有不少自闭症幼儿时常出现尖叫，这种情况有时能持续至五六岁或更久。(3)行为兴趣和活动方面的狭窄、刻板和重复性质。C 选项是某些儿童性格方面的表现，不属于自闭症儿童的典型表现。故本题选 C。

4. D 【解析】本题考查客体永久性。皮亚杰认为，婴儿在出生后的头几个月里不存在客体永久性观念，具体表现在当一个原先存在于婴儿视野中的物体从他们的视野中消失后，婴儿就不会再去寻找或抓握，表明他们以为物体已经没有了。7 个月以后的婴儿才会继续寻找从他们视线中消失的物体，他们已经知道物体虽然从视线中消失，但一定在什么地方，表明他们已经获得了客体永久性。题干中，贝贝会寻找盒子中的玩具，表明贝贝已具备了客体永久性。

A 选项，守恒性即儿童认识到客体在外形上发生了变化，但特有的属性不变。守恒是具体运算阶段儿童的思维特点。A 项不符合题干描述。

B 选项，思维的间接性是指思维总是以一定事物为媒介来反映那些不能直接作用于感官的事物。也就是说，借助于中介物认识某事物。B 项不符合题干描述。

C 选项，可逆性即思考问题时可以从正面去想，也可以从反面去想；可以从原因看结果，也可以从结果去分析原因。可逆性是具体运算阶段儿童的思维特点。C 项不符合题干描述。

5. C 【解析】本题考查幼儿记忆发展的特点。形象记忆是根据具体的形象来识记各种材料。在儿童语言发生之前，其记忆内容只有事物的形象，即只有形象记忆。儿童语言发生后，直到整个幼儿期，形象记忆仍然占主要地位。故本题选 C。

6. B 【解析】本题考查敏感期的概念。敏感期是指个体比其他时候更容易获得新行为模式的发展阶段，换句话说，敏感期就是儿童学习某种知识和行为比较容易，儿童心理某个方面发展最为迅

速的时期,又叫最佳期。错过了敏感期或最佳期,不是不可以学习或形成某种知识或能力,但是比起敏感期或最佳期来说,就较为困难,发展比较缓慢。

易混辨析:考生做题时容易混淆下列内容,应注意区分。

转折期:在儿童心理发展的两个阶段之间,有时出现的心理发展在短时期内急剧变化的情况。

危机期:在发展的某些年龄段,儿童心理常常发生紊乱,表现出各种否定和抗拒行为的现象。

敏感期:儿童学习某种知识和行为比较容易,儿童心理某个方面发展最为迅速的时期。错过了这个时期,发展比较缓慢。

7. D 【解析】本题考查幼儿攻击性行为的影响因素。幼儿攻击性行为的影响因素有:(1)父母的惩罚;(2)大众传播媒介(榜样);(3)强化;(4)挫折。其中,大众传播媒介里的攻击性榜样会增加幼儿以后的攻击性行为,幼儿会从这些电视、电影节目中观察学习到各种具体的攻击性行为。更为重要的是,电视、电影人物的经历会使许多幼儿将武力视为解决人际冲突的有效手段,并在现实生活中依靠攻击性行为来解决与他人的矛盾。

8. A 【解析】本题考查学前儿童情绪发展的一般趋势。儿童最初出现的情绪是与生理需要相联系的。随着年龄的增长,儿童情绪逐渐与社会性需要相联系。

9. A 【解析】本题考查幼儿言语发生发展的趋势。幼儿言语发生发展的趋势是理解语言发生发展在先,语言表达发生发展在后。儿童学习语言是从理解语词开始的。大约在6个月以后,婴儿已能"听懂"一些词。其实那只是根据父母说话的音调(语调)变化做出不同的反应。1~1.5岁儿童能理解的词的数量增长很快。但是,儿童一般在1岁左右才能说出少数几个词,而在1岁半以后,才"开口说话"。

10. C 【解析】本题考查幼儿情绪的自我调节化表现。幼儿情绪的自我调节化表现之一为情绪从外显到内隐,即幼儿初期的儿童,不能意识到自己情绪的外部表现,他们的情绪完全表露于外,丝毫不加以控制和掩饰。随着言语和幼儿心理活动有意性的发展,幼儿逐渐能够调节自己的情绪及其外部表现。幼儿晚期情绪已经开始有内隐性。题干中,幼儿能掩饰自己的消极情绪,说明其情绪已经开始具备内隐性。

11. D 【解析】本题考查影响儿童心理发展的因素。社会环境使遗传所提供的心理发展的可能性变为现实。人的心理发展就是在遗传因素的基础上,通过社会环境的作用得以实现的。人们在社会环境的影响下,获得一定的知识和经验,形成各种思想观点和行为习惯。一个人的身心能否得到发展和发展到什么程度都与他所处的社会环境分不开,社会环境对人的发展起着重要作用。离开社会环境的影响,心理也就不能得到发展。狼孩之所以不能形成并发展人的心理,其根本原因是从小就脱离了人的社会环境。

12. B 【解析】本题考查儿童动作发展的基本规律。儿童动作的发展遵循从上至下的规律,即儿童动作的发展，先从上部动作开始，然后到下部动作。儿童先学会抬头，然后能俯撑、翻身、坐和爬，最后学会站和行走，也就是离头部最近的部位的动作先开始发展。

13. B 【解析】本题考查前运算阶段儿童思维发展的特点。所谓守恒，是指个体能够不因物体外在形状的变化或空间位置的改变而正确地感知物体的数、量、形的概念。前运算阶段的儿童没有获得守恒概念，认识不到在事物的表面特征发生某些改变时，其本质特征并不发生变化。题干中瑞瑞认为撒在桌子上的葡萄干比之前在碗里的葡萄干更多，表明瑞瑞没有掌握守恒概念，其思维处于前运算阶段。

方法技巧：考生在做此类试题时，需要抓住题干中的关键词进行判断。前运算阶段幼儿的典型表现：自我中心性、思维的不可逆性、泛灵论、不具备守恒概念。

14. D 【解析】本题考查提出最近发展区的心理学家。维果斯基认为，儿童的发展有两种水平，一种是已经达到的发展水平；另一种是儿童可能达到的发展水平，即儿童还不能够独立地完成任务，但在成人的帮助下，通过模仿等形式能够完成这些任务。这种儿童在成人的帮助和指导下所能达到解决问题的水平与在独立活动中所达到的解决问题的水平之间的差距就是“最近发展区”。

15. A 【解析】本题考查 3 ~ 6 岁幼儿注意发展的主要特征。3 ~ 6 岁幼儿注意发展的主要特征：无意注意占优势，有意注意初步发展。

16. B 【解析】本题考查幼儿记忆发展的特点。幼儿记忆发展的特点：无意记忆占优势，有意记忆逐渐发展；记忆的理解和组织程度逐渐提高；形象记忆占优势，语词记忆逐渐发展；幼儿记忆的意识性和记忆方法逐渐发展。

17. D 【解析】本题考查幼儿自我评价发展的特点。幼儿自我评价发展的特点包括：(1)从依从性的评价发展到独立性的评价；(2)从对个别方面的评价发展到对多方面的评价；(3)先有对自己外部行为的评价，然后逐渐出现对内心品质的评价；(4)从主观情绪性的评价到初步客观的评价；(5)从只有评价没有依据发展到有依据的评价。

18. C 【解析】本题考查前运算阶段儿童思维的特点。思维的自我中心性是指儿童往往只注意自己的观点，不能接受他人的观点，也不能将自己的观点和他人的观点相区分和协调。题干中岳岳的回答是从自己的角度出发，并且没有认识到自己的回答阿姨不能理解，体现了幼儿思维的自我中心性特点。

19. A 【解析】本题考查幼儿听觉器官的保育要点。幼儿听觉器官的保育要点包括：(1)禁止用锐利的工具给幼儿挖耳。(2)做好中耳炎的预防工作。教会幼儿用正确的方法擤鼻涕；洗头、洗澡、游泳时要防止污水进入外耳道，以免引起外耳道炎症。(3)避免噪声的影响。要防止幼儿受噪声的影响，平时成人与幼儿讲话声音要适中，不要大喊大叫，家电的声音勿开得太大；教育

幼儿听到过大的声音要张嘴、捂耳，预防强音震破鼓膜，影响听力。(4)避免药物的影响。(5)发展幼儿的听觉。

20. A 【解析】本题考查幼儿攻击性行为的分类。工具性攻击行为指幼儿为了获得某个物品所做出的抢夺、推搡等动作，这类攻击本身指向一个主要的目标或某一物品的获取。题干中小明因为缺积木玩具而去抢夺他人的积木，这属于工具性攻击行为。

> **易混辨析**：工具性攻击行为和敌意性攻击行为的区别如下。
>
> 工具性攻击行为——为获得某个物品所做出的攻击性行为；
>
> 敌意性攻击行为——以人为指向目标，其目的在于打击、伤害他人。

21. B 【解析】本题考查皮亚杰的发生认识论。同化，是指个体将外部环境纳入自身已有的认知结构中；顺应则是指个体改变已有的认知结构去适应外部环境。题干中，毛毛看到骆驼后，认为骆驼是背上长东西的“大马”，将看到的新事物纳入自己已有的认知结构中，这一过程属于同化。

22. B 【解析】本题考查皮亚杰的道德发展阶段理论。皮亚杰采用“对偶故事法”对儿童道德判断的发展进行研究，发现并总结出了儿童道德认知发展的总规律，提出了道德发展阶段理论，将儿童的品德发展划分为四个阶段，(1)自我中心阶段(2~5岁)：又称前道德阶段。这一阶段的儿童还不能把自己同外部环境区别开来，而是把外部环境看作他自身的延伸。规则对儿童来说不具有约束力。(2)权威阶段(6~8岁)：又称他律道德阶段。这一阶段的儿童服从外部规则，接受权威指定的规范，把人们规定的准则看作是固定的、不可变更的，而且只根据行为后果来判断对错。(3)可逆性阶段(9~10岁)：又称自律道德阶段。这一阶段的儿童既不单纯服从权威，也不机械地遵守规则，要求平等，并根据行为的动机来判断对错。(4)公正阶段(10~12岁)：这一阶段的儿童开始倾向于主持公正、平等，体验到公正、平等应该符合每个人的特殊情况。公正的惩罚不能是千篇一律的，应根据每个人的具体情况进行。根据题干中的描述，本题选择B选项。

23. B 【解析】本题考查大班幼儿认知发展的特点。幼儿晚期(5~6岁)的思维已有了抽象概括性的萌芽，但主要认知特点还是具体形象性。因此大班幼儿认知发展的主要特点是具体形象性。

24. A 【解析】本题考查自我概念的发展。自我概念是指个体对自己的印象，包括对自己存在的认识，以及对个人身体、能力、性格、态度、思想等方面的认识。题干中的语言描述属于幼儿对自己的看法，因此本题选择A。

25. B 【解析】本题考查移情的发展。移情是指从他人的角度来考虑问题。移情的作用：一是可以使儿童摆脱自我中心，产生利他思想，从而形成亲社会行为；二是可以引起儿童的情感共鸣，使儿童产生同情心和羞愧感。题干中冰冰边擦眼泪边安慰田田，和田田有了情感共鸣，是移情能力的体现。

26. C　【解析】本题考查依恋的类型。焦虑—反抗型的儿童在母亲要离开之前总显得很警惕，如果母亲要离开他，他就会表现出极度的反抗，但是与母亲在一起时，又无法把母亲当作他的“安全基地”。他们见到母亲回来会寻求与母亲接触，但同时又反抗与母亲接触，甚至还有点发怒的样子。

27. A　【解析】本题考查班杜拉的社会学习理论。班杜拉认为，习得的行为是否被表现出来，会受到强化的影响。替代强化是指观察者通过观察他人行为所带来的后果而受到强化。题干中萌萌因为看到青青和小猫玩得很开心，从而降低了自己对小猫的恐惧，是观察他人行为所带来的后果受到强化，属于替代强化。

易错提示：班杜拉的社会学习理论认为强化分为三种类型，直接强化、替代强化和自我强化。以下表格可帮助考生区分。

强化的类型	含义	举例
直接强化	观察者自身因表现出观察行为而受到强化	幼儿园小朋友做一件好事，老师就给他一朵小红花，增加小朋友做好事的频率
替代强化	观察者通过观察他人行为所带来的后果而受到强化	幼儿看到某一行为受到奖励时，就倾向于模仿这类行为；当看到某一行为受到惩罚时，就抑制这种行为的发生
自我强化	观察者根据自己设立的标准来评价自己的行为，从而对自身行为发挥自我调整的作用	幼儿因上课认真听讲，放学后自己奖励自己一颗糖果

28. D　【解析】本题考查皮亚杰的认知发展阶段理论。前运算阶段幼儿思维的一个特点是泛灵论。儿童认为，所有的物体都是有生命的、有意识的。题干中菲儿把无生命的小石头看作是有生命的物体，体现了菲儿泛灵论的思维特点。

29. C　【解析】本题考查幼儿数概念的发展阶段。幼儿数概念的形成经历口头数数→给物说数→按数取物→掌握数概念四个阶段。数概念发展的最低阶段为口头数数，唱数即我们常说的口头数数，故本题选 C。

30. B　【解析】本题考查幼儿情绪的特点。题干中“一名幼儿哭会惹得周围的幼儿跟着一起哭”，表明幼儿的情绪容易受到周围人的影响，即具有易感染性。故本题选 B。

情绪的易冲动性是指幼儿的情绪常常处于激动状态，而且来势强烈，不能自制，往往全身心都受到不可遏制的威力支配。年龄越小，这种冲动越明显。随着年龄的增长、语言的发展，幼儿逐渐学会接受成人的语言指导，调节控制自己的情绪。

情绪的外露性是指婴儿期的孩子情绪完全表露在外，丝毫不加控制和掩饰。

情绪的不稳定性是指婴幼儿的情绪是非常不稳定的，容易变化，表现为两种对立的情绪在短时间内互相转换。如当幼儿由于得不到喜爱的玩具而哭泣时，成人递给他一块糖，他就会立刻笑起来。

31. B　【解析】本题考查幼儿的个性心理特征。在人的个性心理特征中，由于气质和儿童的生理特点具有最直接的关系，所以气质是最早出现的，也是变化最缓慢的。故本题选 B。

32. C　【解析】本题考查维果斯基的"最近发展区"理论。"最近发展区"指的是幼儿已有的发展水平和在成人帮助下可能达到的发展水平之间的差距。首先，题干中俊俊能够通过主动询问的方式加入另两名幼儿的游戏，说明其已经达到"找到喜欢的玩伴"和"使用一定的策略加入游戏小组"的水平；其次，俊俊在询问中提出"我来当爸爸炒点菜"表明俊俊已能够在游戏中讨论相应的角色行为。因此 A、B、D 三项均属于俊俊的现有水平。但从俊俊的社会性发展来看，题干中俊俊虽然加入了另两名幼儿的游戏，不过他们之间并没有合作，也没有共同的目标，所以尚未达到合作游戏的水平。因此，"在角色游戏中进行合作性互动"即为俊俊的最近发展区。故本题选 C。

33. C　【解析】本题考查幼儿注意的品质。注意的稳定性是指注意力在同一活动范围内所维持的时间长短。幼儿能够认真完整地听完教师讲的故事，说明幼儿的注意力一直维持在教师的讲述活动中，体现了幼儿注意的稳定性。

注意的选择性是指注意具有选择信息的功能。在众多的信息刺激中，注意的选择性表现为偏向于对一类刺激注意得多，而对另一类刺激注意得少。

注意的广度也叫注意的范围，它是指一个人在同一时间内能够清楚地察觉和把握对象的数量。"一目十行""眼观六路"，指的都是注意的范围。

注意的分配是指在同一时间内，把注意分配到两种或几种不同的对象与活动上。

34. A　【解析】本题考查幼儿思维的特点。具体形象思维是指幼儿依靠事物在头脑中的具体形象进行的思维，即依靠具体事物的表象以及对具体形象的联想而进行的思维。小红的计算需要依靠花生这一具体事物来进行，一旦脱离这一具体事物就无法进行计算了，说明小红的思维离不开事物的具体形象，因此具有具体形象性。

35. C　【解析】本题考查儿童身体发育的规律。人体各系统的生长发育是不均衡的。神经系统发育最早，在出生后 2 年内发育较快。淋巴系统中的淋巴结、胸腺等在出生后 10 年内生长迅速，12 岁时达到成人的 200%，此后逐渐降至成人水平。生殖系统在学前阶段发育缓慢，在童年时期几乎没有什么发展，在青春期发育迅速。

36. B　【解析】本题考查维果斯基的"最近发展区"理论。题干中芳芳在数积木的时候能够按物点数，并能在点数完成之后说出总数，说明 C 项属于芳芳的已有水平，故首先排除 C 项。A 项，

"认识和命名更多的几何图形"属于幼儿感知形状和空间关系的发展，与本题无关，故排除。D项，"通过实物操作进行10以内的加减法"是在幼儿按群计数能力的基础上才能得到发展的，对芳芳来说难度较大，故排除。B项，"接着数"强调的是幼儿的按群计数能力，恰好是芳芳现有水平的更高一级，因此B项最贴近芳芳的最近发展区，故本题选B。

易错提示：维果斯基的"最近发展区"理论是考试的常考点，考查方式多为给出一个幼儿活动的案例，询问选项中哪一项最贴近幼儿的最近发展区。考生在遇到此类试题时，可先分析幼儿当前已有的水平，再根据幼儿的心理发展特点和年龄特点分析幼儿能在成人帮助下达到的水平，从而选出正确选项。需要注意的是，选项中有些表述是幼儿即使在成人的帮助下也很难达到的水平，迷惑性较大，在做题时需要辨别。

37. C　**【解析】**本题考查笑的类型。研究发现，从第5周开始，婴儿对社会性物体和非社会性物体的反应不同。人的出现，包括人脸、人声，最容易引起婴儿的笑，即婴儿开始出现"社会性微笑"。题干中人脸引发婴儿的微笑，即属于社会性微笑。

38. B　**【解析】**本题考查学前儿童实物概念的发展。5～6、7岁的幼儿开始初步掌握物体较为本质的特征，如功用的特征或者若干特征的总和。但是，这一时期他们还不能按照物体的本质特征进行概括，形成实物概念。因此，"理解功能性特征"与大班幼儿的实物概念发展水平最接近。

易混辨析：考生易混淆学前儿童掌握实物概念的发展过程，可根据以下特点进行区分。

(1)幼儿初期，幼儿所掌握的实物概念主要是他们熟悉的事物。给物体下定义多属直指型。例如，问幼儿："什么是狗？"他就会指着画上的或玩具说："这是狗！"

(2)幼儿中期，幼儿已能掌握事物某些比较突出的特征，由此获得事物的概念。他们给物体下定义多属列举型。这时幼儿对上面的问题就会回答："狗有四条腿，还长着毛！看见小花猫就汪汪叫。"

(3)幼儿后期，幼儿开始初步掌握某一实物的较为本质特征，如功用的特征，或若干特征的总和。他们给物体下定义多为功用型，但仍有对事物的描述。他们对上面的问题会回答"狗是看门的""狗还可以帮人打猎""狗也是动物""狼狗最厉害"等。

39. A　**【解析】**本题考查学前儿童的基本情绪。婴儿期的基本情绪表现有哭、笑、生气和伤心、恐惧等。A项，羞愧感从幼儿中期开始明显发展，不属于婴儿期出现的基本情绪体验，故本题选A。

40. C　**【解析】**本题考查三山实验。著名的瑞士心理学家皮亚杰所设计的三山实验是证明幼儿自我中心思维的一个最典型的例证。

41. C　**【解析】**本题考查埃里克森的人格发展阶段理论。埃里克森的心理社会化发展理论认为，1～3岁儿童的发展危机是自主感对羞耻感，此阶段幼儿的发展任务是获得自主感，克服羞怯和

怀疑,体验着意志的实现。故本题选 C。

A 选项,0 ~1 岁儿童的发展危机是基本的信任感对不信任感,发展任务是:满足生理上的需要,发展信任感,克服不信任感,体验着希望的实现。

B 选项,3 ~6 岁儿童的发展危机是主动感对内疚感,发展任务是:获得主动感,克服内疚感,体验着目的的实现。

D 选项,12 ~18 岁儿童的发展危机是自我同一性对角色混乱,发展任务是:建立同一感和防止同一感混乱,体验着忠诚的实现。

42. B 【解析】本题考查母亲的喂养方式对儿童依恋的影响。美国心理学家爱因斯沃斯等人研究了母亲喂养方式对儿童依恋的影响,发现婴儿产生安全型依恋的母亲多能保持一致的、稳定的敏感、接纳、合作、易接近等特征。故如果母亲具有上述特征,其婴儿容易形成安全型依恋,本题选 B。

易错提示:幼儿依恋的类型是常考点,幼儿形成不同依恋的原因考生也需要理解并区分。

爱因斯沃斯等人对母亲抚养类型与婴儿依恋间的关系进行研究,从敏感—不敏感、接受—拒绝、合作—干扰、易接近—忽略四个方面评定母亲抚养的行为特征,结果发现,婴儿产生安全型依恋的母亲多能保持一致的、稳定的敏感、接纳、合作、易接近等特征;而婴儿产生回避型依恋的母亲则倾向于不敏感、拒绝;婴儿产生反抗型依恋的母亲倾向于干涉或忽略、拒绝。

43. A 【解析】本题考查婴幼儿感觉的发展。在婴儿的所有感觉器官中,眼睛是最活跃、最主动、最重要的感官,而视觉却是新生儿身上最不成熟的感觉。故本题选 A。

44. C 【解析】本题考查幼儿自我控制能力的发展。延迟满足实验,又称棉花糖实验,是研究儿童自我控制能力和行为的经典实验。

45. C 【解析】本题考查幼儿精细动作的发展。幼儿的精细动作能力指的是幼儿凭借手和手指等部位的小肌肉或小肌肉群,在感知觉、注意等多方面心理活动的配合下完成特定任务的能力。双手接球主要是要依靠手、手臂和身体的力量去完成的,属于粗大动作,而非精细动作,故本题选 C。

46. C 【解析】本题考查影响学前儿童发展的因素。题干中同卵双胞胎虽然生活在不同环境中,但他们的智商测试分数很接近,说明环境对他们的智商并没有产生显著影响,反而由于两者的遗传素质相同才产生了相似结果,故说明遗传对智商的影响较大。

47. C 【解析】本题考查幼儿分离焦虑的表现。作答此题时考生要抓住题干的关键词“初入园”。产生分离焦虑是初入园幼儿的典型表现,此时幼儿与父母刚刚分开,心理上难免会产生不安情绪,且常伴有哭闹、喊叫等行为。

48. B 【解析】本题考查前运算阶段儿童思维的特点。亮亮认为盘子会受伤、会难过,是将盘子看成了有生命的物体,体现了他泛灵论的思维特点。

49. A　【解析】本题考查婴儿早期的年龄特征。研究表明,5 ~ 6 个月时,婴儿开始认生。

50. D　【解析】本题考查幼儿思维的特点。思维的表面性强调的是幼儿只从表面理解事物,不理解词的转义。其思维往往只是反映事物的表面联系,而不反映事物的本质联系。题干中青青在理解妈妈说的话时只是简单地体会了词语的表面意思,并没有真正理解妈妈说的话的内涵,说明了青青的思维具有表面性。

51. C　【解析】本题考查幼儿词汇的发展。儿童先掌握的是实词,然后是虚词。在实词中,儿童掌握的顺序是名词—动词—形容词。对其他实词,如副词、代词、数词掌握较晚。

52. C　【解析】本题考查学前儿童推理的发展。类比推理也是一种逻辑推理,它是对事物或数量之间关系的发现和应用。3 ~ 6 岁儿童已经具有一定水平的类比推理。题干中晓雪根据地上车轮压过的泥印儿类比出爸爸额头上与车道沟相似的皱纹,体现了幼儿的类比推理。

A 选项,转导推理是从一些特殊的事例到另一些特殊事例的推理。这种推理还不是逻辑推理,而属于前概念的推理。B 选项,演绎推理是从一般到个别的推理,其简单且典型的形式是三段论。D 选项,归纳推理是一种从个别到一般的推理,通过考察个别事物或现象具有某种属性,进而推导出该类事物或现象普遍具有该属性。

方法技巧:考生在遇到此类试题时,需要重点区分各种推理的含义,可以根据以下关键词进行区分。

转导推理——从一些特殊的事例到另一些特殊事例;

演绎推理——从一般到个别的推理;

归纳推理——从个别到一般的推理;

类比推理——是对事物或数量之间关系的发现和应用。

53. A　【解析】本题考查维果斯基的“最近发展区”理论。“最近发展区”指的是幼儿已有的发展水平和在成人帮助下可能达到的发展水平之间的差距。教师拟定教育目标能够以此为依据,说明教师遵循了维果斯基的“最近发展区”理论。

54. A　【解析】本题考查幼儿言语的形成阶段。1 岁半的幼儿在言语发展上会出现一个明显特征,开始说由双词或三词组合在一起的句子。这种句子的表意功能虽较单词句明确,但其表现形式是断续的、简略的、结构不完整的,好像成人的电报式文件,故也称为“电报句”或“电报式语音”。题干中 1 岁半的儿童用断断续续的语言去表达自己给妈妈吃饼干的想法,体现了这一特点。

55. D　【解析】本题考查幼儿身体发育的评价指标。身高和体重是最基本的指标,也是最重要的指标,不但测定简单,而且能较为准确地评定生长发育状况。

56. C 【解析】本题考查幼儿语言发展的特征。儿童最初学习词时不是一下子掌握所有的特征，其并不知道成人关于这个词的全部含义，而是把词义和某些特征等同起来，这样就出现了词的使用范围的扩张。题干中幼儿把飞机当作“鸟”，实质上是认为只要在天上飞的物体都是鸟，体现了幼儿语言发展的过度扩充，即过度泛化。

57. B 【解析】本题考查幼儿的高级情感。道德感是因自己或别人的言行举止是否符合社会道德标准而引起的情感体验。题干中幼儿看见同伴欺负别人会生气，帮助别人会赞同，说明幼儿已懂得区分好与坏，并产生鲜明的不同感情，反映的是幼儿道德感的发展。

二、简答题（参考答案）

1. 简述幼儿无意想象的主要表现。

(1)想象的目的性不明确；

(2)想象的主题易受外界的干扰而变化，内容零散，无系统；

(3)想象过程受兴趣和情绪的影响；

(4)以想象的过程为满足。

2. 从图中可以看出儿童神经系统发育有什么规律？

(1)神经系统发育迅速。儿童神经系统的成熟率6岁时已达成人的90%。

(2)神经系统的发育速度不均衡。儿童在0~6岁时神经系统发育速度最快，6岁以后趋于平稳发展。

3. 根据右图说明儿童动作发展规律。

(1)从整体到局部规律：儿童最初的动作是全身性的、笼统的、弥漫性的，以后动作逐渐分化、局部化、准确化和专门化。

(2)首尾规律：儿童动作的发展，先从上部动作开始，然后到下部动作。

(3)近远规律：儿童动作的发展先从头部和躯干的动作开始，然后发展双臂和腿部的动作，再然后是手的精细动作。

(4)大小规律：儿童动作的发展，先从粗大动作开始，而后才学会比较精细的动作。

(5)无有规律：婴儿最初的动作是无意的，以后越来越多地受到心理有意的支配。

4. 教师应当如何对待不同气质的幼儿？请举例说明。

(1)要了解学前儿童的气质特征；(2)不要轻易对学前儿童的气质类型下结论；(3)要善于理解不同气质类型儿童的不足之处；(4)针对学前儿童气质的特点，采取适宜的教育措施。

对于胆汁质的孩子，要培养勇于进取、豪放的品质，防止任性、粗暴；对于多血质的孩子，要培养热情开朗的性格及稳定的兴趣，防止虎头蛇尾；对于黏液质的孩子，要培养积极探索精神及踏实、认真的优点，防止墨守成规、谨小慎微；对于抑郁质的孩子，要培养机智、敏锐和自信心，防止疑虑、孤独。

5. 简述幼儿工具性攻击和敌意性攻击的异同。

(1)相同点:

工具性攻击与敌意性攻击都属于幼儿的攻击性行为,最大的特点是目的性,都是为了其他目的而对他人造成伤害。

(2)不同点:

①工具性攻击行为指幼儿为了获得某个物品所做出的抢夺、推搡等动作,这类攻击本身指向于一个主要的目标或某一物品的获取;敌意性攻击则是以人为指向目标,其目的在于打击、伤害他人,如嘲笑、讽刺、殴打等。

②小班幼儿的工具性攻击行为多于敌意性攻击行为;而大班幼儿的敌意性攻击行为则显著多于工具性攻击行为。

6. 简述幼儿口语表达能力的发展趋势。

(1)对话言语的发展和独白言语的出现。从交际的方式而言,口语可分为对话式和独白式两种。对话是两个人之间互相交谈;独白则是一个人独自向听者讲述。随着幼儿活动的增多和丰富,幼儿不仅能在对话中与他人自由交谈,也逐渐学会独立地向别人表达自己的想法,独白言语随之出现。

(2)情境性言语的发展和连贯性言语的产生。3~4岁的幼儿,甚至5岁的幼儿言语仍带有情境性。随着年龄的增长,幼儿连贯性言语逐渐得到发展。6~7岁幼儿开始能把整个思想内容前后一贯地表述,能用完整的句子说明上下文的逻辑关系。

(3)讲述逻辑性的发展。主要表现为讲述的主题逐渐明确、突出,层次逐渐清晰。

(4)掌握言语表情技巧。儿童不仅可以学会完整、连贯、清晰且有逻辑地表述,而且能够根据需要恰当地运用声音的高低、强弱、大小、快慢和停顿等语气和声调的变化,使之更生动,更有感染力。

7. 教师可以从哪些方面观察幼儿的注意力是否集中。

幼儿在集中注意于某个对象时,常常伴随有特定的生理变化和外部表现。最显著的外部表现有下列几种:

(1)适应性运动。幼儿在注意听一个声音时,把耳朵转向声音的方向,即所谓“侧耳倾听”。幼儿在注意看一个物体时,把视线集中在该物体上,即所谓“目不转睛”。当幼儿沉浸于思考或想象时,眼睛朝着某一方向“呆视”,周围的一切变得模糊起来,而不致分散注意。

(2)无关运动的停止。当注意力集中时,幼儿会自动停止与注意无关的动作。例如,幼儿在注意听故事时,他们会停止做小动作或交头接耳,表现得异常安静。

(3)呼吸运动的变化。幼儿在注意时,呼吸变得轻微而缓慢,而且呼吸时间也改变。一般来说,呼吸变得更短促,呼的更长。在注意紧张时,还会出现心跳加速、牙关紧闭、握紧拳头等,甚至出

现呼吸暂停现象,这就是所谓“屏息”。

教师可以通过观察幼儿的外部表现来了解孩子们是否集中注意,但要真正了解幼儿的注意情况,还需要全面了解幼儿的一贯表现。

8. 简述移情对儿童亲社会行为发展的影响。

移情是指从他人的角度来考虑问题。不论是社会生活环境的影响,还是幼儿具体生活环境的影响,最终都要通过幼儿的移情起作用。对幼儿来说,由于其认识的局限,特别容易自我中心地考虑问题,因此,帮助幼儿从他人角度考虑问题,是发展幼儿亲社会行为的主要途径。移情一方面可以使幼儿摆脱自我中心,产生利他思想,从而形成亲社会行为;另一方面,移情可以引起儿童的情感共鸣,使儿童产生同情心和羞愧感。所以,移情是导致幼儿产生亲社会行为的最根本、最内在的因素。

9. 父母陪伴对幼儿健康成长有何意义?

父母是幼儿的第一任老师,父母陪伴直接影响幼儿个性品质的形成,是幼儿人格发展中最主要的影响因素。具体体现在以下几个方面:

(1)父母陪伴有利于幼儿认知的发展。

(2)父母陪伴有利于幼儿良好行为习惯的养成。

(3)父母陪伴有利于发挥幼儿游戏的引导性。

(4)父母陪伴有利于建立良好的亲子关系。

三、论述题(参考答案)

为什么要让幼儿通过直接感知、实际操作和亲身体验的方式进行学习?请结合实例分别说明。

(1)幼儿的注意以无意注意为主,有意注意初步发展。抽象的讲解不仅不会吸引幼儿注意,反而会引起幼儿的疲劳,直接感知、实际操作和亲身体验的学习方式能够引起幼儿的无意注意,使幼儿将注意力长时间集中在所要学习、探究的事物上。如带幼儿在花园中观察树叶的形态,幼儿无意中注意到了树上的鸟窝。

(2)幼儿的无意记忆占优势,有意记忆逐渐发展。幼儿所获得的知识经验大多数是在日常生活和游戏等活动中无意识地、自然而然地记住的,直接感知、实际操作和亲身体验的学习方式可以让幼儿通过感知和操作无意识地识记相关的学习内容,这种识记效果远远好于机械识记的效果。如手工活动中,幼儿无意间记住了如何用剪刀。

(3)幼儿的形象记忆占优势,语词记忆逐渐发展。形象记忆是根据具体的形象来识记各种材料。在儿童语言发生之前,其记忆内容只有事物的形象,即只有形象记忆。儿童语言发生后,直到整个幼儿期,形象记忆仍然占主要地位。幼儿最容易记住的是那些具体的、直观形象的材料,最难记住的是那些概括性比较高、比较抽象的语词材料。直接感知、实际操作和亲身体验的学习方式可以让幼儿通过记忆事物、现象的相关形象获得自身发展。如用实物模型引导幼儿记住公交车、火车等交通工具的形象。

(4)幼儿的思维以具体形象思维为主,即幼儿主要依靠事物在头脑中的具体形象进行思维。直接感知、实际操作和亲身体验的学习方式能够让幼儿积累起丰富的表象,为幼儿思维的发展奠定基础。如幼儿在搭积木的过程中学会了上下、高低等方位词。

(5)幼儿的言语发展水平有限,尚不能理解抽象、复杂的言语讲解。直接感知、实际操作和亲身体验的学习方式能够让幼儿通过具体感知和操作理解事物之间的关系,从而获得相关经验。如让幼儿动手给植物浇水,体会"浇水"的意思。

总之,教师要为幼儿创设丰富的教育环境,合理安排一日生活,最大限度地支持和满足幼儿通过直接感知、实际操作和亲身体验获取经验的需要,严禁"拔苗助长"式的超前教育和强化训练。

四、材料分析题(参考答案)

1. (1)同伴关系给予幼儿安全感和归属感。同伴关系对于儿童的情感发展具有支持作用,在交往的过程中儿童得到同伴的接受,满足情感的需要,从而产生安全感和归属感。材料中蒙蒙奶奶的拒绝会让蒙蒙难以满足这种情感需要。幼儿的社会关系不应该只有成人,更多的是同伴关系。

(2)同伴关系有利于儿童学习社交技能和策略,促进其社会性行为向积极、友好的方向发展。在同伴交往中,儿童会遇到各种各样不同的场合和情景,这就要求儿童能根据不同场合做出不同反应,发展多种社交技能和策略,从而适应这种变化。材料中蒙蒙奶奶因为担心蒙蒙被欺负而不让蒙蒙进行同伴交往,但实际上幼儿能在同伴交往过程中提高社交技能。

(3)同伴交往有利于促进儿童认知能力的发展。儿童之间具有个体差异,每个人的生活环境、经验、认知都是不同的,在面对同一事物时每个人的反应也不一样。他们会通过互相观察来进行学习,通过交流来分享经验,从而使认知能力得到提升。材料中蒙蒙奶奶的做法会让蒙蒙难以接触到其他同伴,无法在同伴关系中提升认知能力。

(4)同伴交往有助于儿童自我意识和人格的发展。儿童交往就像照镜子,为儿童自我评价提供参照,让儿童更好地认识自己,同时也能在好的交往环境下促进人格的健康发展,良好的同伴关系甚至可以抵消不良环境对其造成的影响。材料中蒙蒙奶奶的做法让蒙蒙难以真正地认识自己,不能形成良好的自我意识和人格。

(5)同伴交往可以帮助儿童去自我中心。儿童具有自我中心性的特点,容易站在自己的角度思考问题。在与同伴这种平等互惠的关系中,儿童会认识到别人的想法,改变自己不合理的想法,学会与人相处,所以同伴关系能帮助儿童去自我中心。材料中的蒙蒙缺乏与同伴交往的机会,难以主动去站在别人的角度看问题,做到去自我中心。

综上所述,材料中蒙蒙奶奶制止蒙蒙的交往行为是不恰当的,这会使得同伴关系的作用难以体现,甚至会导致蒙蒙不自信、孤僻、不愿交往,成为问题幼儿。

2. (1)幼儿5岁开始能以自身为中心辨别左右方位;6岁幼儿虽然能完全正确地辨别上下前后四个方位,但以左右方位的相对性来辨别左右仍然感到困难;7岁幼儿开始能够辨别以他人为基准的

左右方位，以及两个物体之间的左右方位。幼儿方位知觉的发展早于方位词的掌握。材料中的幼儿动作出现混乱的原因有：①教师在指导过程中使用了方位词，幼儿不能很好地理解；②教师在指导过程中是以“正面示范”的方式，即以教师自身的左右为标准进行示范引导，与老教师的动作有出入，有的幼儿对教师进行模仿练习，有的幼儿是依靠自己的记忆动作进行练习，因此会出现有的胳膊向左转，有的向右伸的情况。

(2)建议：①由于大班幼儿不能辨别以他人为基准的左右方位，因此在体育活动或舞蹈活动中，教师应该面对幼儿做镜面示范，即以幼儿的角度来做示范动作。

②教师可以在日常生活与教学中运用语言结合实物的方式进行动作讲解。当幼儿还不能很好地掌握左右方位的相对性和方位词语的时候，幼儿园教师可以把左右方位词语与实物结合起来，如“伸出拿勺子的右胳膊”。

③教师可以在日常生活中创设帮助幼儿发展方位知觉的教育环境。教师可以利用文字、图片等材料或玩具组织相应的区分左右的教育活动，如引导幼儿“添左右脚”的绘画活动、“根据口令做动作”的游戏活动等，在幼儿做出正确的左右动作时给予表扬、鼓励，丰富幼儿的方位知觉经验，引导幼儿利用方位知觉解决问题。

3. (1)材料中小牛和小雷都是在学习，小牛是通过“直接感知、实际操作和亲身体验”学习，小雷是通过“观察”学习。

(2)《3～6岁儿童学习与发展指南》指出：幼儿的学习是以直接经验为基础，在游戏中通过直接感知、实际操作和亲身体验获取经验的需要，严禁“拔苗助长”式的超前教育和强化训练。材料中，教师制作了“玩具灶”以及投放不同的材料，让幼儿猜测并验证哪些物品能飞起来，小牛正是在教师精心布置的环境中通过“直接感知、实际操作和亲身体验”方式学习的。在这个过程中，幼儿不仅能获得丰富的感性经验，充分发展形象思维，还能逐步发展逻辑思维能力，为其他领域的深入学习奠定基础。

班杜拉的社会学习理论提出了观察学习的概念，观察学习是指人通过观察他人(榜样)的行为及其结果而习得新行为的过程。在观察学习中，观察的对象称为榜样或示范者。观察学习可分为三类，①直接的观察学习：它是对示范行为的简单模仿，幼儿的主要学习方式为直接的观察模仿学习。②抽象性观察学习：它是指观察者从对他人行为的观察中获得一定的行为规则或原理，从而能根据这些规则或原理表现出某种类似的行为。③创造性观察学习：它是指观察者通过对各个不同榜样的行为特点进行新的组合，从而形成一种全新的行为方式。材料中，小雷旁观小牛的实验过程和结果，收获了一些知识，这是“观察学习”的表现。

4. (1)学前儿童数概念的形成经历口头数数→给物说数→按数取物→掌握数概念四个阶段。《3～6岁儿童学习与发展指南》中幼儿数学认知发展的目标中提出，3～4岁的幼儿能通过一一对应的方法比较两组物体的多少；能手口一致地点数5个以内的物体，并能说出总数；能按数取物。材料中的雪儿处于能够按物体的外部特征进行分类的阶段，她根据标签往不同车厢装与标签品种一样的“水果”时，只注意到了车厢上的“水果”品种，而没有注意到“水果”的数量体现了这一点；材料中莉莉的数学能力达到了手口一致地点数和按数取物的水平，她通过点数标签上的“水果”，念着数字最终拿出对应数量的水果体现了这一点；材料中的明明处于按数取物和目测数数的阶段，目测数数是指用眼代替手指，在心中默数，并说出总数。明明看着标签就取出相应品种和数量的“水果”体现了这一点。

(2)①尊重幼儿发展的个体差异。每个幼儿在沿着相似进程发展的过程中，各自的发展速度和到达某一水平的时间不完全相同。要充分理解和尊重幼儿发展进程中的个别差异，支持和引导他们从原有水平向更高水平发展，按照自身的速度和方式到达《3～6岁儿童学习与发展指南》所呈现的发展“阶梯”，切忌用一把“尺子”衡量所有幼儿。②理解幼儿的学习方式和特点。幼儿的学习是以直接经验为基础，在游戏和日常生活中进行的。教师要珍视游戏和生活的独特价值，创设丰富的教育环境，合理安排一日生活，最大限度地支持和满足幼儿通过直接感知、实际操作和亲身体验获取经验的需要。

5.(1)通过对材料的分析，我们可以看出小班幼儿上下楼梯的动作发展具有以下特点：

①幼儿上下楼梯的动作发展具有顺序性和规律性。幼儿动作的发展，先从粗大动作开始，而后才学会比较精细的动作。除此之外，幼儿在学习上下楼梯时，往往是先掌握上楼梯的动作，后掌握下楼梯的动作。材料中两名幼儿上楼时并没有借助扶手，而是双脚交替上楼梯，表明他们的大肌肉动作已经得到了一定程度的锻炼。同时，由于小班幼儿年龄较小，身体发育尚不完善，动作不够协调，所以部分幼儿还很难做到双脚交替灵活地下楼梯，两者都说明幼儿动作发展具有一定的规律和顺序。

②幼儿上下楼梯的动作发展具有个别差异性。《3～6岁儿童学习与发展指南》指出，3～4岁幼儿应能做到双脚灵活交替上下楼梯。但是，每个儿童在沿着相似进程发展的过程中，各自的发展速度和到达某一水平的时间不完全相同。材料中两名幼儿下楼梯时的不同表现正体现了他们之间的个体差异性。

(2)两名幼儿表现的差异主要体现在下楼梯时，小明能够扶着扶手双脚交替下楼梯，而甘甘则没有借助扶手，每级台阶都是一只脚先下，另一只脚慢慢跟上。这表明，小明已能够借助外物去保持自己身体的平衡并且动作较协调、灵活，而甘甘的动作协调、灵活程度还有待提高。两名幼儿动作表现差异的可能原因如下：

①遗传因素的差异是造成学前儿童个体差异的原因之一，同时，遗传素质的成熟制约着身心发展的水平及阶段。小明和甘甘在下楼梯时表现出的动作差异会因二者的遗传素质和生理成熟水平不同而有所不同。

②教育在学前儿童的身心发展中起着主导作用，幼儿教育的实施直接影响学前儿童身心素质的发展。材料中小明和甘甘在下楼梯时采用的不同方法极有可能是受到了家长教育意识和方式

的影响。

③幼儿的主观能动性是幼儿进行学习的心理基础,外部环境和教育的影响均要通过幼儿的主动选择和吸收才能转化为幼儿的身心素质。除此之外,幼儿的主观能动性对幼儿的身心发展也能起到一定的指导作用和调控作用。材料中小明敢于双脚交替下楼梯,一定程度上也是发挥自己主观能动性的结果。

专题一　婴幼儿发展概述

一、单项选择题

答案速查

1~5	DDDDA	6~10	CBADC	11~15	BCACD	16~20	BDBDB
21~24	CABD						

1. D 【解析】危机期是指在发展的某些年龄时期,儿童心理常常发生紊乱,表现出各种否定和抗拒行为的现象,如经常与人发生冲突,违抗成人要求等。题干的描述说明阳阳正处于危机期。

2. D 【解析】2岁左右,幼儿出现自我意识的萌芽,其突出的表现在于独立行动的愿望很强烈。独立性的出现是幼儿开始产生自我意识的明显表现,同时也是人生头2~3年心理发展成就的集中体现。

3. D 【解析】婴儿晚期(6~12个月)身心发展的年龄特征包括:(1)身体动作迅速发展。坐、爬、站、走等动作都是在这个阶段形成的。(2)手的动作开始形成。五指分工动作发展起来,开始出现重复连锁动作。(3)言语开始萌芽(9~12个月)。这个阶段婴儿发出的音节较清楚,能重复、连续。(4)依恋关系发展,如出现分离焦虑。D选项,5~6个月时,婴儿开始认生。故本题选D。

4. D 【解析】学前儿童的心理活动最初是零散杂乱的,心理活动之间缺乏有机的联系。随着学前儿童年龄的增长,他们的心理活动逐渐组织化,有了系统性,形成了整体,并且有了稳定的倾向,出现每个人特有的个性。题干的描述说明幼儿心理发展的趋势是从零乱到成体系的。

5. A 【解析】1岁前,口腔探索是儿童最重要的学习方式,3岁之前,儿童仍以口腔探索作为手的探索的重要补充。

6. C 【解析】幼儿中期(4~5岁)身心发展的年龄特征包括:(1)更加活泼好动、爱玩、会玩;(2)思维具体形象;(3)开始接受任务;(4)开始自己组织游戏。A选项是先学前期(1~3岁)的特点,B选项是幼儿初期(3~4岁)的特点,D选项是幼儿晚期(5~6岁)的特点。

7. B 【解析】从6~8个月开始,婴儿喜欢做重复的动作,出现重复连锁的动作。如婴儿把玩具扔到地上,然后要成人捡起来交给他,他又扔下,重复很多次。他喜欢的是扔玩具这个动作。

8. A 【解析】儿童最初的心理活动,只是非常简单的反射活动,以后越来越复杂化。这种简单到复杂的发展趋势又表现在两个方面:(1)从不齐全到齐全。学前儿童的各种心理过程在出生的时候并非已经齐全,而是在发展过程中逐步形成的。(2)从笼统到分化。学前儿童最初的心理活动是笼统、弥漫而不分化的。无论是认识活动还是情绪,其发展趋势都是从混沌或笼统到分化和明确。也可以说,学前儿童的心理活动最初是简单和单一的,后来逐渐复杂和多样化。题干中幼小的婴儿只能分辨颜色的鲜明和灰暗,3 岁左右才能辨别各种基本颜色,体现了这一点。

9. D　**【解析】**幼儿初期(3 ~4 岁)身心发展的年龄特征包括:最初步的生活自理,生活目标扩大;行为具有强烈的情绪性;爱模仿;思维仍带有直觉行动性。4 岁以后的幼儿的有意性行为开始发展,他们能接受成人的指令,完成一些力所能及的任务。

10. C　**【解析】**新生儿具有视听协调能力,对声音的方向能做出定向反应,会将眼睛转向发声的一侧,甚至会把头转向声源。C 项婴儿听到母亲叫“宝宝”,就会去找妈妈体现了婴儿的视听协调。

11. B　**【解析】**遗传素质为幼儿一定年龄阶段的身心特点的出现提供了可能和限制。有些早期运动机能是直接建立在成熟的生理基础上的,只要机体某一部分达到成熟,某种机能就会出现,如抓握动作。有些机能是靠学习获得的,但也受成熟水平的限制。题干所述表明遗传素质的成熟过程制约着个体发展过程及阶段。

12. C　**【解析】**儿童学简单口语,2 ~4 岁是最佳期;年龄越大,效率越低,而且在掌握口语发音上,敏感性越来越差。

13. A　**【解析】**2 岁左右,幼儿出现自我意识的萌芽,其突出的表现在于独立行动的愿望很强烈。独立性的出现是幼儿开始产生自我意识的明显表现,同时也是人生头 2 ~3 年心理发展成就的集中体现。

14. C　**【解析】**幼儿心理活动最初是被动的,心理活动的主动性后来才发展起来,并逐渐提高,直到具备成人所具有的极大的主观能动性。学前儿童心理发展的这种趋势主要表现在:(1)从无意向有意发展;(2)从主要受生理制约发展到自己主动调节。学前儿童心理活动是从无意向有意发展的,随着年龄的增长,学前儿童逐渐开始出现自己能意识到的、有明确目的的心理活动,然后发展到不仅意识到活动目的,还能够意识到自己心理活动进行的情况和过程。题干中小班幼儿对老师的要求不能很好地完成,而大班幼儿不仅能完成老师的要求,还能完整地表达出来,体现出了幼儿的主观能动性。

15. D　**【解析】**遗传素质只是为儿童身心发展提供了生理基础和物质前提,为儿童的身心发展提供了可能性,而没有最终决定儿童身心发展的水平和速度。儿童身心发展的可能性转化为现实,还需后天环境和教育的影响。题干中晶晶与合合遗传基因相同,性格却不相同,这表明他们受到了环境和教育的影响,而遗传只提供了物质前提。

16. B　**【解析】**幼儿晚期(5 ~6 岁)身心发展的年龄特征包括:(1)好学、好问;(2)抽象概括能力开

始发展;(3)个性初具雏形;(4)开始掌握认知方法。A 项和 D 项属于幼儿初期(3～4 岁)的特点,C 项属于幼儿中期(4～5 岁)的特点。

17. D 【解析】巴布金反射是指如果新生儿的一只手或双手的手掌被压住,他会转头张嘴。当手掌上的压力减去时,他会打呵欠。巴宾斯基反射指物体轻轻地触及新生儿的脚掌时,他本能地竖起大脚趾,伸开小趾,这样 5 个脚趾形成扇形。游泳反射指让婴儿俯伏在小床上,托住他的肚子,他会抬头,伸腿,做出游泳的姿势。如果让婴儿俯伏在水里,他会本能地抬起头,同时做出协调的游泳动作。莫罗反射,又称惊跳反射,指突然发生的高噪声刺激,或者被人猛地从高处放下,都会使新生儿立即伸直双臂,张开手指,弓起背,头向后仰,双腿挺直。

18. B 【解析】“童言无忌”的意思是儿童天真无邪,讲话诚实,即使说了不吉利的话,也不用忌讳。这是符合儿童年龄特征的表现。

19. D 【解析】婴幼儿心理发展的基本趋势之一是从简单到复杂,而这种发展趋势又表现在两个方面:(1)从不齐全到齐全。具体指的是学前儿童的各种心理过程在出生的时候并非已经齐全,而是在发展过程中逐步形成的。(2)从笼统到分化。无论是认识活动还是情绪,其发展趋势都是从混沌或笼统到分化和明确。从题干可以得出,该题描述的学前儿童心理发展的趋势是从不齐全到齐全。

20. B 【解析】中班幼儿已能计划游戏的内容和情节,会自己安排角色,在游戏中会出主意,怎么玩、有什么规则、不遵守规则应怎么处理,基本都能商量解决。但游戏过程中产生的矛盾还需要教师帮助解决。

21. C 【解析】敏感期是指个体比其他时候更容易获得新行为模式的发展阶段,换句话说,敏感期就是儿童学习某种知识和行为比较容易,儿童心理某个方面发展最为迅速的时期,又叫最佳期。错过了敏感期或最佳期,不是不可以学习或形成某种知识或能力,但是比起敏感期和最佳期来说,就较为困难,发展比较缓慢。

22. A 【解析】小班幼儿的独立性差,爱模仿别人。例如,看见别人玩什么,自己也玩什么;看见别人有什么,自己就想要什么。题干中,明明看见丽丽玩小火车,他也玩小火车,看见涛涛在堆积木,他也想去堆积木,这些体现了明明独立性差,爱模仿别人的特点。

23. B 【解析】“染于苍则苍,染于黄则黄”这句话的意思是白布在青染料里染一染就变成了青色,在黄染料里染一染就变成了黄色,形容环境对个体发展有着巨大的影响。

24. D 【解析】小班幼儿的身心发展的年龄特征包括:(1)逐步学会最初步的生活自理,生活目标扩大;(2)行为具有强烈的情绪性;(3)爱模仿;(4)思维仍带有直觉行动性等特点。A 项更加活泼好动、爱玩、会玩是 4～5 岁幼儿的心理特点。B 项好学好问、C 项个性初具雏形是 5～6 岁幼儿的心理特点。

二、简答题(参考答案)

1. 简述影响学前儿童发展的因素。

(1)遗传素质。①遗传素质决定儿童身心发展的可能性;②遗传素质决定儿童身心发展的基本过程;③遗传素质也决定儿童的个别差异。

(2)环境。①物质环境是学前儿童生存的物质基础;②精神环境是学前儿童心理发展的精神食粮。

(3)学前教育。(4)儿童的主观能动性。

2. 简述学前儿童心理发展的基本趋势。

(1)从简单到复杂;(2)从具体到抽象;(3)从被动到主动;(4)从零乱到成体系。

3. 简述幼儿初期(3~4岁)身心发展的年龄特征。

(1)最初步的生活自理,生活目标扩大;(2)行为具有强烈的情绪性;(3)爱模仿;(4)思维仍带有直觉行动性。

4. 简述关键期的含义。

个体发展过程中环境影响能起最大作用的时期即关键期。关键期是指由生物学因素决定的、个体做好最充分准备来获得新的行为模式的发展时期,换句话说,它是儿童在某个时期最容易学习某种知识技能或形成某种心理特征,但过了这个时期,发展的障碍就难以弥补。

专题二　儿童发展理论流派

一、单项选择题

答案速查

1~5	AACAD	6~10	BCCCA	11~15	BBBAD	16~20	BDCBB
21~25	DABBA	26~30	CACCC	31~35	ACBBA	36~40	CDCDB
41~46	BBDADD						

1. A 【解析】班杜拉的社会学习理论提出,观察学习可分为三类:(1)直接的观察学习;(2)抽象性观察学习;(3)创造性观察学习。其中,直接的观察学习是对示范行为的简单模仿,幼儿的主要学习方式为直接的观察模仿学习。故本题答案选A项。

2. A 【解析】皮亚杰把儿童品德的发展划分为四个阶段:(1)自我中心阶段(前道德阶段)(2~5岁);(2)权威阶段(他律道德阶段)(6~8岁);(3)可逆性阶段(自律道德阶段)(9~10岁);(4)公正阶段(10~12岁)。其中自律阶段的儿童既不单纯服从权威,也不机械地遵守规则,要求平等,并根据行为的动机来判断对错。

3. C 【解析】与前运算阶段相比,具体运算阶段的儿童能够运用逻辑思维解决具体问题,但必须依赖于实物和直观形象的支持才能进行逻辑推理和运用逻辑思维解决问题,不能够进行纯符号运算。

4. A　【解析】前运算阶段儿童的思维特征主要表现为:(1)早期的信号功能;(2)自我中心性,指儿童往往只能考虑自己的观点,无法接受别人的观点,也不能将自己的观点与别人的观点协调;(3)思维的不可逆性;(4)不能够推断事实;(5)泛灵论,即将人类的特征赋予无生命的物体,认为任何物体都是有生命的;(6)不合逻辑的推理;(7)不能理顺整体和部分的关系;(8)认知活动具有具体性,还不能进行抽象的思维运算;(9)没有获得守恒概念。故本题选 A 项。

5. D　【解析】斯金纳是美国心理学家,新行为主义心理学的创始人之一,操作性条件反射理论的奠基者。

6. B　【解析】自我中心性是前运算阶段的特征,是指儿童还不能设想他人所处的情境,常以自己的经验为中心,从自己的角度出发来观察和理解世界。题干中小明认为爸爸和自己的想法一样,以自己的处境和角度来考虑爸爸的感受,这说明小明的思维具有自我中心性。

7. C　【解析】正强化也称积极强化,是通过呈现想要的愉快刺激来增强反应频率;负强化也称消极强化,是通过消除或终止厌恶、不愉快刺激来增强反应频率。题干中对幼儿能在阅读活动中保持安静的行为予以表扬属于呈现愉快刺激,最终使得幼儿在以后的阅读活动中保持安静的行为增加了,这属于正强化。故答案选 C 项。自我强化是指对自己表现出的符合或超出标准的行为进行自我奖励。替代强化是指观察者因看到榜样的行为被强化而受到强化。两者均不符合题意。

8. C　【解析】维果斯基强调了“学习的最佳期限”。他认为:如果脱离了学习某一技能的最佳年龄,从发展的观点来看是不利的,它会造成儿童智力发展的障碍。因此,开始某一种教学,必须以成熟与发育为前提,但更重要的是教学必须首先建立在正在开始形成的心理机能的基础上,走在心理机能形成的前面。

9. C　【解析】班杜拉把强化分为直接强化、替代强化和自我强化。其中直接强化是指观察者因表现出观察行为而受到强化。替代强化是指观察者因看到榜样的行为被强化而受到强化。自我强化是指对自己表现出的符合或超出标准的行为进行自我奖励。题干中童童的自我奖励是自我强化的行为。

10. A　【解析】自我中心性是指儿童还不能设想他人所处的情境,常以自己的经验为中心,从自己的角度出发来观察和理解世界。题干中月月认为自己把脸遮住看不到爸爸,爸爸就找不到她了,这表明月月的思维处于自我中心阶段。

11. B　【解析】根据埃里克森人格发展阶段理论,儿童面临的第一个基本冲突是信任对不信任。这种信任或不信任的态度在以后的发展阶段中,将由对父母而扩展到对其他人。

12. B　【解析】最近发展区是指儿童在成人的帮助和指导下所能达到解决问题的水平与在独立活动中所达到的解决问题的水平之间的差距。题干中李老师了解到平平已经掌握了“水从高处往低处流”,便提供材料,帮助平平探究“水管高度与水流速度的关系”,李老师的行为符合最近发展区理论。

13. B 【解析】替代强化是观察者本身没有受到强化，在观察学习的过程中，看到他人的行为受到强化。直接强化是指观察者因表现出观察行为而受到强化。自我强化是指观察者根据自己设立的标准来评价自己的行为，从而对自身行为发挥自我调整的作用。题干中幼儿因观察到电视上的暴力镜头增加的攻击性行为是替代强化的表现。

14. A 【解析】华生发展心理学理论突出的观点是环境决定论，否定遗传的作用。在教育问题上，华生的发展心理学理论夸大了环境和教育的作用；主张教育万能论，认为后天教育能够完全决定人的发展。

15. D 【解析】前运算阶段的儿童具有以下特点：(1)早期的信号功能；(2)自我中心性(中心化)；(3)思维的不可逆性；(4)不能够推断事实；(5)泛灵论；(6)不合逻辑的推理；(7)不能理顺整体和部分的关系；(8)认知活动具有具体性，还不能进行抽象的思维运算；(9)没有获得守恒概念。A 选项表明儿童的思维具有自我中心性的特点。B 选项表明儿童的思维具有泛灵论的特点。C 选项表明儿童的思维不具备守恒的概念。D 选项表明儿童的思维已具备守恒的概念，皮亚杰的认知发展阶段理论认为，守恒是处于具体运算阶段的儿童的特征。故本题选择 D 选项。

16. B 【解析】自我中心性是指儿童还不能设想他人所处的情境，常以自己的经验为中心，从自己的角度出发来观察和理解世界。题干中幼儿认为月亮是跟着他走的，是从自己的经验出发来观察和理解世界。

17. D 【解析】维果斯基认为，儿童在成人的帮助和指导下所能达到的解决问题的水平与在独立活动中所达到的解决问题的水平之间的差距就是“最近发展区”。题干中豆豆的原有水平是“用小勺子盛面糊做饼干”，但在老师的帮助下，达到了“用大勺子做更多花样的糕点”的水平，这是“最近发展区”的体现。

18. C 【解析】观察学习是指人通过观察他人(榜样)的行为及其结果而习得新行为的过程。在观察学习中，观察的对象称为榜样或示范者。题干中小涵把最好的给爷爷奶奶的行为，是以父母为榜样的观察和模仿习得的。

19. B 【解析】皮亚杰认为，人的知识来源于动作，动作是感知的源泉和思维的基础。儿童的认知是在已有图式的基础上，通过同化、顺应和平衡，不断从低级向高级发展。图式是指人在认识周围世界的过程中，形成自己独特的认知结构。同化是指把客体纳入主体已有的图式的过程。顺应是主体改变其已有图式或形成新的图式以适应外界的变化。平衡是指个体通过自我调节机制，使认知发展从一个平衡阶段向另一个平衡阶段过渡的过程，平衡是同化和顺应之间的“均衡”。题干中幼儿改变了已有的认知结构，属于顺应。

易混辨析：考生易混淆同化和顺应的概念，在做这类题目时，可根据关键词进行区分。同化：补充、完善认知结构(量变)。顺应：改变认知结构(质变)。

20. B 【解析】1 ~3 岁的幼儿开始表现出自我控制的需要与倾向、渴望自主的状态，喜欢自己动手，也能凭借自己的力量做越来越多的事情。所以该阶段面临的危机主要是自主感对羞耻感，其发展任务是获得自主感，克服羞怯和怀疑，体验着意志的实现。故本题选 B 项。

21. D 【解析】皮亚杰认为，婴儿在出生后的头几个月里不存在客体永久性观念，具体表现在当一个原先存在于婴儿视野中的物体从他们的视野中消失后，婴儿就不会再去寻找或抓握，表明他们以为物体已经没有了。7 个月以后的婴儿才会继续寻找从他们视线中消失的物体，表明他们已经知道物体虽然从视线中消失，但一定在什么地方，即他们已经获得了客体永久性。

22. A 【解析】最近发展区是指儿童无法依靠自己来完成，但可在成人和更有技能的儿童帮助下来完成的任务范围，也就是儿童能够独立表现出来的心理发展水平和儿童在成人指导下能够表现出来的心理发展水平之间的差距。其上限是儿童无法依靠自己来完成的任务。

23. B 【解析】正强化是指通过呈现想要的愉快刺激来增强反应频率。负强化是指通过消除或终止厌恶、不愉快刺激来增强反应频率。消退是指条件刺激形成以后，如果得不到强化，条件反应会逐渐减弱，直至消失的现象。惩罚是指能够减弱行为或者降低反应频率的刺激或事件。题干中的老师是通过撤销批评(厌恶刺激)来增加学生遵守纪律的行为，所以运用的是负强化。

易错提示：在做题时，考生需要注意，正强化和负强化都是增强反应频率，二者的区别在于是呈现积极刺激还是撤销消极刺激，而不在于强化的结果。正强化的本质是通过呈现积极刺激来增加反应频率，负强化的本质是通过厌恶刺激的排除来增加反应频率。

24. B 【解析】皮亚杰的认知发展阶段具有三个特点：(1)阶段出现的顺序固定不变，既不能跨越，也不能颠倒。(2)每一阶段都有其独特的认知图式，这些相对稳定的图式决定了个体行为的一般特征。(3)认知图式的发展是一个连续不断建构的过程，每一个阶段都是前一阶段的延伸。

25. A 【解析】皮亚杰认为图式是指人在认识周围世界的过程中，形成自己独特的认知结构。图式是认知结构的起点和核心，是人类认识事物的基础。最初的图式来源于遗传。

26. C 【解析】埃里克森的人格发展阶段理论将人格发展分为八个顺序不变的阶段，认为每一个阶段都有一个由生物学的成熟与社会文化环境、社会期望之间的冲突和矛盾所决定的发展危机，其中，3 ~6岁幼儿面临的冲突是主动感对内疚感。

27. A 【解析】所谓同化，是指个体将外部环境纳入自身已有的认知结构中；顺应则是指个体改变已有的认知结构去适应外部环境；图式是指人在认识周围世界的过程中，形成自己独特的认知结构；平衡是指个体通过自我调节机制，使认知发展从一个平衡阶段向另一个平衡阶段过渡的过程。题干中学会抓握的婴儿，用抓握的方式获得玩具属于同化。

28. C 【解析】替代强化是指观察者通过观察他人行为所带来的后果而受到强化。直接强化是指观察者因表现出观察行为而受到强化。自我强化是指观察者根据自己设立的标准来评价自己的行为,从而对自身行为发挥自我调整的作用。题干中,幼儿是在观察他人行为所带来的结果后产生了同样的行为倾向,即受到了替代强化。

29. C 【解析】格塞尔的双生子爬梯实验证明了生理成熟的作用。故本题选 C。A 项,皮亚杰的三山实验是研究儿童"自我中心性"特点的。B 项,阿姆斯特丹的点红实验是研究儿童自我意识发展的一个实验。D 项,沃克和吉布森的视觉悬崖实验是一项旨在研究婴儿深度知觉的实验。

30. C 【解析】A 项中的做法会强化孩子的不良行为;针对 B 项中学生的做法,教师应采用消退法淡化其不良行为而不是出言制止;D 项中的教师过度使用外部奖励,容易对学生的内部兴趣造成破坏。因此,A、B、D 三项没有合理地运用强化理论。对于消极的课堂行为,适当的惩罚是必要的。但是惩罚时要注意强度应适当,太轻当然无效,过严也会抑制正常的行为,C 项就属于适当的惩罚。因此,C 项中的做法属于合理地运用了强化理论。

31. A 【解析】在维果斯基看来,教学的可能性由学生的最近发展区决定,"教学应该走在发展的前面"。

32. C 【解析】替代强化是指观察者因看到榜样的行为被强化而受到强化。C 项"我"因看到小明拾金不昧被表扬而受到强化,符合替代强化的定义。A 项属于惩罚;B 项家长答应孩子的无理要求会强化孩子哭闹的行为,属于正强化;D 项"考得好让玩游戏"属于正强化。

33. B 【解析】美国精神分析学家埃里克森认为,人格发展是一个逐渐形成的过程,必须经历八个顺序不变的阶段。其中,在主动感对内疚感阶段,儿童的认知实现了跳跃式发展,使儿童的活动范围逐渐扩展到家庭以外。他们开始想象自己扮演着成年人的角色,并希望能在这些活动中获得成年人的欢迎和赞赏。例如,母亲正在做饭时,儿童主动帮忙递了一个厨具,母亲的肯定和表扬便让他们觉得自己做了一件很有意义的事情。故题干中的果果处于主动感对内疚感阶段。

34. B 【解析】格塞尔进行了经典的"双生子爬楼梯实验"来证明他的理论观点。格塞尔提出,儿童的学习取决于生理成熟,在生理成熟之前的早期训练对发展没有显著作用。对于儿童的发展来说,学习并非不重要,但当个体还未成熟到一定程度时,学习的效果是有限的。进一步说,人类的成熟与发展是一个由遗传因素控制的有顺序的过程,有固定的遗传时间表,外部环境只是为人类正常生长提供必要的条件,而不能改变发展其本身的自然成熟程序。本质上是一种遗传决定论。

35. A 【解析】皮亚杰认为,同化是指把客体纳入主体已有的图式的过程。顺应是主体改变其已有图式或形成新的图式以适应外界的变化。题干中幼儿将牦牛纳入自己已有的牛的认知结构中,这属于同化。

36. C 【解析】前运算阶段的儿童不能理顺整体和部分的关系。这一阶段的儿童能把握整体,也能分辨两个不同的类别。但是,当要求他们同时考虑整体和整体的两个组成部分的关系时,儿童

多半给出错误的答案。题干中的幼儿不能理解从一捆游戏棒中拿出来的一根小棒是这捆游戏棒的一部分，说明他认为部分并不是在整体中，其思维处于前运算阶段。

37. D　【解析】斯金纳认为个体有目的的行为是通过操作性条件作用逐渐形成的。正强化是通过呈现想要的愉快刺激来增强反应频率，如教师或家长的奖励性刺激。题干中老师运用表扬强化了小朋友做好事的行为，其基本原理是操作性条件反射。

38. C　【解析】斯金纳认为人类的学习是在做出某种行为后，受到环境或教育的某种强化而形成的。

39. D　【解析】惩罚是指能够减弱行为或者降低反应频率的刺激或事件。题干中，父母在幼儿出现打人行为后，罚他一个月不准吃肯德基，以此来降低幼儿以后出现打人行为的概率。故这种做法属于惩罚。

40. B　【解析】班杜拉的社会学习理论认为，儿童的侵犯行为是通过替代强化而获得的。

41. B　【解析】美国精神分析学家埃里克森认为，人格发展是一个逐渐形成的过程，必须经历八个顺序不变的阶段，其中前五个阶段属于儿童成长和接受教育的时期。每一个阶段都有一个由生物学的成熟与社会文化环境、社会期望之间的冲突和矛盾所决定的发展危机。

42. B　【解析】根据埃里克森的人格发展阶段论，6～11 岁的学生面临的主要发展任务是培养勤奋感。

43. D　【解析】皮亚杰曾设计了著名的“三山实验”来测验儿童“自我中心”的思维特征。实验结果说明了 2～7 岁年龄阶段的儿童通常依据自己的视角来看问题，还不会站在别人的立场上观察现象、分析问题，思维具有明显的自我中心特点。

44. A　【解析】在感知运动阶段的后期(9～12 个月)，完整清晰的客体永久性已经形成。此时，尽管儿童并没有看见这些物体放在某个特定的地方，但也能积极地寻找他们认为被藏起来的东西。

45. D　【解析】形式运算阶段儿童的思维已超越了对具体可感知的事物的依赖，儿童的思维是以命题形式进行的，并能发现命题之间的关系；能够根据逻辑推理、归纳或演绎的方式来解决问题；能理解符号的意义、隐喻和直喻；能做一定的概括，其思维发展到抽象逻辑推理水平。

46. D　【解析】皮亚杰认为，儿童的认识来自主体和客体之间的相互作用。儿童早期不能很好地区分主体和客体，因此，他们的认识常常表现出“泛灵论”的特点，即认为万物是有灵的，任何东西都是动的，是活的。

二、简答题(参考答案)

1. 简述皮亚杰的道德认知发展阶段理论。

皮亚杰采用“对偶故事法”对儿童道德判断的发展进行研究，发现并总结出了儿童道德认知发展的总规律，提出了道德发展阶段理论，将儿童的品德发展划分为四个阶段：

(1)自我中心阶段(2~5岁);(2)权威阶段(6~8岁);(3)可逆性阶段(9~10岁);(4)公正阶段(10~12岁)。

2. 简述埃里克森的人格发展阶段理论。

美国精神分析学家埃里克森认为,人格发展是一个逐渐形成的过程,必须经历八个顺序不变的阶段:

(1)基本的信任感对不信任感(0~1岁);(2)自主感对羞耻感(1~3岁);(3)主动感对内疚感(3~6岁);(4)勤奋感对自卑感(6~11岁);(5)自我同一性对角色混乱(12~18岁);(6)亲密感对孤独感(成年早期);(7)繁殖感对停滞感(成年中期);(8)自我整合对绝望感(成年晚期)。

3. 简述班杜拉的观察学习的概念及分类。

(1)观察学习是指人通过观察他人(榜样)的行为及其结果而习得新行为的过程。

(2)观察学习可分为三类:直接的观察学习,幼儿的主要学习方式为直接的观察模仿学习;抽象性观察学习;创造性观察学习。

4. 什么是正强化?什么是负强化?什么是惩罚?

斯金纳的操作行为主义理论提出,凡是能增强反应频率的刺激或事件叫做强化物。

正强化是通过呈现想要的愉快刺激来增强反应频率,如教师或家长的奖励性刺激。

负强化是通过消除或终止厌恶、不愉快的刺激来增强反应概率,如原来教师禁止自己和小朋友们一起玩游戏,现在解除这种令人不愉快的刺激。

惩罚是指能够减弱行为或者降低反应频率的刺激或事件。

5. 简述埃里克森的人格发展阶段理论中,3~6岁幼儿面临的危机及发展特点。

埃里克森的人格发展阶段理论中,3~6岁幼儿面临的危机是主动感对内疚感。发展任务是获得主动感,克服内疚感,体验着目的的实现。

特点:(1)儿童的肌肉运动与言语能力发展很快,活动范围进一步向外界扩展;(2)他们对周围环境充满了好奇心;(3)活动容易受成人限制而产生内疚感和失败感。

三、论述题(参考答案)

1. 试述皮亚杰关于儿童认知发展的阶段理论。

皮亚杰认为,人的认知发展分为四个阶段:感知运动阶段、前运算阶段、具体运算阶段和形式运算阶段。每个阶段都是前一阶段的自然延伸,也是后一阶段的必然前提。发展阶段不可逾越,不可逆转。

(1)感知运动阶段的特点:①感觉和动作的分化;②“客体永久性”的形成;③问题解决能力开始得到发展;④延迟模仿的产生。

(2)前运算阶段的特点:①早期的信号功能;②自我中心性(中心化);③思维的不可逆性;④不能够推断事实;⑤泛灵论;⑥不合逻辑的推理;⑦不能理顺整体和部分的关系;⑧认知活动具有具

体性，还不能进行抽象的思维运算；⑨没有获得守恒概念。

(3)具体运算阶段的特点：①去自我中心性(去中心化)；②可逆性；③守恒；④分类；⑤序列化。

(4)形式运算阶段的特点：这一阶段儿童的思维已超越了对具体可感知的事物的依赖，儿童的思维是以命题形式进行的，并能发现命题之间的关系；能够根据逻辑推理、归纳或演绎的方式来解决问题；能理解符号的意义、隐喻和直喻；能做一定的概括，其思维发展到抽象逻辑推理水平。

2. 试述维果斯基的"最近发展区"理论及其对教学的启示。

维果斯基认为，儿童的发展有两种水平：一种是已经达到的发展水平，表现为个体能够独立解决问题的现有水平；另一种是儿童可能达到的发展水平，表现为儿童还不能够独立地完成任务，但在成人的帮助下，在集体活动中，通过模仿等形式能够完成这些任务。这种儿童在成人的帮助和指导下所能达到解决问题的水平与在独立活动中所达到的解决问题的水平之间的差距就是"最近发展区"。

"最近发展区"理论对教学工作的启示在于：指导教育者不应只看到儿童今天已达到的发展水平，还应看到仍处于形成中的状态，正在发展的过程。所以，维果斯基强调教学不能只适应发展的现有水平，还应适应最近发展区，从而走在发展的前面，最终跨越"最近发展区"而达到新的发展水平。

四、材料分析题(参考答案)

社会学习理论认为，观察学习是指人通过观察他人(榜样)的行为及其结果而习得新行为的过程。在观察学习中，观察的对象称为榜样或示范者。同时，社会学习理论将强化分为替代强化、直接强化和自我强化。其中，替代强化是指观察者通过观察他人行为所带来的后果而受到强化；直接强化是指观察者因表现出观察行为而受到强化。材料中，小强通过观察学习和替代强化，学会了用哭闹行为来争取自己喜欢的事物，并在通过自己的哭闹行为获得看动画片时间这一直接强化下，之后的哭闹行为越来越多。

专题三　幼儿身体发育和动作发展

一、单项选择题

答案速查

1～5	DCDBA	6～10	AAAAB	11～15	CDDAB	16～20	BDABC
21～24	AACB						

1. D 【解析】幼儿的骨骼没有完全骨化，骨骼比较柔软，软骨成分较多，骨较细短，正处在增长的阶段。幼儿的骨骼韧性强、硬度较小，可塑性强，容易发生变形。故A项说法正确。维持足弓主要靠韧带的强度和足底肌肉的力量。幼儿过于肥胖，走路、站立时间过长，负重过度，都会引起足弓塌陷，形成扁平足。故B项说法正确。幼儿的关节窝较浅，关节附近的韧带较松，所以关节的伸展性及活动范围比成人大，但牢固性差，容易发生脱臼。故C项说法正确。幼儿肌肉成分中

水分较多，蛋白质、无机盐和脂肪较少。肌纤维细，肌肉的力量和能量储备都不如成人，因此容易疲劳。但幼儿新陈代谢旺盛，氧气供应充分，恢复较成人快。故D项说法错误。

2. C 【解析】身体发育从幼稚到成熟是一个连续、统一的过程。在这个连续的过程中，还存在着阶段性，每一阶段有其自身的特点。这些阶段之间相互联系，前一阶段是后一阶段发育的基础，后一阶段是前一阶段发育的延续。题干的表述体现了个体发展具有阶段性的规律。

3. D 【解析】幼儿生长发育具有不均衡性，体现在以下三个方面：(1)不同年龄阶段生长发育的速度不同，有快有慢，呈波浪式；(2)身体各部分的生长速度不均等；(3)人体各系统的发育不均衡，如神经系统发育最早，儿童在6岁时脑重已达成人的90%。

4. B 【解析】幼儿肠道肌肉组织和弹力纤维尚未发育完善，肠的蠕动功能比成人弱，加上自主神经调节能力差，容易发生肠道功能紊乱。再加上幼儿小肠内各种消化液的质量差，所以幼儿的消化能力较差。因此成人为幼儿提供的食物应该细软一些。

5. A 【解析】幼儿各肌肉群的发育是不平衡的。支配上、下肢的大肌肉群发育较早，而小肌肉群如手部的肌肉群发育较晚。跳、跑属于大肌肉群在运动，画直线使用小肌肉群，所以幼儿会跳、会跑，但是画条直线却很困难。

6. A 【解析】运动系统常用的评价指标为握力和背肌力。呼吸系统常用的评价指标是肺活量和呼吸频率；循环系统常用的评价指标是心率、脉搏和血压；身高和体重是评价幼儿生长发育最基本的形态指标。故本题选A。

7. A 【解析】学前儿童心脏的特点包括：(1)心脏相对重量大于成人；(2)心脏排血量较少；(3)心率快。学前儿童年龄越小，心率越快。

8. A 【解析】精细动作是指小肌肉动作，如吃、穿、画画、剪纸、玩积木、翻书、穿珠子等。用手指捡起豆子属于小肌肉动作。粗大的动作是指活动幅度较大的动作，也是大肌肉群的动作，包括抬头、翻身、坐、爬、走、跑、跳、踢、走平衡等。

> **易错提示：**精细动作和粗大动作都属于幼儿的运动技能，二者有联系但也有区别。精细动作是指幼儿手部、脚部、口腔及舌部等细小动作，例如手部拇指和食指的捏合能力、脚趾头的活动能力、使用吸管杯的能力等等。粗大运动主要是指身体大肌肉群及四肢的活动，包括俯卧抬头、翻身、坐、爬、站、走等大动作。

9. A 【解析】大小规律（由粗到细）指的是儿童动作的发展，先从粗大动作开始，而后才学会比较精细的动作。“抱着奶瓶喝奶”属于粗大动作，“用筷子吃饭”属于幼儿精细动作的发展。

10. B 【解析】幼儿呼吸运动的特点包括：(1)呼吸量少，频率快；(2)呼吸不均匀；(3)以腹式呼吸为主。

11. C 【解析】个体差异性是指身体发育有其一般的规律，但每个儿童身体发育又有自身的特点。

由于先天遗传以及后天环境条件的不同，个体在整个生长时期都存在着广泛的差异，呈现出高矮、胖瘦、强弱、智愚的不同。

易混辨析：个体身心发展的个别差异性和不平衡性是易混点。个体身心发展的不平衡性强调同一个体，包含两层含义：(1)同一方面不同速；(2)不同方面不同步。个体身心发展的个别差异性强调不同个体或群体之间的差异。考生要注意根据题干进行辨别。

12. D　**【解析】**身体发育的个别差异性是指身体发育有其一般的规律，但每个儿童身体发育又有自身的特点。由于先天遗传以及后天环境条件的不同，个体在整个生长时期都存在着广泛的差异，呈现出高矮、胖瘦、强弱、智愚的不同。题干的描述体现了人的发展具有个别差异性。

13. D　**【解析】**幼儿的身心发展具有不均衡性包括：(1)不同年龄段身体发育的速度不均等；(2)身体各部分的生长速度不均等；(3)各系统的发育不均衡。题干中语言学习关键期的存在体现了儿童心理发展的不均衡性。

14. A　**【解析】**生殖系统在学前阶段发育缓慢。在童年时期，几乎没有什么发展，在青春期发育迅速。

15. B　**【解析】**评价幼儿身体发育的指标包括形态指标、生理功能指标和心理指标。动作指标并不包括在内。

16. B　**【解析】**幼儿肠管的总长度相对比成人长，其肠管总长度约为身长的6倍，成人则仅为5倍。幼儿肠黏膜的发育较好，有丰富的血管和淋巴管，因此吸收功能比成人强，但屏障作用小，也容易吸收食物中的有害物质，从而引起中毒。

17. D　**【解析】**儿童先学会抬头，然后能俯撑、翻身、坐和爬，最后学会站和行走，也就是从离头部最近的部位的动作开始先发展。

18. A　**【解析】**儿童身体发展具有程序性。身体发育遵循由上到下、由近到远、由粗到细、由简单到复杂的规律。如出生后运动发育的规律是：先抬头、后抬胸、再会坐、立、行（由上到下）；从臂到手，从腿到脚的活动（由近到远）；从全掌抓握到手指拾取（由粗到细）；先画直线后画圈、图形（由简单到复杂）。

19. B　**【解析】**幼儿肠黏膜的发育较好，有丰富的血管和淋巴管，因此吸收功能比成人强。幼儿肠壁肌层及弹力纤维发育不完善，肠的蠕动功能比成人弱，容易发生肠道功能紊乱，再加上幼儿肠内各种消化液的质量差，所以幼儿的消化能力较差。故B项说法错误。

20. C　**【解析】**学前儿童动作发展的规律包括：(1)从整体到局部规律（由整体到分化）；(2)首尾规律（从上至下）；(3)近远规律（由近及远或者由中央到边缘）；(4)大小规律（由粗到细或者由大到小）；(5)无有规律（从无意到有意）。

21. A　**【解析】**幼儿肌肉成分中水分较多，蛋白质、无机盐和脂肪较少。肌纤维细，肌肉的力量和能量储备都不如成人，因此容易疲劳。此外，幼儿各肌肉群的发育是不平衡的。支配上、下肢的大肌肉群发育较早，支配手腕部的小肌肉群发育较晚。故A项表述错误。

22. A　【解析】个体身心发展的顺序性是指个体的身心发展是一个由低级到高级、由简单到复杂、由量变到质变的连续不断的发展过程。

23. C　【解析】不同年龄阶段学生的身心发展具有不同的总体特征及主要矛盾，面临着不同的发展任务，这就是个体身心发展的阶段性。对不同年龄阶段的学生，在教育的内容和方法上应有所不同。题干中这些家长强迫孩子在上小学之前就掌握小学阶段的特定知识内容与技能，把学龄前儿童和小学生等同，违背了儿童身心发展的阶段性特征。

24. B　【解析】儿童动作的发展先从头部和躯干的动作开始，然后发展双臂和腿部的动作，再后是手的精细动作。也就是靠近中央部分(头和躯干，即脊椎)动作先发展，然后才发展边缘部分(臂、手、腿)的动作。这种从身躯的中央部位再到远离身躯中央的边缘部位的发展规律，即“近远规律”。

二、简答题(参考答案)

1. 简述幼儿身体发育的不均衡性的特点。

(1)不同年龄段身体发育的速度不均等；(2)身体各部分的生长速度不均等；(3)各系统的发育不均衡。

2. 简述幼儿血液的特点。

(1)血液相对量比成人多，年龄越小，比例越大。

(2)血浆含水分较多，血液中血小板数目与成人相近，但含凝血物质较少。

(3)红细胞的数目和血红蛋白量不稳定。

(4)白细胞中中性粒细胞比例较小，机体抵抗力相对较差。

3. 简述幼儿心脏的特点。

(1)心脏相对重量大于成人。(2)心脏排血量较少。(3)心率快。

4. 简述幼儿呼吸运动的特点。

(1)呼吸量少，频率快；(2)呼吸不均匀；(3)以腹式呼吸为主。

5. 简述幼儿神经系统发展的特点。

(1)神经系统发育迅速；(2)植物性神经发育不完善；(3)条件反射的建立少；(4)容易兴奋，容易疲劳；(5)需要较长的睡眠时间；(6)脑细胞的耗氧量大；(7)脑细胞能利用的能量来源单一。

6. 简述幼儿动作发展的基本规律。

(1)从整体到局部规律(由整体到分化)；(2)首尾规律(从上至下)；(3)近远规律(由近及远)；(4)大小规律(由粗到细或者由大到小)；(5)无有规律(从无意到有意)。

7. 简述幼儿身体发育的特点。

(1)体型的变化。幼儿的身体发育速度与婴儿相比有所减慢,但仍然保持着较快的发展速度。

(2)骨骼和肌肉的变化。幼儿的肌肉组织发育迅速。同时幼儿骨骼也在快速发展,软骨以更快的速度转化为骨头,骨骼逐渐坚硬起来。

(3)身体发育的不同步性。儿童在出生后,身体各系统的发展速度是不同步的。

专题四　学前儿童认知的发展

一、单项选择题

答案速查

1~5	AACDB	6~10	ABCDD	11~15	ABABC	16~20	ABADD
21~25	CAACA	26~30	BAADA	31~35	ACCCA	36~40	BDBCB
41~45	CCBBB	46~50	BBDDC	51~55	CBDAD	56~60	DDBAC
61~65	AACBA	66~70	DCDCA	71~75	CBBBC	76~80	DBCCA
81~85	AABCD	86~90	DCDDC	91~95	CACBA	96~100	DBCDB

1. A　【解析】幼儿注意的稳定性存在年龄差异,年龄不同,注意的稳定性也不相同。实验证明:在良好的教育环境下,3 岁幼儿能够集中注意 3~5 分钟,4 岁幼儿注意可持续 10 分钟左右,5~6 岁的幼儿注意能保持 15 分钟左右,如果教师组织得法,可保持 20 分钟左右。

2. A　【解析】注意的分配指的是在同一时间内,把注意分配到两种或几种不同的对象与活动上。题干中玲玲在跳舞的时候,既能使自己的动作与音乐合拍,又能与同伴动作保持一致及加上适当的表情,体现玲玲注意分配能力的发展。

3. C　【解析】为了了解婴幼儿深度知觉的发展状况,吉布森和沃克设计了“视崖”实验。

4. D　【解析】主体在记忆过程中将记忆材料按不同的意义组织成各种类别,编入各种主题,使它们产生意义联系,或对内容进行改组,以便于记忆的方法,称为组织性策略。从题干中可以看出,明明将同是水果的香蕉和苹果归在一起进行记忆,将同为交通工具的自行车和小汽车归在一起,将同是家电的电饭煲和冰箱归在一起,将图片内容进行重组记忆,体现其对组织性记忆策略的应用。

5. B　【解析】复述策略是指在记忆过程中,儿童不断重复需要记忆的内容,以便准确、牢固地记住这些信息。复述是一个常用的有效记忆策略,也是将短时记忆转化为长时记忆的必要手段。题干中玲玲使用的记忆策略是复述策略。

6. A　【解析】东东出现题干中的情况,体现其想象力具有夸张性。首先由于幼儿认知水平尚处于感性认识占优势的阶段,因此往往抓不到事物的本质。其次幼儿的一个显著心理特点是情绪性强,他感兴趣的东西、他希望的东西,往往在其意识中占据主要地位。所以东东在画猫时会突出猫眼睛的部位,身躯、嘴巴和耳朵却特别小。所以不正确的是 A 项。

7. B 【解析】表象是指在头脑中的客观事物的形象，即感知过的事物不在面前而在头脑中呈现出来的形象。看过长城之后，头脑中会呈现长城的形象说明其表象的发展。

8. C 【解析】距离知觉是辨别物体远近的知觉。幼儿可以分清他们所熟悉的物体或场所的远近，对于比较广阔的空间距离，他们还不能正确认识。2 岁幼儿不能很好地判断距离的远近，因此往往会伸手要求站在楼上的妈妈抱。

9. D 【解析】同一分析器的各种感觉会因彼此相互作用而使感受性发生变化，这种现象叫做感觉的对比。教师在制作和使用直观教具时，掌握对比现象的规律，对提高幼儿感受性具有重要的意义。题干中教师的做法忽视了感觉对比的规律，白色与浅黄色对比不强烈。

10. D 【解析】儿童知道自己有姐姐，但是并不能理解自己是姐姐的弟弟，体现其思维的不可逆性。

11. A 【解析】定位策略是指儿童对目标刺激“贴上”某种特定的标签以便于记忆。题干所述的是定位策略。

12. B 【解析】3 ~ 4 岁的儿童已能初步辨认红、橙、黄、绿、蓝等基本色，但在辨认紫色等混合色和蓝与天蓝等近似色时，往往较困难，也难以说出颜色的正确名称。

13. A 【解析】再造想象是根据语言文字的描述或图形、图解、符号等非语言文字的描绘，在头脑中形成相应的新形象的过程。幼儿园小朋友听老师讲《龟兔赛跑》的故事，头脑中呈现出乌龟和兔子赛跑的生动形象是再造想象的体现。

14. B 【解析】无意注意是事先没有预定目的，也不需要意志努力的注意。题干中室内活动时突然飞进一只小鸟，小朋友们都兴奋地去看小鸟，不需要意志努力，属于无意注意。

15. C 【解析】幼儿在想象中常常把事物的某个部分或某种特征加以夸大。这是幼儿想象夸张性的表现。

16. A 【解析】无意想象是指没有预定目的和意图，在一定的刺激影响下，不由自主地进行的想象。题干中白云的刺激使幼儿发生了无意想象。

17. B 【解析】记忆恢复(回涨)现象是指识记某种材料后，经过若干天测量的保持量，大于识记后即时测得的保持量。

18. A 【解析】从儿童记忆发生发展的顺序来看，最早出现的是运动记忆(出生后 2 周左右)，然后是情绪记忆(6 个月左右)，之后是形象记忆(6 ~ 12 个月左右)，最晚出现的是语词记忆(1 岁左右)。

19. D 【解析】有实验证明，5 岁幼儿已能正确辨别各种基本的几何图形。儿童最容易辨别的图形是圆形，幼儿叫出图形名称比辨认图形要晚。

20. D 【解析】感觉是由于分析器工作的结果而产生的感受性，会因刺激持续时间的长短而降低或提高，这种现象叫作适应现象。适应现象包括明适应和暗适应。从暗处来到亮光处，最初感到一片耀眼的光亮，不能看清物体，只有稍待片刻才能恢复视觉，这称为明适应。题干描述的

现象属于明适应。

易混辨析：区分明适应与暗适应的重点在于最终进入什么样的环境，进入暗的环境产生的适应叫做暗适应；相反，进入明亮的环境产生的适应叫做明适应。

21. C 【解析】愿望性想象是指在想象中表露出个人的愿望，萱萱的表现属于愿望性想象。经验性想象是指幼儿凭借个人生活经验和个人经历开展想象活动。情境性想象是指幼儿的想象活动是由画面的整个情境引起的。拟人化想象是指把客观物体想象成人，用人的生活、思想、情感、语言等去描述。

22. A 【解析】幼儿很容易被新异、多变、强烈的刺激物所吸引，这些都容易使幼儿的注意分散。题干的描述现象属于无关的刺激。

23. A 【解析】幼儿的思维常根据自己的生活经验来进行。幼儿是从他自己的具体生活经验进行思维的，而不是按照逻辑推理进行的。题干中的幼儿根据自己的经验，给长虫的小树打针，体现其思维的经验性。

24. C 【解析】在良好的教育环境下，3 岁幼儿能够集中注意 3 ~5 分钟，4 岁幼儿注意可持续 10 分钟左右，5 ~6 岁的幼儿注意能保持 15 分钟左右，如果教师组织得法，可保持 20 分钟左右。

25. A 【解析】幼儿方位知觉的发展趋势是：3 岁辨别上下方位，4 岁开始辨别前后方位，5 岁开始能以自身为中心辨别左右方位，6 岁幼儿虽然能完全正确地辨别上下前后四个方位，但以左右方位的相对性来辨别左右仍然感到困难。因此，教师在音乐、体育等教学活动中要用“镜面示范”，即从幼儿的角度来做示范动作。

26. B 【解析】幼儿理解事物的水平不高，不深刻，常受外部条件的限制。对事物的理解往往是表面的，不能理解事物的内部含义。因此，教师在实际工作中一定要注意幼儿理解的特点，坚持正面教育，多结合具体形象的事物来帮助幼儿去理解和做出判断。

27. A 【解析】幼儿想象发展的特征之一是无意想象为主，有意想象开始发展。中班以后，幼儿的想象已具有一定的有意性和目的性。

28. A 【解析】形象记忆是以感知过的事物的具体形象为内容的记忆。情绪记忆是对体验过的情绪情感的记忆。幼儿在医院感知到不愉快的事情，所以幼儿看到穿白大褂的医生就开始哭。题干中幼儿看到穿白大褂的人属于形象记忆，因为穿白大褂的人曾经带来的不愉快的情绪属于情绪记忆。

29. D 【解析】自我中心言语表现为讲话时不考虑自己在同谁讲话，也不在乎对方是否在听自己讲话，幼儿或是自言自语，或是由于和一个偶然在身边的人共同活动感到愉快而说话。社会性言语包括适应性告知、批评和嘲笑、命令、请求（祈使）和威胁、问题与回答。题干中瑞瑞跟妈妈的对话属于社会性言语，玩游戏时的自言自语属于自我中心言语。

30. A 【解析】儿童先掌握的是实词，然后是虚词。在实词中，儿童掌握的顺序是名词—动词—形容词。对其他实词如副词、代词、数词掌握较晚。儿童对虚词如连词、分词、助词、语气词等掌握也较晚。在各类词中，儿童使用频率最高的是代词，其次是动词和名词。

31. A 【解析】3 ~6 岁幼儿的注意以无意注意为主。刺激比较强烈、对比鲜明、新异和变化多动的事物，都容易引起幼儿的无意注意。题干中老师的做法是为了引起幼儿的无意注意。

32. C 【解析】再认是指识记过的事物重新出现时，感到熟悉，确知是以前感知过或经历过的。题干的表述体现了记忆环节中的再认。

方法技巧：考生可根据以下方法区分再认和回忆。

再认是指识记过的事物重新出现时，感到熟悉，确知是以前感知过或经历过的。

回忆是指识记过的事物并没有再次出现，但由于其他事物的影响而使这些事物在头脑里再次呈现出来。

33. C 【解析】具体形象思维是指儿童依靠事物在头脑中的具体形象进行的思维，即依靠具体事物的表象以及对具体形象的联想而进行的思维。题干中幼儿根据苹果这一具体的形象来计算“5 - 3”，体现具体形象思维的发展。

34. C 【解析】3 岁辨别上下方位，4 岁开始辨别前后方位，5 岁开始能以自身为中心辨别左右方位，6 岁幼儿虽然能完全正确地辨别上下前后四个方位，但以左右方位的相对性来辨别左右仍然感到困难。7 岁才开始能够辨别以别人为基准的左右方位，以及两个物体之间的左右方位。刚出生的新生儿就具有基本的听觉定位能力。故 C 项说法不正确。

35. A 【解析】思维的去自我中心是幼儿抽象思维发展的特点之一，这一时期的幼儿开始逐渐意识到他人与自己的立场、观点、角度可能是不同的，能够克服思维自我中心主义的局限，学会站在他人的角度来看待、分析问题。

36. B 【解析】在幼儿记忆的发展过程中，存在一种被称为偶发记忆的现象。这种现象是指当要求幼儿记住某样东西时，他往往记住的是和这件东西一道出现的其他东西。题干中有的幼儿回答黄颜色，就是心理学中的偶发记忆现象。

37. D 【解析】幼儿无意注意占优势，对于鲜明、生动、具体事物、有变化的刺激物以及个人有兴趣的事物，容易引起幼儿的无意注意。这要求幼儿文学作品的开头尽量简短，要及早提出人物性质和行为发展线索；故事情节要生动、曲折、紧张、有趣；篇幅不要过长。

38. B 【解析】注意的稳定性是指注意力在同一活动范围内所维持的时间长短。幼儿认真地听老师讲故事，体现其注意的稳定性。

39. C 【解析】自我中心是指儿童把注意力集中在自己的动作和观点上的现象。在言语方面表现为讲话时不考虑自己在同谁讲话，也不在乎对方是否在听自己讲话，幼儿或是自言自语，或是

由于和一个偶然在身边的人共同活动感到愉快而说话。题干中的幼儿同小花讲话,体现其自我中心言语的发展。

40. B 【解析】由于想象的主题没有预定目的,主题不稳定,因此,幼儿想象的内容是零散的,所想象的形象之间不存在有机的联系。题干的表述表明磊磊想象的主题不稳定。

41. C 【解析】对于小班幼儿更要注意正面教育,讲反话常常引起违反本意的不良效果。对儿童提要求也要注意具体,最好说:"眼睛看着老师!"而不要说:"注意听讲!"因为儿童不容易接受这种一般性的抽象的要求。故答案选 C 项。

42. C 【解析】思维是对事物概括的反映,体现的是思维不像感知觉那样只反映事物的个别属性或个别具体的事物,而是反映一类事物共同的本质的属性,或事物之间的规律性联系。"冬天太冷,最好不要到户外去"是幼儿对事物之间规律性的认识,体现了思维的概括性。

43. B 【解析】幼儿是以自身为中心来辨别左右的,所以幼儿教师在做动作示范时应面向幼儿,采用"镜面示范"。

44. B 【解析】幼儿方位知觉的发展趋势是:3 岁辨别上下方位;4 岁开始辨别前后方位;5 岁开始能以自身为中心辨别左右方位;6 岁幼儿虽然能完全正确地辨别上下前后四个方位,但以左右方位的相对性来辨别左右仍然感到困难;7 岁开始能够辨别以他人为基准的左右方位,以及两个物体之间的左右方位。

45. B 【解析】机械记忆指对所记材料的意义和逻辑关系不理解,采用简单、机械重复的方法进行记忆。题干中鹏鹏运用的记忆方法属于机械记忆。

46. B 【解析】儿童最初的思维是以直观行动思维为主。直观行动思维是指以直观的、行动的方式进行的思维。2 岁左右儿童的思维方法是依靠详尽的、展开的实际行动。思维的每一步都和实际行动分不开,而且常常是由行动中的"顿悟"解决问题。题干中涵涵的思维处于直观行动思维阶段。

47. B 【解析】思维的固定性是指幼儿思维的具体性使幼儿的思维缺乏灵活性,在日常生活中,幼儿常常"认死理"。题干中的现象体现了思维的固定性。

48. D 【解析】儿童计数,起先不但要用眼看,而且要动手去数。以后,儿童可以逐渐减少用手点数的动作,主要凭视觉把握物体的数量,用眼看实物,嘴里默默地数。有时还用点头来帮助数数,似乎以头的动作代替手的动作。因此,D 项属于用眼看实物,心里默默地数,是幼儿数学能力发展的最高水平的选项。

49. D 【解析】1.5 ~2 岁幼儿的语言发展处于双词句(电报句)阶段。1 岁半以后,孩子说话的积极性高涨起来,在很短的时间内,会从不大说话变得很爱说话。说出的词大量增加,2 岁时可达 200 多个。这一阶段幼儿言语的发展主要表现在开始说由双词或三词组合在一起的句子。这种句子的表意功能虽较单词句明确,但其表现形式是断续的、简略的,结构不完整的,好像成人的电报式文件,故也称为“电报句”或“电报式语音”。

50. C 【解析】幼儿的时间知觉,主要是依靠生活中接触到的周围现象的变化,他们逐渐学习了借助于某种生活经验(生活作息制度、有规律的生活事件等)和环境信息反映时间。故答案选C项。

51. C 【解析】有意注意是指有预定目的,需要一定意志努力的注意。有意注意是我们自觉控制的注意,它服从于我们生活、学习的需要与任务。C选项幼儿自始至终认真听老师讲课是需要一定意志努力和具有预定目的的。所以C项的表述属于有意注意。

52. B 【解析】在同一时间内,把注意分配到两种或几种不同的对象与活动上,这就是注意的分配。题干中悠悠一边弹琴,一边唱歌属于注意的分配。

53. D 【解析】幼儿方位知觉发展早于方位词的掌握。当幼儿还不能很好地掌握左右方位的相对性和方位词的时候,幼儿园教师往往把左右方位词与实物结合起来。题干描述的现象表明幼儿方位知觉的发展落后于对方位词的理解,所以教师在与幼儿交流时通常不使用方位词。

54. A 【解析】再认是指识记过的事物重新出现时,感到熟悉,确知是以前感知过或经历过的。幼儿知道《我爱北京天安门》这首歌曲是曾经唱过的,属于再认。

55. D 【解析】幼儿初期已经有一些初步的时间概念,但是往往与他们具体的生活活动联系在一起,幼儿常以作息制度作为时间定向的依据。幼儿以“午睡起来之后”定为下午,体现其时间知觉是依靠生活作息制度。

56. D 【解析】注意的分散是与注意的稳定相反的一种状态,是指幼儿的注意离开了当前应该指向的对象,而被一些与活动无关的刺激物所吸引的现象,俗语叫作分心。题干描述的现象表明围裙引起了幼儿注意的分散。

易错提示:注意的分配、注意的转移与注意的分散不同。注意的分配是主动的、有目的的,注意力仍集中在当前任务上。注意的转移是主动的、有目的的、符合当前活动需要的过程。注意的分散却是受无关事物吸引,心理活动离开了当前的任务,是被动的、不符合当前活动需要的过程。

57. D 【解析】意义识记是指根据对所记材料的意义和逻辑关系的理解进行的识记,又称理解识记或逻辑识记。意义识记比机械识记更为牢固深刻,识记效果更好。题干中小明对这组数据的识记属于意义识记。

58. B 【解析】幼儿记忆发展的特点有:(1)无意记忆占优势,有意记忆逐渐发展。(2)记忆的理解和组织程度逐渐提高。幼儿机械记忆用得多,机械记忆和意义记忆都在不断发展,意义记忆的效果优于机械记忆。(3)形象记忆占优势,语词记忆逐渐发展。(4)幼儿记忆的意识性和记忆方法逐渐发展。

59. A　【解析】4 岁以下儿童基本上不能分类；5～6 岁是儿童处于由不会分类向开始发展初步分类能力的过渡时期；6 岁以后，儿童开始逐渐摆脱具体感知和情境性的束缚，能够依靠物体的功用及其内在的联系进行分类，说明他们的概括水平开始发展到一个新的阶段。

60. C　【解析】学前儿童比较的发展趋势是先学会找物体的不同处，后学会找物体的相同处，最后学会找物体的相似处。

61. A　【解析】注意的稳定性是指注意力在同一活动范围内所维持的时间长短。幼儿的年龄不同，注意的稳定性也不相同。题干描述的是注意的稳定性。

62. A　【解析】学前儿童只从表面理解事物，因而不理解词的转义。其思维往往只是反映事物的表面联系，而不反映事物的本质联系。幼儿也难以理解"反话"。题干中东东对妈妈说的"反话"不能理解，表明幼儿的思维具有表面性。

易混辨析：考生容易混淆思维的表面性和片面性。思维的表面性强调的是幼儿只能理解事物的表面含义，不能理解事物的深层含义，也不能理解"反话"。思维的片面性强调的是幼儿理解事物时只能从一个维度进行思考，不能全面地看待事物。

63. C　【解析】形状知觉是对物体形状的知觉，它依靠运动觉和视觉的协同活动。幼儿的形状知觉发展得很快，通常 3 岁的幼儿能区别一些几何图形，如圆形、正方形、三角形等。

64. B　【解析】按物点数，即把数词与可数的物体联系起来。学习按物点数，重要的是能够运用一一对应的技巧。题干中幼儿用的数数方法是按物点数。

65. A　【解析】注意是一种心理状态，它是心理活动对一定对象的指向和集中。儿童在这一刻出现的心理活动是对漂亮玩具的指向和集中，因此，这一心理现象为注意。

66. D　【解析】幼儿视敏度发展最快的时期是在 7 岁左右，学龄中期增长速度又有些加快。视敏度是指精确地辨别物体在形体上最小差异的能力，俗称"视力"。

67. C　【解析】再造想象是根据语言文字的描述或图形、图解、符号等非语言文字的描绘，在头脑中形成相应的新形象的过程。题干描述的现象属于再造想象。

68. D　【解析】幼儿思维的内容是具体的。幼儿在思考问题时，总是借助于具体事物或具体事物的表象。幼儿容易掌握那些代表实际东西的概念，不容易掌握比较抽象的概念。题干中，"沙、石""土""水"等都是生活中实际可见的事物，"空气"是生活中比较抽象的事物。所以，"空气"对儿童来说是最难认识的事物。

69. C　【解析】游戏言语是一种在游戏、绘画活动中出现的言语。其特点是一边做动作，一边说话，用言语补充和丰富自己的行动。这种言语通常比较完整、详细，有丰富的情感和表现力。

70. A　【解析】幼儿想象夸张性主要表现在：(1)夸大事物某个部分或某种特征；(2)混淆假想与现实。题干的表述表明幼儿混淆了假想与现实。

71. C　**【解析】**刺激物先后作用于同一感受器会产生继时对比。例如:吃过糖之后吃橘子,会觉得橘子特别酸;手放进热水之后,再放到温水中,会觉得温水很凉。

> **易混辨析:**考生容易混淆感觉对比的两种现象,在做题时要注意,先后对比也称继时对比,是同一分析器所产生的前一感觉和后一感觉之间的相互作用。如吃完苹果后吃橘子,可能会觉得橘子更酸了。
>
> 同时对比是同一分析器同时产生的各种感觉之间的相互作用。如灰色的图形放在白色的背景上,就显得比较暗,而放在黑色的背景上就显得亮一些。

72. B　**【解析】**"两个苹果加三个苹果等于五个苹果"是通过具体的苹果形象来帮助幼儿学习加减法,属于具体形象思维;"2 +3 =5"是具体的抽象数字和公式计算,属于抽象逻辑思维。故题干的描述体现的发展趋势是从形象思维到抽象逻辑思维。

73. B　**【解析】**题干中的幼儿听到老师说:"鸭子要游水了。"想象才活跃起来,体现老师语言提示对幼儿想象的影响。即幼儿的想象常常依赖于成人的言语描述。

74. B　**【解析】**创造想象是指根据一定的目的和任务,不依赖现存的描述而独立创造出新形象的过程。幼儿期是创造想象开始发生的时期。随着幼儿知识经验的丰富和抽象概括能力的提高,幼儿创造想象的水平逐渐提高。他们常常提出一些不平常的问题,有时会自己编新的故事,创造性的绘画,游戏内容也日益丰富,游戏想象的空间距离日益扩大。

> **易混辨析:**考生易混淆创造想象和再造想象,遇到此类试题时,可通过以下关键点进行区分。
>
> 创造想象强调想象的首创性、新颖性,根据一定的目的、任务,对感性材料进行分析、综合、加工、改造,创造出新形象。
>
> 再造想象强调记忆表象的丰富,以丰富的表象为基础,利用词语思维的组织作用,在头脑中形成新形象。

75. C　**【解析】**儿童分类的情况,可归纳为以下五类:(1)不能分类。(2)依感知特点分类。依颜色、形状、大小或其他特点分类。(3)依生活情景分类。把日常生活情景中经常在一起的东西归为一类。(4)依功用分类。(5)依概念分类。题干中的描述属于依感知特点了解事物的表面属性进行的分类。故选C项。

76. D　**【解析】**情境性言语是指幼儿在叙述时不连贯、不完整并伴有各种手势、表情,听者需结合当时的情境,审察手势、表情,边听边猜才能懂得意义的言语。连贯性言语则指句子完整、前后连贯,能反映完整而详细的思想内容,使听者从语言本身就能理解所讲述意思的言语。情境性言语和连贯性言语的主要区别在于是否直接依靠具体事物做支柱。

77. B　**【解析】**幼儿的思维具有具体性。幼儿思维的内容是具体的,在思考问题时,总是借助于具体事物或具体事物的表象。幼儿容易掌握那些代表实际东西的概念,不容易掌握比较抽象的

概念。题干中的表述即幼儿思维的具体性。

78. C 【解析】幼儿初期,已经有一些初步的时间概念,但是往往与他们具体的生活活动联系在一起。生活制度和作息制度在幼儿的时间知觉中起着极其重要的作用,幼儿常以作息制度作为时间定向的依据。

79. C 【解析】幼儿初期,儿童常常是根据事物的表面联系和外部特点来进行判断、推理的,因而时常出现判断和推理错误。例如,把画有牛、人、船、猪的4张图片分别呈现给3~13岁的儿童,要求他们从其中取出一张与其他三张不属于同一类的图,并要求幼儿解释挑取的原因。研究结果表明,较小幼儿解释取出“船”的原因时,其判断推理的依据是人、牛、猪的外表特性,例如说都有头、身子、脚等。这种判断随年龄的增长而降低。在幼儿晚期,儿童开始能按事物内在的本质联系做出判断、推理。如6~7岁的儿童就能根据人、牛、猪都是活的、有生命的、能生长的等属性来进行判断和推理。故答案选C项。

80. A 【解析】感觉是人脑对直接作用于感觉器官的客观事物的个别属性的反映。知觉是人脑对直接作用于感受器官的客观事物的整体反映。题干的描述运用的是感觉和知觉。

81. A 【解析】方位知觉是指对物体的空间关系和自己的身体在空间所处位置的知觉,包括辨别上、下、前、后、左、右、东、西、南、北、中的知觉。幼儿方位知觉的发展趋势是:3岁辨别上下方位,4岁开始辨别前后方位,5岁开始能以自身为中心辨别左右方位,6岁幼儿虽然能完全正确地辨别上下前后四个方位,但以左右方位的相对性来辨别左右仍然感到困难。7岁才开始能够辨别以别人为基准的左右方位,以及两个物体之间的左右方位。

82. A 【解析】注意主要分为有意注意和无意注意两种基本形式,其主要区别在于是否有目的和是否需要意志的努力。无意注意就是事先没有预定目的,也不需要意志努力的注意。题干中幼儿听到教室外的歌声,不由自主地唱了起来,没有预定的目的,属于无意注意。

83. B 【解析】从记忆的内容看,记忆可以分为运动记忆、情绪记忆、形象记忆和语词记忆。其中运动记忆是指识记内容为人的运动或动作的记忆。题干中幼儿对舞蹈、体操等各种动作的记忆属于运动记忆。

84. C 【解析】想象是对头脑中已有的表象进行加工改造,建立新形象的过程。题干描述的正是想象的表现。

85. D 【解析】拟人性是指学前儿童往往把动物或一些物体当人来对待,他们赋予小动物或玩具以自己的行动经验和思想感情,与它们说话,把它们当作好朋友。

86. D 【解析】时间知觉是个体对客观现象延续性和顺序性的感知。时间知觉的精确性与年龄呈正相关,即年龄越大,精确性越高。题干中佳佳认为“今天是星期二,昨天是星期三”,晨晨认为佳佳的说法是正确的,这表明佳佳和晨晨已经有一些初步的时间概念,但是时间知觉水平较差,对时间的理解和运用有困难。

87. C 【解析】创造想象是指根据一定的目的和任务，不依赖现存的描述而独立创造出新形象的过程。题干中，幼儿在教师的要求下，设计出未来的交通工具，所运用的是创造想象。

88. D 【解析】在同一时间内，把注意分配到两种或几种不同的对象与活动上，这就是注意的分配。幼儿注意的分配能力比较差，例如，幼儿吃饭时，如果注意听别人说话，就会停止吃饭；如果幼儿自己说话，他就会把碗筷都放下，甚至还站起来，手脚一起比划。因此，幼儿园要求幼儿专心吃饭，不许随便说话，以保证幼儿吃好、消化吸收好。

89. D 【解析】距离知觉是辨别物体远近的知觉。幼儿可以分清他们所熟悉的物体或场所的远近，对于比较广阔的空间距离，他们还不能正确认识。幼儿常常不懂得近物大，远物小，近物清楚，远物模糊等感知距离的视觉信号。婴幼儿在户外活动时，往往会发生奔跑时撞上障碍物或互相碰撞的安全问题，原因之一是他们距离知觉的发展受个体经验的局限。

90. C 【解析】思维的经验性是指幼儿的思维常根据自己的生活经验来进行。幼儿是从他自己的具体生活经验去思维的，而不是按逻辑推理进行思维。题干中幼儿把小鸡埋在土里并用水浇，认为这样小鸡一定会长大，这表明幼儿是用自己的经验进行思维的，没有意识到这种做法是否是正确的，表现了幼儿思维的经验性。

91. C 【解析】幼儿时期，常将想象的东西和现实进行混淆。在参加游戏或欣赏文艺作品时，往往身临其境，与角色产生同样的情绪反应。如幼儿园里小班幼儿正在玩“狡猾的狐狸，你在哪里”的游戏，当老师扮演的狐狸逮着小鸡（小朋友饰），装着要吃她的时候，这个孩子大哭起来说：“你是老师，怎么可以吃人呢！”并拼命挣扎。题干中幼儿的表现说明幼儿想象的特点是：想象常常脱离现实，或者与现实混淆。

92. A 【解析】形象记忆是以感知过的事物的具体形象为内容的记忆。题干中小颖因为苹果的形状记住了苹果的特征，属于形象记忆。

93. C 【解析】1 岁半以后，孩子说话的积极性高涨起来，在很短的时间内，会从不大说话变得很爱说话。说出的词大量增加，2 岁时可达 200 多个。这一阶段幼儿言语的发展主要表现在开始说由双词或三词组合在一起的句子。这种句子的表意功能虽较单词句明确，但其表现形式是断续的、简略的，结构是不完整的，好像成人的电报式文件，故也称为“电报句”或“电报式语音”。题干中兴兴使用的句式正是电报句。

94. B 【解析】注意的稳定性是指注意力在同一活动范围内所维持的时间长短。题干中，“教育教学方式的多样性和新颖性”可以有效地提高幼儿注意的稳定性。

95. A 【解析】无意想象是指没有预定目的和意图，在一定的刺激影响下，不由自主地进行的想象。无意想象是最简单、最初级形式的想象。题干中幼儿看见小坦克，就想要玩开坦克；听见蛙鸣，就想要学青蛙跳……这说明幼儿的这些想象没有预定的目的和意图，是一种无意想象。

96. D 【解析】意义记忆是指根据对所记材料的内容、意义及其逻辑关系的理解进行的记忆，也称

为理解记忆或逻辑记忆。题干中幼儿学习时先对诗句有了理解才记住了诗句,属于意义记忆。

97. B 【解析】有意注意是指有预定目的,需要一定意志努力的注意,是注意的一种积极、主动的形式。有意注意是我们自觉控制的注意,它服从于我们生活、学习的需要与任务。题干中张老师的提问引起了幼儿的有意注意。

98. C 【解析】幼儿初期(3 ~4 岁),儿童不仅有生物性的时间知觉,还有了与具体事物和事件相联系的时间知觉。幼儿的时间知觉,主要是依靠生活中接触到的周围现象的变化,他们逐渐学习了借助于某种生活经验(生活作息制度、有规律的生活事件等)和环境信息反映时间。

99. D 【解析】注意是心理活动或意识对一定对象的指向和集中,是心理过程的动力特征之一。注意有两个特点:指向性与集中性。

100. B 【解析】幼儿方位知觉的发展趋势是:3 岁辨别上下方位,4 岁开始辨别前后方位,5 岁开始能以自身为中心辨别左右方位,6 岁幼儿虽然能完全正确地辨别上下前后四个方位,但以左右方位的相对性来辨别左右仍然感到困难。7 岁才开始能够辨别以别人为基准的左右方位,以及两个物体之间的左右方位。

二、简答题(参考答案)

1. 简述幼儿有意注意产生的条件。

幼儿有意注意产生的条件如下:(1)幼儿的有意注意依赖于丰富多彩的活动的开展;(2)幼儿对活动目的、活动任务的理解程度;(3)幼儿对活动的兴趣与良好的活动方式;(4)言语指导和言语提示;(5)幼儿的性格与意志特点。

2. 简述学前儿童理解能力的发展趋势。

(1)从对个别事物的理解,发展到理解事物之间的关系;

(2)从主要依靠具体形象来理解,发展到依靠语言说明来理解;

(3)从对事物简单、表面的理解,发展到理解事物较复杂、深刻的含义;

(4)从理解与情感密切联系,发展到比较客观的理解;

(5)从不理解事物的相对关系,发展到逐渐能理解事物的相对关系。

3. 简述学前儿童言语发生发展的趋势。

(1)语音知觉发展在先,正确语音发展在后;

(2)理解语言发生发展在先,语言表达发生发展在后。

4. 简述幼儿想象夸张性的表现。

(1)夸大事物某个部分或某种特征。

(2)混淆假想与现实。幼儿时期,常将想象的东西和现实进行混淆,表现在三个方面:①把渴望得到的东西说成已经得到。②把希望发生的事情当成已发生的事情来描述。③在参加游戏或欣赏文艺作品时,往往身临其境,与角色产生同样的情绪反应。

5. 简述幼儿创造想象的特点。

(1)最初的创造想象是无意的自由联想,可以称为表露式创造;

(2)形象和原型只是略有不同,或者在常见模式上略有改造;

(3)发展的表现在于情节逐渐丰富,从原型发散出来的种类和数量增加,从不同中找出非常规性相似。

6. 简述幼儿颜色视觉的发展特点。

(1)幼儿初期(3~4岁),已能初步辨认红、橙、黄、绿、蓝等基本色,但在辨认紫色等混合色和蓝与天蓝等近似色时往往较困难,也难以说出颜色的正确名称。

(2)幼儿中期(4~5岁),大多数能认识基本色、近似色,并能说出基本色的名称。

(3)幼儿晚期(5~6岁),不仅能认识颜色,而且在画图时,能运用各种颜色调出需要用的颜色,并能正确地说出黑、白、红、蓝、绿、黄、棕、灰、粉红、紫等颜色的名称。

7. 简述幼儿注意分散的原因及预防措施。

(1)引起幼儿注意分散的原因:①连续进行的单调活动;②缺乏严格的作息制度;③无关刺激的干扰;④注意的转移能力差;⑤不能很好地进行两种注意的转换。

(2)防止幼儿注意分散的措施:①防止无关刺激的干扰;②制定合理的作息制度;③养成良好的注意习惯;④适当控制幼儿的玩具和图书的数量;⑤使幼儿明确活动的目的和要求;⑥灵活地交互运用无意注意和有意注意;⑦提高教学质量;⑧对幼儿进行有意注意的训练。

8. 简述活动中影响幼儿注意稳定性的因素。

(1)注意的对象是否新颖、生动、形象鲜明;(2)活动是否游戏化;(3)注意是否与幼儿操作活动相结合;(4)幼儿的身体状况是否良好。

9. 简述学前儿童常见的记忆策略。

(1)视觉复述策略;(2)定位策略;(3)复述策略;(4)组织性策略;(5)提取策略。

10. 简述学前儿童思维能力的培养措施。

(1)不断丰富学前儿童的感性知识;(2)帮助学前儿童丰富词汇,正确理解和使用各种概念,发展语言;(3)开展分类练习活动,培养学前儿童的抽象逻辑思维能力;(4)在日常生活中鼓励学前儿童多想、多问,激发其求知欲,保护其好奇心;(5)开展各种游戏(智力游戏、教学游戏),培养学前儿童的创造性思维。

11. 简述幼儿方位知觉的发展趋势。

幼儿方位知觉的发展趋势是:3岁辨别上下方位,4岁开始辨别前后方位,5岁开始能以自身为中心辨别左右方位,6岁幼儿虽然能完全正确地辨别上下前后四个方位,但以左右方位的相对性来辨别左右仍然感到困难。7岁才开始能够辨别以别人为基准的左右方位,以及两个物体之间的左右方位。

12. 简述幼儿实物概念的发展。

(1)幼儿初期,幼儿所掌握的实物概念主要是他们熟悉的事物。他们给物体下定义多属直指型。

(2)幼儿中期,幼儿已能掌握事物某些比较突出的特征,由此获得事物的概念。他们给物体下定义多属列举型。

(3)幼儿后期,幼儿开始初步掌握某一实物的较为本质特征,如功用的特征,或若干特征的总和。他们给物体下定义多为功用型,但仍有对事物的描述。

13. 简述幼儿记忆发展的特点。

(1)无意记忆占优势,有意记忆逐渐发展;

(2)记忆的理解和组织程度逐渐提高;

(3)形象记忆占优势,语词记忆逐渐发展;

(4)幼儿记忆的意识性和记忆方法逐渐发展。

14. 简述幼儿期句子理解发展的特点。

(1)从听懂语句意义向应用语句进行交际发展;

(2)幼儿理解语句往往受直接经验影响;

(3)幼儿理解新语句常受事件可能性的影响;

(4)幼儿理解新语句时常受词序的影响。

15. 简述幼儿时间知觉的发展。

(1)幼儿初期,已经有一些初步的时间概念,但是往往与他们具体的生活活动联系在一起。生活制度和作息制度在幼儿的时间知觉中起着极其重要的作用,幼儿常以作息制度作为时间定向的依据。

(2)幼儿中期,可以正确理解“昨天”“明天”,也能运用“早晨”和“晚上”等词,但是对较远的时间,如“前天”“后天”等,理解起来仍感到困难。

(3)幼儿晚期,在前面的基础上,开始能辨别“前天”“大后天”等,并能学会看钟表,但对更大或更小的时间单位,如几个月、几分钟等的辨别仍感困难。

16. 简述注意的品质。

(1)注意的广度。注意的广度也叫注意的范围,它是指一个人在同一时间内能够清楚地察觉和把握对象的数量。

(2)注意的稳定性。注意的稳定性是指注意力在同一活动范围内所维持的时间长短。

(3)注意的转移。注意的转移是人们根据新的活动任务,及时、有意地调换注意对象,即把注意从一个对象转换到另一个对象上。

(4)注意的分配。注意的分配是指在同一时间内,把注意分配到两种或几种不同的对象与活动上。

17. 简述幼儿思维发展的特点。

(1)幼儿初期的思维仍具有一定的直观行动性;

(2)具体形象思维是幼儿思维的主要特征;

(3)幼儿晚期(5~6岁)抽象逻辑思维开始萌芽。

18. 简述幼儿掌握数概念的三个成分。

(1)掌握数的顺序;(2)掌握数的实际意义;(3)掌握数的组成。

19. 简述学前儿童判断的发展趋势。

(1)判断形式间接化;(2)判断内容深入化;(3)判断根据客观化;(4)判断论据明确化。

三、论述题(参考答案)

1. 试述幼儿想象发展的特征。

(1)无意想象为主,有意想象开始发展

无意想象是指没有预定目的和意图,在一定的刺激影响下,不由自主地进行的想象。无意想象是最简单、最初级形式的想象。有意想象是指根据一定的目的,自觉地创造出新形象的过程。

①无意想象的特点:幼儿以无意想象为主,主要表现在以下方面:想象的目的性不明确;想象的主题易受外界的干扰而变化,内容零散,无系统;想象过程受兴趣和情绪的影响;以想象的过程为满足。

②有意想象的特点:在教育的影响下,幼儿的有意想象开始发展。中班以后,幼儿的想象已具有一定的有意性和目的性。大班以后,幼儿的想象还有了他们自身的独立性。随着年龄的增长和教育的影响,幼儿想象的有意性开始发展,并逐步丰富。

(2)再造想象为主,创造想象开始发展

再造想象是根据语言文字的描述或图形、图解、符号等非语言文字的描绘,在头脑中形成相应的新形象的过程。创造想象是指根据一定的目的和任务,不依赖现存的描述而独立创造出新形象的过程。

①幼儿再造想象的主要特点是:幼儿的想象常常依赖于成人的言语描述;幼儿的想象常常根据外界情景的变化而变化;幼儿想象中的形象多是记忆表象的简单加工,缺乏新异性。

②幼儿创造想象的发展特点:最初的创造想象是无意的自由联想,可以称为表露式创造;形象和原型只是略有不同,或者在常见模式上略有改造;发展的表现在于情节逐渐丰富,从原型发散出来的种类和数量增加,从不同中找出非常规性相似。

(3)幼儿想象具有夸张性

幼儿想象的夸张性是其心理发展特点的一种反映。

①幼儿想象夸张性的原因:由于幼儿认知水平尚处于感性认识占优势的阶段,因此往往抓不住事物的本质;情绪对想象过程的影响;幼儿想象在认知发展中的地位,幼儿期是想象发展的初级

阶段；想象表现能力的局限。

②幼儿想象夸张性的表现：夸大事物某个部分或某种特征；混淆假想与现实。

2. 试述幼儿教师如何在实践中提高幼儿的言语能力。

(1)有目的、有计划的幼儿园语言教育活动是发展幼儿言语能力的重要途径。幼儿园的语言教育活动，是有目的、有计划地对幼儿施加影响的教育活动。在幼儿园的语言活动中，要求幼儿发音正确，用词恰当，句子完整，表达清楚、连贯，并及时帮助幼儿纠正语音；要运用有效的教学方法，调动幼儿说话的积极性，并给予反复练习的机会以及做出良好的示范，促进幼儿语言的发展和言语的规范化。

(2)创设良好的语言环境，提供幼儿交往的机会。幼儿教师要组织丰富多彩的活动，使幼儿广泛地认识周围环境，扩大眼界，丰富知识面，增长词汇。同时，要给他们提供更多的交往机会，尤其是和小朋友的交往，并重视幼儿在交往中用词的准确和说完整的句子。当孩子"见多识广"，语言自然也就丰富了。

(3)把言语活动贯穿于幼儿的一日活动之中。教师可以组织幼儿收听广播、看电视、阅读图书、朗读文学作品等活动来丰富和积累文学语言；在一日生活中，通过随时的观察、交谈等来获得大量的感性认识，并同时复习、巩固和运用在专门的语言活动中所学过的词汇和句式，更多地学习新的词汇，学会用清楚、正确、完整、连贯的语言描述周围事物，表达自己的情感和愿望。

(4)教师良好的言语榜样。在平时的教育活动中，教师要坚持说普通话，尽量做到吐字清晰、正确，潜移默化地去影响幼儿的语言发展。

(5)注重个别教育。由于每个幼儿的个性特征和智力水平都存在着差异，言语的积极性和驾驭语言的能力也不一样。因此，教师在教育活动中，不可忽视对幼儿的个别教育。

3. 为什么意义记忆比机械记忆效果好？

(1)意义记忆是通过对材料的理解进行的。理解使记忆的材料和过去头脑中已有的知识经验联系起来，把新材料纳入已有的知识经验系统中。

(2)机械记忆只能把事物作为单个、孤立的小单位来记忆，意义记忆使记忆材料互相联系，从而把孤立的小单位联系起来，形成较大的单位或系统。

四、材料分析题(参考答案)

1. 我认为刘老师的做法不恰当。

第一种观点认为老师的干预会不利于幼儿想象力的发展，我认为是有道理的。涂鸦期的绘画没有明确的表现意图，不讲究造型、色彩和构图，也就是说，幼儿在涂画之前没有预想、没有构思，而是把涂鸦作为一种游戏活动，享受涂鸦动作带来的那种有节奏地、主动地"动"的运动快感。学前期幼儿的想象以无意想象为主，再造想象占主要地位，而且想象具有很大的夸张性。幼儿的认知发展水平和经验水平都有限，他们的想象天马行空，如果老师强加干预，会打击幼儿的自信心和想象的积极性。材料中幼儿的表现都是符合这个时期想象发展特点的，是无可厚非的，不需要特别担心。教师在幼儿成长过程中，要尊重幼儿的成长规律。

第二种观点认为这样下去会影响幼儿日后的发展，我认为是不对的。幼儿发展有自己的规律，我们应该遵循幼儿的发展规律。随着幼儿的认知不断发展，经验不断丰富，他们对世界的认知也会逐渐趋于客观，我们需要在尊重幼儿发展规律的基础上引导他们发展。

2. (1)幼儿注意分散的原因：

①无关刺激的干扰。幼儿很容易被新异、多变、强烈的刺激物所吸引，这些都容易使幼儿的注意分散。材料中，新布置的场地、摇动的灯笼、老师的新裙子等，都容易使幼儿注意力分散。

②连续进行的单调活动。幼儿如果长时间处于单调的活动状态下，容易发生疲劳。材料中，幼儿对活动的任务和目的不明确，缺乏兴趣，王老师为了完成教学任务，匆匆走完了活动流程。活动中没有引起幼儿的注意，使其缺乏兴趣。

(2)①防止无关刺激的干扰。上课时运用的挂图等教具不要过早呈现，用过应立即收起；对年幼的幼儿不要出示过多的教具。教师本身的装束要整洁大方，不要有过多的装饰，以免分散幼儿的注意。材料中，教室四周挂满了彩带和红灯笼，王老师穿着的红色新裙子都是无关刺激。教师在教学之前应将彩带和灯笼等收好，穿着打扮要符合幼儿常见的形象，以免分散幼儿的注意。

②使幼儿明确活动的目的和要求。在活动前，教师应向幼儿提出明确的活动目的和要求。幼儿对活动的目的要求越明确，注意的有意性越强，越容易保持注意。材料中，王老师的活动没有明确活动目的和要求，幼儿容易注意分散。王老师应在活动前，向幼儿提出明确的活动目的和要求，使幼儿做好开始活动的准备。

③提高教学质量。教师要积极提高教学质量，这是防止幼儿注意分散的重要保证，教师要多方面改善教学内容，改进教学方法。材料中，在活动的过程中，王老师不时停止活动，匆匆走完活动流程等都是教学质量不高的表现。教师在活动中要多方面改善教学内容，改进教学方法，提高幼儿参与活动的兴趣。

3. (1)小凯妈妈的说法是不正确的。

(2)幼儿想象的特点：①无意想象为主，有意想象开始发展；②再造想象为主，创造想象开始发展；③幼儿想象具有夸张性。

(3)幼儿想象的夸张性表现之一是幼儿时期，常将想象的东西和现实进行混淆，具体有三个方面：①把渴望得到的东西说成已经得到的；②把希望发生的事情当成已经发生的事情来描述；③在参加游戏或欣赏文艺作品时，往往身临其境，与角色产生同样的情绪反应。

材料中小凯混淆想象和现实的情况，却被成人误认为孩子在说谎。事实上是幼儿期的想象特点所致。

4. (1)轩轩处于具体形象思维水平。材料中妈妈生气地对轩轩说玩个够吧,别吃饭了,轩轩信以为真,听不懂妈妈话中的意思体现了具体形象思维的表面性,因此处于这一水平。

(2)具体形象思维的特点包括:

①形象性。幼儿思维的形象性,表现为幼儿依靠事物在头脑中的形象来思维。材料中轩轩在挑选桥面的时候,只是看了看桥墩,又瞅瞅桥面,就选到了适合桥墩的桥面,体现了这一特点。

②表面性。幼儿只从表面理解事物,不理解词的转义。其思维往往只是反映事物的表面联系,而不反映事物的本质联系。幼儿也难以理解"反话"。材料中轩轩听不懂妈妈的反话,还以为妈妈真的同意他玩耍,体现了具体形象性中的表面性。

③拟人性。幼儿往往把动物或一些物体当作人来对待。他们赋予小动物或玩具以自己的行动经验与思想感情,和它们说话,把它们当作好朋友。材料中轩轩乱丢玩具小狗,轩轩妈妈说玩具小狗会感冒,轩轩立马捡起来并盖上了小毛巾。轩轩将小狗玩具当成有生命的物体来看待,体现了拟人化的特点。

5. (1)在整个学前期,幼儿的无意记忆占优势,影响幼儿无意记忆的因素有:①客观事物的性质,客观事物与幼儿主体的关系;②幼儿认知活动的主要对象或活动所追求的事物;③活动中感官参加的数量以及活动的动机等。

(2)幼儿对看到的某个电视广告的广告词记忆效果较好是因为对广告词的记忆是一种无意记忆,电视画面具有具体生动、形象的特点,给予幼儿视觉、听觉等多种感官刺激。童谣、广告词简明的语言,符合儿童的兴趣和需要,很容易成为儿童无意记忆的对象,而教师要求记忆的任务属于有意记忆。有意记忆是指有明确记忆目的和意图的记忆。有意记忆的发展,是幼儿记忆发展中最重要的质的飞跃。幼儿的有意记忆是在成人的教育下逐渐产生的,有意记忆的效果依赖于对记忆任务的意识和活动动机。幼儿最初学儿歌是出自对新生事物的好奇心,但如果使用教师唱一句,幼儿跟学一句的机械记忆方法,幼儿的新奇感就会慢慢消退,即使努力可能也记不住歌词。

6. 材料中的现象涉及了很重要的概念——自言自语。自言自语是内部言语发展的初级形态,是在外部言语的基础上,由外部言语向内部言语发展的过渡形式。

(1)自言自语的特征。自言自语既有外部言语的特征(出声),又有内部言语的特性(不是用来交流,只说给自己听,进行自我调节)。

(2)自言自语的形式:①游戏言语的特点是比较完整、详细,有丰富的情感和表现力。②问题言语的特点是比较简短、零碎,常常在遇到问题或者困难时出现,表现为困惑、怀疑、惊奇等。当幼儿找到解决问题的办法时,也会用这种言语表示所采取的办法。例如,材料中乐乐自言自语说:"把这个放哪里呢……不对,应该这样……这是什么……就应当把它放在这里……"四五岁儿童的"问题言语"最为丰富。

(3)出声的自言自语是幼儿口语发展的一种形态,成人要正确加以对待,不要斥责或阻止他们,而是应该帮助和引导它发展成真正的内部言语。6~7岁儿童已经能够默默地用内部言语进行思考,只是遇到困难时,才使用“问题言语”。

7. 幼儿方位知觉的发展趋势是:3岁辨别上下方位;4岁开始辨别前后方位;5岁开始能以自身为中心辨别左右方位;6岁幼儿虽然能完全正确地辨别上下前后四个方位,但以左右方位的相对性来辨别左右仍然感到困难;7岁开始能够辨别以他人为基准的左右方位以及两个物体之间的左右方位。材料中开学第一周,李老师试图教大班的幼儿在课堂上举起右手回答问题,但是结果二十只手举起来了,却都是左手。这种现象说明大班儿童的方位知觉的发展水平不高,表现为:对上下、前后方位已能正确判断,对左右方位,只能比较固定化地辨认,而且不够完善。因此,教师在教学活动中要采用“镜面示范”,即以幼儿的角度来做示范动作。

8. (1)材料中幼儿注意发展的特点是无意注意占优势,有意注意初步形成,但处于较低水平。

(2)①幼儿无意注意占优势。容易引起幼儿无意注意的因素主要是刺激物的物理特性,儿童容易被那些颜色鲜艳、声音动听、造型奇异、变化显著的刺激物吸引,所以幼儿容易看到天上飞的小鸟、水里游的金鱼等。另外,那些符合幼儿自身的兴趣和需要的刺激物也更容易引起幼儿的无意注意。例如材料中的幼儿对于树木是不感兴趣的,所以注意力都是集中在飞翔的小鸟、游来游去的小金鱼、飞舞的蝴蝶和操场上的小朋友。所以教师在带领幼儿观察的过程中尽量避开一些无关的刺激,以免引起幼儿的无意注意。②幼儿有意注意初步形成,处于较低水平。有意注意是有预定目的,需要幼儿意志努力的注意,这一时期幼儿有意注意的发展水平还比较低,因此在户外观察果树时,小朋友们说不出树的特征、形状等。教师应该引导幼儿观察果树的某一特征,引起幼儿的有意注意。

9. (1)材料中的现象是幼儿言语发展中易出现的问题——方言影响。发音除受生理成熟的影响之外,更受环境和教育影响。方言是幼儿发音不准的一个因素。环境中的方言,对幼儿发音影响极大。材料中娜娜的爷爷奶奶说方言,久而久之,娜娜发音也深受家庭方言环境的影响。

(2)针对娜娜的发音问题,应对的矫治措施是:①教师在日常教育活动中,要坚持以普通话教学,教师要严格要求自己,做到吐字清晰、发音准确;②在日常生活中,家庭也应积极配合教育,为幼儿创设良好的语音环境,以促进其语音的良好发展;③教师要鼓励娜娜多使用普通话与小朋友和老师交流。

10. (1)学前儿童的理解主要是直接理解,幼儿期逐渐出现间接理解。学前儿童对事物的理解有以下发展趋势:①从对个别事物的理解,发展到理解事物之间的关系;②从主要依靠具体形象来理解,发展到依靠语言说明来理解;③从对事物做简单、表面的理解,发展到理解事物较复杂、深刻的含义;④从理解与情感密切联系,发展到比较客观的理解;⑤从不理解事物的相对关系,发展到逐渐能理解事物的相对关系。

(2)通过材料可以看出:①幼儿在听完老师的讲述后,立即哭了起来。他对小白兔被大灰狼抓走了感到非常难过,这体现了幼儿的理解与情感的密切联系。也就是说幼儿对事物的理解带有强烈的感情色彩,而不是从客观问题出发。②从材料中可以看出,幼儿对这个问题的理解更多地停留在表面,而并没有把这个问题转化成一个比较抽象的数学运算过程。

11.(1)材料中体现的幼儿心理现象是想象。想象是对头脑中已有的表象进行加工改造,建立新形象的过程。在学前儿童的想象中,无意想象占主要地位,有意想象开始发展。材料中菲菲的想象属于无意想象。

(2)材料中菲菲的这种想象所体现的特点有以下几个:

①想象的目的性不明确。幼儿想象的产生,是由外界刺激物直接引起的,想象活动不能指向一定的目的。材料中,菲菲说自己的画是苹果、像海浪、像妈妈织的毛衣,均由她所画的内容引起的,说明菲菲的想象是由外界刺激直接引起的,没有预定目的。

②想象的主题易受外界的干扰而变化。幼儿初期的孩子,想象不能按一定的目的坚持下去,很容易从一个主题转换到另一个主题,这主要是由幼儿初期孩子的直觉行动思维决定的。材料中,菲菲在纸上涂着涂着,觉得像苹果,于是说自己画的是苹果;又涂着涂着,说是大海的波浪,说明菲菲想象的主题不稳定。

③想象的内容零散,无系统。由于想象的主题没有预定目的,主题不稳定,因此,幼儿想象的内容是零散的,所想象的形象之间不存在有机的联系。材料中,菲菲想象的内容分别是苹果、海浪、毛衣,这些形象之间不存在有机的联系,说明菲菲想象的内容比较零散,缺乏系统。

④以想象过程为满足。幼儿的想象往往不追求达到一定目的,只满足于想象进行的过程。材料中,菲菲画了一样又一样,最后她把整个画面涂黑,说明菲菲仅以想象的过程为满足,对于绘画的结果并不在意。

12.(1)三种条件下儿童所使用的思维方式及原因:

第一种:直觉行动思维。直觉行动思维是指以直观的、行动的方式进行的思维。材料中,在儿童面前摆放木棍和糖果,引导幼儿依靠动作和实物解决问题,是直觉行动思维。

第二种:具体形象思维。具体形象思维是指儿童依靠事物在头脑中的具体形象进行的思维,即依靠具体事物的表象以及对具体形象的联想而进行的思维。材料中,给幼儿提供图画,引导幼儿利用木棍和糖果的形象进行思考,是具体形象思维。

第三种:抽象逻辑思维。抽象逻辑思维反映事物的本质特征,是指运用概念、根据事物的逻辑关系来进行的思维。材料中,利用口头语言布置任务,需要幼儿理解,是抽象逻辑思维。

(2)儿童思维方式的变化如下:

①从思维发展的方式来看,幼儿的思维最初是直觉行动思维,然后出现具体形象思维,最后发展起来的是抽象逻辑思维。材料中,第一种条件下,完成任务的成功率均最高,第二种条件次

之，第三种条件只有5～6岁能够成功，符合三种思维方式的水平。

②三种思维方式随着年龄的增长逐渐发展。直觉行动思维从小班开始就有明显表现，中班具体形象思维明显，大班抽象逻辑思维萌芽。

13. (1)材料中体现了幼儿思维发展的具体形象性的特点。具体性是指幼儿思维的内容是很具体的。幼儿思考问题总是借助于具体事物或具体事物的表象，对具体的语言容易理解，对抽象的语言则不易理解。形象性是指依靠事物的形象来思维。事物可以在眼前也可以不在眼前，但头脑中必须有事物的表象。

(2)根据幼儿思维具体形象性的特点进行教育，需要教师多采用直观、形象的方法，尽量避免抽象、空洞的说教。材料中教师讲到"大象用鼻子把狼卷起来"时，用手做出"卷"的动作，可以有助于幼儿更好地理解"卷"的意思。教师在讲到"大象把狼扔到河里去"时，又用手做出扔的样子。该教师采用具体形象的方法，引导幼儿跟着学习也做出相应的动作，这样会使幼儿更好地理解教学内容，掌握教学知识。由于幼儿思维具有具体形象的特点，不善于分析事物的内在含义，不能理解语言的寓意、转义，因此，在对幼儿进行教育时，教师一定要坚持正面引导的原则，切忌讲反话，或嘲笑、讽刺幼儿。

14. 幼儿模仿性强，思维具有具体形象性，教师、家长的言谈举止、行为习惯都是他们学习模仿的榜样。教师是孩子在一天之中接触最多的，因此他们模仿的最直接的对象便是教师。对教师的言谈举止，观察最细，感受也最强，而且会不加选择地模仿。材料中，教师一直在强调要两只手搬椅子，但自己却在孩子们面前把小椅子随手一拖或一拎。这些看似不起眼的小细节都会对幼儿的行为习惯培养造成一定的影响。因此教师首先要严格要求自己，做孩子的表率，来影响孩子、教育孩子，平时需要注意自己的言行举止，对幼儿起到潜移默化的作用。

专题五　学前儿童情绪情感的发展

一、单项选择题

答案速查

1～5	ABDCD	6～10	ACADD	11～15	DBAAC	16～20	DABBD
21～27	CCBDCDA						

1. A 【解析】道德感是因自己或别人的言行是否符合社会道德标准而引起的情绪体验。如中班幼儿的告状行为就是幼儿对别人行为方面的评价，它是基于一定的道德标准而产生的。题干中明明的做法体现了道德感的发展。

方法技巧：理智感与认知（认识事物、探求真理）有关；道德感强调依据道德标准对人的思想、意图和言行产生评价时的情感。

2. B 【解析】情绪情感的深刻化即指向事物性质的变化，从指向事物的表面到指向事物更内在的

特点。中大班的幼儿对比小班的幼儿,关注点更集中于内在因素,这是情绪情感发展深刻化的表现。

3. D 【解析】情绪的易感染性是指儿童的情绪非常容易受周围成人或儿童情绪的影响。如新入园的幼儿哭着要妈妈,会引起已经适应幼儿园生活的其他孩子也跟着哭;有一个孩子笑,其他幼儿也会莫名其妙地跟着笑,如果老师问“你为什么笑”,幼儿往往说“不知道”,或者指别人说“他也笑”,这些现象在小班较为明显。

4. C 【解析】幼儿的情绪具有不稳定性的特点,容易受到外界刺激的影响,且容易被他人的情绪感染。所以,教师要把哭着找妈妈的孩子和其他孩子暂时隔离开来,以免影响其他孩子的情绪。

5. D 【解析】婴儿期的孩子情绪完全表露在外,丝毫不加控制和掩饰。幼儿晚期,幼儿调节自己情绪表现的能力已有一定的发展。题干描述的矛盾的情况,说明幼儿从不会调节自己的情绪表现,到开始产生调节自己的情绪表现的意识,但由于自我控制的能力差,还不能完全控制自己的情绪表现,情绪完全表露在外。

6. A 【解析】道德感是因自己或别人的言行举止是否符合社会道德标准而引起的情感体验。小班的孩子道德感主要是指向个别行为的,如知道打人、咬人是不好的。中班孩子不但关心自己的行为是否符合道德标准,而且开始关心别人的行为,并由此产生相应的情感。到了大班,幼儿的道德感进一步发展和复杂化。他们对好与坏、好人与坏人,有鲜明的不同感情。题干的表述表明幼儿的道德感随着年龄增长不断发展。

7. C 【解析】成人要满足婴幼儿的社会性需要。婴儿出生后最感愉快、最渴望的是母亲肌体的温暖,最初的社会性需要是接触(身体)及抚爱、搂抱婴儿,和婴儿身体接触是婴儿的心理和社交活动正常发展最重要的因素,婴儿喜欢逗引、抱、摇等动作,它使婴儿产生满足的情绪。

8. A 【解析】冷处理法是当孩子情绪十分激动时,可以采取暂时置之不理的办法,孩子自己会慢慢地停止哭喊,即所谓的“没有观众看戏,演员也没劲了”。

9. D 【解析】幼儿的情绪具有易感染性,随着幼儿年龄的增长,他们的情绪会渐趋稳定,但还是容易受到身边亲近的人的感染。

10. D 【解析】幼儿的情绪在很大程度上受成人的暗示,成人应正确运用暗示和强化。题干中豆豆妈妈运用积极暗示的方式调控幼儿的情绪。

11. D 【解析】幼儿情绪情感的逐渐丰富化表现在以下方面:幼儿情绪过程越来越分化;情感指向的事物不断增加,有些先前不引起儿童体验的事物,随着幼儿年龄的增长,能够引起其情绪体验。从题干可以看出,随着年龄的增长,幼儿越来越在意同伴和成人对自己的看法,这体现了儿童情绪情感的丰富化。

12. B 【解析】理智感是认知需要是否得到满足而产生的情绪情感体验。幼儿的理智感有一种特殊的表现形式,即好奇好问,对于 5 岁的幼儿来说,这种情感会明显地发展起来。题干中小华好奇心强的表现体现了其理智感的发展。

13. A　【解析】情绪是原始的、低级的态度体验，与生理需要是否满足相联系。A 项看到美味佳肴产生的愉快体验属于情绪。情感是与人的社会性需要相联系的态度体验，人的社会性情感按其内容可分为道德感、理智感和美感。道德感是根据一定的道德标准去评价自己或他人的言行举止时产生的情感体验。C 项撒谎后心里感到不安属于道德感。理智感是在认知客观事物时所产生的情感体验。B 项解答出一道难题时感到满足属于理智感。美感是根据一定的审美标准来评价事物时所产生的情感体验。D 项游历美好山川时产生的是美感。

14. A　【解析】幼儿的情绪常常处于激动状态，而且来势强烈，不能自制，往往全身心都受到不可遏制的威力支配。年龄越小，这种冲动越明显。随着年龄的增长、语言的发展，幼儿逐渐学会接受成人的语言指导，调节控制自己的情绪。题干中的幼儿看到故事书中的“坏人”就把它抠下来，体现其情绪的不能自制，即情绪的易冲动性。

15. C　【解析】婴幼儿的情绪是非常不稳定的，容易变化，表现为两种对立的情绪在短时间内互相转换。婴幼儿的情绪常常被外界情境支配，情绪往往随着某种情境的出现而产生，又随着情境的变化而消失。

16. D　【解析】随着年龄的增长，幼儿对情绪过程的自我调节越来越强。这种发展趋势主要表现在三个方面：情绪的冲动性逐渐减少；情绪的稳定性逐渐提高；情绪从外显到内隐。

17. A　【解析】随着年龄的增长，儿童逐渐产生了社会交往的需要，从两个月起，便开始出现对人脸的积极情绪反应，这体现了儿童情绪的社会化。

18. B　【解析】幼儿 3 岁前只有某些道德感的萌芽，进入幼儿园以后，特别是在集体生活环境中，逐渐掌握了各种行为规范，道德感也逐步发展起来。

19. B　【解析】有意识地转移话题或做点别的事情来分散儿童的注意力，便可使不良情绪得到适度的控制。3 岁孩子刚进入幼儿园时往往会哭闹，教师常常用转移注意的方法，要么和他一起玩玩具，要么给他讲故事，一会儿孩子的情绪便会有所好转。

20. D　【解析】儿童最初出现的情绪是与生理需要相联系的。随着年龄的增长，儿童情绪逐渐与社会性需要相联系。社会化成为儿童情绪情感发展的一个主要趋势。

21. C　【解析】美感是人对事物审美的体验，它是根据一定的美的标准而产生的。幼儿对色彩鲜艳的艺术作品或物品容易产生喜爱之情。在教育的影响下，幼儿中期能从音乐、绘画作品中，从自己从事的美术活动、跳舞、朗诵中得到美的享受。

22. C　【解析】对一般儿童来说，5 岁左右，幼儿的理智感已明显地发展起来，突出表现在幼儿很喜欢提问题，并由于提问和得到满意的回答而感到愉快。6 岁幼儿喜爱进行各种智力游戏或所谓“动脑筋”活动，如下棋、猜谜语等，这些活动能满足他们的求知欲和好奇心，促进理智感的发展。题干中，硕硕猜出谜底，表现出愉快、满足、自豪等情绪状态，这种情绪体验是理智感。

23. B　【解析】婴幼儿情绪的不稳定与情绪的易感染性有关。一个新入园的孩子哭着要找妈妈，会

引起早已习惯了幼儿园生活的其他孩子都哭起来。故答案选 B 项。

24. D 【解析】行为反思法即让孩子想一想自己的情绪表现是否合适。例如,在孩子哭闹后,让他想一想这样哭闹好不好;和小朋友玩玩具发生争执时,想一想自己的行为对不对,还有哪些解决问题的办法。题干采用的是行为反思法。

25. C 【解析】冷处理法是指孩子情绪十分激动时,可以采取暂时置之不理的办法,孩子自己会慢慢地停止哭喊。当孩子处于激动状态时,成人切忌激动起来。

26. D 【解析】理智感是在认知客观事物的过程中所产生的情感体验,它与人的求知欲、认识兴趣、解决问题的需要等满足与否相联系。对一般儿童来说,5 岁左右,理智感已明显地发展起来,突出表现在幼儿很喜欢提问题,并由于提问和得到满意的回答而感到愉快。

27. A 【解析】题干中老师和幼儿家长的话,都是对幼儿的正面鼓励和肯定。

二、简答题(参考答案)

1. 简述情绪与情感的区别。

(1)情绪出现较早,多与生理性需要相联系。而情感出现较晚,多与社会性需要相联系;

(2)情绪具有情境性和暂时性,而情感具有深刻性和稳定性;

(3)情绪具有冲动性和明显的外部表现,而情感则比较内隐。

2. 简述帮助幼儿控制情绪的几种方法。

(1)转移注意法。有意识地转移话题或做点别的事情来分散儿童的注意力,便可使不良情绪得到适度的控制。

(2)冷处理法。孩子情绪十分激动时,可以采取暂时置之不理的办法,孩子自己会慢慢地停止哭喊。

(3)消退法。在情绪强烈时,不去关注或刻意控制,而是让其自然而然地减弱以至消退。对孩子的消极情绪可以采用消退法。

3. 简述学前儿童高级情感的主要内容。

(1)道德感。道德感是因自己或别人的言行举止是否符合社会道德标准而引起的情绪体验。

(2)理智感。理智感是在认知客观事物的过程中所产生的情感体验,它与人的求知欲、认识兴趣、解决问题的需要等满足与否相联系。幼儿的理智感有一种特殊的表现形式,即好奇好问。另一种表现形式是与动作相联系的“破坏”行为。

(3)美感。美感是人对事物审美的体验,它是根据一定的美的标准而产生的。

4. 简述学前儿童的几种基本情绪。

(1)哭。新生儿的哭主要是生理性的,而幼儿的哭,已经逐渐表现为社会性情绪了。

(2)笑。婴儿最初的笑是自发性的,或称内源性的笑,这是一种生理表现。从第 5 周开始,婴儿开始出现“社会性微笑”。4 个月左右,婴儿出现有差别的微笑。有差别的微笑的出现,是婴儿最初的有选择的社会性微笑发生的标志。

(3)生气和伤心。

(4)恐惧(害怕)。

三、论述题(参考答案)

1. 试述学前儿童情绪情感发展的一般趋势。

(1)情绪情感的社会化。儿童最初出现的情绪是与生理需要相联系的。随着年龄的增长,儿童情绪逐渐与社会性需要相联系。社会化成为儿童情绪情感发展的一个主要趋势。具体表现为:情绪中社会性交往的成分不断增加;引起情绪反应的社会性动因不断增加;情绪表述的社会化。

(2)情绪情感的丰富和深刻化。从情绪所指向的事物来看,其发展趋势是越来越丰富和深刻的。儿童情绪情感的逐渐丰富化表现在以下方面:儿童情绪过程越来越分化;情感指向的事物不断增加,有些先前不引起儿童体验的事物,随着儿童年龄的增长,能够引起其情绪体验。而情绪发展的深刻化是指情绪所指向的事物的性质的变化,从指向事物的表面到指向事物内在的特点。

(3)情绪情感的自我调节化。从情绪的进行过程看,其发展趋势是越来越受自我意识的支配。随着年龄的增长,儿童对情绪过程的自我调节越来越强。这种发展趋势主要表现在三个方面:①情绪的冲动性逐渐减少;②情绪的稳定性逐渐提高;③情绪情感从外显到内隐。

2. 试述幼儿情绪发展的特点,并分析教师应如何培养幼儿的情绪控制能力。

(1)特点:

①情绪的易冲动性。幼儿的情绪常常处于激动状态,而且来势强烈,不能自制,往往全身心都受到不可遏制的威力支配。年龄越小,这种冲动越明显。

②情绪的不稳定性。婴幼儿的情绪是非常不稳定的,容易变化,表现为两种对立的情绪在短时间内互相转换。幼儿的情绪常常受外界情境所支配,某种情绪往往随着某种情境的出现而产生,又随着情境的变化而消失。

③情绪的外露性。婴儿期的孩子的情绪完全表露在外,丝毫不加控制和掩饰。幼儿晚期,幼儿调节自己情绪表现的能力已有一定的发展。在正确的教育下,随着幼儿对是非观念的掌握,幼儿对情绪的调节能力会很快发展起来。

④情绪的易感染性。当周围人的情绪变化时很快就影响到幼儿。幼儿后期,孩子情绪的稳定性会逐渐增强,但仍受家长和教师的感染,所以家长和教师在幼儿面前必须控制自己的不良情绪。

(2)培养幼儿的情绪控制能力的措施:

①营造良好的情绪环境。婴幼儿情绪发展主要依靠周围情绪气氛的熏陶。因此,在幼儿园教育中应注意营造和谐的气氛,并且与幼儿之间建立良好的师生情。

②成人情绪自控的示范。为人之师,也要学会控制自己的情绪。优秀教师能够做到把自己的一切忧伤留在教室之外,情绪饱满地走进课堂,这样才能使幼儿保持良好的情绪状态。教师还要

理智地对待每个幼儿,自觉地控制自己的情绪,主动关心幼儿,给予耐心帮助。

③采取积极的教育态度。教师可以灵活使用正面肯定和鼓励,耐心倾听幼儿说话,正确运用暗示和强化的教育态度。

④帮助幼儿控制情绪。幼儿不会控制自己的情绪,成人可以用各种方法帮助他们控制情绪。如转移注意法、冷处理法、消退法等。

⑤教会孩子调节自己的情绪表现。帮助幼儿控制不良情绪的方法主要有:行为反思法;想象法;自我说服法。

四、材料分析题(参考答案)

1. (1)儿童情绪的发展趋势主要有三个方面:社会化、丰富和深刻化、自我调节化。

甜甜因为妈妈没有给她买冰激凌而伤心地哭起来,爸爸给她一块巧克力时,她便笑了,这体现了情绪的不稳定性。甜甜看见邻居家的小朋友哭了,她也跟着哭了起来,这体现了情绪的易感染性。同时甜甜的这些行为都表明了幼儿情绪的社会化。

(2)成人可以教会幼儿采用以下几种方法调节自己的情绪:

①行为反思法。让孩子想一想自己的情绪表现是否合适。例如,在孩子哭闹后,让他想一想这样哭闹好不好;和小朋友玩玩具发生争执时,想一想自己的行为对不对,还有哪些解决问题的办法。

②想象法。当幼儿遇到困难或挫折而伤心时,教他想想自己是“大姐姐”“大哥哥”“男子汉”或某个英雄人物等。

③自我说服法。幼儿初入园由于要找妈妈而伤心地哭泣时,可以教他自己大声说:“好孩子不哭。”幼儿和小朋友打架,很生气时,可以要求他讲述打架发生的过程,孩子会越讲越平静。

2. (1)莉莉妈妈所采用的是转移注意法。转移注意法是指当幼儿出现某种不良情绪或行为时,将其注意力转移到其他方面。材料中莉莉闹着想要玩具,妈妈转移莉莉的注意,说去另一个地方看看有没有更好的玩具,迅速领着莉莉离开原地。

(2)①冷处理法。孩子情绪十分激动时,可以采取暂时置之不理的办法,孩子自己会慢慢地停止哭喊。当孩子处于激动状态时,成人切忌激动起来。例如,对孩子大声喊叫“你再哭!我打你”或“你哭什么?不准哭,赶快闭上嘴”之类的。这样做会使孩子情绪更加激动,无异于火上浇油。

②消退法。在情绪强烈时,不去关注或刻意控制,而是让其自然而然地减弱以至消退。对孩子的消极情绪可以采用消退法。例如,有个孩子总不愿意把水果分给父母吃,父母要吃他手中的水果,他总要哭闹。后来父母商量好,采用消退法,对他的哭闹不予理睬。第一天吃水果时,父母把一个水果分成几块,孩子拿着水果哭了很久,看着父母不理会他。只好把手中的水果吃了。第二天哭的时间缩短了。以后哭闹时间逐渐减少,最后看着父母把他手中的水果拿去分成几块给大家吃也不哭了。

3.(1)①幼儿情绪的易冲动性。幼儿的情绪常常处于激动状态,而且来势强烈,不能自制,往往全身心都受到不可遏制的威力支配。年龄越小,这种冲动越明显。材料中,阳阳对于奶奶的离开,总是又哭又闹,说明阳阳的情绪比较容易激动。

②幼儿情绪的不稳定性。幼儿的情绪非常不稳定,容易变化,表现为两种对立的情绪在短时间内互相转换。材料中,阳阳在奶奶的背影消失后,能够很快平静下来,并能与小朋友高兴地玩,说明阳阳的情绪转换比较快,具有不稳定的特点。

③幼儿情绪的外露性。幼儿情绪的外露性指的是幼儿的情绪完全表露在外,丝毫不加控制和掩饰。材料中,阳阳对于奶奶离开和奶奶回来的表现都是直接显现出来的,没有丝毫控制和掩饰。

(2)阳阳奶奶的担心没有必要。

教师可以采取的做法:①冷处理法。孩子情绪十分激动时,可以暂时置之不理,孩子自己会慢慢地停止哭喊。当孩子处于激动状态时,成人切忌激动起来。②转移注意法。3岁孩子刚进入幼儿园时往往会哭闹,教师常常用转移注意的方法,要么逗他玩玩具,要么指着书上的动物给他讲故事,一会儿孩子的情绪就会有所好转。③消退法。对孩子的消极情绪可以采用消退法,不予强化,孩子的这种消极情绪逐渐就会平息。④缩小家园生活的差异性。幼儿在家的生活与在幼儿园的生活相比,有很大的不同。因此,教师可以通过一些措施缩小家园生活的差异,帮助幼儿适应集体生活的种种要求,培养幼儿良好的生活习惯。⑤用爱心和技巧教育幼儿。对于3岁多的幼儿来说,要解决上述问题是比较困难的。为了帮助幼儿克服困难,教师不但需要有足够的爱心和耐心,而且要掌握教育技巧。

专题六　学前儿童个性的发展

一、单项选择题

答案速查

1~5	CBDDC	6~10	BBBCB	11~15	DADCB	16~20	BBDAD
21~25	CAAAB	26~30	BAACC	31~35	DDADD		

1.C 【解析】黏液质的儿童的气质特征为:稳重,但灵活性不足;踏实,但有些死板;沉着冷静,但缺乏生气。题干中豆豆的气质类型可能是黏液质。

2.B 【解析】幼儿基本上是对自己的外部行为进行自我评价,而不能深入到对自己内心品质进行自我评价。题干中所讲幼儿在回答自己是好孩子的理由时,倾向于外部行为来回答。

3.D 【解析】自制力是善于控制自我的能力,如善于控制自己的行为和情绪反应的能力等。自制力是意志的抑制功能。在意志行动中,与目标不一致的欲望或诱惑、消极的情绪(如厌倦、懒惰、恐惧)等都会干扰人们做出决定和执行决定。"木头人"的游戏能够促进幼儿意志品质中自制力的发展。

4.D 【解析】抑郁质气质类型的幼儿具有敏锐、稳重、体验深刻、外表温柔、怯懦、孤独、行动缓慢等

的特征。浩浩不喜欢参加集体活动,受到委屈会不开心很久,体现出孤独、情绪体验深刻的特点,其气质类型属于抑郁质。

5. C 【解析】自我体验是伴随自我认识而产生的内心体验,是自我意识在情感上的表现,即主我对客我所持有的一种态度。"我喜欢自己这个样子""我觉得自己很讨厌"属于自我体验。

6. B 【解析】幼儿初期对自己或别人的评价带有依从性,往往都是成人评价简单的复述。例如,要幼儿评价他是好孩子时,他会说:"妈妈说我是好孩子。""老师说我乖。"这种自我评价还不是真正的自我评价,只能算作"前自我评价"。

7. B 【解析】多血质的人以反应迅速、有朝气、活泼好动、动作敏捷、情绪不稳定为特征。小张同学的气质符合多血质的特征。

8. B 【解析】个体整体性是指个性是一个统一的整体结构,是由各个密切联系的成分构成的多层次、多水平的统一体。在这个整体中,各个成分相互影响、相互依存,使每个人行为的各方面都体现出统一的特征。所以从一个人行为的某一个方面可以看到他的个性特点,体现个性的整体性。

9. C 【解析】模仿性强是幼儿期的典型特征,小班幼儿表现尤为突出。幼儿往往没有主见,常常随外界环境影响而改变自己的意见,受暗示性强。幼儿模仿的对象可以是成人,也可以是其他小朋友。此外,儿童之间会相互模仿。题干中许多幼儿模仿娟娟坐直,反映了幼儿模仿性强的性格特点。

10. B 【解析】对于幼儿来说,个性发展的主要内容就是个性特征开始形成。

11. D 【解析】身体—动觉智能主要是指运用四肢和躯干的能力,表现为能够较好地控制自己的身体,或对事件能够做出恰当的身体反应以及善于利用身体语言来表达自己的思想和情感的能力。舞蹈演员的优势是身体—动觉智能。

12. A 【解析】实行自助餐的就餐方式,孩子们就必须自己进行思考、选择和把握,这有利于提高他们的独立能力以及自我服务的能力。故王老师的这种做法有利于培养孩子的独立性。

13. D 【解析】儿童在2~3岁的时候,掌握代名词"我"是儿童自我意识萌芽的最重要标志。

14. C 【解析】人的各种关系是社会性的。一个人在社会生活中交往越广泛,社会关系也就越复杂、越深刻,他的精神世界也就越丰富。个性是在社会生活实践中对各种社会关系的反映而形成的社会特征,因此,个性的社会性是个性的本质特征。题干的描述反映了个性的社会性特征。

15. B 【解析】语言智力主要是指听、说、读、写的能力,表现为个人能够顺利而高效地利用语言描述、表达思想并与人交流的能力。

16. B 【解析】自我认识是个体对自己的能力、道德品质、行为、社会行为方面的社会价值的认识和评价,是自我意识在认知方面的表现。自我体验是人在对自己进行自我评价时产生的情绪体验,它是自我意识在情感方面的表现。自我评价是建立在自我观察和自我分析的基础上,对自己思想、个性等各方面做的价值判断。自我监控是个体对自身心理和行为的主动的掌握,它是人所特有的心理现象,是自我意识在意志方面的表现。题干的描述反映了幼儿的自我体验。

17. B 【解析】黏液质孩子的典型特点是"慢",因此,对此类幼儿进行教育时,应多给予他们参加各种活动的机会,及时表扬他们的成绩,培养他们的自信心,激发他们活动的积极性。引导他们机敏地完成活动,防止拖拉过分谨慎等。当孩子完成某项活动后,及时鼓励赞赏,同时提出进一步的要求,如"以后再快一点就更好了"。教师对幼儿的要求应适宜,以孩子经过努力能达到为标准,以后逐渐提高要求。

18. D 【解析】幼儿初期对自己或别人的评价带有依从性,往往都是成人评价的简单复述。

19. A 【解析】个性是一个统一的整体结构,是由各个密切联系的成分构成的多层次、多水平的统一体。在这个整体中,各个成分相互影响、相互依存,使每个人行为的各方面都体现出统一的特征,这就是个性的整体性含义。因此,从个体行为的一个方面往往可以看出他的个性,这就是个性整体性的具体表现。题干中丽丽动作快、吃饭快、易冲动等行为都能够表现出她脾气急的个性。

20. D 【解析】性格的意志特征表现为人自觉调节自己行为方面的特点,其中有一点就是:在紧急或困难情况下表现出来的特征(勇敢、果断、镇定、退缩等)。题干中的君君一遇到困难就退缩,具体指的是其行为的表现,反映的是性格的意志特征。所以该题选择 D。

易混辨析:考生易混淆性格的特征。在做题时,考生可根据题干中的关键词来进行判断,如出现"谦虚或自负""粗心或细心"等词则对应态度特征;出现"顽强拼搏""退缩"等词则对应意志特征;出现关于情绪的词语对应情绪特征;出现关于认知的词对应理智特征。

21. C 【解析】对于黏液质的孩子,要培养积极探索精神及踏实、认真的优点,防止墨守成规、谨小慎微。

22. A 【解析】胆汁质的人抑制力差,做事冲动,性情急躁。题干所述是胆汁质的典型特征。

23. A 【解析】"镜像测验"主要的操作内容是,母亲在擦拭婴儿的脸时,悄悄地在婴儿的鼻子上或额头上画一个标记,然后将婴儿放在镜子面前。之后观察婴儿的反应:是去摸镜子中婴儿的鼻子或额头上的标记,还是摸自己鼻子或额头上的标记。这是评价婴儿是否具备自我意识的一个重要标准。

24. A 【解析】自我意识的真正出现是和儿童言语的发展相联系的。在掌握了有关的词后,孩子逐渐学会像其他人那样叫自己的名字。

25. B 【解析】对于多血质的孩子,要培养热情开朗的性格及稳定的兴趣,防止粗枝大叶、虎头蛇尾。对于胆汁质的孩子,要培养勇于进取、豪放的品质,防止任性、粗暴;对于黏液质的孩子,要培养积极探索精神及踏实、认真的优点,防止墨守成规、谨小慎微;对于抑郁质的孩子,要培养

机智、敏锐和自信心,防止疑虑、孤独。

26. B 【解析】托马斯和切斯发现,新生儿1~3个月就有明显、持久的气质特征,不大容易改变,一直持续到成年。他们根据儿童活动水平、生理活动的规律性、对新异刺激反应的害怕或抑制等九个维度,把婴儿的气质分为三种类型:(1)容易型;(2)迟缓型;(3)困难型。

27. A 【解析】题干中毛毛对舞蹈的恐惧、焦虑和害羞都体现了自我意识发展中的自我体验。

28. A 【解析】抑郁质以敏锐、稳重、体验深刻、外表温柔、怯懦、孤独、行动缓慢为特征。题干所述是针对抑郁质幼儿的教育措施。

29. C 【解析】自信心是对自己的能力是否适合所承担的任务而产生的自我体验。题干中小晶怕挨批评而轻言放弃,是自信心缺乏的表现。

30. C 【解析】操作能力就是操纵、制作和运动的能力。题干中小明剪纸时动作不协调,剪得不整齐,说明小明的手部操作能力需要发展。

31. D 【解析】幼儿性格的年龄特点主要表现为活泼好动;喜欢交往;好奇好问;独立性不断发展;易受暗示,模仿性强;坚持性随年龄增长不断提高;易冲动,自制力差,同时自制力不断发展。内向并不属于幼儿性格的年龄特点。

32. D 【解析】个性是指一个人比较稳定的、具有一定倾向性的各种心理特点或品质的独特组合。A项、B项表述正确。个性心理特征系统是个性个别性的集中表现,包括气质、能力与性格等心理成分。C项表述正确。个性形成的基础不是人的内在需要,动机的基础才是人的内在需要。所以D项说法错误。

33. A 【解析】胆汁质以精力旺盛、表里如一、刚强、易感情用事为特征,整个心理活动笼罩着迅速而突发的色彩。

34. D 【解析】个性是一个统一的整体结构,是由各个密切联系的成分构成的多层次、多水平的统一体。在这个整体中,各个成分相互影响、相互依存,使每个人行为的各方面都体现出统一的特征,这就是个性的整体性含义。题干的表述体现了个性的整体性特点。

35. D 【解析】自制力是善于控制自我的能力,如善于控制自己的行为和情绪反应的能力等。自制力是意志的抑制功能。题干的表述从儿童心理发展的角度说明健健的自制力获得了发展。

二、简答题(参考答案)

1. 简述幼儿自我评价发展的特点。

(1)从依从性的评价发展到独立性的评价;

(2)从对个别方面的评价发展到对多方面的评价;

(3)先有对自己外部行为的评价,逐渐出现对内心品质的评价;

(4)从主观情绪性的评价发展到初步客观的评价;

(5)从只有评价没有依据发展到有依据的评价。

2. 简述幼儿自我控制发展的趋势。

(1)从主要受他人控制发展到自己控制;(2)从不会自我控制发展到使用控制策略;(3)幼儿自我控制的发展受父母控制特征的影响。

3. 简述幼儿自我意识的培养策略。

(1)在日常生活中培养幼儿的自我意识;(2)在各种活动中正确引导幼儿的自我意识;(3)教师评价幼儿要把握分寸;(4)教师应为幼儿提供自我评价的机会;(5)家园配合,指导家长实施正确的教育。

4. 简述个性的基本特征。

(1)个性的独特性;(2)个性的整体性;(3)个性的稳定性;(4)个性的社会性;(5)个性的积极能动性。

5. 简述幼儿良好性格的培养措施。

(1)加强思想品德教育;(2)引导幼儿参加集体生活和实践活动;(3)树立良好榜样;(4)巩固幼儿良好的性格特征,克服性格方面的缺点。

6. 简述加德纳的多元智能理论。

加德纳提出的多元智能框架中主要包括七种智力,后来又增加到八种,这八种智力分别是:(1)言语—语言智力;(2)音乐—节奏智力;(3)逻辑—数理智力;(4)视觉—空间智力;(5)身体—动觉智力;(6)自知—自省智力;(7)交往—交流智力;(8)自然观察智力。

7. 简述学前儿童气质发展的特点。

(1)学前儿童的气质具有相对稳定性;(2)学前儿童的气质类型有一定变化;(3)气质无所谓好坏但它影响父母的教养方式;(4)具有个体差异。

8. 简述幼儿性格的年龄特点。

(1)活泼好动;(2)好奇好问;(3)喜欢交往;(4)独立性不断发展;(5)易受暗示,模仿性强;(6)坚持性随年龄增长不断提高;(7)易冲动,自制力差,同时自制力不断发展。

9. 简述希波克拉底的气质分类。

(1)胆汁质。胆汁质以精力旺盛、表里如一、刚强、易感情用事为特征。

(2)多血质。多血质以反应迅速、有朝气、活泼好动、动作敏捷、情绪不稳定为特征。

(3)黏液质。黏液质以稳重,但灵活性不足;踏实,但有些死板;沉着冷静,但缺乏生气为特征。

(4)抑郁质。抑郁质以敏锐、稳重、体验深刻、外表温柔、怯懦、孤独、行动缓慢为特征。

三、材料分析题(参考答案)

1. 从材料中可以看出东东的自我意识发展的基本特点,具体表现在如下几个方面:(1)自我认识的发展。东东在经过说服后,明白了道理,这是他对自己行动的意识和对于自己内心活动的意识。(2)自我评价的发展。东东没有得到小红花,不肯回家。后来每天都要问老师:“我今天表现好

吗?”当老师说他有进步,给他一朵小红花时,东东高兴极了,表明他还没有独立的自我评价,主要依赖于成人对他的评价。(3)自我控制的发展。东东从第二天起,自觉控制自己的行为,表明他能够根据成人的指示调节自己的行动。

2. (1)自我意识。自我意识是对自己存在的察觉,即自己认识自己的一切,包括认识自己的生理状况(如身高、体重、形态等)、心理特征(如兴趣爱好、能力、性格、气质等)以及自己与他人的关系(如自己与周围人们相处的关系、自己在集体中的位置与作用等)。认识到自己是一个独立的个体。材料中的幼儿知道自己的姓名、年龄等,说明了其自我意识的发展。

(2)材料中幼儿的自我意识的发展特点主要表现在以下两方面:①自我评价:自我评价是建立在自我观察和自我分析的基础上,对自己思想、个性等各方面做的价值判断。材料中小女孩对自己的评价借助的是一些外部的行为,如会做值日,会擦桌子,会分碗筷,会讲故事等。

②自我控制:从主要受他人控制发展到自己控制,自我控制是主体对自身心理与行为的主动的掌握。材料中的小女孩因为老师和妈妈说吃了胡萝卜对眼睛好,她就吃了胡萝卜,说明了小女孩已经能够做到自我控制。

3. (1)材料中的明明基本上属于胆汁质的气质类型。胆汁质的典型特征是精力旺盛、表里如一、刚强、易感情用事。而材料中明明参加活动积极主动,精力旺盛,想干什么就立即行动,做事有闯劲,但时常马马虎虎,待人大方,热情直率,爱打抱不平,喜欢别人听从他的支配,否则就会大发脾气,甚至动手打人,易感情用事,自控能力差等都体现了胆汁质的气质类型。

(2)气质本身没有好坏之分,每一种气质既有优点,又有缺点。教育的目的不是设法改变儿童原有的气质,而是要克服缺点,发展优点,使儿童在原有气质的基础上建立优良的个性特征。①对于胆汁质的孩子,要培养勇于进取、豪放的品质,防止任性、粗暴;②对于多血质的孩子,要培养热情开朗的性格及稳定的兴趣,防止粗枝大叶、虎头蛇尾;③对于黏液质的孩子,要培养积极探索精神及踏实、认真的优点,防止墨守成规、谨小慎微;④对于抑郁质的孩子,要培养机智、敏锐和自信心,防止疑虑、孤独。

4. (1)材料中亮亮是一个活泼的孩子,体现了活泼好动的特点;亮亮不断地问遥控飞机是怎么飞起来的行为体现了他好奇好问的特点;亮亮偷偷撬开了遥控飞机体现了易冲动,自制力差的特点。

(2)幼儿期的幼儿,具有活泼好动,好奇好问,好模仿,易冲动,自制力差等特点。作为幼儿教师要根据幼儿的年龄特点进行教育,抓住幼儿好奇好问,好模仿的特点实施教育。要保护幼儿的好奇心,对幼儿提出的问题要给予及时的回答。材料中教师对幼儿提出的问题只是做了表面的、浅显的、敷衍的回答,未能满足幼儿的好奇心和求知欲望,以致亮亮在冲动之下自己偷偷撬开了遥控飞机。因此,教师可以在保护幼儿好奇心的前提下,开展一些有关遥控飞机为什么会飞的教育探索活动,以满足幼儿的好奇心和求知欲望。同时,教师要给幼儿提供动手操作的机会,充分调动幼儿的积极能动性,让他们自己去探索、研究、发现和解决问题。

5. (1)幼儿性格的年龄特点:①活泼好动;②好奇好问;③喜欢交往;④独立性不断发展;⑤易受暗示,模仿性强;⑥坚持性随年龄增长不断提高;⑦易冲动,自制力差,同时自制力不断发展。

(2)材料中强强的行为具体表现如下:①独立性不断发展。独立性反映一个人在行动中的自主程度。3 岁前儿童的心理活动几乎完全是直接依赖于外界环境的影响,随着外界环境的改变而变化,没有自己的目的性和独立性。3 岁左右,幼儿独立性的发展进入一个新的阶段。他们不再满足于按照成人的直接命令来行动,而开始渴望像成人一样独立行动。这个阶段的幼儿常常想到什么就做什么,不考虑后果,也不知道危险,表现出不听话、执拗、顶撞,经常说“我自己来”“我偏要……”这一类话。材料中表现为强强的妈妈不让强强用洗衣机洗袜子,强强执意要在洗衣机里洗袜子。②模仿性强。幼儿往往没有主见,常常随外界环境影响而改变自己的意见,易受暗示。幼儿的模仿对象可以是成人,也可以是其他小朋友。具体在材料中体现为强强模仿大人在洗衣机里洗衣服。③易冲动,自制力差。幼儿很容易受外界情境或他人的影响而情绪激动,或者因自己主观情绪或兴趣的左右而行为冲动。幼儿心理与行为受外界刺激和自身主观情绪的支配性很大,而自我控制能力较差。材料中的强强敲敲打打发现洗衣机没能转动,便大怒,哭闹着“我自己来,我要”体现其情绪的易冲动。

专题七　学前儿童社会性的发展

一、单项选择题

答案速查

1~5	ACBCD	6~10	ACDAC	11~15	BDBDB	16~20	CBACA
21~25	AABCB	26~30	BCCCC	31~33	BCA		

1. A　【解析】依恋是婴儿寻求并企图保持与另一个人亲密的身体和情感联系的一种倾向。鲍尔比将婴儿依恋的发展划分为四个阶段:第一阶段(0~3 个月):无差别的社会反应阶段;第二阶段(3~6 个月):有差别的社会反应阶段;第三阶段(6 个月~2.5 岁):特殊情感联结阶段;第四阶段(2.5 岁以后):修正目标的合作阶段。

2. C　【解析】反抗型幼儿在母亲要离开之前,总显得很警惕,有点大惊小怪。如果母亲要离开他,他就会表现出极度的反抗。但是与母亲在一起时,又无法把母亲作为他安全探究的基地。这类幼儿见到母亲回来时就寻求与母亲的接触,但同时又反抗与母亲接触,甚至还有点发怒的样子。

3. B　【解析】被忽视型幼儿体质弱、力气小、能力较差;积极行为与消极行为均较少,性格内向、慢性、好静、不太活泼、胆小、不爱说话、不爱交往,在交往中缺乏积极主动性,且不善交往;孤独感较重,对没有同伴与自己玩感到比较难过与不安。

4. C　【解析】儿童亲社会行为无论是自觉的还是不自觉的,都需要得到群体的认可。儿童一旦出现了利他行为,成人和教师要及时强化,如表扬、奖励等,使儿童获得积极反馈,达到逐渐巩固的

目的，反之，习得的利他行为可能消退。题干中夏老师用表扬的方法对糖糖的亲社会行为进行强化，采用的培养策略是善用精神奖励。

5. D 【解析】幼儿的性别偏爱最早表现在对玩具的选择上。14 ~ 22 个月的男孩偏爱小汽车之类的玩具，而女孩喜欢玩娃娃和毛绒玩具。进入幼儿园后，幼儿一般都喜欢从事与性别相符合的活动或中性活动，他们经常分为男、女不同的游戏小组。

6. A 【解析】儿童对他人的性别认识是从 2 岁开始的，但这时还不能准确说出自己是女孩还是男孩。直到 2.5 ~ 3 岁左右，绝大多数孩子能准确说出自己的性别。

7. C 【解析】安全型依恋的儿童表现为：当母亲离开时，探索性行为会受影响，明显地表现出一种苦恼。当母亲回来时，他们会立即寻求与母亲的接触，但很快又平静下来，继续做游戏。

8. D 【解析】攻击性行为产生的直接原因是挫折。挫折是人在活动过程中遇到障碍或干扰，使自己的目的不能实现、需要不能满足时的情绪状态。研究表明，一个受挫折的幼儿很可能比一个心满意足的幼儿更具有攻击性。

9. A 【解析】幼儿产生攻击性行为的原因有很多，主要包括：(1)家庭教育不当；(2)幼儿自身的人格因素；(3)社会环境影响；(4)为了引起别人的注意；(5)遭受挫折等等。B 项属于引起攻击性行为的原因，C 项和 D 项属于幼儿遭受的挫折，也是引起攻击性行为的原因，A 项不属于引起攻击性行为的原因。

10. C 【解析】被忽视型儿童的特征是：不喜欢交往，常一个人玩，在群体交往中显得退缩、害羞、不起眼，常常被冷落，同时孤独感较重，对没有同伴与自己玩感到比较难过与不安。题中的乐乐不喜欢和别人说话，常常一个人玩耍，遇到问题时也表现出退缩，可以看出乐乐是典型的被忽视型儿童。

11. B 【解析】性别概念是指儿童对自己及他人的性别的认识和认识的稳定性。题干中，幼儿能区别一个人是男孩还是女孩，就说明他已经具有了性别概念。

12. D 【解析】5 岁的儿童能够刻板地认识性别角色。这个阶段的儿童不仅对男孩和女孩在行为方面的区别认识得越来越清楚，同时开始认识到一些与性别有关的心理因素，如男孩要胆大、勇敢等。

13. B 【解析】安全型依恋的幼儿与母亲在一起时，能安逸地玩弄玩具，对陌生人的反应比较积极，并不总是偎依在母亲身旁。当母亲离开时，探索性行为会受影响，明显地表现出一种苦恼。当母亲回来时，他们会立即寻求与母亲的接触，但很快又平静下来，继续做游戏。题干中妈妈的离开对慧慧有短时间的影响，但慧慧很快又适应了幼儿园的环境，与妈妈再次见面时，慧慧表现出愉快的情绪，并寻求与妈妈的接触，故慧慧的依恋行为表现属于安全型依恋。

14. D 【解析】惩罚能抑制非攻击型幼儿的攻击性，却不能抑制攻击型幼儿的攻击性，反而会加重他们的攻击性行为。因此，以惩罚作为抑制幼儿攻击性行为的方法往往给幼儿树立了攻击性行为的榜样。

15. B 【解析】小班幼儿的工具性攻击行为多于敌意性攻击行为，而大班幼儿的敌意性攻击则显著多于工具性攻击行为。

16. C 【解析】被拒绝型儿童的表现为交往活跃，但常做出不友好的、攻击性的举动（强行加入、争夺玩具、大声喊叫等），为大多数同伴所不喜欢或常被拒绝。题干中小白属于被拒绝型儿童。

易混辨析：考生易混淆被拒绝型儿童、被忽视型儿童和矛盾型儿童，在做类似试题时，可通过以下方法进行区分。

被拒绝型——交往活跃，但行为具有攻击性，为大多数同伴所不喜欢或常被拒绝；

被忽视型——不喜欢交往，常常被冷落；

矛盾型——被某些同伴喜爱，同时又被其他同伴所不喜欢。

17. B 【解析】工具性攻击行为指幼儿为了获得某个物品所做出的抢夺、推搡等动作，这类攻击本身指向于一个主要的目标或某一物品的获取。题干中小红的行为属于工具性攻击。

18. A 【解析】安全型依恋的幼儿与母亲在一起时，能安逸地玩弄玩具，对陌生人的反应比较积极，并不总是偎依在母亲身旁。当母亲离开时，探索性行为会受影响，明显地表现出一种苦恼。当母亲回来时，他们会立即寻求与母亲的接触，但很快又平静下来，继续做游戏。题干的表述属于安全型依恋。

19. C 【解析】攻击性行为是一种以伤害他人或他物为目的的行为，是一种不受欢迎但却经常发生的行为。攻击性行为最大的特点是其目的性。

20. A 【解析】角色扮演是一种使人暂时置身于他人的社会位置，并按这一位置所要求的方式和态度行事，以增进对他人社会角色及自身原有角色的理解，从而更有效地履行自己角色的心理学技术。

21. A 【解析】美国心理学家爱因斯沃斯和她的同事设计了陌生情境实验，根据婴儿在陌生情境中的表现，将儿童的依恋划分为以下三种类型：(1)安全型；(2)焦虑—回避型；(3)焦虑—反抗型。

易混辨析：考生在做题时，需要记忆和区分的几个实验。

点红实验——研究儿童自我意识的发展；

三山实验——研究儿童的自我中心思维；

双生子爬楼梯实验——验证支配儿童心理发展的是成熟和学习两个因素；

延迟满足实验——研究儿童的自我控制能力和行为；

视崖实验——研究儿童深度知觉的发展。

22. A 【解析】亲社会行为又称积极的社会行为，指一个人帮助或打算帮助他人，做有益于他人的

事的行为和倾向。幼儿的亲社会行为主要有:同情、关心、分享、合作、谦让、帮助、抚慰、援助、捐献等。题干中豆豆帮助丁丁搬积木属于亲社会行为中的帮助。

23. B 【解析】3~4 岁儿童性别角色的发展阶段是自我中心地认识性别角色。这个阶段的幼儿已经能明确分辨自己的性别,并对性别角色的知识逐渐增多。

24. C 【解析】幼儿期攻击行为有如下特点:(1)幼儿攻击性行为频繁,主要表现为为了玩具和其他物品而争吵、打架,行为更多是直接争夺或破坏玩具和物品。(2)幼儿更多依靠身体上的攻击,而不是言语的攻击。(3)从工具性攻击向敌意性攻击转化,小班幼儿的工具性攻击行为多于敌意性攻击行为,而大班幼儿的敌意性攻击则显著多于工具性攻击。(4)幼儿的攻击性行为有着明显的性别差异,幼儿园男孩比女孩更多地被怂恿和卷入攻击性事件。故 C 项正确。

25. B 【解析】儿童性别角色的发展经历了四个发展阶段,对于学前儿童而言,主要经历了前三个阶段的发展:知道自己的性别,并初步掌握性别角色知识(2~3 岁);自我中心地认识性别角色(3~4 岁);刻板地认识性别角色(5~7 岁)。

26. B 【解析】攻击性强的幼儿在规定时间内没有攻击行为,则可结合具体情况适当给予奖励。这是阳性强化法。

27. C 【解析】矛盾型儿童的特点是被某些同伴喜爱,同时又被其他同伴所不喜欢。题干描述的是矛盾型儿童的同伴关系特点。

28. C 【解析】儿童移情能力发展的关键期可能在 4~6 岁。

29. C 【解析】亲社会行为又称积极的社会行为,指一个人帮助或打算帮助他人,做有益于他人的事的行为和倾向。儿童在很小的时候就通过多种方式表现出亲社会行为,尤其是同情、帮助、分享、谦让等利他行为。人们普遍认为,幼儿是在从别人的角度考虑(移情)的基础上产生情感反应(同情),进而产生了安慰、援助等亲社会行为。因此,从这个意义上说,移情是亲社会行为产生的基础。

30. C 【解析】在儿童的亲社会行为中,合作行为最为常见,其次为分享行为、助人行为。

31. B 【解析】被拒绝儿童的表现:交往活跃,但常做出不友好的、攻击性的举动(如强行加入、争夺玩具、大声喊叫等),为大多数同伴所不喜欢或常被拒绝。

32. C 【解析】反抗型幼儿在母亲要离开之前总显得很警惕,如果母亲要离开他,他就会表现出极度的反抗,但是与母亲在一起时,又无法把母亲当作他的“安全基地”。他们见到母亲回来会寻求与母亲接触,但同时又反抗与母亲接触,甚至还有点发怒的样子。

33. A 【解析】依恋是由鲍尔比最先提出的一个心理概念,是指婴儿与母亲(或能够代理母亲的人)之间所组成的由爱连接起来的永久性心理联系。

二、简答题(参考答案)

1. 简述培养幼儿形成良好依恋的措施。

(1)注意“母性敏感期”期间的母子接触;(2)尽量避免父母亲与孩子的长期分离;(3)父母与孩子之间要保持经常的身体接触;(4)父母对孩子所发出的信号要敏感地做出反应。

2. 简述影响学前儿童同伴关系发展的因素。

(1)家庭因素:①早期亲子交往的经验;②父母的鼓励与教养方式;③家庭的居住条件;④幼儿的家庭教育条件。

(2)托幼机构因素:①教师的影响;②活动材料和活动性质。

(3)幼儿自身的特征。

3. 简述幼儿形成不同依恋类型的原因。

爱因斯沃斯等人研究了母亲抚养类型与婴儿依恋间的关系。他们从敏感—不敏感、接受—拒绝、合作—干扰、易接近—忽略四个方面评定母亲抚养的行为特征,结果发现,婴儿产生安全型依恋的母亲多能保持一致的、稳定的敏感、接纳、合作、易接近等特征;而婴儿产生回避型依恋的母亲则倾向于不敏感、拒绝;婴儿产生反抗型依恋的母亲倾向于干涉或忽略、拒绝。

4. 简述影响幼儿亲社会行为的因素。

(1)社会生活环境。(2)幼儿日常的生活环境:①家庭的影响;②同伴相互作用。(3)移情。

5. 简述幼儿性别角色认知的发展阶段。

(1)知道自己的性别,并初步掌握性别角色知识(2~3岁);(2)自我中心地认识性别角色(3~4岁);(3)刻板地认识性别角色(5~7岁)。

6. 简述幼儿获得性别概念的阶段。

(1)性别认同(1.5~2岁)。性别认同是指对自己和他人的性别的正确认识。性别认同出现的年龄较早,大致在1.5~2岁。

(2)性别稳定性(3~4岁)。性别稳定性是指对自己的性别不随其年龄、情境等的变化而改变的认识。幼儿的性别稳定性一般在3~4岁的时候就出现了。

(3)性别恒常性(6、7岁)。性别恒常性是指对人的性别不因为其外表(如衣着打扮等)和活动的变化而改变的认识。幼儿一般要到6、7岁才能获得。

7. 简述帮助儿童建立良好同伴关系的策略。

(1)教会儿童合作,增强儿童的自信感;(2)教会儿童游戏,提高儿童的参与度;(3)教会儿童接纳,融洽儿童的同伴关系;(4)教会儿童表达,培养儿童的积极情感。

8. 简述幼儿亲社会行为发展的阶段和特点。

(1)亲社会行为的萌芽(2岁左右)。1岁左右,儿童会做出积极的抚慰动作。2岁以后,随着生

活范围和交往经验的增多,儿童的亲社会行为进一步发展,他们逐渐能够根据一些不太明显的细微变化来识别他人的情绪体验,推断他人的处境,并做出相应的抚慰或帮助行为。

(2)各种亲社会行为迅速发展,并出现明显个别差异(3～6、7岁)。①合作性行为发展迅速;②分享行为受物品的特点、数量、分享对象的不同而变化;③出现明显的个性差异。

三、论述题(参考答案)

1. 试述学前儿童亲子依恋的类型。

依恋类型主要包括:

(1)焦虑—回避型。母亲在场或不在场对这类幼儿影响不大。母亲离开时,他们并无特别紧张或忧虑的表现。母亲回来了,他们往往也不予理会。虽然有时会欢迎母亲的到来,但只是暂时的,接近一下又走开了。

(2)安全型。这类幼儿与母亲在一起时,能安逸地玩弄玩具,对陌生人的反应比较积极,并不总是偎依在母亲身旁。当母亲离开时,其探索性行为会受影响,明显地表现出一种苦恼;当母亲回来时,他们会立即寻求与母亲的接触,但能很快平静下来。

(3)焦虑—反抗型。这类幼儿在母亲要离开之前总显得很警惕,如果母亲要离开他,他就会表现出极度的反抗,但是与母亲在一起时,又无法把母亲当作他的“安全基地”。他们见到母亲回来会寻求与母亲接触,但同时又反抗与母亲接触,甚至还有点发怒的样子。

(4)紊乱型。这种类型的孩子往往表现出最大程度的不安全感。他们在与父母重逢时,会有一系列混乱的行为。有的在父母抱起他时,他还看着别的地方;有的对父母的出现毫无表情,或者很沮丧;还有一些在平静后突然又哭起来或表情非常古怪,动作冷冰冰的。

2. 什么是攻击性行为?试述幼儿期攻击性行为的特点。

(1)攻击性行为是一种以伤害他人或他物为目的的行为。攻击性行为最大的特点是目的性。幼儿的攻击性行为分为工具性攻击行为和敌意性攻击行为。①工具性攻击行为指幼儿为了获得某个物品所做出的抢夺、推搡等动作,这类攻击本身指向一个主要的目标或某一物品的获取;②敌意性攻击行为则是以人为指向目标,其目的在于打击、伤害他人。

(2)幼儿期攻击性行为有如下特点:①幼儿攻击性行为频繁,主要表现为为了玩具和其他物品而争吵、打架,行为更多是直接争夺或破坏玩具和物品。②幼儿更多依靠身体上的攻击,而不是言语的攻击。③从工具性攻击向敌意性攻击转化。④幼儿的攻击性行为有着明显的性别差异,幼儿园男孩比女孩更多地被怂恿和卷入攻击性事件。

3. 试述幼儿性别角色差异的具体体现。

(1)游戏活动兴趣方面的差异。在现实中我们不难发现,幼儿期的游戏活动中已经可以看到男女幼儿明显的兴趣差异。男孩更喜欢有汽车参与的运动性、竞赛性游戏,女孩则更喜欢过家家的角色游戏。

(2)选择同伴和同伴相互作用方面的差异。进入3岁后,幼儿选择同性别伙伴的倾向日益明显。研究发现,3岁的男孩就明显地选择男孩而不选择女孩作为伙伴。还有研究发现,男孩和女孩在同伴之间的相互作用方式也不同。男孩之间更多打闹、为玩具争斗、大声叫喊、发笑;女孩则很少有身体上的接触,更多是通过规则协调。

(3)个性和社会性方面的差异。幼儿期在个性和社会性方面已经开始有了比较明显的性别差异,并且这种差异不断发展。有研究显示,4岁女孩在独立能力、自控能力、关心他人三个方面优于同龄男孩;6岁男孩的好奇心、情绪稳定性和观察力优于女孩;6岁女孩对人与物的关心优于男孩。

四、材料分析题(参考答案)

1. (1)材料中阳阳所形成的依恋类型是焦虑—回避型依恋。回避型依恋的幼儿,母亲离开时,儿童不表现出明显的分离焦虑;母亲返回时,也不主动寻求接触。材料中阳阳孤僻、不爱说话、父母回来看望表现出冷漠,正是焦虑—回避型依恋的体现。

(2)阳阳所形成的焦虑—回避型依恋的影响:

①对阳阳的社会行为产生影响,社会性交往水平降低,阳阳逐渐不爱说话,不爱和其他小朋友玩;②对阳阳的情绪产生影响,导致阳阳情绪不稳定;③对阳阳的个性产生影响,使阳阳性情变得越来越孤僻,活动的积极性大大降低,坚持性也变差。

(3)帮助阳阳形成安全型依恋的合理建议:

①稳定的照看者是儿童依恋形成的必要条件。通常,这个人是母亲。母亲在婴儿依恋的形成过程中扮演着重要的角色。阳阳需要有稳定的照看者,父母应该尽量避免与阳阳的长期分离,即使分离,也需要注意给予阳阳关心,如多打电话、多视频聊天等,保持与阳阳情感上的沟通。

②提升照看的质量(包括照看的态度和环境)。爷爷奶奶应逐渐修复关系,给阳阳提供充满爱的成长环境,尽量不在阳阳面前争吵,多给予阳阳一些情感上的支持与关注。

③阳阳的父母与阳阳之间要保持经常的身体接触,对阳阳发出的信号要及时做出反应。

④创设和谐的家庭氛围。正常家庭,尤其是婚姻美满、成人之间充满温馨、较少有家庭摩擦的家庭关系,会使儿童依恋的安全感增强。

2. (1)①明明属于受欢迎型儿童。喜欢与人交往,主动积极并表现较好,被大多数同伴所接纳、喜欢;他们在同伴中的交往地位高,影响力大。材料中明明衣着整齐、乐于助人、有同情心、对人友好、有礼貌、善于与人分享合作、喜欢交往,反映了明明属于受欢迎型儿童。

②强强属于被拒绝型儿童。交往活跃,但常做出不友好的、攻击性的举动(如强行加入、争夺玩具、大声喊叫等),为大多数同伴所不喜欢或常被拒绝。材料中强强穿着邋遢、脾气暴躁、对人很

有敌意，还喜欢打人、骂人，经常欺负小朋友，反映了强强属于被拒绝型儿童。

(2)影响他们的因素主要是早期的亲子交往的经验、父母的鼓励与教养方式、幼儿的家庭教育条件。由明明的行为表现可以看出，明明的父母对孩子的教育是属于民主型的亲子关系，父母与子女关系融洽，家庭成员之间相互关心，孩子的独立性、主动性、自我控制、信心、探索性等方面发展较好。强强的行为表现说明父母对他的照顾很少，属于放任型的教育方式，这类家庭培养的孩子，往往形成好吃懒做，生活不能自理，胆小怯懦、蛮横胡闹、自私自利等品质。

3.(1)父母的惩罚。惩罚对于非攻击型的儿童能抑制攻击性，但对于攻击型的儿童则不能抑制攻击性，反而会加重攻击性行为。因此，以惩罚作为抑制儿童攻击性行为的方法往往并不奏效，因为，父母的惩罚本身就又给孩子树立了攻击性行为的榜样。材料中小强经常与小朋友发生冲突，有时甚至会做出攻击性行为，可能与小强的父母对其采用了攻击性行为的惩罚方式有关。

(2)大众传播媒介（榜样）。大众传播媒介里的攻击性榜样会增加儿童以后的攻击性行为，儿童会从这些电视、电影的暴力节目中观察学习到各种具体的攻击性行为。儿童不仅能从暴力节目中学习到攻击性行为，更为重要的是，电视、电影人物的经历会使许多儿童将武力视为解决人际冲突的有效手段，并在现实生活中依靠攻击性行为来解决与他人的矛盾。材料中小强的攻击性行为可能受到了大众传播媒介的影响。

(3)强化。在儿童出现攻击性行为时，父母或教师不加制止或听之任之，就等于强化了儿童的侵犯行为。同伴之间也能学会攻击性行为，如果一个儿童成功地运用了攻击策略来控制同伴，会增强他以后的攻击性。材料中小强经常出现攻击性行为可能与其父母的教养方式有关，小强的父母对他的攻击性行为采取了听之任之的态度，事实上强化了小强的攻击性行为。

(4)挫折。攻击性行为产生的直接原因主要是挫折。挫折是人在活动过程中遇到障碍或干扰，使自己的目的不能实现，需要不能满足时的情绪状态。研究认为，一个受挫折的儿童很可能比一个心满意足的儿童更具攻击性。对儿童来说，家长或教师的不公正是挫折产生的主要原因之一。因此，教师和家长在处理问题时，要保持公正的态度和采用公正的方式。材料中小强出现攻击性行为可能是在交往中遇到了挫折，未掌握有效的沟通方式和解决问题的方法，便采用武力的方式解决问题。

4.(1)材料中浩浩的行为及他和小朋友的关系说明：在社会性发展中，该儿童在同伴交往方面属于被拒绝型儿童，具有攻击性。

(2)这种儿童的表现是：体质强、力气大、行为表现最为消极、不友好，积极行为很少；能力较强、聪明、爱玩、性格外向、脾气急躁、容易冲动、过于活泼好动、喜欢交往，在交往中积极主动，但又很不善于交往，对自己的社会地位缺乏正确评价，往往估计过高。对没有朋友一起玩不太在乎。

教育方法：①要使他们了解受欢迎儿童的性格特点及自身存在的问题，帮助他们学习与他人友好相处。②教师要引导其他幼儿发现这些幼儿的长处，及时鼓励和表扬，提高这些幼儿在同伴心目中的地位，通过有效的教育活动达到促进儿童交往、改善同伴关系的目的。

5.(1)原因：

受心理发展水平的制约，幼儿的自制能力较弱，常以自我为中心，缺乏交往意识和必要的规则意识。材料中涵涵在进行区角活动时按照自己的意愿随意活动，没有遵从活动规则。他看到影影在玩自己从家里带来的玩具后，立马就过去抢了过来，并没有进行沟通和交流。

(2)对策：

①教师用他人在同伴交往过程中表现出来的良好分享和合作行为，展现出来的规则意识与交往技能去影响和教育儿童，使其改正争抢玩具这一不良行为。因为儿童的模仿性很强，具体、生动、直观的典型行为易于感染儿童，激发他们向榜样学习的热情，对于如何做也有了示范。因此，设置一定的社会情境，树立一定的榜样，让儿童有意或无意间进行模仿，可以有效地改正幼儿争抢玩具的行为。

②利用移情来教育幼儿，使其具有内在的自我调节能力。通过讲故事、续编故事、情境演示、生活情境体验、主题游戏等让幼儿去体验被抢夺玩具者的内心感受，使幼儿在以后的生活中减少类似行为的发生。

③教师组织幼儿按正确的社会行为规范要求自己，通过参加各种活动和交往，让幼儿受到实际的锻炼，以形成儿童良好的社会行为习惯。

6.(1)学前儿童性别角色的发展阶段为：①知道自己的性别，并初步掌握性别角色知识(2～3岁)。幼儿的性别概念包括两个方面：一是对自己性别的认识；二是对他人性别的认识。②自我中心地认识性别角色(3～4岁)。这个阶段的幼儿已经能明确分辨出自己的性别，并对性别角色的知识逐渐增多，如男孩和女孩在穿衣服和游戏、玩具方面的不同等。③刻板地认识性别角色(5～7岁)。这个阶段的幼儿不仅对男孩和女孩在行为方面的区别认识得越来越清楚，同时开始认识到一些与性别有关的心理因素，如男孩要胆大、勇敢等。

(2)某省《普通幼儿园建设标准》规定：幼儿园中班和大班的男、女厕位宜合理分隔，是有一定根据的。从学前儿童性别角色的发展阶段可以看出，中班、大班的幼儿已经能够明确分辨出自己的性别，对性别角色的认识越来越多，并逐步开始进入刻板地认识性别角色阶段，对男孩、女孩在行为方面的区别认识越来越清楚，同时开始认识一些与性别有关的知识。因此，让中班和大班的小朋友分开如厕是合理的，这样有利于幼儿性别角色的认知和性别行为的发展，同时有利于幼儿心理的健康发展。

专题八　幼儿的个体差异

一、单项选择题

答案速查

1～7	DACAACD

1. D 【解析】学习类型是个人对学习情境的一种特殊反应倾向或习惯方式。学习类型具有独特性、稳定性，学习类型的差异通过个体的认知、情感、行为习惯等方面表现出来。从题干中可以明显看出两名幼儿的学习方式是不同的，第一种幼儿喜欢自己独自阅读，而第二种幼儿喜欢与其他小朋友一起讨论，体现出他们学习类型的差异。

2. A 【解析】场依存型的幼儿对客观事物的判断易受外界因素的影响，社会敏感性强。一般来说，场依存型者偏好合作学习；场独立型者偏好自主学习。

3. C 【解析】在影响个体差异形成的主观因素中，需要是最活跃的因素，自我意识在心理活动中起控制作用，心理状态包括注意、激情、心境等，是心理活动的背景，兴趣和爱好是引起个体差异的重要因素。

4. A 【解析】场独立型的学生对客观事物的判断常以自己的内部线索(经验、价值观)为依据，不易受到周围环境因素的影响和干扰，倾向于对事物的独立判断；行为常是非社会定向的，社会敏感性差，不善于社交，关心抽象的概念和理论，喜欢独处。

5. A 【解析】智力类型差异是指构成智力的各种因素存在质的差异，主要表现在知觉、记忆、想象、思维的类型和品质方面。

6. C 【解析】冲动型的学生在解决认知任务时，总是急于给出问题的答案，而不习惯对解决问题的各种可能性进行全面思考，有时问题还未弄清楚就开始解答。这种类型的学生认知问题的速度虽然很快，但错误率高，在运用低层次事实性信息的问题解决中占优势。

7. D 【解析】性别差异主要源于社会实践和风俗习惯的不同，而不是个体固有的性别属性差异。一般情况下，在兴趣方面表现为，女孩子爱玩娃娃家，男孩子爱玩小汽车。题干体现了性别差异，D 项正确。

二、简答题(参考答案)

1. 简述个体差异形成的原因。

(1)客观因素：①遗传因素；②环境因素。

(2)主观因素：①需要；②兴趣和爱好；③自我意识；④心理状态。

2. 简述尊重幼儿个体差异的举措。

(1)细心观察，全面了解儿童；(2)识别优势与弱势，寻求突破口；(3)用心琢磨，读懂孩子，满足需求。

3. 简述幼儿个体差异的类型。

(1)幼儿智力差异;(2)幼儿性格差异;(3)幼儿性别差异;(4)幼儿学习类型差异。

专题九　学前儿童发展常用的研究方法

一、单项选择题

答案速查

1～6	BBDDBA

1. B 【解析】观察法是研究者有目的、有计划地观察学前儿童在日常生活、游戏、学习和劳动等自然状态下的言语、表情、动作、行为等,并做详细的记录,然后分析儿童身心发展特点的方法。

2. B 【解析】实验法是研究者通过有目的地控制一定的条件以观测儿童的行为反应,从而揭示一定条件与某种行为之间关系的方法。

3. D 【解析】测验法是研究者利用一定的测验项目和量表,了解学前儿童发展水平的方法。测验法是一种专业性很强的研究方法,测验人员必须接受过一定的专业训练并取得相应资格才能使用。

4. D 【解析】作品分析法又称活动产品分析法,它是通过分析学前儿童的作品来了解儿童发展状况的一种方法。儿童的作品有很多,如绘画、手工作品等。通过这些作品,可以考察学前儿童的能力、倾向、技能、情绪状态等心理活动。题干中林老师让幼儿观察豆子的生长变化并记录,而林老师根据幼儿的记录表来分析评价幼儿观察的细致性、系统性等发展情况。记录表代表着幼儿的作品,林老师是通过作品对幼儿进行分析的。

5. B 【解析】自然实验法是在正常生活中,有意识地改变或创设某些条件,以引起儿童某些行为的出现。

方法技巧:考生在遇到关于实验室实验和自然实验方面的试题时,可根据关键词进行区分。实验室实验强调的是“实验室内”“借助各种专门仪器设备”;而自然实验强调的是“自然情境”。

6. A 【解析】作品分析法是通过分析幼儿的作品(如手工、图画等)去了解幼儿发展状况的方法。

二、简答题(参考答案)

1. 简述观察法的分类。

(1)长期观察和定期观察;(2)全面观察和重点观察;(3)群体观察和个体观察。

2. 什么是作品分析法?简述幼儿教师在进行作品分析时应注意的问题。

(1)作品分析法又称活动产品分析法,它是通过分析学前儿童的作品来了解儿童发展状况的一种方法。

(2)幼儿教师在进行作品分析时应注意:由于学前儿童在创造活动过程中,往往用语言和表情去辅助或补充作品所不能表达的思想,因此,脱离学前儿童的创造过程来分析作品,难以充分了解其心理活动,对学前儿童的作品的分析最好是结合观察等方法进行。

3. 简述实验法的类型。

实验法一般分为实验室实验法和自然实验法两种。

(1)实验室实验法是指研究者在实验室里借助各种仪器设备,严格控制和改变条件,以引起儿童某种行为出现的方法。

(2)自然实验法是指在正常生活中,有意识地改变或创设某些条件,以引起儿童某些行为的出现。

三、论述题(参考答案)

试述观察法的优缺点。

观察法是研究者有目的、有计划地观察学前儿童在日常生活、游戏、学习和劳动等自然状态下的言语、表情、动作、行为等,并做详细的记录,然后分析儿童身心发展特点的方法。

观察法最大的优点在于:由于被研究者处于自然状态,因此,其心理活动和表现比较自然真实,有利于研究者获得真实可靠的资料。但也正因为强调让儿童处于日常的自然状态,故无法控制刺激变量,使得观察者处于被动地位,也就是说,观察者可能得不到所需要的资料。

专题十 幼儿期的问题行为及其矫治

一、单项选择题

答案速查

1~5	ADBDD	6~10	ACDAD	11~13	DAD

1. A 【解析】合理膳食和适量运动是预防肥胖的关键所在。肥胖症的治疗原则是减少摄入热能性食物和增加机体对热能的消耗,使体内过剩脂肪不断减少,从而达到体重减轻的目的。故答案选 A 项。

2. D 【解析】解决幼儿分离焦虑的方法包括:(1)减少幼儿的依赖性;(2)缩小家园生活的差异性;(3)用爱心和技巧教育幼儿。D 选项平时少练习一些减少焦虑的活动,不会减轻幼儿的分离焦虑。

3. B 【解析】社会交往障碍是自闭症的核心症状,患儿通常很难融入社会,而进行康复训练的最终目的就是要让患儿逐步融入社会,学会与人交往,独立生存,因此需要对自闭症幼儿进行康复训练,让幼儿通过康复训练顺利融入社会。此外,在自闭症幼儿的矫治过程中要为幼儿创造正常的生活环境,最好让患儿上普通幼儿园,这样有利于孩子交往能力、语言能力的发展。教师和家长应密切配合,共同制订康复计划。

4. D 【解析】口吃的发生并非因发音器官或神经系统有缺陷,而与心理状态有密切关系。故 A 项说法正确。幼儿喜欢模仿,觉得口吃者滑稽可笑,先模仿,而后成口吃。故 B 项说法正确。精神创伤:受惊吓;家庭破裂,失去温暖等会导致口吃。故 C 项说法正确。成人的教养方式不当:尤其是当孩子发音不准、说话不流利的时候,成人过分的指责给孩子造成心理压力,从而导致口吃。故 D 项说法错误。

5. D 【解析】解除幼儿的心理紧张是矫治口吃的重要方法。特别是 4 岁以后,儿童已经出现对自己语言的意识,如果对他的口吃现象加以斥责或过急要求改正,将会加剧其紧张情绪,使口吃现象恶性循环。所以家长和老师要关注但不评价,并深入了解口吃的原因。

6. A 【解析】多动症是幼儿期多动综合征的简称,又名注意缺陷与多动障碍(简称 ADHD)或轻微脑功能失调。注意障碍是其主要特征,即明显的注意力不集中和注意持续时间短暂,活动过度和冲动,常伴有学习困难或品行障碍。故答案 A 项不会体现在患有多动症的儿童身上。

7. C 【解析】纠正咬指甲癖的关键在于消除儿童的紧张心理,而劝诫、惩罚、涂苦药或辣物等均不能取得良好效果。成人应为儿童创设良好的生活环境,适当安排儿童进行体育活动,使儿童心情愉快,注意力得到转移。同时应调动儿童的积极性进行自我矫正。

8. D 【解析】幼儿肥胖症的治疗,最主要的是饮食控制,其次是运动锻炼,太胖的需要用药物治疗,关键在于自身下决心以及家长们的监督合作。D 项的做法不正确。

9. A 【解析】分离焦虑是孩子与其依恋对象分离时产生的一种消极的情绪体验。大部分孩子从六七个月起,就会明显表现出这种分离焦虑,随着年龄的增大,分离焦虑的强度逐渐减弱。

10. D 【解析】口吃为常见的语言节奏障碍。口吃的发生并非因发音器官或神经系统有缺陷,而与心理状态有密切关系。

11. D 【解析】儿童自闭症又称儿童孤独症,这是一种严重的发展障碍,会有严重的社交和言语困难。主要表现为社会交往方面的严重障碍;语言交往方面的障碍;行为兴趣和活动方面的狭隘、刻板和重复性质。

12. A 【解析】2 ~5 岁的幼儿正是语言和心理发展十分迅速的阶段,词汇也日渐丰富,但言语功能尚未熟练,还不善于选择词汇,因此说话时常有迟疑、不流畅的现象。这种现象称为“发育性口齿不流利”,不是口吃。

13. D 【解析】目前国际上通用的自闭症诊断标准,主要有三个方面:社会交往方面的严重障碍;沟通交往方面的严重障碍;行为兴趣和活动方面的狭窄、刻板和重复性质。

二、简答题(参考答案)

1. 简述幼儿发育迟缓的治疗措施。

(1)增加锌的摄入;(2)早期干预。

2. 简述儿童孤独症(自闭症)的症状。

(1)社会交往方面的严重障碍;(2)语言交往方面的障碍;(3)行为兴趣和活动方面的狭窄、刻板和重复性质。

3. 简述幼儿肥胖的诱因。

(1)营养过剩;(2)心理因素;(3)缺乏运动;(4)遗传因素;(5)中枢调节因素。

三、论述题(参考答案)

1. 试述幼儿多动症的原因。

(1)遗传。多动症有家族聚集现象,但是特定的遗传基因现在还没被发现。

(2)饮食因素。医学家们发现,某些食品添加剂(如味精、某些食用色素等)以及高糖饮食都对多动症有影响。此外食入含铅、铝过多的食物(如油条、爆米花等)也可引起多动症。然而,这些关系还有待确定。

(3)心理社会因素。活动过度可能因为缺乏安全感和不稳定的家庭关系而引起。若父母患有精神病、酗酒和行为不端,将影响幼儿的行为控制。父母或学校教养方式不当、社会风气不良都有可能成为引发幼儿多动症或使其症状长期存在的原因。

(4)脑的因素。由于各种原因引起的脑损伤、额叶功能失调、脑内神经递质和有关酶的改变都有可能成为多动症的病因。

2. 试述幼儿口吃的诱因及矫治措施。

(1)幼儿口吃的诱因:

①精神创伤:受惊吓;家庭破裂,失去温暖等。

②模仿:幼儿喜欢模仿,觉得口吃者滑稽可笑,先模仿,而后成口吃。

③心理紧张:心理紧张是引起口吃的重要因素,如环境的改变导致幼儿精神紧张过度等。

④成人的教养方式不当:尤其是当孩子发音不准、说话不流利的时候,成人过分的指责给孩子造成心理压力,从而导致口吃。

⑤疾病:幼儿患百日咳、流行性感冒、猩红热等传染病,或脑部受创伤后,都可能造成大脑皮质功能减退而发生口吃。

(2)口吃的矫治措施:

①消除环境中导致幼儿心理紧张的不良因素。解除幼儿的心理紧张是矫治口吃的重要方法。特别是4岁以后,儿童已经出现了对自己语言的意识,如果对他的口吃现象加以斥责或急于要求改正,将会加剧其紧张情绪,使口吃现象出现恶性循环,甚至由此导致幼儿避免说话,或回避

说出某些词，难以纠正口吃。这种情况发展下去，还将对幼儿的性格形成产生不良影响，导致孤僻等性格特征。家长、教师不要议论其口吃，更不能耻笑、责骂。

②正确对待幼儿说话时不流畅的现象，成人和孩子说话时要正确示范，要教给孩子正确的说话方法。成人宜用平静、从容、缓慢、轻柔的语气语调和幼儿说话，来感染他们，使他们学会说话时不着急，呼吸平稳，全身放松，特别是不去注意自己是否又结巴了。多让幼儿练习朗诵、唱歌，不强迫幼儿当众说话。和谐的家庭氛围、正确的教育方法、有规律的生活、充足的睡眠，都有助于幼儿恢复正常的语言节律。

3. 试述幼儿吮吸手指的原因及矫治措施。

(1)幼儿吮吸手指的原因：常因婴儿期喂养不当，不能满足儿童吮吸的欲望以及缺乏环境刺激和爱抚，导致儿童以吮吸手指来抑制饥饿或进行自我娱乐。

(2)吮吸手指的预防和矫治：要消除儿童生活环境中可能引起焦虑、恐惧等不良情绪的因素，用玩具、图片等儿童喜爱之物，或感兴趣的活动去吸引其注意力，冲淡其吮吸手指的欲望，逐渐改掉固有的不良习惯，不宜采用在手指上涂苦味药或裹住手指等强制方法。

四、材料分析题(参考答案)

(1)从材料中可以看出，轩轩很可能患了多动症。幼儿期多动综合征(简称多动症)，又名轻微脑功能失调或“注意缺陷与多动障碍”，注意障碍是其主要特征，即明显的注意力不集中和注意持续时间短暂，活动过度和冲动，常伴有学习困难或品行障碍。轩轩多动症的原因可能是：①遗传；②家庭关系不和谐，父母教养方式不当；③脑损伤。

(2)对于幼儿多动症的治疗一般应以教育和心理治疗为主。

①感觉统合训练。患有多动症的幼儿，常在动作技能、语言、社会性等方面比一般幼儿发展迟缓，因而，需进行较多的训练。此外，还应培养多动症幼儿有规律的生活和行为。

②心理治疗。包括行为疗法、支持性心理治疗、认知治疗等方法。行为疗法对多动症的治疗很有效果，治疗时，根据幼儿的主要症状加以排列，运用强化的方法，先矫正容易矫正的行为，再逐步深入到较难矫正的行为，并用良好的行为逐渐取代不良行为。支持性心理治疗应向家长和教师解释病情以取得双方的理解，引导他们关心和爱护幼儿，不能打骂、歧视和体罚他们。

③饮食疗法。近年来有人研究发现，限制西红柿、苹果、橘子、人工调味品等含甲醛、水杨酸类食品的摄入，对儿童多动症有明显疗效，可考虑试行。

此外，教师还应注意把他们过多的精力引导开来，组织他们多参与各种室外体育活动，在进行活动时要注意安全，培养他们的社交能力。在课堂上，教师应帮助这类幼儿集中注意力。

第二章　学前教育原理

①发展适宜性原则

②主体性原则

③科学性、思想性原则

④保教合一的原则

⑤以游戏为基本活动的原则

刷真题

一、单项选择题

答案速查

1 ~ 5	CDCAD	6 ~ 10	CDCBD	11 ~ 15	ADBCB	16 ~ 20	ADADD
21 ~ 25	BABDC	26 ~ 30	DADAA	31 ~ 35	CDABB		

1. C　**【解析】**本题考查《幼儿园教育指导纲要(试行)》。《幼儿园教育指导纲要(试行)》第四部分教育评价第四条指出,幼儿园教育工作评价实行以教师自评为主,园长以及有关管理人员、其他教师和家长等参与评价的制度。

2. D　**【解析】**本题考查我国幼儿园的任务。《幼儿园工作规程》中指出,我国幼儿园的任务是:贯彻国家的教育方针,按照保育与教育相结合的原则,遵循幼儿身心发展特点和规律,实施德、智、体、美等方面全面发展的教育,促进幼儿身心和谐发展。因此,幼儿园保育和教育工作从根本上来说是为了满足幼儿发展的需要。故本题选 D。

3. C　**【解析】**本题考查《3 ~ 6 岁儿童学习与发展指南》。《3 ~ 6 岁儿童学习与发展指南》说明部分指出,幼儿的学习是以直接经验为基础,在游戏和日常生活中进行的。要珍视游戏和生活的独特价值,创设丰富的教育环境,合理安排一日生活,最大限度地支持和满足幼儿通过直接感知、实际操作和亲身体验获取经验的需要,严禁"拔苗助长"式的超前教育和强化训练。

4. A　**【解析】**本题考查《3 ~ 6 岁儿童学习与发展指南》。《3 ~ 6 岁儿童学习与发展指南》语言领域指出,幼儿的语言能力是在交流和运用的过程中发展起来的。应为幼儿创设自由、宽松的语言交往环境,鼓励和支持幼儿与成人、同伴交流,让幼儿想说、敢说、喜欢说并能得到积极回应。故本题选 A。

5. D　**【解析】**本题考查蒙台梭利的教育思想。蒙台梭利认为:(1)儿童存在着与生俱来的"内在生命力"或"内在潜能"。这种生命力是积极的、活动的,具有无穷无尽的力量,它按照遗传确定的生物学规律发展。教育的任务是激发儿童的"内在潜能",并使之遵循着自己的规律获得自然的和自由的发展。(2)儿童的发展是个体与环境交互作用的结果。(3)儿童有自己的兴趣和需要,会能动地、积极地同外界环境相互作用。教育者不应把儿童看作可以任意填充的容器，而应热爱儿童，积极观察和研究儿童，发现儿童内心的秘密，尊重儿童的个性，在儿童自由和自发的活动中帮助儿童的智力、身体、个性自然发展。(4)儿童的心理发展和学习过程中存在“敏感期”。(5)儿童发展是在活动中实现的。(6)儿童学习的主要方式是通过儿童特有的心灵吸收能力，将无意识的学习慢慢地转变为有意识的知识。

6. C 【解析】本题考查《幼儿园教育指导纲要(试行)》的内容。《幼儿园教育指导纲要(试行)》艺术领域的内容与要求指出：提供自由表现的机会，鼓励幼儿用不同艺术形式大胆地表达自己的情感、理解和想象，尊重每个幼儿的想法和创造，肯定和接纳他们独特的审美感受和表现方式，分享他们创造的快乐。因此在绘画活动中，教师最应该强调的是让幼儿按照自己的意愿大胆表达。

易错提示：在幼儿的绘画活动中，教师不宜提供范画，特别不应要求幼儿完全按照范画来画。教师应尊重幼儿自发的表现和创造，并给予适当的指导。

7. D 【解析】本题考查《幼儿园教育指导纲要(试行)》的内容。《幼儿园教育指导纲要(试行)》中指出：教育活动内容的选择应充分考虑幼儿的学习特点和认识规律，既适合幼儿的现有水平，又有一定的挑战性；既符合幼儿的现实需要，又有利于其长远发展；既贴近幼儿的生活来选择幼儿感兴趣的事物和问题，又有助于拓展幼儿的经验和视野。

8. C 【解析】本题考查陈鹤琴的教育思想。陈鹤琴先生是我国著名的幼儿教育家。陈鹤琴先生反对埋没人性的、读死书的死教育。在抗战时代，他抱着实验新教育的使命，创建了活教育：“做人，做中国人，做现代中国人”即目的论，“大自然、大社会，都是活教材”即课程论，“做中教，做中学，做中求进步”即方法论。

易混辨析：关于人物的思想是题目中考查的重点内容，杜威、陶行知、陈鹤琴的思想是易混点，需要考生重点区分。

陶行知：提出生活教育理论，生活即教育，社会即学校，教学做合一；

杜威：提出“教育即生活，教育即生长，学校即社会”；

陈鹤琴：提出活教育思想，具体内容为，做人、做中国人、做现代中国人；做中教、做中学、做中求进步；大自然、大社会都是我们的活教材。

9. B 【解析】本题考查学前教育机构的产生与发展。1816 年，英国空想社会主义者欧文在苏格兰的纽兰纳克创办了一所幼儿学校，目的是寻求儿童特别是社会底层家庭儿童的生存、健康和幸福之路，这堪称是欧洲最早的幼儿教育机构。

10. D 【解析】本题考查《3～6 岁儿童学习与发展指南》。《3～6 岁儿童学习与发展指南》科学领域指出，“幼儿的思维特点是以具体形象思维为主，应注重引导幼儿通过直接感知、亲身体验和

实际操作进行科学学习，不应为追求知识和技能的掌握，对幼儿进行灌输和强化训练”。故排除 A、B、C 三项，本题选 D。

11. A 【解析】本题考查我国幼儿园教育的任务。我国幼儿园具有为幼儿和幼儿家长服务的“双重任务”，其一是对幼儿实施保育和教育；其二是面向幼儿家长提供科学育儿指导，故本题选 A。

12. D 【解析】本题考查幼儿园教师的角色。《幼儿园教育指导纲要（试行）》中提出，教师应成为幼儿学习活动的支持者、合作者、引导者。题干中“幼儿园教师要能够接住幼儿抛来的‘球’，并用恰当的方式把‘球’抛回给幼儿”是指教师要以伙伴的身份参与到幼儿的学习活动当中，与幼儿共同推动学习活动的进行。因此，该说法体现出教师是幼儿学习活动的“合作者”，故本题选 D。

13. B 【解析】本题考查《3～6 岁儿童学习与发展指南》。《3～6 岁儿童学习与发展指南》艺术领域“表现与创造”部分的目标 2“具有初步的艺术表现与创造能力”的教育建议指出，“幼儿绘画时，不宜提供范画，特别不应要求幼儿完全按照范画来画”，故 B 项做法错误。

14. C 【解析】本题考查《3～6 岁儿童学习与发展指南》。《指南》中明确指出，每个幼儿在沿着相似进程发展的过程中，各自的发展速度和到达某一水平的时间不完全相同。C 项要求幼儿在同一时间达成同样目标，是无视幼儿发展的个体差异的表现。因此该观点不妥，故本题选 C。

15. B 【解析】本题考查《幼儿园教育指导纲要（试行）》。《幼儿园教育指导纲要（试行）》指出，“教师应成为幼儿学习活动的支持者、合作者和引导者”。

16. A 【解析】本题考查蒙台梭利的教育思想。在蒙台梭利教育中，感官教育是重要内容。她认为 3～6 岁是幼儿身心迅速发展的时期，幼儿的各种感觉先后处于敏感期，因此必须对幼儿进行系统的和多方面的感官训练，使他们通过与外部世界的直接接触发展敏锐的感觉和观察力，为高级的智力活动和思维发展奠定基础。故本题选 A。

17. D 【解析】本题考查《幼儿园教育指导纲要（试行）》。《幼儿园教育指导纲要（试行）》指出，在日常活动和教育教学过程中应采用自然的方法进行评价，平时观察所获得的具有典型意义的幼儿行为表现和所积累的各种作品等，是评价的重要依据。

18. A 【解析】本题考查《3～6 岁儿童学习与发展指南》。《3～6 岁儿童学习与发展指南》科学领域科学探究部分的目标 3“在探究中认识周围事物和现象”指出，3～4 岁幼儿能够“认识常见的动植物，能注意并发现周围的动植物是多种多样的”。因此，A 项最符合小班幼儿的发展水平。

19. D 【解析】本题考查我国幼儿园教育的任务。《幼儿园工作规程》指出，幼儿园的任务之一是“贯彻国家的教育方针，按照保育与教育相结合的原则，遵循幼儿身心发展特点和规律，实施德、智、体、美等方面全面发展的教育，促进幼儿身心和谐发展”，故本题选 D。

20. D 【解析】本题考查《3～6 岁儿童学习与发展指南》。《3～6 岁儿童学习与发展指南》艺术领域表现与创造部分的目标 2“具有初步的艺术表现与创造能力”指出 4～5 岁幼儿“能用自然的、音量适中的声音基本准确地唱歌”。因此教师在组织中班幼儿歌唱活动时，正确的做法是要求幼儿用自然声音唱歌，故本题选 D。

21. B 【解析】本题考查《3～6 岁儿童学习与发展指南》。《3～6 岁儿童学习与发展指南》科学领域科学探究部分的目标 1“亲近自然，喜欢探究”指出，3～4 岁幼儿“对周围的很多事物和现象感兴趣。经常问各种问题，或好奇地摆弄物品”。题干中小班幼儿在摆弄发声玩具时，也会对不同的声音产生兴趣，感受不同声音的特征，故本题选 B。A、C、D 三项所述需要幼儿具有一定的分析、概括和推理能力，对小班幼儿来说还较为困难。

22. A 【解析】本题考查《3～6 岁儿童学习与发展指南》。《3～6 岁儿童学习与发展指南》科学领域数学认知部分目标 2“感知和理解数、量及数量关系”的教育建议指出，“引导幼儿感知和理解事物‘量’的特征。如：感知常见事物的大小、多少、高矮、粗细等量的特征，学习使用相应的词汇描述这些特征”。故本题选 A。

23. B 【解析】本题考查《3～6 岁儿童学习与发展指南》。《3～6 岁儿童学习与发展指南》艺术领域指出，幼儿艺术领域学习的关键在于充分创造条件和机会，在大自然和社会文化生活中萌发幼儿对美的感受和体验，丰富其想象力和创造力，引导幼儿学会用心灵去感受和发现美，用自己的方式去表现和创造美。因此，幼儿园艺术教育的主要目标是培养幼儿的艺术感受和表达能力，故本题选 B。

24. D 【解析】本题考查陶行知的教育实践。陶行知改变以往训练教师的制度，采用艺友制开展师范教育。艺友制是指学生和有经验的教师交朋友，在实践中学习如何做老师，方法是边做边学。

A 选项，讲授制是指教师运用口头语言系统连贯地向学生传授知识、技能，发展学生智力的教学方法。

B 选项，“五指活动”课程是由我国著名幼儿教育家陈鹤琴先生提出的，陈鹤琴先生认为“应当把幼稚园的课程打成一片，成为有系统的组织”。虽然他把课程划分为：健康活动、社会活动、科学活动、艺术活动、文学活动五项，但这五项是一个整体，如人的手指与手掌，手指只是手掌的一部分，其骨肉相连，血脉相通，因此被称为“五指活动”。

C 选项，感官教育在蒙台梭利教育中是重要内容。她认为 3～6 岁是幼儿身心迅速发展的时期，幼儿的各种感觉先后处于敏感期，因此必须对幼儿进行系统的和多方面的感官训练，使他们通过与外部世界的直接接触发展敏锐的感觉和观察力，为高级的智力活动和思维发展奠定基础。

25. C 【解析】本题考查《3～6 岁儿童学习与发展指南》。《3～6 岁儿童学习与发展指南》艺术领域表现与创造部分的目标 2“具有初步的艺术表现与创造能力”的教育建议指出，要“尊重幼儿自发的表现和创造，并给予适当的指导”。C 项，“询问小彤画长翅膀的妈妈的原因，接纳他的想法”，体现了教师对幼儿艺术表现的尊重和理解，因此该做法合理，故本题选 C。

26. D 【解析】本题考查《3～6岁儿童学习与发展指南》。《3～6岁儿童学习与发展指南》语言领域有关“认真听并能听懂常用语言”的目标，具体对大班幼儿提出了“能结合情境理解一些表示因果、假设等关系的相对复杂的句子”的要求。故本题选D。

27. A 【解析】本题考查《3～6岁儿童学习与发展指南》。《3～6岁儿童学习与发展指南》中指出，“重视幼儿的学习品质。幼儿在活动过程中表现出的积极态度和良好行为倾向是终身学习与发展所必需的宝贵品质”。

28. D 【解析】本题考查《3～6岁儿童学习与发展指南》。《3～6岁儿童学习与发展指南》健康领域“动作发展”部分的目标1“具有一定的平衡能力，动作协调、灵敏”的教育建议中指出，“利用多种活动发展身体平衡和协调能力。如：走平衡木，或沿着地面直线、田埂行走。玩跳房子、踢毽子、蒙眼走路、踩高跷等游戏活动”。故选项中踩高跷是最能体现幼儿平衡能力发展的活动，本题选D。

29. A 【解析】本题考查杜威的教育思想。杜威认为，教育的本质是“教育即生长，教育即生活，教育即经验的不断改造”。他认为，生活就是生长，儿童是具有独特生理和心理结构的人。儿童的能力、兴趣和习惯都是建立在他的原始本能上的，儿童心理活动实质上就是他的本能发展的过程。他认为儿童身上有四种潜在的本能，教育的本质就是促进儿童生物性本能和心理机能不断生长。

30. A 【解析】本题考查《3～6岁儿童学习与发展指南》。《3～6岁儿童学习与发展指南》科学领域“科学探究”部分的目标2“具有初步的探究能力”指出，5～6岁的幼儿“能用数字、图画、图表或其他符号记录”。故基于题干中幼儿的表现，可推断幼儿的年龄为6岁左右。

31. C 【解析】本题考查《幼儿园教师专业标准（试行）》。《幼儿园教师专业标准（试行）》中指出，其基本理念为师德为先、幼儿为本、能力为重、终身学习。

32. D 【解析】本题考查《3～6岁儿童学习与发展指南》。《3～6岁儿童学习与发展指南》语言领域“阅读和书写准备”部分的目标3“具有书面表达的愿望和初步技能”指出，4～5岁幼儿的发展目标为：(1)愿意用图画和符号表达自己的愿望和想法；(2)在成人提醒下，写写画画时姿势正确。5～6岁幼儿的发展目标为：(1)愿意用图画和符号表现事物或故事；(2)会正确书写自己的名字；(3)写画时姿势正确。故D项错误。

33. A 【解析】本题考查《3～6岁儿童学习与发展指南》的内容。《3～6岁儿童学习与发展指南》艺术领域“表现与创造”部分目标2“具有初步的艺术表现与创造能力”的教育建议中指出“幼儿绘画时不宜提供范画，特别不应要求幼儿完全按照范画来画”，故A项做法不适宜，本题选A。

34. B 【解析】本题考查幼儿园教育的价值取向。《幼儿园教育指导纲要（试行）》在目标表述上较多地使用了“体验、感受、喜欢、乐意”等词汇，突出了情感、兴趣、态度、个性等方面的价值取向，着眼于培养幼儿终身学习的基础和动力。

35. B 【解析】本题考查外国教育家的教育著作。从科学知识取向转向儿童经验取向是现代儿童教育的立场，该立场在夸美纽斯的《大教学论》中初露端倪，在卢梭的《爱弥儿》中孕育成型并诞生。

二、简答题（参考答案）

1. 列出幼儿园课程生活化的实施要求并分别举例说明。

(1)幼儿园课程内容选择的生活化。《幼儿园教育指导纲要（试行）》中指出：教育活动内容的组织应充分考虑幼儿的学习特点和认识规律，各领域的内容要有机联系，相互渗透，注重综合性、趣味性、活动性，寓教育于生活、游戏之中。例如：课程内容的安排可依据节日顺序来展开，或者依据时令、季节变化规律来组织等。

(2)幼儿园课程资源利用的生活化。陶行知先生主张"社会即学校"，认为学前教育机构的教育不能局限于狭小的教室，应让幼儿回归大自然、大社会的怀抱。例如：主题活动"春天"，教师可利用春天的树木、景色变化等自然资源组织活动；幼儿园中组织"安全防火活动"时，也可利用幼儿家长的职业进行课程组织。

(3)幼儿园课程教学实施的生活化。根据幼儿的年龄特点，将富有教育意义的生活内容纳入课程领域，课程实施中教师应为幼儿创设多种多样的生活化学习情境，加强教育同生活的联系，将学前儿童在各种情境中的经验加以整合。例如：为了了解秋天的变化，教师可组织主题活动"金色的秋天"，带领幼儿到户外摘果实、捡树叶，满足幼儿的探索心理，使幼儿真正了解秋天的特点。

2. 为什么幼儿园教育内容要贴近幼儿生活？

幼儿园教育内容要贴近幼儿生活的原因如下：

(1)学前儿童生理、心理的特点决定了对儿童的教育要特别注重生活化，并发挥一日活动的整体功能。生活化首先是指教育生活化，也就是说要将富有教育意义的生活内容纳入课程领域。其次是指生活教育化，也就是将学前儿童日常生活中已获得的原有经验加以系统化、条理化，在生活中适时引导，促进学前儿童发展。通过帮助儿童组织已获得的零散的生活经验，可以使幼儿的经验系统化、完整化。

(2)幼儿园教育本身具有生活化的特点。幼儿园教育活动带有浓厚的生活化特征，活动内容来源于生活，活动实施贯穿于幼儿的生活。

(3)《幼儿园教育指导纲要（试行）》指出，幼儿园教育活动内容应"既贴近幼儿的生活来选择幼儿感兴趣的事物和问题，又有助于拓展幼儿的经验和视野"，幼儿园教育活动内容的组织应"充分考虑幼儿的学习特点和认识规律，各领域的内容要有机联系，相互渗透，注重综合性、趣味性、活动性，寓教育于生活、游戏之中"。因此，幼儿园教育内容贴近幼儿生活符合《幼儿园教育指导纲要（试行）》的要求。

3. 简述幼儿社会学习的指导要点。

(1)社会领域的教育具有潜移默化的特点。因此,幼儿社会态度和社会情感的培养应渗透在多种活动和一日生活的各个环节之中,教师要为幼儿创设一个使其感受到接纳、关爱和支持的良好环境,避免单一呆板的言语说教。

(2)幼儿与成人、同伴之间的共同生活、交往、探索、游戏等,是其社会学习的重要途径。教师应多为幼儿提供人际间相互交往和活动的机会与条件,并对幼儿加以引导。

(3)社会学习是一个漫长的过程,需要幼儿园、家庭和社会密切合作、协调一致。因此,教师要密切联系家长和社会,共同促进幼儿良好社会性品质的形成。

4. 为什么不能把《3~6岁儿童学习与发展指南》作为一把"尺子"去衡量所有的幼儿?请说明理由。

之所以不能把《3~6岁儿童学习与发展指南》(以下简称《指南》)作为一把"尺子"去衡量所有的幼儿,原因如下:

(1)《指南》强调教育应遵循幼儿的发展规律和学习特点。幼儿的发展是一个持续、渐进的过程,同时也表现出一定的阶段性特征。因此,教师在教育的过程中,要珍视幼儿生活和游戏的独特价值,充分尊重和保护幼儿的好奇心和学习兴趣,创设丰富的教育环境,合理安排幼儿一日生活,最大限度地支持和满足幼儿通过直接感知、实际操作和亲身体验获取经验的需要,严禁"拔苗助长"式的超前教育和强化训练。

(2)《指南》强调要尊重幼儿发展的个体差异。每个幼儿在沿着相似进程发展的过程中,各自的发展速度和到达某一水平的时间不完全相同。教师在教育过程中既要准确把握幼儿发展的阶段性特征,又要充分尊重幼儿的个体差异,支持和引导每个幼儿从原有水平向更高水平发展,按照自身的速度和方式到达《指南》所呈现的发展"阶梯"。因此,教师要切忌用一把"尺子"衡量所有幼儿。

三、论述题(参考答案)

1. 教育家陈鹤琴认为,幼儿的发展具有整体性。虽然他把教学内容划分为健康、社会、科学、艺术和文学,但是他认为,它们之间应该相互贯通,为一个整体,正如人的手指和手掌的关系。

请结合陈鹤琴的整体性思想,说一说什么是学习与发展的整体性?如何在一日生活中切实做到?

(1)①《3~6岁儿童学习与发展指南》中五个领域是分别表述的,但这并不是说各领域是彼此分离、各自为政的。相反,《3~6岁儿童学习与发展指南》的各领域都是相互联系、相互支撑的。我国著名幼儿教育家陈鹤琴先生曾经把幼儿园课程划分为健康活动、社会活动、科学活动、艺术活动和文学活动,并将它们比喻为"五指活动",即"这五个活动是一个整体,如人的手指与手掌,手指只是手掌的一部分,其骨肉相连,血脉相通"。这生动地说明了各领域是不可分割的。同理,幼儿各领域的学习与发展也是不能彼此分裂的。

②作为从自然人向社会人过渡的生命体,幼儿阶段需要完成的课题不仅是身体的发育,还有艰巨的心理发展任务;不仅需要发展他们的智力、才艺,还需要发展他们不可缺少的情感态度、行为习惯、能力技能等。而幼儿各个方面的发展并不是彼此孤立地进行的,各方面的发展之间,都有着不可分割的联系。也就是说,幼儿的学习与发展具有整体性。《3～6岁儿童学习与发展指南》的说明部分强调"关注幼儿学习与发展的整体性。儿童的发展是一个整体,要注重领域之间、目标之间的相互渗透和整合,促进幼儿身心全面协调发展,而不应片面追求某一方面或几方面的发展"。

(2)①遵循幼儿学习与发展的整体性规律,最重要的是应尊重幼儿的生活与游戏。幼儿的生活与游戏本身就具有天然的整体性,没有任何一个幼儿的生活可以按领域划分为"语言"的生活、"科学"的生活、"艺术"的生活等,生活中的任何事件都真实而自然地融合着各领域的知识。幼儿各领域的学习与发展也在其生活和游戏中自然地发生并一体化地进行。比如在家庭里,当家长和幼儿一起看电视,一起选择、议论电视节目时,幼儿就在进行艺术的、语言的、社会的等各方面的学习。

②除生活活动、游戏活动之外,还有许多其他的活动形式,特别是在幼儿园里,教师应根据幼儿的实际情况,组织各种教育活动,有本身综合性就很强的主题活动、方案活动、单元活动等,也有侧重某领域的集体、小组教学活动等。需要明确的是,任何形式、任何内容的教育活动都能够也必须遵循幼儿学习与发展的整体性。如教师根据幼儿在折纸活动中的具体表现,调整活动的教学方法,降低折纸的难度。

2. 幼儿园教师应具备哪些专业能力?

(1)环境的创设与利用能力。建立良好的师幼关系,帮助幼儿建立良好的同伴关系,让幼儿感到温暖和愉悦;建立班级秩序与规则,营造良好的班级氛围,让幼儿感受到安全、舒适;创设有助于促进幼儿成长、学习、游戏的教育环境;合理利用资源,为幼儿提供和制作适合的玩教具和学习材料,引发和支持幼儿的主动活动。

(2)一日生活的组织与保育能力。合理安排和组织一日生活的各个环节,将教育灵活地渗透到一日生活中;科学照料幼儿日常生活,指导和协助保育员做好班级常规保育和卫生工作;充分利用各种教育契机,对幼儿进行随机教育;有效保护幼儿,及时处理幼儿的常见事故,危险情况优先救护幼儿。

(3)游戏活动的支持与引导能力。提供符合幼儿兴趣需要、年龄特点和发展目标的游戏条件;充分利用与合理设计游戏活动空间,提供丰富、适宜的游戏材料,支持、引发和促进幼儿的游戏;鼓励幼儿自主选择游戏内容、伙伴和材料,支持幼儿主动地、创造性地开展游戏,充分体验游戏的快乐和满足;引导幼儿在游戏活动中获得身体、认知、语言和社会性等多方面的发展。

(4)教育活动的计划与实施能力。制定阶段性的教育活动计划和具体活动方案;在教育活动中

观察幼儿，根据幼儿的表现和需要，调整活动，给予适宜的指导；在教育活动的设计和实施中体现趣味性、综合性和生活化，灵活运用各种组织形式和适宜的教育方式；提供更多的操作探索、交流合作、表达表现的机会，支持和促进幼儿主动学习。

(5)激励与评价能力。关注幼儿日常表现，及时发现和赏识每个幼儿的点滴进步，注重激发和保护幼儿的积极性、自信心；有效运用观察、谈话、家园联系、作品分析等多种方法，客观地、全面地了解和评价幼儿；有效运用评价结果，指导下一步教育活动的开展。

(6)沟通与合作能力。使用符合幼儿年龄特点的语言进行保教工作；善于倾听，和蔼可亲，与幼儿进行有效沟通；与同事合作交流，分享经验和资源，共同发展；与家长进行有效沟通合作，共同促进幼儿发展；协助幼儿园与社区建立合作互助的良好关系。

(7)反思与发展能力。主动收集分析相关信息，不断进行反思，改进保教工作；针对保教工作中的现实需要与问题，进行探索和研究；制定专业发展规划，积极参加专业培训，不断提高自身专业素质。

3. 试述幼儿园班级管理工作的主要内容。

幼儿园班级管理是指班级教师通过计划、组织、实施、调整等过程协调班集体内外的人、财、物、时间、空间，以达到高效率实现保育和教育目的的综合性活动。具体内容如下：

(1)生活管理。幼儿园生活管理是为了保证幼儿身体正常发育、心理健康成长，保教人员围绕幼儿在园起居、饮食等生活活动的需要而进行的管理工作。生活管理包括睡眠、饮食、如厕、衣着等全部生活内容，是保育工作的重要内容，是教育工作的前提与基础，是班级管理的主要内容。生活管理可以满足幼儿在园生活的物质需要，为幼儿健康成长提供物质环境。

(2)教育管理。幼儿园班级教育管理是指保教人员在班主任教师带领下对班级幼儿进行调查研究，对教育过程精心设计、组织，对教育效果进行细致评估的一系列工作。教育管理对于明确教育目标、优化教育方法、保证教育效果起着重要作用。教育管理是幼儿园教师最经常和最基本的管理工作，也是幼儿园各项管理工作的核心内容。

(3)物品管理。人、财、物、时间、空间、信息是班级管理的重要因素，班级物品摆放得当，能给儿童一个整齐有序的环境，有利于儿童生活和活动，有利于儿童成长，同时也方便教师使用，班级物品包括小床、小被等生活用品，玩具、学具等学习用品以及钢琴、电视等教师教学物品。

(4)其他管理。幼儿园班级管理除了着重进行生活、教育管理外，还有许多与之相关的其他管理。如班级间交流管理、家庭教育管理、幼儿社区活动管理等，它们也是幼儿园班级常规管理的重要组成部分。

4. 试述科学安排幼儿园一日生活的原则。

科学安排幼儿园一日生活对幼儿的成长和发展具有重要的意义和影响，因此，教师在安排幼儿园一日生活时应遵循以下原则：

(1)时间安排应有相对的稳定性与灵活性,既有利于形成秩序,又能满足幼儿的合理需要,照顾到个体差异;

(2)教师直接指导的活动和间接指导的活动相结合,保证幼儿每天有适当的自主选择和自由活动时间,教师直接指导的集体活动要能保证幼儿的积极参与,避免时间的隐性浪费;

(3)尽量减少不必要的集体行动和过渡环节,减少和消除消极等待现象;

(4)建立良好的常规,避免不必要的管理行为,逐步引导幼儿学习自我管理。

四、材料分析题(参考答案)

1.(1)李老师组织这次活动需要解决的问题:①引导毛毛正确对待戴眼镜这一行为;②引导幼儿了解眼睛生病要治疗和保护眼睛的重要性。

(2)①在生活中观察幼儿,根据幼儿的表现和需要,设计活动,给予适宜的指导。幼儿园教育活动内容应该主要来源于现实生活,教育活动应该是促进幼儿美好生活的有效途径。材料中,李老师通过观察毛毛的性格及行为变化,在与毛毛的交谈中了解幼儿的想法,并据此设计教育活动,表明李老师认识到了活动内容应来源于幼儿的生活,值得我们学习。

②善于倾听,和蔼可亲,与幼儿进行有效沟通。幼儿是在与周围环境的相互作用中得到发展的。教师要慢慢地开启幼儿的心灵,就需要用语言或非语言的方式与幼儿交流,交流的过程就是在相互作用,也就是沟通。材料中,李老师观察到毛毛戴眼镜后变得沉默还时不时把眼镜摘下来的情况后,与毛毛沟通,了解毛毛的心理状况,从而针对毛毛的情况开展活动,值得我们学习。

③幼儿园教师要创设符合幼儿兴趣需要、年龄特点和发展目标的环境,充分利用、合理设计活动空间,支持、引发和促进幼儿的活动,引导幼儿在游戏活动中获得身体、认知、语言和社会性等多方面的发展。材料中,李老师观察到毛毛的情况后采取集体活动的方式,不仅使毛毛可以正确对待戴眼镜这一行为,还引导班级中其他幼儿了解到眼睛生病要治疗,以及毛毛戴眼镜的原因,从而解决了毛毛怕被小朋友们笑话而不戴眼镜的问题,促进了幼儿的全面发展,值得我们学习。

2.(1)郭老师不应该投放绘画步骤图。原因如下:《3～6岁儿童学习与发展指南》中指出:①幼儿绘画能力的主旨在于审美能力、创造能力的提升。②在幼儿进行绘画时,不宜提供范画,特别不应要求幼儿完全按照范画来画。材料中郭老师的做法会扼杀幼儿的想象力、创造力和表现力,不利于扩展幼儿的绘画想象空间,同时也不利于活动的趣味性开展和启发性引导。故不应提供“步骤图”。

(2)教育建议:应遵循《3～6岁儿童学习与发展指南》《幼儿园教育指导纲要(试行)》等相关要求,做到以下几点:①在绘画前,使幼儿回归生活,鼓励幼儿在生活中细心观察、体验,为艺术活动积累经验与素材。如观察各种车的形态、类型等。②在绘画过程中亦可进行作品欣赏,让幼儿自主选择创作方式,同时提供丰富的形象材料,允许幼儿用自己喜欢的方式去模仿或创作,成人不做过多要求。③根据幼儿的生活经验,与幼儿共同确定艺术表现的主题,引导幼儿围绕主题展开想象。④创作后,肯定幼儿作品的优点,用表达自己感受的方式引导其提高。总之,幼儿

艺术领域学习的关键在于充分创造条件和机会，使幼儿在大自然和社会文化生活中萌发对美的感受和体验，丰富其想象力和创造力，引导幼儿学会用心灵去感受美和发现美，用自己的方式去表现美和创造美。中班幼儿的绘画能力正处于象征期发展阶段，应尊重幼儿自发的表现和创造，从多角度引导幼儿进行艺术感受，并鼓励幼儿自由进行艺术创造。

专题一　教育与学前教育

一、单项选择题

答案速查

1～5	DABBA

1. D 【解析】学前教育的性质受社会政治的影响，并为政治所决定。不同的国家，幼儿教育的性质各不相同。故 D 项说法正确，C 项说法错误。A 项，社会经济发展水平影响和制约着学前教育机构的产生，而非决定学前教育机构的产生，故说法错误。B 项，学前教育的目标和内容受政治的影响和制约，但政治制度并不决定着全部学前教育内容，故说法错误。

2. A 【解析】对幼儿实施全面发展教育是我国幼儿教育的基本出发点，也是我国幼儿教育法规所规定的幼儿教育的任务。

3. B 【解析】幼儿园教育的双重任务包括幼儿园对幼儿实施保育和教育；幼儿园同时面向幼儿家长提供科学育儿指导。此外，为基础教育打好基础也是幼儿园的重要任务。幼儿园具有公益性质，幼儿园担负着不可推卸的社会责任，要服务社会，为社会发展做贡献。

4. B 【解析】国家制度影响学前教育的领导权、受教育者的权利及幼儿教育的性质、目标、内容、方式方法、管理体制及幼儿教育的发展规模和速度，国家对幼儿教育的影响是直接的。学前教育的目标和内容受政治的影响和制约。幼儿教育的目标通常是由国家直接制定，或在国家的指导方针下由地方政府制定。幼儿教育内容范围的界定，亦要受国家和地方政府的影响。因此，题干的表述反映了政治对学前教育的影响。

5. A 【解析】幼儿园的任务之一是“贯彻国家的教育方针，按照保育与教育相结合的原则，遵循幼儿身心发展特点和规律，实施德、智、体、美等方面全面发展的教育，促进幼儿身心和谐发展”；其二是“幼儿园同时面向幼儿家长提供科学育儿指导”。

二、简答题（参考答案）

1. 简述学前教育目标制定的依据。

(1)社会要求：学前教育目标要符合我国社会发展和国情的需求，要预见社会新的要求，具有前瞻性；(2)幼儿身心发展特征和规律；(3)具体学科性质和幼儿学习的特点。

2. 简述教育与经济的关系。

(1)经济是教育的基础。①经济发展是教育发展的物质基础;②经济发展决定着教育发展的规模和速度;③经济发展引发的经济结构变革影响着教育结构的变化;④经济发展水平制约着教育的任务、内容和手段。

(2)现代教育对整个社会经济发展起着巨大的促进作用。①现代教育是物质资料生产和再生产的重要条件;②现代教育是提高劳动生产率的必要因素。

专题二　中外幼儿教育的发展

一、单项选择题

答案速查

1～5	BCBDB	6～10	AABDA	11～15	DDADD	16～20	ABACA
21～25	CABCA	26～30	BABAA	31～35	CBBAD	36～40	CCBAD

1. B 【解析】陶行知先生是我国伟大的人民教育家。在教育救国的思想影响下,他毕生从事旧教育的改革,推行生活教育、大众教育,为我国教育做出了重大贡献。在教育实践中,他创立了生活教育理论和教、学、做合一的教育方法。

2. C 【解析】行为课程的要旨是以行为为中心,以设计为过程。行为课程的教学方法是采取单元教学,它一般是先根据幼儿的学习动机决定其学习目的,再根据目的估量行为的内容。包括幼儿的工作、游戏、音乐、故事、儿歌,以及常识等学科的教材。但在实施时,则应彻底打破各学科的界限。

3. B 【解析】蒙台梭利被誉为20世纪初的“幼儿园改革家”,她于1907年在罗马贫民区创办了一所“儿童之家”,不按年龄分班,在一个班级里,既有大龄孩子,也有小龄孩子,在教师的指导下共同学习、游戏、开展活动。

4. D 【解析】陶行知先生认为教育要启发、解放幼儿的创造力,为他们提供手脑并用的条件和机会。

5. B 【解析】我国创办的第一所学前教育机构是1903年9月(清光绪二十九年八月)在湖北武昌创办的湖北幼稚园,由湖北巡抚端方在武昌寻常小学堂内创办,聘请了三名日本保姆负责经办,并拟定了《湖北幼稚园开办章程》,首开中国儿童公共教育的历史先河。

6. A 【解析】以自然教育理论为依据,卢梭在道德教育上提出了“自然后果法”。他强调对于幼儿的过失,不必加以责备和处罚,而要利用幼儿过失所造成的自然后果,使他们自食其果,从而使他们认识其过失并予以改正。

7. A 【解析】柏拉图是西方教育史上最早提出学前教育思想的人。他认为教育应该从幼年开始,人在幼年时最容易接受影响,幼年所接受的影响决定以后行为的性质。

8. B 【解析】在蒙台梭利教育中,感官教育是重要内容。她认为3~6岁是幼儿身心迅速发展的时期,幼儿的各种感觉先后处于敏感期,因此必须对幼儿进行系统的和多方面的感官训练,使他们通过与外部世界的直接接触发展敏锐的感觉和观察力,为高级的智力活动和思维发展奠定基础。

9. D 【解析】陈鹤琴强调以幼儿经验、身心发展特点和社会发展需要作为选择教材的标准;反对实行分科教学,提倡综合的单元教学,以社会自然为中心的"整个教学法";主张游戏式的教学。

10. A 【解析】蒙台梭利指出教育要适合孩子的"敏感期",所谓"敏感期"指的是儿童在这一时期,表现出对于某种事物或活动特别敏感或产生一种特殊兴趣和爱好,学习也特别容易且迅速。

11. D 【解析】瑞士教育家裴斯泰洛齐继承了前人教育要遵循儿童的自然的思想,并以毕生的教育实践证明:一切教育都应以感官教育为基础,儿童学习的最好方式是操作,母亲是儿童的最好老师等原则和方法。裴斯泰洛齐以和谐发展的理论及要素教育方法为依据,详细研究了学前儿童教育的内容和方法,重视道德情感的培养,强调直观、语言和活动在儿童智力发展中的意义,并把游戏作为教育幼儿的重要方法。

12. D 【解析】1927年11月,在陶行知领导下,由张宗麟协助筹措在南京郊区创办南京燕子矶幼稚园。该园是中国第一所乡村幼稚园,又是陶行知的生活教育理论试用于幼稚教育领域的试验田。办园宗旨是建设中国的、省钱的、平民的幼稚园,并研究和试验如何办好农村幼稚园的具体方法,以便在全国农村普及。

13. A 【解析】卢梭自然教育的核心思想是强调对幼儿进行教育,必须遵循自然的要求,顺应幼儿的自然本性,即顺应幼儿身心自然发展的特点进行教育。

14. D 【解析】陈鹤琴先生反对灌输式的教学,他针对当时国内幼儿教育的弊端,提出了"活教育"的理论体系作为其课程编制的基础。

15. D 【解析】陈鹤琴先生是我国著名的幼儿教育家。他于1923年创办了我国最早的幼儿教育实验中心——南京鼓楼幼稚园,创立了"活教育"理论,一生致力于探索中国化、平民化、科学化的幼儿教育道路。

16. A 【解析】陶行知创立了生活教育理论和教、学、做合一的教育方法,主张办适合中国国情的、省钱的、平民的幼稚园。陈鹤琴创立了"活教育"理论,主张办中国化、平民化、科学化的幼儿教育。张雪门在他几十年的幼教理论钻研与实践中,注重课程研究,逐步形成了"行为课程"的理论体系,成为我国幼儿教育中的一份宝贵遗产。三者都属于中国近代幼教的开创者。黄炎培是我国职业教育的创始人,与题目要求的幼教开创者无关,故选A项。

17. B 【解析】陶行知身体力行地推行平民的、乡村的教育,是农村幼儿教育事业的开拓者,在南京郊区首创了中国第一所乡村幼儿园——南京燕子矶幼稚园,还创建了乡村幼儿师范教育、农村幼教研究会等。

18. A 【解析】福禄贝尔是第一位阐明游戏价值的人,强调游戏的教育价值,认为游戏是儿童内部存在的自我活动的表现,是一种本能性的活动。

19. C 【解析】洛克在《教育漫话》中论述了“绅士教育”,提出体育是教育的基础,德育是教育的核心,智育是教育的辅助。

20. A 【解析】杜威主张教育要以儿童为中心,基本方法是“从做中学”。

21. C 【解析】德国教育家福禄贝尔极为重视学前教育,他于1837年创办了世界上第一所幼儿园,系统地提出了学前教育理论,为学前教育学成为一门独立的学科做出了巨大贡献。学前教育学是从教育家福禄贝尔开始创立的。

22. A 【解析】湖北巡抚端方于1903年在武昌创办湖北幼稚园,我国第一所学前儿童教育机构正式诞生。

易混辨析:考生注意区分学前教育机构的创办者。

1816年,欧文在苏格兰创办幼儿学校,是世界上第一所幼儿教育机构。

1837年,福禄贝尔在德国开办了一所儿童教育机构,1840年命名为幼儿园。

1903年,端方在湖北武昌创办我国第一所幼稚园——湖北幼稚园。

1923年,陈鹤琴在南京创办我国第一所幼儿教育实验中心——南京鼓楼幼稚园。

1927年,陶行知在南京创办我国第一所乡村幼稚园——南京燕子矶幼稚园。

23. B 【解析】蒙台梭利认为,教育者应当为儿童创造一个自由活动的环境,即“有准备的环境”。

24. C 【解析】裴斯泰洛齐是提倡“爱的教育”和实施“爱的教育”的典范。

25. A 【解析】陶行知先生猛烈地批判旧中国幼儿教育的弊端,坚决主张改革外国化的、费钱的、富贵的幼儿园,建立适合中国国情的、省钱的、平民的幼稚园。

26. B 【解析】洛克从唯物主义的立场出发,提出了著名的“白板说”。

27. A 【解析】美国著名教育家杜威是现代教育理论的代表,提出了“儿童中心(学生中心)”“活动中心”“经验中心”的“新三中心论”。C项是德国著名教育家赫尔巴特的观点,以赫尔巴特为代表的传统教育三中心(旧三中心)是:课堂中心、书本中心和教师中心。

28. B 【解析】从题干中可以看到“儿童变成了太阳,而教育的一切措施则围绕着他们转动……”说明教育都是围绕儿童来进行的,即以儿童为中心。

29. A 【解析】陈鹤琴提倡的幼儿园课程理论中将课程内容划分为:健康、社会、科学、艺术、文学五项,被称为“五指活动”。

30. A 【解析】卢梭要求把幼儿在教育中的被动地位变为主动地位,教师要多给幼儿自由,尊重幼儿的天性,使幼儿真正成为教育上的主人,把儿童当作儿童来看待。

31. C 【解析】杜威认为,学校生活组织应该是以儿童为中心,一切需要的措施都应该是为了促进

儿童的生长。因为是儿童，而不是教学大纲决定教育的质和量，所以，教学内容、计划和方法以及一切教育活动都要服从儿童的兴趣和经验的需要，也就是我们现在所说的以儿童为中心。

32. B 【解析】陶行知在南京郊区首创了中国第一所乡村幼稚园——南京燕子矶幼稚园，还创建了乡村幼儿师范教育、农村幼教研究会等。

33. B 【解析】陈鹤琴先生于1923年创办了我国最早的幼儿教育实验中心——南京鼓楼幼稚园。他被誉为“中国幼儿园之父”，被称为“中国的福禄贝尔”。

34. A 【解析】蒙台梭利的教育思想主要包括：(1)幼儿自我学习的法则；(2)重视教育环境的作用；(3)教师是环境的创设者、观察者、指导者；(4)幼儿的自由和作业的组织相结合的原则；(5)重视感官教育；(6)重视敏感期的价值。

35. D 【解析】行为课程是张雪门提出来的，他认为课程是经验，是适应生长的有价值的材料。陶行知提出了生活课程，“生活即教育”是生活教育理论的核心。“五指活动课程”是陈鹤琴创编的。他打破了按学科编制幼稚园课程的方式，以大自然、大社会为中心选择和组织课程内容，形成他所谓的“五指活动”：健康活动、社会活动、科学活动、艺术活动和文学活动。陈鹤琴以五个连为一体的手指比喻课程内容的五个方面，虽有区分，却是整体的、连通的，以此说明他所谓的五指活动课程的特征。

36. C 【解析】夸美纽斯编写的《世界图解》是西方教育史上第一本附有插图的儿童百科全书，一经出版就引起了很大的轰动。该书构思新颖、内容包罗万象，包括自然（宇宙、地理、植物、动物、人体等）、人类活动（手工业、农业、交通、文化等）、社会生活和语言文字等方面。全书附插图200幅，均出自作者之手，图画逼真生动，形象鲜明。它们和文字对应相配，引人入胜，激发读者兴趣，使读者对所学内容印象深刻。这就使儿童在自然快乐的情境中逐步自由地获取了知识，并且在掌握知识的同时发展思维，得到了美的陶冶。

37. C 【解析】卢梭在《爱弥儿》里明确阐述了自然主义教育观。

38. B 【解析】1816年，英国空想社会主义者欧文在苏格兰的纽兰纳克创办了一所幼儿学校，目的是寻求儿童特别是社会底层家庭儿童的生存、健康和幸福之路，这堪称欧洲最早的幼儿教育机构。

39. A 【解析】夸美纽斯的《母育学校》是世界上第一部论述学前教育的专著，集中体现了夸美纽斯的学前教育思想。

40. D 【解析】德国幼儿教育家福禄贝尔被誉为“幼儿园之父”，他创办了世界上第一所幼儿园。

二、简答题（参考答案）

1. 简述洛克的幼儿教育思想。

(1)学前教育具有十分重要的作用，提出了“白板说”；

(2)学前教育的目的是培养绅士；

(3)从德、智、体三方面进行学前教育。

2. 简述福禄贝尔的教育思想。

(1)幼儿自我发展的原理。福禄贝尔认为,幼儿的行为是其内在生命形式的表现,是由内在的动机支配的。

(2)强调游戏的教育价值。福禄贝尔是第一个阐明游戏教育价值的人。他认为游戏是儿童内部存在的自我活动的表现,是一种本能性的活动。

(3)协调原理。我们应该让孩子和周围的环境、社会、自然结合,协调一致。能够得到真正的协调是最美好的事。

(4)亲子教育。福禄贝尔认为,要让孩子在爱中成长,首先就必须教育母亲,这或许源于他幼时没得到母爱的一种体验。

3. 简述陈鹤琴的教育思想。

(1)反对半殖民地半封建的幼儿教育,提倡适合国情的中国化幼儿教育;

(2)反对死教育,提倡活教育:“做人,做中国人,做现代中国人”即目的论、“大自然、大社会,都是活教材”即课程论、“做中教,做中学,做中求进步”即方法论 ;

(3)幼儿园课程理论:把课程内容划分为健康、社会、科学、艺术、文学等五项,被称为“五指活动”;提倡“整个教学法”;

(4)重视幼儿园与家庭的合作。

4. 陶行知的生活教育理论源自对杜威思想的吸收和改造,请简述两位教育家的主要观点。

(1)陶行知的教育观点:建立适合中国国情的、省钱的、平民的幼稚园;生活教育理论,生活即教育,社会即学校,教学做合一;解放幼儿的创造力;改变训练教师的制度,采用艺友制开展师范教育。

(2)杜威的教育观点。①杜威的儿童观:重视儿童的本能;儿童具有自我生长的能力;儿童与成人在心理上存在着很大的差异。②杜威的进步主义教育思想:“教育即生长”“教育即生活”“教育即经验的不断改造”。③杜威的教育原则:“儿童中心论”“做中学”。

5. 简述卢梭的教育思想。

(1)强调教育对人的发展作用,人的教育来自三个方面:自然的教育、人的教育和事物的教育;(2)提出自然主义教育观;(3)年龄分期与教育阶段;(4)论儿童身体的养护和锻炼;(5)论儿童的感觉教育;(6)论教育的方法,提出“自然后果法”。

6. 简述蒙台梭利的学前教育思想。

(1)儿童存在着与生俱来的“内在生命力”或“内在潜能”;

(2)儿童的发展是个体与环境交互作用的结果;

(3)儿童有自己的兴趣和需要,会能动地、积极地同外界环境相互作用;

(4)儿童的心理发展和学习过程中存在“敏感期”；

(5)儿童发展是在活动中实现的。

7. 简述杜威的学前教育思想。

(1)儿童观:重视儿童的本能;儿童具有自我生长的能力;儿童与成人在心理上存在着很大的差异;

(2)进步主义教育思想:“教育即生长”“教育即生活”“教育即经验的不断改造”；

(3)教育原则:“儿童中心论”“做中学”,提出了“儿童中心(学生中心)”“活动中心”“经验中心”的“新三中心论”。

专题三　学前教育的基本原则与特点

一、单项选择题

答案速查

1～5	CCABA	6～10	ADDBC

1. C　**【解析】**儿童是学习的主体。只有儿童积极参与、主动建构,课程才能内化为他们的学习经验,促进其身心发展。

2. C　**【解析】**保教结合原则是指在幼儿一日生活中,教育者要将保育与教育结合。在幼儿生活中包含着许多有用的知识和促进幼儿智力发展的机会,而这往往会被教师所忽视。教师应充分把握生活活动中的教育机会,寓教育于日常生活活动中。题干的描述体现了保教结合原则。

3. A　**【解析】**由于学前儿童生理、心理的特点,对儿童的教育要贯彻生活化和一日活动整体性的原则。贯彻这一原则,应当注意以下三点。(1)教育生活化;(2)生活教育化;(3)发挥一日活动整体功能。其中,教育生活化就是将富有教育意义的生活内容纳入课程领域,生活教育化就是将学前儿童日常生活中已获得的原有经验,加以系统化、条理化,在生活中适时引导,促进学前儿童发展。题目中教师将疫情期间的防疫卫生和疫苗接种作为主题活动的内容,体现了教育生活化。故A项正确。题目中并没有涉及多种类型的教育活动及游戏,故C项、D项不符合题意。

方法技巧:考生可通过下表区分教育生活化和生活教育化。

概念	含义	举例
教育生活化	将富有教育意义的生活内容纳入课程领域	根据幼儿挑食的行为开展“爱惜粮食”“有营养的蔬菜”等活动
生活教育化	在日常生活过程中将富有教育意义的生活内容系统化、条理化,并适时加以引导	在进餐时引导幼儿养成良好的进餐习惯

4. B　**【解析】**尊重儿童人格尊严和合法权益的原则是指儿童从一出生就具有人格尊严,他们与我们是同样的社会成员,不能因为他们小而歧视他们,要杜绝对孩子随意敷衍、盲目指责、任意羞

辱的粗暴行为，更不能拿儿童作为宠物玩耍，随意给他们起绰号，当众披露他们的缺陷。张老师当众披露婷婷的缺点，还给婷婷起绰号，违背了尊重儿童人格尊严和合法权益的原则。

5. A 【解析】生活教育化是将学前儿童日常生活中已获得的原有经验加以系统化、条理化，在生活中适时引导，促进学前儿童发展。题干中主要体现了学前教育生活教育化的原则。

6. A 【解析】学前教育机构应充分认识和利用一日生活中各种活动的教育价值，通过合理组织、科学安排，让一日活动发挥一致的、连贯的、整体的教育功能，寓教育于一日活动之中。

7. D 【解析】整合性原则是指将学前教育看作一个完整的系统，保证学前儿童身心整体健全、和谐的发展，综合化地整合课程的各要素实施教育。内容的整合最终应落实到具体的教育活动之中。例如，语言教育领域，不仅可以在语言教育领域内部对知识学习和能力培养进行整合，而且还可以将社会、科学、艺术等领域的学习内容整合在一起。

8. D 【解析】保教合一的原则，也称保教结合或保教并重，指对幼儿保育和教育要给予同等的重视，并使两者相互配合。对幼儿实施保育的过程，实质上也是对幼儿在体、智、德、美诸方面实施有效影响的过程。保育和教育不是分别孤立地进行的，而是在统一的教育目标指引下，在同一教育过程中实现的。题干中，洋洋尿裤子了，陈老师发现后没有及时处理，而是让洋洋等保育员老师来换裤子，违背了学前教育的保教合一原则。

9. B 【解析】发展适宜性原则是指教育设计、组织、实施既要适合儿童的现有水平，又有一定的挑战性。教育活动内容的安排与要求、活动过程的推进应循序渐进。题干中提前学习小学低年级内容的做法不符合幼儿的现有发展水平，没有考虑到幼儿身心发展的特点，违背了发展适宜性原则。

10. C 【解析】学前儿童认知的直觉行动性与形象性的方式和特点，决定了他们不可能像中、小学生那样，主要通过课堂书本知识的学习来获得发展，而必须通过活动去接触各种事物和现象，与人交往，实际操作物体，从而逐步积累经验、获得真知。题干中王老师为幼儿提供了小棒、积木和圆片等学具供其操作，体现了教育的活动性和直观性原则。

二、简答题(参考答案)

1. 为什么说游戏是幼儿的基本活动？

(1)游戏是儿童最好的学习方式。对于学前儿童来说，游戏也是一种学习，是一种更重要、更适宜的学习。在游戏活动中易于唤起儿童的学习兴趣，使儿童在玩中学，学中玩，学得轻松愉快。

(2)游戏是内容和形式的结合。游戏既是课程的内容，又是课程实施的背景，还是课程实施的途径。游戏所涉及的内容是与儿童的兴趣相关联的，教师要充分发挥游戏对儿童发展的作用，保证游戏的时间和空间，提供丰富的游戏材料，使儿童充分自主、愉快地游戏，通过游戏促进幼儿的身心发展。

2. 简述遵循发展适宜性原则的几层含义。

(1)教育设计、组织、实施既要符合儿童的现实需要,又有利于其长远发展。

(2)教育设计、组织、实施既要适合儿童的现有水平,又有一定的挑战性。教育活动内容的安排与要求、活动过程的推进应循序渐进。

(3)教育必须促进儿童体、智、德、美诸方面全面发展。

(4)为每个儿童着想,关注个体差异。

3. 简述幼儿园贯彻主体性原则时应注意的事项。

(1)准确把握儿童发展的特点和现状:在教育与课程的设计、组织、实施、评价等不同环节,应充分考虑儿童的兴趣和需要,尊重儿童的学习特点、学习兴趣、学习背景、学习意愿等,为儿童提供主动学习的机会。

(2)在活动之前还要善于激发学前儿童的学习兴趣和动机。活动中,教师不是只考虑如何教的问题,而应更多考虑儿童的实际情况,激发学前儿童学习的内部驱动力,思考儿童如何学习,如何才能充分调动儿童的积极性、主动性和创造性,让学前儿童努力探索新知识、积累新经验,进而真正促进儿童的发展。

4. 简述贯彻科学性、思想性原则时应注意的事项。

(1)教育内容应是健康、科学的;(2)教育要从实际出发,对儿童健康发展有利;(3)教育设计和实施要科学、正确。

5. 简述贯彻整合性原则时应注意的事项。

(1)活动目标的整合;(2)活动内容的整合;(3)教育资源的整合;(4)活动形式和活动过程的整合。

三、论述题(参考答案)

试述学前教育的一般原则。

(1)尊重儿童的人格尊严和合法权益的原则。贯彻这一原则应注意:①尊重儿童的人格尊严;②保障儿童的合法权益。

(2)发展适宜性原则。贯彻这一原则应注意:①教育设计、组织、实施既要符合儿童的现实需要,又有利于其长远发展;②教育设计、组织、实施既要适合儿童的现有水平,又有一定的挑战性;③教育必须促进儿童体、智、德、美诸方面全面发展;④为每个儿童着想,关注个体差异。

(3)目标性原则。贯彻这一原则应注意:①把握目标的方向性和指导性;②注重教育目标实施过程的动态管理。

(4)主体性原则。贯彻这一原则应注意:①准确把握儿童发展的特点和现状;②在活动之前还要善于激发学前儿童的学习兴趣和动机。

(5)科学性、思想性原则。贯彻这一原则应注意:①教育内容应是健康、科学的;②教育要从实际出发,对儿童健康发展有利;③教育设计和实施要科学、正确。

(6)充分发掘教育资源,坚持开放办学的原则。贯彻这一原则应注意:①与家长合作共育;②开门办学,与社区合作;③学前教育机构、家庭、社区一致的教育。

(7)整合性原则(综合性原则)。贯彻这一原则应注意:①活动目标的整合;②活动内容的整合;③教育资源的整合;④活动形式和活动过程的整合。

四、材料分析题(参考答案)

1. 在材料中,教师组织的活动体现了保教结合原则、教育的活动性和直观性原则、发展适宜性原则。

(1)教师运用了保教结合原则。保育和教育工作相互联系、相互渗透。幼儿园保育和教育不可分割的关系是由幼教工作的特殊性和幼儿身心发展的特点决定的。虽然保育和教育有各自的主要职能,但并不是完全分离的。教育中包含了保育的成分,保育中也渗透着教育的内容。材料中幼儿教师通过合理组织、科学安排,使其成为一个有机的整体,让幼儿在自然的生活中身心健康地发展。

(2)教师运用了教育的活动性和直观性原则。学前儿童认知的直觉行动性与形象性的方式和特点,决定了他们不可能像中、小学生那样,主要通过课堂书本知识的学习来获得发展,而必须通过活动来接触各种事物和现象,与人交往,实际操作物体,从而逐步积累经验、获得真知。教师应从儿童身心发展的特点和水平出发,以活动为基础开展教育过程。材料中的教师为了帮助孩子牢固地掌握正确的洗手方法,在墙上画洗手的小图示,并配上简单的文字,体现教育的活动性和直观性原则。

(3)发展适宜性原则。教育必须促进儿童体、智、德、美诸方面全面发展。每一方面的发展也应该是全面的、整体的发展,包括情绪、情感、良好习惯、智力、技能、创造性的发展等,不能偏废任何一个方面。材料中的教师采取多种教育方法使幼儿掌握正确的洗手步骤,促进幼儿良好习惯的养成,体现教师教学过程中遵循发展适宜性原则。

2. (1)生活化首先就是指教育生活化,也就是说要将富有教育意义的生活内容纳入课程领域。材料中的教师开展了关于饮水的一系列活动,体现了教育同生活的联系。在教育活动中要将学前儿童在各种情境中的经验加以整合,不论是日常生活中学习积累的,还是在非日常生活中应该了解和认识的,都纳入到课程组织结构中加以统合。

(2)生活化还有一种含义就是指生活教育化,也就是将学前儿童日常生活中已获得的原有经验加以系统化、条理化,在生活中适时引导,促进学前儿童发展。材料中教师发现大部分幼儿需要不断提醒才会饮水,于是教师在生活中引导幼儿饮水后用自己喜欢的方式做标识,及时抓住机

会对儿童实施教育，取得了良好的效果。

(3)幼儿园应充分认识和利用一日生活中各种活动的教育价值，通过合理组织、科学安排，让一日活动发挥一致的、连贯的、整体的教育功能，寓教育于一日活动之中。材料中教师将饮水活动作为一个整体，贯穿幼儿活动的各个方面，如情境表演、游戏活动等，使幼儿在统一的活动中明白饮水的重要性。

3. (1)王老师的做法体现了以游戏为基本活动的原则。将游戏与教育活动内容相结合。在游戏活动中易于唤起幼儿的学习兴趣，使幼儿在玩中学，学中玩，学得轻松愉快。教师要充分发挥游戏对幼儿发展的作用，通过游戏促进幼儿身心发展。如材料中，“本来两分钟就能完成的点名，结果用了十来分钟”，而后，老师利用兔妈妈和大灰狼的角色，轻而易举地吸引了幼儿的注意，也激起了幼儿的兴趣。再有，幼儿害怕大灰狼用凶巴巴的声音念出自己的名字，就安静坐好，这样有利于幼儿养成良好的行为习惯，也有利于教育活动的顺利开展。

(2)在教学实践中，游戏所涉及的内容应是与儿童的兴趣相关联的，教师要充分发挥游戏对儿童发展的作用，保证游戏的时间和空间，提供丰富的游戏材料，使儿童充分自主、愉快地游戏，通过游戏促进幼儿的身心发展。

专题四　幼儿园班级管理

一、单项选择题

答案速查

1～5	DBACC

1. D 【解析】规则引导法是指用规则引导幼儿行为，使其与集体活动的方向和要求保持一致或确保幼儿自身安全并不危及他人的一种管理方法。规则引导法是对班级幼儿最直接和最常用的管理方法。题干中王老师和幼儿协商“超市”游戏规则，并让幼儿将规则用符号表征的形式呈现在区域里是运用了规则引导法。

2. B 【解析】目标指引法是指教师以行为结果作为目标，引导幼儿的行为方向，规范幼儿行为方式的一种管理方法。从行为的预期结果出发，引导幼儿自觉识别行为正误是目标指引法的基本特点。

3. A 【解析】幼儿园班级教育管理是班级保教人员最经常和最基本的管理工作，也是幼儿园各项管理工作的中心部分，是幼儿园管理水平和质量的反映。生活管理是顺利进行教育管理的必要条件。

4. C 【解析】总结班级幼儿生活管理工作，指出成绩与问题，是学期末的总结工作。其他三项都是属于学期中老师要进行的工作。

5. C 【解析】幼儿园班级管理是指班级教师通过计划、组织、实施、调整等过程协调班集体内外的人、财、物、时间、空间，以达到高效率实现保育和教育目的的综合性活动。

二、简答题（参考答案）

1. 简述幼儿园班级管理的目的。

（1）提高幼儿园管理的整体效益；（2）保证保教工作的顺利开展；（3）协调和统一各种教育力量；（4）促进优良班集体的形成；（5）培养学前儿童自我管理的能力。

2. 简述幼儿园班级管理的意义。

（1）班级管理是幼儿园教育活动有效性的组织保证；（2）班级管理能促进幼儿生活质量和生活能力的提升；（3）班级管理有助于促进幼儿社会性的发展。

专题五　幼儿教育法规

一、单项选择题

答案速查

1 ~ 5	ADDBC	6 ~ 10	ABDCA	11 ~ 15	DCBDB	16 ~ 20	ACBCA
21 ~ 25	CDBCD	26 ~ 30	CCCBD	31 ~ 35	DBBBD	36 ~ 40	DADCA
41 ~ 45	DADDA	46 ~ 50	DADDC	51 ~ 55	CDBCA	56 ~ 60	DCBBD
61 ~ 65	ABBCD	66 ~ 70	CADBA	71 ~ 75	DAABD	76 ~ 80	ADCBD
81 ~ 85	BAAAA	86 ~ 90	ACBAD	91 ~ 95	CDCBC	96 ~ 100	BADBB

1. A　**【解析】**《3 ~ 6 岁儿童学习与发展指南》的“说明”明确指出：“幼儿的学习是以直接经验为基础，在游戏和日常生活中进行的。”这就点明了幼儿学习的主要特点是做中学、玩中学、生活中学。幼儿的这一学习特点是由其年龄特征、认知特征、所持经验的特征等所决定的，幼儿只有这样学习才能学得有趣，学得有效，学得有用。如果要用适合幼儿发展且对幼儿有意义的方式来实施《3 ~ 6 岁儿童学习与发展指南》的话，最重要的就是让幼儿能像幼儿那样学习与发展。“玩中学”是幼儿最好的学习方式，是幼儿最有意义的学习。

2. D　**【解析】**《幼儿园教育指导纲要（试行）》中提到的五个领域，每个领域都可以提炼出一个关键的能力。健康—生活自理能力；语言—表达能力；社会—人际交往能力；科学—思维能力；艺术—创造能力。

3. D　**【解析】**《幼儿园教师专业标准（试行）》中对幼儿一日生活的组织与保育要求包括：（1）合理安排和组织一日生活的各个环节，将教育灵活地渗透到一日生活中；（2）科学照料幼儿日常生活，指导和协助保育员做好班级常规保育和卫生工作；（3）充分利用各种教育契机，对幼儿进行随机教育；（4）有效保护幼儿，及时处理幼儿的常见事故，危险情况优先救护幼儿。

4. B　**【解析】**《幼儿园教育指导纲要（试行）》语言教育领域的内容与要求指出，培养幼儿对生活中常见的简单标记和文字符号的兴趣。

5. C　【解析】《3～6岁儿童学习与发展指南》艺术领域指出，每个幼儿心里都有一颗美的种子。幼儿艺术领域学习的关键在于充分创造条件和机会，在大自然和社会文化生活中萌发幼儿对美的感受和体验，丰富其想象力和创造力，引导幼儿学会用心灵去感受和发现美，用自己的方式去表现和创造美。

6. A　【解析】《幼儿园教师专业标准（试行）》反思与发展的内容包括：(1)主动收集分析相关信息，不断进行反思，改进保教工作；(2)针对保教工作中的现实需要与问题，进行探索和研究；(3)制定专业发展规划，积极参加专业培训，不断提高自身专业素质。题干中李老师关于绘本阅读有效指导的教育行动研究，是针对保教工作中的现实需要与问题，进行探索和研究的表现，故本题选A。

7. B　【解析】《幼儿园教育指导纲要（试行）》指出，幼儿园的教育内容是全面的、启蒙性的，可以相对划分为健康、语言、社会、科学、艺术等五个领域，也可作其他不同的划分。各领域的内容相互渗透，从不同的角度促进幼儿情感、态度、能力、知识、技能等方面的发展。

8. D　【解析】《幼儿园教育指导纲要（试行）》第三部分组织与实施中第十条指出，教师要善于发现幼儿感兴趣的事物、游戏和偶发事件中所隐含的教育价值，把握时机，积极引导。

9. C　【解析】《幼儿园教育指导纲要（试行）》第二部分科学领域的指导要点中指出，幼儿的科学教育是科学启蒙教育，重在激发幼儿的认识兴趣和探究欲望。

10. A　【解析】《3～6岁儿童学习与发展指南》健康领域中子领域包括：身心状况、动作发展、生活习惯与生活能力。其中，每个子领域的目标如下。(1)身心状况：具有健康的体态；情绪安定愉快；具有一定的适应能力。(2)动作发展：具有一定的平衡能力，动作协调、灵敏；具有一定的力量和耐力；手的动作灵活协调。(3)生活习惯与生活能力：具有良好的生活与卫生习惯；具有基本的生活自理能力；具备基本的安全知识和自我保护能力。因此，“具有一定的适应能力”是健康领域中身心状况子领域的目标。

11. D　【解析】《幼儿园教育指导纲要（试行）》（以下简称《纲要》）第三部分组织与实施中第五条指出，教育活动内容的选择应遵照本《纲要》第二部分的有关条款进行，同时体现以下原则：(1)既适合幼儿的现有水平，又有一定的挑战性；(2)既符合幼儿的现实需要，又有利于其长远发展；(3)既贴近幼儿的生活来选择幼儿感兴趣的事物和问题，又有助于拓展幼儿的经验和视野。

12. C　【解析】《3～6岁儿童学习与发展指南》健康领域“动作发展”部分，目标1“具有一定的平衡能力，动作协调、灵敏”中指出，5～6岁幼儿的发展目标包括：(1)能在斜坡、荡桥和有一定间隔的物体上较平稳地行走；(2)能以手脚并用的方式安全地爬攀登架、网等；(3)能连续跳绳；(4)能躲避他人滚过来的球或扔过来的沙包；(5)能连续拍球。

13. B　【解析】《3～6岁儿童学习与发展指南》语言领域的教育建议指出，尊重和接纳幼儿的说话方式，无论幼儿的表达水平如何，都应认真地倾听并给予积极的回应。

14. D 【解析】《幼儿园教育指导纲要（试行）》第三部分组织与实施中的第九条指出，科学、合理地安排和组织一日生活，时间安排应有相对的稳定性与灵活性，既有利于形成秩序，又能满足幼儿的合理需求，照顾到个体差异。

15. B 【解析】《幼儿园教育指导纲要（试行）》社会领域指导要点指出，社会学习是一个漫长的积累过程，需要幼儿园、家庭和社会密切合作，协调一致，共同促进幼儿良好社会性品质的形成。故A 项说法正确。社会领域的教育具有潜移默化的特点。幼儿社会态度和社会情感的培养尤应渗透在多种活动和一日生活的各个环节之中，要创设一个能使幼儿感受到接纳、关爱和支持的良好环境，避免单一呆板的言语说教。故 B 项说法错误，C 项说法正确。幼儿与成人、同伴之间的共同生活、交往、探索、游戏等，是其社会学习的重要途径。应为幼儿提供人际间相互交往和共同活动的机会和条件，并加以指导。故 D 项说法正确。

16. A 【解析】《幼儿园教育指导纲要（试行）》第三部分组织与实施中的第六条指出："教育活动内容的组织应充分考虑幼儿的学习特点和认识规律，各领域的内容要有机联系，相互渗透，注重综合性、趣味性、活动性，寓教育于生活、游戏之中。"

17. C 【解析】《幼儿园教育指导纲要（试行）》语言领域的指导要点中指出，语言能力是在运用的过程中发展起来的，发展幼儿语言的关键是创设一个能使他们想说、敢说、喜欢说、有机会说并能得到积极应答的环境。

18. B 【解析】《幼儿园教育指导纲要（试行）》社会领域的目标是：(1)能主动地参与各项活动，有自信心；(2)乐意与人交往，学习互助、合作和分享，有同情心；(3)理解并遵守日常生活中基本的社会行为规则；(4)能努力做好力所能及的事，不怕困难，有初步的责任感；(5)爱父母长辈、老师和同伴，爱集体、爱家乡、爱祖国。

19. C 【解析】《幼儿园教育指导纲要（试行）》第三部分组织与实施中的第八条指出，教师的态度和管理方式应有助于形成安全、温馨的心理环境；言行举止应成为幼儿学习的良好榜样。

20. A 【解析】《幼儿园教育指导纲要（试行）》第四部分教育评价指出，评价应自然地伴随着整个教育过程进行。综合采用观察、谈话、作品分析等多种方法。

21. C 【解析】《3 ~6 岁儿童学习与发展指南》健康领域"身心状况"部分，目标 3"具有一定的适应能力"的教育建议指出，保证幼儿的户外活动时间，提高幼儿适应季节变化的能力。幼儿每天的户外活动时间一般不少于两小时，其中体育活动时间不少于 1 小时，季节交替时要坚持。气温过热或过冷的季节或地区应因地制宜，选择温度适当的时间段开展户外活动，也可根据气温的变化和幼儿的个体差异，适当减少活动的时间。

22. D 【解析】《3 ~6 岁儿童学习与发展指南》说明部分第三条指出，目标部分分别对 3 ~4 岁、4 ~

5岁、5～6岁三个年龄段末期幼儿应该知道什么、能做什么，大致可以达到什么发展水平提出了合理期望，指明了幼儿学习与发展的具体方向；教育建议部分列举了一些能够有效帮助和促进幼儿学习与发展的教育途径与方法。

23. B　【解析】《3～6岁儿童学习与发展指南》健康领域“生活习惯与生活能力”部分，目标2“具有基本的生活自理能力”中指出，3～4岁幼儿的发展目标包括：(1)在帮助下能穿脱衣服或鞋袜；(2)能将玩具和图书放回原处。

24. C　【解析】《3～6岁儿童学习与发展指南》说明部分第四条指出，理解幼儿的学习方式和特点。幼儿的学习是以直接经验为基础，在游戏和日常生活中进行的。要珍视游戏和生活的独特价值，创设丰富的教育环境，合理安排一日生活，最大限度地支持和满足幼儿通过直接感知、实际操作和亲身体验获取经验的需要，严禁“拔苗助长”式的超前教育和强化训练。题干的描述体现了李老师理解幼儿的学习方式和特点。

25. D　【解析】《3～6岁儿童学习与发展指南》科学领域中“科学探究”部分的目标1“亲近自然，喜欢探究”指出，5～6岁幼儿的发展目标是对自己感兴趣的问题总是刨根问底。

26. C　【解析】《3～6岁儿童学习与发展指南》健康领域中“生活习惯与生活能力”部分的目标1“具有良好的生活与卫生习惯”指出，5～6岁幼儿的发展目标是不在光线过强或过暗的地方看书，连续看电视等不超过30分钟。

27. C　【解析】《3～6岁儿童学习与发展指南》健康领域“动作发展”部分，目标3“手的动作灵活协调”中指出，4～5岁幼儿的发展目标包括：(1)能沿边线较直地画出简单图形，或能边线基本对齐地折纸；(2)会用筷子吃饭；(3)能沿轮廓线剪出由直线构成的简单图形，边线吻合。

28. C　【解析】《3～6岁儿童学习与发展指南》健康领域“动作发展”中目标1“具有一定的平衡能力，动作协调、灵敏”指出，4～5岁(中班)幼儿能在较窄的低矮物体上平稳地走一段距离。故答案选C项。

29. B　【解析】《3～6岁儿童学习与发展指南》社会领域中“人际交往”部分的目标2“能与同伴友好相处”中指出，3～4岁幼儿的发展目标是与同伴发生冲突时，能听从成人的劝解。

30. D　【解析】《3～6岁儿童学习与发展指南》艺术领域中“感受与欣赏”部分的目标2“喜欢欣赏多种多样的艺术形式和作品”指出，5～6岁幼儿的发展目标之一是愿意和别人分享、交流自己喜爱的艺术作品和美感体验。

31. D　【解析】《3～6岁儿童学习与发展指南》科学领域“科学探究”目标3“在探究中认识周围事物和现象”指出，3～4岁幼儿能感知和发现物体和材料的软硬、光滑和粗糙等特性。

32. B　【解析】从《3～6岁儿童学习与发展指南》语言领域中“倾听与表达”部分的目标2“愿意讲话并能清楚地表达”可以看出，“能清楚地说出自己想说的事”属于语言领域的目标。

33. B 【解析】《3～6 岁儿童学习与发展指南》语言领域中“倾听与表达”部分的目标 2“愿意讲话并能清楚表达”的教育建议部分指出，当幼儿因为急于表达而说不清楚的时候，提醒他不要着急，慢慢说。

34. B 【解析】《3～6 岁儿童学习与发展指南》指出，幼儿科学学习的核心是激发探究兴趣，体验探究过程，发展初步的探究能力。成人要善于发现和保护幼儿的好奇心，充分利用自然和实际生活机会，引导幼儿通过观察、比较、操作、实验等方法，学习发现问题、分析问题和解决问题；帮助幼儿不断积累经验，并运用于新的学习活动，形成受益终身的学习态度和能力。

35. D 【解析】“具有文明的语言习惯”是《3～6 岁儿童学习与发展指南》“语言领域”中“倾听与表达”部分的目标 3 内容。

36. D 【解析】《3～6 岁儿童学习与发展指南》指出，重视幼儿的学习品质。幼儿在活动过程中表现出的积极态度和良好行为倾向是终身学习与发展所必需的宝贵品质。要充分尊重和保护幼儿的好奇心和学习兴趣，帮助幼儿逐步养成积极主动、认真专注、不怕困难、敢于探究和尝试、乐于想象和创造等良好学习品质。忽视幼儿学习品质培养，单纯追求知识技能学习的做法是短视而有害的。

37. A 【解析】《3～6 岁儿童学习与发展指南》艺术领域中“表现与创造”部分的目标 2“具有初步的艺术表现与创造能力”指出，3～4 岁幼儿的发展目标是能模仿学唱短小歌曲。

38. D 【解析】《3～6 岁儿童学习与发展指南》健康领域中“生活习惯与生活能力”部分的目标 1“具有良好的生活与卫生习惯”指出，3～4 岁幼儿的发展目标为愿意饮用白开水，不贪喝饮料；4～5 岁幼儿的发展目标为常喝白开水，不贪喝饮料；5～6 岁幼儿的发展目标为主动饮用白开水，不贪喝饮料。

39. C 【解析】《3～6 岁儿童学习与发展指南》科学领域中“数学认知”部分的目标 2“感知和理解数、量及数量关系”指出，4～5 岁幼儿能通过数数比较两组物体的多少。

40. A 【解析】《幼儿园教育指导纲要(试行)》健康领域的指导要点指出，幼儿园必须把保护幼儿的生命和促进幼儿的健康放在工作的首位。树立正确的健康观念，在重视幼儿身体健康的同时，要高度重视幼儿的心理健康。

41. D 【解析】培育幼儿良好的意志品质属于《幼儿园教师专业标准(试行)》基本内容中“幼儿保育和教育的态度和行为”的内容。

42. A 【解析】《幼儿园教师专业标准(试行)》“专业知识”中“幼儿发展知识”的内容包括：了解关于幼儿生存、发展和保护的有关法律法规及政策规定；掌握不同年龄幼儿身心发展特点、规律和促进幼儿全面发展的策略与方法；了解幼儿在发展水平、速度与优势领域等方面的个体差异，掌握对应的策略与方法；了解幼儿发展中容易出现的问题与适宜的对策；了解有特殊需要

幼儿的身心发展特点及教育策略与方法。幼儿出现冲突行为需要教师想出适宜的对策去解决,故答案选 A 项。

43. D 【解析】《幼儿园教师专业标准(试行)》专业能力中“环境的创设与利用”指出,建立班级秩序与规则,营造良好的班级氛围,让幼儿感受到安全、舒适。

44. D 【解析】①②③⑤是《幼儿园教师专业标准(试行)》游戏活动的支持与引导的内容,④是一日生活的组织与保育的内容。

45. A 【解析】《幼儿园教育指导纲要(试行)》中科学领域的目标包括:(1)对周围的事物、现象感兴趣,有好奇心和求知欲;(2)能运用各种感官,动手动脑,探究问题;(3)能用适当的方式表达、交流探索的过程和结果;(4)能从生活和游戏中感受事物的数量关系并体验到数学的重要和有趣;(5)爱护动植物,关心周围环境,亲近大自然,珍惜自然资源,有初步的环保意识。

46. D 【解析】《幼儿园教师专业标准(试行)》专业知识维度通识性知识领域的基本要求包括:(1)具有一定的自然科学和人文社会科学知识;(2)了解中国教育基本情况;(3)具有相应的艺术欣赏与表现知识;(4)具有一定的现代信息技术知识。

47. A 【解析】《幼儿园教育指导纲要(试行)》第一部分总则中的第五条明确指出:“幼儿园教育应尊重幼儿的人格和权利,尊重幼儿身心发展的规律和学习特点,以游戏为基本活动,保教并重,关注个别差异,促进每个幼儿富有个性的发展。”

48. D 【解析】《幼儿园教育指导纲要(试行)》第三部分组织与实施中的第十条规定:“教师应成为幼儿学习活动的支持者、合作者、引导者。”

49. D 【解析】《幼儿园教育指导纲要(试行)》第三部分组织与实施中第九条提出,教师直接指导的活动和间接指导的活动相结合,保证幼儿每天有适当的自主选择和自由活动时间,教师直接指导的集体活动要能保证幼儿的积极参与,避免时间的隐性浪费。

50. C 【解析】《幼儿园教育指导纲要(试行)》第四部分教育评价中的第四条规定:“幼儿园教育工作评价实行以教师自评为主,园长以及有关管理人员、其他教师和家长等参与评价的制度。”

51. C 【解析】《3~6 岁儿童学习与发展指南》指出,幼儿在活动过程中表现出的积极态度和良好行为倾向是终身学习与发展所必需的宝贵品质。要充分尊重和保护幼儿的好奇心和学习兴趣,帮助幼儿逐步养成积极主动、认真专注、不怕困难、敢于探究和尝试、乐于想象和创造等良好学习品质。忽视幼儿学习品质培养,单纯追求知识技能学习的做法是短视而有害的。

52. D 【解析】《3~6 岁儿童学习与发展指南》健康领域“动作发展”中目标 3“手的动作灵活协调”指出,大班幼儿的学习与发展目标包括:(1)能根据需要画出图形,线条基本平滑;(2)能熟练使用筷子;(3)能沿轮廓线剪出由曲线构成的简单图形,边线吻合且平滑;(4)能使用简单的劳动工具或用具。D 项属于“具有一定的力量和耐力”的目标,故 D 项错误。

53. B 【解析】《幼儿园教育指导纲要（试行）》艺术领域的指导要点指出，艺术是实施美育的主要途径，应充分发挥艺术的情感教育功能，促进幼儿健全人格的形成。要避免仅仅重视表现技能或艺术活动的结果，而忽视幼儿在活动过程中的情感体验和态度的倾向。

54. C 【解析】《3～6岁儿童学习与发展指南》社会领域“社会适应”中目标3“具有初步的归属感”指出，5～6岁幼儿学习与发展目标包括：(1)愿意为集体做事，为集体的成绩感到高兴；(2)能感受到家乡的发展变化并为此感到高兴；(3)知道自己的民族，知道中国是一个多民族的大家庭，各民族之间要互相尊重，团结友爱；(4)知道国家一些重大成就，爱祖国，为自己是中国人感到自豪。故C项正确。

易错提示：《3～6岁儿童学习与发展指南》的内容是常考点，考生要准确识记各目标下幼儿不同年龄段的发展目标，防止混淆。

55. A 【解析】《幼儿园教育指导纲要（试行）》提出健康领域的目标是：(1)身体健康，在集体生活中情绪安定、愉快；(2)生活、卫生习惯良好，有基本的生活自理能力；(3)知道必要的安全保健常识，学习保护自己；(4)喜欢参加体育活动，动作协调、灵活。

56. D 【解析】A、B、C项属于幼儿园教师应具备的专业知识。D项属于幼儿园教师应具备的专业能力。

57. C 【解析】《3～6岁儿童学习与发展指南》语言领域“阅读与书写准备”中目标3“具有书面表达的愿望和初步技能”指出，4～5岁幼儿的发展目标包括：(1)愿意用图画和符号表达自己的愿望和想法；(2)在成人提醒下，写写画画时姿势正确。

58. B 【解析】《幼儿园教师专业标准（试行）》中幼儿为本理念指出，尊重幼儿权益，以幼儿为主体，充分调动和发挥幼儿的主动性；遵循幼儿身心发展特点和保教活动规律，提供适合的教育，保障幼儿快乐健康成长。

59. B 【解析】《幼儿园教育指导纲要（试行）》中语言领域的目标包括：(1)乐意与人交谈，讲话礼貌；(2)注意倾听对方讲话，能理解日常用语；(3)能清楚地说出自己想说的事；(4)喜欢听故事、看图书；(5)能听懂和会说普通话。

60. D 【解析】《3～6岁儿童学习与发展指南》科学领域“数学认知”目标1“初步感知生活中数学的有用和有趣”指出，5～6岁的幼儿能发现事物简单的排列规律，并尝试创造新的排列规律。能发现生活中许多问题都可以用数学的方法来解决，体验解决问题的乐趣。

61. A 【解析】《幼儿园教育指导纲要（试行）》指出，幼儿园的教育活动，是教师以多种形式有目的、有计划地引导幼儿生动、活泼、主动活动的教育过程。

62. B 【解析】《3～6岁儿童学习与发展指南》艺术领域中“表现与创造”部分目标1“喜欢进行艺术活动并大胆表现”的教育建议指出，了解并倾听幼儿艺术表现的想法或感受，领会并尊重幼

儿的创作意图,不简单用“像不像”“好不好”等成人标准来评价。

63. B　【解析】《3～6 岁儿童学习与发展指南》语言领域“阅读与书写准备”中,A 项属于目标 1“喜欢听故事,看图书”的内容。C 项、D 项属于目标 3“具有书面表达的愿望和初步技能”的内容。B 项属于目标 2“具有初步的阅读理解能力”的内容。故 B 项正确。

64. C　【解析】《幼儿园教育指导纲要(试行)》第三部分组织与实施中第八条指出:环境是重要的教育资源,应通过环境的创设和利用,有效地促进幼儿的发展。充分利用自然环境和社区的教育资源,扩展幼儿生活和学习的空间。幼儿园同时应为社区的早期教育提供服务。故 C 项正确。

65. D　【解析】《幼儿园教育指导纲要(试行)》规定的社会领域的目标为:(1)能主动地参与各项活动,有自信心;(2)乐意与人交往,学习互助、合作和分享,有同情心;(3)理解并遵守日常生活中基本的社会行为规则;(4)能努力做好力所能及的事,不怕困难,有初步的责任感;(5)爱父母长辈、老师和同伴,爱集体、爱家乡、爱祖国。D 项为科学领域的目标,不属于社会领域,故本题选 D 项。

66. C　【解析】《3～6 岁儿童学习与发展指南》科学领域“科学探究”目标 3 是“在探究中认识周围事物和现象”。A 项和 D 项属于此目标中 3～4 岁幼儿的发展内容。B 项属于此目标中 4～5 岁幼儿的发展内容。C 项属于此目标中 5～6 岁幼儿的发展内容,故 C 项正确。

67. A　【解析】《3～6 岁儿童学习与发展指南》健康领域“动作发展”目标 1“具有一定的平衡能力,动作协调、灵敏”指出,3～4 岁儿童能沿地面直线或在较窄的低矮物体上走一段距离;能双脚灵活交替上下楼梯;能身体平稳地双脚连续向前跳;分散跑时能躲避他人的碰撞;能双手向上抛球。故 A 项正确。B 项属于 4～5 岁儿童的发展目标。C 项属于 5～6 岁儿童的发展目标。D 项属于干扰项。

68. D　【解析】幼儿教师的能力结构包括:(1)环境的创设与利用;(2)一日生活的组织与保育;(3)游戏活动的支持与引导;(4)教育活动的计划与实施;(5)激励与评价;(6)沟通与合作;(7)反思与发展。D 项自我调节情绪是教师应具备的个人修养与行为之一。

69. B　【解析】《3～6 岁儿童学习与发展指南》说明部分关于实施《指南》应把握的几个方面中指出,理解幼儿的学习方式和特点。幼儿的学习是以直接经验为基础,在游戏和日常生活中进行的。要珍视游戏和生活的独特价值,创设丰富的教育环境,合理安排一日生活,最大限度地支持和满足幼儿通过直接感知、实际操作和亲身体验获取经验的需要,严禁“拔苗助长”式的超前教育和强化训练。

70. A　【解析】《幼儿园教育指导纲要(试行)》第二部分科学领域的指导要点指出,教师要尽量创造条件让幼儿实际参加探究活动,使他们感受科学探究的过程和方法,体验发现的乐趣。

71. D 【解析】《幼儿园教师专业标准(试行)》指出,一日生活的组织与保育的基本要求包括:(1)合理安排和组织一日生活的各个环节,将教育灵活地渗透到一日生活中。(2)科学照料幼儿日常生活,指导和协助保育员做好班级常规保育和卫生工作。(3)充分利用各种教育契机,对幼儿进行随机教育。(4)有效保护幼儿,及时处理幼儿的常见事故,危险情况优先救护幼儿。

72. A 【解析】《3~6岁儿童学习与发展指南》社会领域中"社会适应"目标1"喜欢并适应群体生活"提出,3~4幼儿的发展目标包括:(1)对群体活动有兴趣;(2)对幼儿园的生活好奇,喜欢上幼儿园。

73. A 【解析】《幼儿园教育指导纲要(试行)》指出,"家庭是幼儿园重要的合作伙伴。应本着尊重、平等、合作的原则,争取家长的理解、支持和主动参与,并积极支持、帮助家长提高教育能力"。

74. B 【解析】从当前我国幼儿教育的实践来看,要使领域真正成为领域,必须加强对领域内内容的整合。如在科学领域中,有关于自然界的内容,有关于科技的内容,有关于数学的内容,这些内容有一定的独立性,甚至自成体系,但在真正的实施中,应努力使这些内容之间尽可能地相互联系,有机结合。对于我国大部分的幼儿园来说,课程的整合首先应该关注的是领域内的整合。

75. D 【解析】《3~6岁儿童学习与发展指南》科学领域中"数学认知"部分目标2"感知和理解数、量及数量关系"指出5~6岁幼儿的发展目标为:(1)初步理解量的相对性;(2)借助实际情境和操作(如合并或拿取)理解"加"和"减"的实际意义;(3)能通过实物操作或其他方法进行10以内的加减运算;(4)能用简单的记录表、统计图等表示简单的数量关系。

76. A 【解析】《幼儿园教育指导纲要(试行)》第二部分科学领域的内容与要求指出,引导幼儿对周围环境中的数、量、形、时间和空间等现象产生兴趣,建构初步的数概念,并学习用简单的数学方法解决生活和游戏中某些简单的问题。B项、C项、D项属于社会领域的内容与要求。故A项正确。

77. D 【解析】《幼儿园教育指导纲要(试行)》第二部分科学领域的目标之一是爱护动植物,关心周围环境,亲近大自然,珍惜自然资源,有初步的环保意识。

78. C 【解析】《3~6岁儿童学习与发展指南》语言领域"倾听与表达"部分目标1"认真听并能听懂常用语言"的教育建议指出,要根据幼儿的理解水平有意识地使用一些反映因果、假设、条件等关系的句子。

79. B 【解析】《3~6岁儿童学习与发展指南》科学领域"科学探究"部分目标3"在探究中认识周围事物和现象"指出,4~5岁幼儿的发展目标为:(1)能感知和发现动植物的生长变化及其基本条件;(2)能感知和发现常见材料的溶解、传热等性质或用途;(3)能感知和发现简单物理现

象,如物体形态或位置变化等;(4)能感知和发现不同季节的特点,体验季节对动植物和人的影响;(5)初步感知常用科技产品与自己生活的关系,知道科技产品有利也有弊。故本题选 B。A 项和 D 项是 3 ~4 岁幼儿的发展目标,C 选项是 5 ~6 岁幼儿的发展目标。

80. D 【解析】《幼儿园教育指导纲要(试行)》中每个领域都可以提炼出一个关键的能力:健康——生活自理能力;语言——表达能力;社会——人际交往能力;科学——思维能力;艺术——创造能力。

81. B 【解析】《3 ~6 岁儿童学习与发展指南》科学领域"科学探究"部分目标 2"具有初步的探究能力"指出,4 ~5 岁儿童的发展目标为:(1)能对事物或现象进行观察比较,发现其相同与不同;(2)能根据观察结果提出问题,并大胆猜测答案;(3)能通过简单的调查收集信息;(4)能用图画或其他符号进行记录。A 项为 3 ~4 岁儿童"科学探究"部分目标 1"亲近自然,喜欢探究"的发展目标,C、D 两项为 5 ~6 岁儿童"科学探究"部分目标 2 的发展目标。本题选 B 项。

82. A 【解析】《幼儿园教育指导纲要(试行)》教育评价部分指出,对幼儿发展状况的评估,要注意:承认和关注幼儿的个体差异,避免用划一的标准评价不同的幼儿,在幼儿面前慎用横向的比较。

83. A 【解析】《幼儿园教师专业标准(试行)》基本内容中的个人修养与行为指出,幼儿教师应:(1)富有爱心、责任心、耐心和细心;(2)乐观向上、热情开朗,有亲和力;(3)善于自我调节情绪,保持平和心态;(4)勤于学习,不断进取;(5)衣着整洁得体,语言规范健康,举止文明礼貌。

84. A 【解析】《幼儿园教育指导纲要(试行)》中科学领域的目标包括:(1)对周围的事物、现象感兴趣,有好奇心和求知欲;(2)能运用各种感官,动手动脑,探究问题;(3)能用适当的方式表达、交流探索的过程和结果;(4)能从生活和游戏中感受事物的数量关系并体验到数学的重要和有趣;(5)爱护动植物,关心周围环境,亲近大自然,珍惜自然资源,有初步的环保意识。

85. A 【解析】《3 ~6 岁儿童学习与发展指南》健康领域中"动作发展"部分目标 2"具有一定的力量和耐力"指出,3 ~4 岁幼儿能双手抓杠悬空吊起 10 秒左右。

86. A 【解析】《幼儿园教师专业标准(试行)》"专业能力"中"环境的创设与利用"的内容为:(1)建立良好的师幼关系,帮助幼儿建立良好的同伴关系,让幼儿感到温暖和愉悦;(2)建立班级秩序与规则,营造良好的班级氛围,让幼儿感受到安全、舒适;(3)创设有助于促进幼儿成长、学习、游戏的教育环境;(4)合理利用资源,为幼儿提供和制作适合的玩教具和学习材料,引发和支持幼儿的主动活动。

87. C 【解析】《3 ~6 岁儿童学习与发展指南》社会领域"社会适应"部分,目标 2"遵守基本的行为规范"指出,4 ~5 岁幼儿的发展目标包括:(1)感受规则的意义,并能基本遵守规则;(2)不私自拿不属于自己的东西;(3)知道说谎是不对的;(4)知道接受了的任务要努力完成;(5)在提醒下,能节约粮食、水电等。

88. B 【解析】《3～6岁儿童学习与发展指南》艺术领域指出，幼儿艺术领域学习的关键在于充分创造条件和机会，在大自然和社会文化生活中萌发幼儿对美的感受和体验，丰富其想象力和创造力，引导幼儿学会用心灵去感受和发现美，用自己的方式去表现和创造美。故B项说法错误。

89. A 【解析】《幼儿园教师专业标准（试行）》“专业能力”部分“教育活动的计划与实施”领域指出，教师要“制定阶段性的教育活动计划和具体活动方案”。

90. D 【解析】《3～6岁儿童学习与发展指南》指出，要重视幼儿的学习品质。幼儿在活动过程中表现出的积极态度和良好行为倾向是终身学习与发展所必需的宝贵品质。要充分尊重和保护幼儿的好奇心和学习兴趣，帮助幼儿逐步养成积极主动、认真专注、不怕困难、敢于探究和尝试、乐于想象和创造等良好学习品质。题干中幼儿通过反复尝试最终取出了海洋球，这体现了幼儿敢于探究和尝试的学习品质。

91. C 【解析】《幼儿园教育指导纲要（试行）》第三部分组织与实施第八条指出，环境是重要的教育资源，应通过环境的创设和利用，有效地促进幼儿的发展。

92. D 【解析】《幼儿园教师专业标准（试行）》提出，专业理念与师德中幼儿保育和教育的态度与行为的基本要求包括：(1)注重保教结合，培育幼儿良好的意志品质，帮助幼儿养成良好的行为习惯；(2)注重保护幼儿的好奇心，培养幼儿的想象力，发掘幼儿的兴趣爱好；(3)重视环境和游戏对幼儿发展的独特作用，创设富有教育意义的环境氛围，将游戏作为幼儿的主要活动；(4)重视丰富幼儿多方面的直接经验，将探索、交往等实践活动作为幼儿最重要的学习方式；(5)重视自身日常态度言行对幼儿发展的重要影响与作用；(6)重视幼儿园、家庭和社区的合作，综合利用各种资源。所以，D项符合题意。A、B、C项属于对幼儿的态度与行为的基本要求。

93. C 【解析】《3～6岁儿童学习与发展指南》科学领域“科学探究”部分目标2“具有初步的探究能力”指出，4～5岁幼儿的发展目标为：(1)能对事物或现象进行观察比较，发现其相同与不同；(2)能根据观察结果提出问题，并大胆猜测答案。(3)能通过简单的调查收集信息；(4)能用图画或其他符号进行记录。

94. B 【解析】《3～6岁儿童学习与发展指南》健康领域“身心状况”中目标3“具有一定的适应能力”教育建议指出，经常与幼儿玩拉手转圈、秋千、转椅等游戏活动，让幼儿适应轻微的摆动、颠簸、旋转，促进其平衡机能的发展。

95. C 【解析】《幼儿园教育指导纲要（试行）》指出，社会领域的教育具有潜移默化的特点。幼儿社会态度和社会情感的培养尤应渗透在多种活动和一日生活的各个环节之中，要创设一个能使幼儿感受到接纳、关爱和支持的良好环境，避免单一呆板的言语说教。题干中教师组织幼儿观看“天宫课堂”直播，激发幼儿的探索欲望及爱国之情，这属于渗透在日常生活中的社会教育。

96. B 【解析】《3～6岁儿童学习与发展指南》健康领域中身心状况目标1“具有健康的体态”指出,5～6岁的幼儿,身高和体重适宜。参考标准:男孩:身高:106.1～125.8厘米。

97. A 【解析】《3～6岁儿童学习与发展指南》科学领域“数学认知”目标2“感知和理解数、量及数量关系”的教育建议指出,幼儿园教师通过实物操作引导幼儿理解数与数之间的关系,并用“加”或“减”的办法来解决问题。

98. D 【解析】《3～6岁儿童学习与发展指南》健康领域中“身心状况”目标1“具有健康的体态”的教育建议指出,保证幼儿每天睡11～12小时,其中午睡一般应达到2小时左右。午睡时间可根据幼儿的年龄、季节的变化和个体差异适当减少。

99. B 【解析】《幼儿园教育指导纲要(试行)》语言领域的内容与要求指出,利用图书、绘画和其他多种方式,引发幼儿对书籍、阅读和书写的兴趣,培养前阅读和前书写技能。A项属于社会领域的内容与要求,C项和D项属于健康领域的内容与要求。故B项正确。

100. B 【解析】《3～6岁儿童学习与发展指南》语言领域“阅读与书写准备”中目标1“喜欢听故事,看图书”指出,3～4岁幼儿的发展目标包括:(1)主动要求成人讲故事、读图书;(2)喜欢跟读韵律感强的儿歌、童谣;(3)爱护图书,不乱撕、乱扔。

二、简答题(参考答案)

1. 简述实施《3～6岁儿童学习与发展指南》应把握哪几个方面。

(1)关注幼儿学习与发展的整体性;(2)尊重幼儿发展的个体性;(3)理解幼儿的学习方式和特点;(4)重视幼儿的学习品质。

2. 简述幼儿教师应具备的有关幼儿保育和教育的知识。

(1)熟悉幼儿园教育的目标、任务、内容、要求和基本原则;

(2)掌握幼儿园各领域教育的学科特点与基本知识;

(3)掌握幼儿园环境创设、一日生活安排、游戏与教育活动、保育和班级管理的知识与方法;

(4)熟知幼儿园的安全应急预案,掌握意外事故和危险情况下幼儿安全防护与救助的基本方法;

(5)掌握观察、谈话、记录等了解幼儿的基本方法和教育心理学的基本原理和方法;

(6)了解0～3岁婴幼儿保教和幼小衔接的有关知识与基本方法。

3. 简述在《幼儿园教育指导纲要(试行)》中指出的教育工作评价考察内容。

(1)教育计划和教育活动的目标是否建立在了解本班幼儿现状的基础上。

(2)教育的内容、方式、策略、环境条件是否能调动幼儿学习的积极性。

(3)教育过程是否能为幼儿提供有益的学习经验,并符合其发展需要。

(4)教育内容、要求能否兼顾群体需要和个体差异,使每个幼儿都能得到发展,都有成功感。

(5)教师的指导是否有利于幼儿主动、有效地学习。

4.《3～6岁儿童学习与发展指南》对幼儿“感知和理解数、量及数量关系”，提出了哪些教育建议？

(1)引导幼儿感知和理解事物“量”的特征；

(2)结合日常生活，指导幼儿学习通过对应或数数的方式比较物体的多少；

(3)利用生活和游戏中的实际情境，引导幼儿理解数概念；

(4)通过实物操作引导幼儿理解数与数之间的关系，并用“加”或“减”的办法来解决问题。

5.简述幼儿园科学领域的教育目标。

(1)对周围的事物、现象感兴趣，有好奇心和求知欲；

(2)能运用各种感官，动手动脑，探究问题；

(3)能用适当的方式表达、交流探索的过程和结果；

(4)能从生活和游戏中感受事物的数量关系并体验到数学的重要和有趣；

(5)爱护动植物，关心周围环境，亲近大自然，珍惜自然资源，有初步的环保意识。

6.根据《幼儿园教师专业标准(试行)》，简述幼儿教师应具备的沟通与合作能力的具体要求。

(1)使用符合幼儿年龄特点的语言进行保教工作。

(2)善于倾听，和蔼可亲，与幼儿进行有效沟通。

(3)与同事合作交流，分享经验和资源，共同发展。

(4)与家长进行有效沟通合作，共同促进幼儿发展。

(5)协助幼儿园与社区建立合作互助的良好关系。

7.简述5～6岁的幼儿在“健康”领域中的“手的动作灵活协调”这个目标中所具有的典型表现。

(1)能根据需要画出图形，线条基本平滑；

(2)能熟练使用筷子；

(3)能沿轮廓线剪出由曲线构成的简单图形，边线吻合且平滑；

(4)能使用简单的劳动工具或用具。

8.《幼儿园教师专业标准(试行)》中提出师德为先的具体要求是什么？

(1)热爱学前教育事业，具有职业理想，践行社会主义核心价值体系，履行教师职业道德规范，依法执教。(2)关爱幼儿，尊重幼儿人格，富有爱心、责任心、耐心和细心；为人师表，教书育人，自尊自律，做幼儿健康成长的启蒙者和引路人。

三、论述题(参考答案)

1.《3～6岁儿童学习与发展指南》在艺术领域的教育建议中提出，幼儿绘画时，不宜提供范画，特别不应要求幼儿完全按照范画来画。对此，你是如何理解的？教学中应如何实施该建议。

理解：

(1)模仿是幼儿的天性，幼儿往往通过模仿来学习，尤其是艺术领域的学习，根本离不开模仿。《3～6岁儿童学习与发展指南》鼓励的是在幼儿感受和体验基础上的自发模仿，这种模仿是个

性化的,而用范画来让所有幼儿进行相同的临摹,这种被动式的模仿对幼儿的自我表现意义不大。实验表明,范画临摹的认出率最低,因为不是自己想要表现的,且大家画的都一样,所以幼儿不会留下深刻印象。

(2)范画临摹超出幼儿绘画水平,容易使幼儿丧失绘画的信心。

建议:

(1)鼓励幼儿在自己认识和理解的水平上,以自己的方式对印象深刻的感知对象或感兴趣的事物模仿再现;

(2)提供范画应注意儿童认知的发展水平和握笔的精细水平;

(3)注意避免要求过多,以免幼儿丧失绘画的信心,鼓励幼儿大胆表现。

2.《3~6岁儿童学习与发展指南》强调幼儿的学习是在日常生活中进行的,请以幼儿园的日常生活的某一环节为例(如进餐、午睡、盥洗等),说明其中蕴藏的各领域的学习机会。

幼儿园一日生活中的午睡蕴含着多领域的学习机会,具体表现如下:

(1)针对个别幼儿不喜欢午睡的情况,可在午睡之前开展健康教育,告诉幼儿午睡时,身体各部位和脑及神经系统都在进行调节,氧和能量的消耗最少,利于恢复,内分泌系统释放的生长激素比平时增加3倍。所以,睡眠的好坏直接影响着幼儿的生长发育、身体健康、学习状况,以此为契机教给幼儿健康知识,以促进幼儿健康成长。

(2)幼儿教师在幼儿午睡之前经常给幼儿讲故事,在讲故事的过程中,幼儿教师可以通过表情、动作和抑扬顿挫的声音传达书中的情绪情感,让幼儿体会作品的感染力和表现力,提高幼儿的阅读理解能力和言语感知能力。

(3)在午睡过程中,幼儿教师可以制定一系列规则,比如禁止幼儿睡别人床上、午睡过程中不得大声喧哗、午睡结束要起床配合老师开展接下来的活动等。对幼儿表现出的遵守规则的行为要及时肯定,对违规行为给予纠正,不断提升幼儿遵守规则的意识。

(考生可结合实际加以阐述,言之有理即可)

3.试述幼儿教师需具备的专业知识。

(1)幼儿发展知识

①了解关于幼儿生存、发展和保护的有关法律法规及政策规定;

②掌握不同年龄幼儿身心发展特点、规律和促进幼儿全面发展的策略与方法;

③了解幼儿在发展水平、速度与优势领域等方面的个体差异,掌握对应的策略与方法;

④了解幼儿发展中容易出现的问题与适宜的对策;

⑤了解有特殊需要幼儿的身心发展特点及教育策略与方法。

(2)幼儿保育和教育知识

①熟悉幼儿园教育的目标、任务、内容、要求和基本原则;

②掌握幼儿园各领域教育的学科特点与基本知识;

③掌握幼儿园环境创设、一日生活安排、游戏与教育活动、保育和班级管理的知识与方法；

④熟知幼儿园的安全应急预案，掌握意外事故和危险情况下幼儿安全防护与救助的基本方法；

⑤掌握观察、谈话、记录等了解幼儿的基本方法和教育心理学的基本原理和方法；

⑥了解 0～3 岁婴幼儿保教和幼小衔接的有关知识与基本方法。

(3)通识性知识

①具有一定的自然科学和人文社会科学知识；

②了解中国教育基本情况；

③具有相应的艺术欣赏与表现知识；

④具有一定的现代信息技术知识。

4. 请结合工作实际，谈谈幼儿园教师应如何科学、合理地安排组织幼儿一日生活。

(1)时间安排应有相对的稳定性与灵活性，既有利于形成秩序，又能满足幼儿的合理需要，照顾到个体差异。如每次教育活动的时间，可根据活动的内容、活动的方式和儿童年龄而定，有长有短，以儿童不过度疲劳为限。

(2)教师直接指导的活动和间接指导的活动相结合，保证幼儿每天有适当的自主选择和自由活动时间，教师直接指导的集体活动要能保证幼儿的积极参与，避免时间的隐性浪费。如在户外游戏活动环节，可由教师组织幼儿集体活动，也可由幼儿自由选择开展活动。教师要为幼儿准备好玩具、材料及活动场地，要让全班幼儿积极参加活动、情绪愉快。

(3)尽量减少不必要的集体行动和过渡环节，减少和消除消极等待现象。如在过渡环节，教师可以避免说教，改用幼儿喜闻乐见的歌曲、故事、游戏等方式进行积极的过渡。将幼儿静坐等待的时间变为积极的活动过程。

(4)建立良好的常规，避免不必要的管理行为，逐步引导幼儿学习自我管理。常规的制订是贯彻《幼儿园教育指导纲要(试行)》的保证，常规是儿童社会化的一个方面。幼儿在一日生活中，只有按照制订的常规去努力养成各种良好的生活习惯、行为习惯，才能很好地在集体的共同生活中协调一致。教师介绍规则应在必要的时候进行，如休息前，第一次玩积木前等，并应注意把这些规则和幼儿的生活经验联系起来。

5. 试述对幼儿发展状况的评估要求。

(1)明确评价的目的是了解幼儿的发展需要，以便提供更加适宜的帮助和指导。

(2)全面了解幼儿的发展状况，防止片面性，尤其要避免只重知识和技能，忽略情感、社会性和实际能力的倾向。

(3)在日常活动与教育教学过程中采用自然的方法进行。平时观察所获的具有典型意义的幼儿行为表现和所积累的各种作品等，是评价的重要依据。

(4)承认和关注幼儿的个体差异，避免用划一的标准评价不同的幼儿，在幼儿面前慎用横向的比较。

(5)以发展的眼光看待幼儿,既要了解现有水平,更要关注其发展的速度、特点和倾向等。

四、材料分析题(参考答案)

1.(1)《3~6岁儿童学习与发展指南》科学领域指出:幼儿科学学习的核心是激发探究兴趣,体验探究过程,发展初步的探究能力。①材料中晨晨在科学活动中,将粗细水管连接在一起,表现出积极的兴趣;②在操作过程中将水从细管倒入,让水从另一头流出时感到非常开心,最后成功将倒入粗水管的水也引流出后,自豪地向同伴分享,这都表现出晨晨在整个探究过程中,得到了成功的体验,积累了相关的经验;③在发现水从粗水管倒入但无法流出时,晨晨反复观察尝试,最后发现问题并且解决了问题,发展了初步的探究能力。

(2)策略:教师要善于发现和保护幼儿的好奇心,充分利用自然和实际生活中的机会,引导幼儿通过观察、比较、操作、实验等方法,学会发现问题、分析问题和解决问题,帮助幼儿不断积累经验,并运用于新的学习活动,形成受益终身的学习方法和能力。

2.《幼儿园教育指导纲要(试行)》中指出,幼儿园的科学教育是科学启蒙教育,重在激发幼儿的认识兴趣和探究欲望。要尽量创造条件让幼儿实际参加探究活动,使他们感受科学探究的过程和方法,体验发现的乐趣。科学教育应密切联系幼儿的实际生活进行,利用身边的事物与现象作为科学探索的对象。材料中,“植物用什么喝水”引起了幼儿的极大兴趣,杜老师没有直接地告诉幼儿答案,而是为幼儿创造了一个动手操作的机会,让孩子们亲自种植物并从中去观察、发现,最后得出结论。幼儿的兴趣是一切活动的根源,杜老师没有直接告诉孩子们问题的答案,而是充分激发起幼儿探索的兴趣,让他们主动地去观察、去发现,让孩子们从活动中得到最大程度的发展。

3.(1)小萌在社会适应方面的表现如下:①愿意并主动参加群体活动。材料中小萌喜欢阅读,积极参加区域活动。②不能遵守基本的规则。材料中小萌在阅读区已经满了的情况下,仍要挤进去;一下把两三本新书抱在身上,不愿意分享。

(2)教师的指导策略:结合社会生活实际,帮助幼儿了解基本行为规则或其他游戏规则,体会规则的重要性,学习自觉遵守规则。如:①经常和幼儿玩带有规则的游戏,遵守共同约定的游戏规则。②利用实际生活情境和图书故事,向幼儿介绍一些必要的社会行为规则,以及为什么要遵守这些规则。材料中,教师可生成一节以“遵守规则”为主题的社会教育活动,引导幼儿体验遵守规则的重要性。③在幼儿园的区域活动中,创设情境,让幼儿体会没有规则的不方便,鼓励他们讨论制订规则并自觉遵守。④对幼儿表现出的遵守规则的行为要及时肯定,对违规行为给予纠正。如材料中,当小萌出现遵守规则的行为时,可给予正强化法及时给予肯定。当小萌出现违规行为时,可采用负强化法暂停游戏。⑤结合具体情境,引导幼儿换位思考,学习理解别人。如材料中,当小萌出现不愿意分享的行为时,可以引导她想想:假如你是那个小朋友,你有什么感受。

4.(1)材料中教师的行为是不对的。

(2)①教师要充分理解和尊重幼儿发展进程中的个别差异,支持和引导他们从原有水平向更高水平发展,按照自身的速度和方式到达《3~6岁儿童学习与发展指南》所呈现的发展"阶梯",切忌用一把"尺子"衡量所有幼儿。这一原则主要包含了两层含义:一是尊重幼儿发展的连续性与阶段性规律;二是尊重幼儿在相似发展进程中的个别差异。决不能超越幼儿的发展阶段,强迫他们过早地去达到下一阶段的目标。实施《3~6岁儿童学习与发展指南》时,在帮助不同年龄阶段的幼儿学习与发展的过程中,要特别注意尊重幼儿发展的连续性与阶段性,不急于求成、拔苗助长,要努力地为幼儿创造一个可以让他们从容地从"量变"到"质变"的环境,让每一个幼儿可以按照自己的速度、自己的节奏获得实实在在的发展。

②除了必须尊重幼儿发展的连续性与阶段性等共性规律之外,还必须尊重幼儿在相似的发展进程中出现的个体差异。即是说,对于幼儿在学习与发展过程中,由于个体先天的或后天的、环境的或自身的种种原因所带来的个体差异必须予以尊重。

③幼儿在学习与发展上的这些差异是完全正常的,因此实施《3~6岁儿童学习与发展指南》时,不要对幼儿做盲目的、简单的攀比,用一把尺子去统一丈量所有的幼儿,特别是不能将《3~6岁儿童学习与发展指南》中"各年龄段典型表现"当成核对标尺或固定模式,抹杀幼儿之间的差异,错误地强求幼儿齐步走、统一化,将幼儿驱赶到千篇一律的僵化的发展框架中去。当然,幼儿与幼儿之间能力强弱的差异是不可否认的,有些幼儿具有某方面的天赋也是需要予以关注的。但不论怎样,每个幼儿都有获得表扬和承认的需要,这是幼儿成长过程中的一种基本需要。这一需要能否得到满足对幼儿人格发展有重大影响。因此《幼儿园工作规程》强调一定要"注重个体差异,因人施教,引导幼儿个性健康发展"。

所以,幼儿园对孩子进行体能测试,测试幼儿"拍球,平衡"能力,教师对照《3~6岁儿童学习与发展指南》,并用典型表现对不同年龄段幼儿进行评分,这种做法是不对的。

5.(1)《3~6岁儿童学习与发展指南》提出:数学认知的目标是初步感知生活中数学的有用和有趣;感知和理解数、量及数量关系;感知形状与空间关系。材料中幼儿不会比较高矮,不能理解量的相对性。

(2)①教幼儿目测比较物体。教幼儿区别物体的大小、长短、厚薄、粗细、高矮等特征时,让幼儿用视觉观察比较。物体的大小、长短、粗细、厚薄、宽窄等都具有不变性和相对性,所以幼儿感知这些特点,一般来说是比较困难的,因此在教学中,应该先让幼儿进行实物比较。②教幼儿触摸比较物体。引导幼儿直接感知区别物体的特征。③教幼儿运用自然测量的方法比较物体。王老师可以引导平平和涂涂先站在同一个平面上比较,选出高的小朋友;再让选出的这位小朋友同样站在同一个平面上跟丁丁比较,再次选择出最高的小朋友。一步步引导幼儿能够理解每个人的"高"或"矮"不是固定的,具有相对性,跟不同高矮的人比较时,这个量可能会发生变化;或者可以拿绳子来测量每个小朋友的身高,再进行比较。

第三章　生活指导

···刷考点···

①个人卫生　②预防性消毒　③矿物质

···刷真题···

一、单项选择题

答案速查

1~5	CBAAA	6~12	BBBBACC

1. C 【解析】本题考查幼儿意外事故的处理。幼儿有时会将纸团、小珠子、豆粒等塞入鼻孔,形成鼻腔异物。若疏于医治,可出现大量带黏液的血脓性分泌物。一旦发现幼儿将异物塞进一侧鼻孔,千万不要用镊子试图将异物夹出,尤其是圆滑的异物很难夹住,越捅越往深处走。正确的做法是:让幼儿将无异物的鼻孔按住,然后用力擤鼻;还可用羽毛、纸刺激幼儿鼻黏膜,引起喷嚏反射。如果上述方法排不出异物,则应到医院处理。ABD 选项的处理措施均正确,故本题选 C。

2. B 【解析】本题考查 1~3 岁儿童健康检查的频率。《托儿所幼儿园卫生保健工作规范》规定,1~3 岁儿童每年健康检查 2 次,每次间隔 6 个月;3 岁以上儿童每年健康检查 1 次。所有儿童每年进行 1 次血红蛋白或血常规检测。1~3 岁儿童每年进行 1 次听力筛查;4 岁以上儿童每年检查 1 次视力。

3. A 【解析】本题考查学前儿童健康检查。根据《托儿所幼儿园卫生保健工作规范》规定,1~3 岁儿童每年健康检查 2 次,每次间隔 6 个月;3 岁以上儿童每年健康检查 1 次。所有儿童每年进行 1 次血红蛋白或血常规检测。1~3 岁儿童每年进行 1 次听力筛查;4 岁以上儿童每年检查 1 次视力。

易错提示:考生需注意托幼园所人员的健康检查频率。

(1)幼儿。1~3 岁儿童每年健康检查 2 次,每次间隔 6 个月,即每半年健康检查一次;3 岁以上儿童每年健康检查 1 次。

(2)工作人员。每年进行 1 次健康检查。

4. A 【解析】本题考查眼内异物的处理。处理眼内异物,不能用手或手帕揉擦,可让幼儿用力眨眼,利用泪水将异物带出;也可用温水或蒸馏水冲洗眼睛,还可翻开上、下眼睑,找到异物后用干净的棉签、纱布擦去。题干中洗手液溅进幼儿的眼睛里,教师首先要做的是用流动的水冲洗眼睛,故本题选择 A 选项。

5. A 【解析】本题考查幼儿营养基础知识。锌是人体必需的微量元素之一,锌的缺乏会引起蛋白质合成障碍、细胞分裂减少,导致幼儿生长发育迟缓、停滞、性发育延迟、智能发育迟缓、伤口愈合不良、食欲减退,甚至发生异食癖。

6. B 【解析】本题考查常见的传染病及预防。水痘的皮疹特点为向心性,先见于头皮、面部,慢慢延至躯干、四肢,故本题选 B。

A 选项,麻疹是由麻疹病毒引起的急性出疹性传染病,症状为:发热,同时出现上呼吸道炎症。

C 选项,手足口病主要发生于学前儿童,症状为:(1)潜伏期 4 ~6 日。最先出现轻微的症状,如发烧、全身不适、咳嗽、咽痛等。(2)在指(趾)的背面、侧缘、手掌、足跖,尤其是指(趾)甲的周围,有时在臀部、躯干四肢发生红色斑丘疹,很快发展为水疱。(3)口腔内在舌、硬腭、颊黏膜、齿龈上发生水疱,破溃后形成潜在的糜烂,可因疼痛影响进食。

D 选项,猩红热是由带菌飞沫经呼吸道传播给易感者,也可通过污染玩具、物品、食物等经口传播。症状为:起病急,患儿寒战、发热,全身不适,咽部及扁桃体显著充血,也可见脓性渗出物,舌乳头红肿,有"杨梅舌"之称。

7. B 【解析】本题考查幼儿生活保健常识。正确的擤鼻涕方法应是先压住一侧鼻孔擤鼻涕,然后再压住另一侧擤鼻涕。不能同时按住两侧鼻孔,以防鼻腔压力过大,使病原体经咽鼓管吸入中耳,引发中耳炎。

8. B 【解析】本题考查常见的传染病及预防。风疹是儿童时期常见的一种由风疹病毒引起的急性出疹性传染病。病原体由口、鼻及眼部的分泌物直接传给他人,或通过呼吸道飞沫传播。

9. B 【解析】本题考查幼儿常见意外事故的防护和急救。当异物堵住气管时,幼儿会出现呼吸困难,面色青紫。因此题干中所述症状符合异物落入气管的表现,故本题选 B。

10. A 【解析】本题考查幼儿常见意外事故的防护和急救。幼儿扭伤时应停止活动、减少出血,采用冷敷的方式达到止血、消肿、止痛的目的。故本题选 A。

易错提示:学前儿童发生突发人为伤害时,需要先注意幼儿的皮肤有无破损,若无破损,一般可采用先冷敷,后热敷的方法;若有破损,应先止血、消毒,后再进行包扎等处理。

11. C 【解析】本题考查工作人员健康检查。《托儿所幼儿园卫生保健工作规范》规定,托幼机构在岗工作人员必须按照《管理办法》规定的项目每年进行 1 次健康检查。

12. C 【解析】本题考查幼儿常见意外事故的防护和急救。一旦遭蜂蜇后,首先要找到并取出毒刺,然后在蜇伤处涂些液体。黄蜂毒液呈碱性,可在伤口涂食醋等弱酸性液体,若蜇伤后还伴有中毒症状,应立即送医院。

二、简答题(参考答案)

1. 从儿童发展角度,简述幼儿户外运动的价值。

(1)户外运动有利于促进幼儿身体发展。幼儿在户外运动中,能够与大自然亲密接触,增强对外界环境的适应能力,加强机体新陈代谢,促进幼儿的生长发育。

(2)户外运动有利于促进幼儿心理健康发展。活泼好动是幼儿的天性,适宜的户外运动能够满足幼儿的需要,让幼儿在活动中感受快乐、放松心情,促进幼儿心理健康发展。

(3)户外运动有利于促进幼儿认知发展。幼儿在户外运动的过程中,能够积累丰富的经验,激发想象力和创造性,从而促进思维的发展。

(4)户外运动有利于丰富幼儿的审美体验。幼儿在户外运动过程中,能够充分感受大自然的美,从中获取丰富的审美体验。

2. 举例说明如何在幼儿园实施幼儿一日生活的"动静交替"的原则。

幼儿园在制定生活制度时,应将不同性质的活动轮换进行,做到劳逸结合、动静交替。

(1)动静交替原则表现在一日活动的安排中。例如,早上入园后进行早锻炼,属于"动";之后洗手、吃早餐,要播放舒缓的进餐歌曲,属于"静";接着是幼儿在各个活动区开展活动,属于"动";喝水环节,属于"静";户外活动,属于"动";午休,属于"静"。

(2)动静交替原则表现在具体的教育活动中。例如,在教育活动之后,可以安排幼儿自由进行游戏活动;在室内较安静的活动之后,可以让幼儿到户外进行体育活动等。这样,既可以使幼儿大脑皮层的神经细胞以及身体各器官系统得到充分的调动和锻炼,又能得到轮流的、充分的休息,从而促进幼儿身心健康发展。

三、论述题(参考答案)

什么是幼儿园一日生活常规?试述培养幼儿一日生活常规的意义和方法。

(1)幼儿园一日生活常规指的是幼儿园为了培养幼儿良好的生活习惯和生活基本能力,确保幼儿健康和谐发展而制定的幼儿园生活各环节的基本规则与要求。幼儿园一日生活常规是多方面的,具体包括:卫生常规、行为习惯常规、学习活动常规等。

(2)培养幼儿一日生活常规的意义:

①一日生活常规可以培养幼儿的生活规律,养成良好的行为习惯。幼儿园里的幼儿来自不同背景的家庭,有些幼儿由于各种原因,生活作息没有规律,而幼儿园则会按照幼儿生理和心理的需要做出符合科学的合理安排,幼儿生活在其中,能逐渐养成有规律的生活习惯、明确的时间观念和有组织、有条理的办事能力,并逐步适应幼儿园的环境。

②一日生活常规可以帮助幼儿适应幼儿园环境,学习在集体中生活。幼儿园一日活动是为满足幼儿自身需要进行的,但在活动过程中,需要幼儿具备一定的知识技能以适应集体生活,幼儿必须具备一定的知识技能,执行成人的要求和适应集体生活的规则,这样才能在自身

需要和客观要求、主观能动性及外部条件的交互作用下，获得适应幼儿园环境的能力，并且不断学习怎么样在集体中生活。

③一日生活常规可以培养幼儿的自律能力，维持班级的秩序。幼儿能够通过遵守一日生活常规而逐渐培养自律能力，同时使班级秩序得以维护、幼儿园正常的游戏活动和教育活动得以正常进行。

④一日生活常规能够增强幼儿的安全感，有助于幼儿健康成长。幼儿在有规律的环境里生活才会感到安全。合理的常规有助于为幼儿创造一种有序的、和谐的生活环境，使他们在心情愉快的情境中自然地形成一种符合其身心发展水平的规则意识和规范行为，使遵守规则成为幼儿的自主行为，同时促进幼儿身心健康发展。

(3)培养幼儿一日生活常规的方法有：

①榜样示范法；②渗透教育法；③评价激励法；④成果欣赏法；⑤图示观察法；⑥游戏练习法；⑦家园共育法。

专题一　幼儿园日常生活活动

一、单项选择题

答案速查

1 ~7	CCBBCCD

1. C 【解析】幼儿晨间来园时，身心状况正常才能积极参与幼儿园的活动。接待幼儿入园，工作重点是“检”，即检查幼儿的身心状况。

2. C 【解析】教师应引导大班幼儿帮助教师一起分发餐具，培养幼儿的动手能力及为其他小朋友服务的意识。分发餐具前提醒幼儿做好自己的清洁卫生工作。故 A 项做法错误。应让学前儿童精神愉快、安静地就餐。故 B 项在进餐时批评幼儿的做法错误。在幼儿睡眠过程中，工作人员要随时巡视，了解儿童睡眠情况并帮助纠正幼儿睡眠姿势。故 C 项做法正确。在睡觉前，应教育幼儿整理好自己的物品，放在小椅子上或固定的地方，将幼儿的发饰放在枕边属于安全隐患，故 D 项做法错误。

3. B 【解析】洗手环节的要求有：知道饭前饭后、便前便后、活动前后、手脏时洗手，养成良好的洗手习惯；知道用正确的方法(七步洗手法)把手洗干净；能做到用水时不玩水、不嬉戏、不打闹；懂得把衣袖挽起来，不弄湿衣服、衣袖。B 项节约用水，省去洗手的环节是错误的。

4. B 【解析】教师通过比赛的方式激励幼儿进餐，可能会出现幼儿由于过快进餐而导致呛着或者噎着等情况，对幼儿身心健康是有害的，更不利于幼儿进餐积极性的培养，这是一种错误的方式。教师应提醒幼儿细嚼慢咽，不挑食、不偏食，同时使幼儿心情愉悦地进餐。

5. C 【解析】照顾好幼儿睡眠的三条标志:(1)幼儿按时睡,睡得好,按时醒,醒后精神饱满愉快;(2)幼儿睡够应睡的时间,即教师要以幼儿为主,不能任意减少或增加睡眠时间;(3)幼儿保持良好的睡眠姿势和习惯。

6. C 【解析】科学、合理的生活作息,可以保证学前儿童的健康生长发育。要根据学前儿童的年龄特点,合理安排生活作息制度,做到有规律、有节奏。也就是说,一方面要能够保证充足的睡眠时间,丰富的营养,定时进餐;另一方面要有足够的户外活动和适当的学习时间,这样可以有效地促进幼儿生长发育。

7. D 【解析】托幼机构应做好每日晨间检查,晨间检查是为了了解幼儿的健康状况,检查幼儿的个人清洁卫生,以便做到对疾病的早发现、早预防、早隔离、早治疗。其中"查"主要是检查儿童口袋里有无不安全的东西。

易错提示: 晨检的步骤为一问、二摸、三看、四查。还有一种说法为一摸、二看、三问、四查。各种参考书的说法不同,考生只需记忆一问、二摸、三看、四查的具体内容即可。

二、简答题(参考答案)

1. 简述幼儿入园晨检的具体步骤。

(1)一问:即儿童入园时,询问家长,了解儿童在家的健康状况,如食欲、睡眠、大小便、精神等,以及有无传染病接触史。

(2)二摸:摸儿童额部、手心是否发烫,摸腮腺及淋巴有无肿大。

(3)三看:观察儿童的精神状态以及脸色是否正常、眼睛是否有流泪、眼结膜是否充血、皮肤是否有皮疹等。

(4)四查:检查儿童口袋里有无不安全的东西,如小刀、弹弓、别针、小钉子、玻璃片、黄豆等。

在检查中如发现问题应及时处理。如果发现儿童有身体不适情况,应测体温,如发现为可疑传染病者,应隔离观察。

2. 简述幼儿园班级饮用水管理的具体要求。

(1)教师要根据季节变化供应冷暖适度、符合卫生标准的生活饮用水;

(2)按时组织学前儿童集体喝水,每日上下午各 1 ~ 2 次集中喝水,1 ~ 3 岁儿童喝水量 50 ~ 100 毫升/次,3 ~ 6 岁儿童喝水量 100 ~ 150 毫升/次,并根据季节变化酌情调整喝水量;

(3)保证学前儿童按需喝水,鼓励学前儿童随渴随喝,引导不爱喝水的学前儿童喝水;

(4)注意安全,谨防热水烫伤。

3. 幼儿教师应如何安排和组织幼儿园一日生活?

(1)把幼儿园一日活动列入教育计划,保证幼儿身心得到全面的、充分的、主动的发展;

(2)制定一日生活常规;

(3)把组织的集体教育活动和分散的个体活动结合起来；

(4)处理好自由与纪律的关系；

(5)面向全体幼儿；

(6)保教结合、教养并重。

4. 简述制定幼儿园日常生活制度的依据。

(1)根据幼儿的年龄和体质安排活动；

(2)根据幼儿的生理活动特点安排活动；

(3)根据地区特点及季节变化做适当的调整；

(4)根据家长的需要，安排幼儿入园和离园的时间。

三、论述题(参考答案)

1. 试述教师设计与组织教育活动应注意的问题。

(1)每个教育活动应有明确的、适宜的教育目的和要求；(2)组织教育活动应充分利用周围环境的有利条件；(3)灵活采用集体的、小组的或个别的活动形式和多样化的方法；(4)教育活动中要注意引导幼儿运用各种感官积极参与；(5)促进每个幼儿在原有水平上发展进步；(6)每次教育活动的时间可根据活动的内容、活动的方式和幼儿年龄而定，有长有短，以幼儿不过度疲劳为限；(7)每日均应安排有组织的教育活动。

2. 试述教师组织盥洗活动时应注意的事项。

(1)教师要帮助幼儿养成良好的盥洗习惯，教给他们正确的盥洗技能。

(2)合理安排幼儿盥洗的时间，饭前、外出、集体活动前后及入睡前安排、提醒幼儿如厕，允许幼儿按需要随时大小便，养成在进食前、手脏时、大小便后用肥皂、流动水洗手的习惯。

(3)在盥洗活动中，教师应对幼儿提出明确具体的要求：

①有秩序地排队如厕、洗手，不推不挤。

②不在盥洗室内大声喧哗吵闹，不妨碍他人如厕、洗手，不在盥洗室内追逐、嬉戏。

③不玩水和肥皂。

④洗手完毕要在水池中甩掉手上的水再离开，不把水甩在别人身上或地上。

四、材料分析题(参考答案)

1. (1)材料中李老师的教育行为有许多地方是值得我们学习的。李老师是位细心的教师，她能细致地关注到幼儿的个别行为(在盥洗室玩水，不关水龙头等)，并能根据幼儿的行为及时进行教育。在教育时，会倾听幼儿的声音，了解幼儿行为背后隐藏的需要，达到了较好的教育效果。

(2)①教师要帮助幼儿养成良好的盥洗习惯，教给他们正确的盥洗技能。②合理安排幼儿盥洗的时间，饭前、外出、集体活动前及入睡前安排、提醒幼儿如厕，允许幼儿按需要随时大小便。养成在进食前、手脏时、大小便后用肥皂、流水洗手的习惯。③在盥洗活动中，教师应对幼儿提出

明确具体的要求:有秩序地排队如厕、洗手,不推不挤;不在盥洗室内大声喧哗吵闹,不妨碍他人如厕、洗手,不在盥洗室内追逐、嬉戏;不玩水和肥皂;洗手完毕要在水池中甩掉手上的水再离开,不把水甩在别人身上或地上。

2. 该园的做法是合理的,它对幼儿的主要生活环节进行了很好的安排。这样做意义重大。

(1)保护了幼儿神经系统的正常发育。将幼儿一日生活中的主要环节,如睡眠、进餐等活动加以合理安排,使幼儿养成习惯,到什么时间就知道做什么,做时轻松愉快,形成动力定型。动力定型建立后,能节省神经细胞的功能消耗,达到"事半功倍"的效果。

(2)安排幼儿进行适量的户外活动,不是让幼儿总是在室内作业、活动,而且幼儿也有固定的午休时间。合理安排生活制度,使幼儿大脑皮质的"工作区"与"休息区"轮换,保证劳逸结合,预防过度疲劳,从而保护了幼儿发育不够成熟的大脑皮质。

(3)幼儿合理的进餐,既可获得足够的营养,又能保护功能尚未发育成熟的消化系统。

(4)对幼儿的睡眠、进餐、户外活动安排恰当,也便于安排幼儿的教育活动,使幼儿更好地获得各种知识、技能,并养成良好的生活和行为习惯。

专题二　幼儿生活常规教育

一、单项选择题

答案速查

1～4	DDDA

1. D　【解析】生活常规是幼儿园为了培养学前儿童良好的生活习惯和生活的基本能力,确保学前儿童健康和谐发展,制定的幼儿园生活各环节的基本规则与要求。幼儿生活常规教育的主要内容包括:(1)学习有规律的生活的基本常识,能自觉遵守作息时间和生活制度。(2)学习生活的基本技能,培养生活自理能力,包括吃饭、穿衣、刷牙、洗脸、收拾玩具和书本、铺床等生活技能。(3)培养良好的生活卫生习惯,卫生习惯包括饭前便后洗手、定时排便、不乱扔垃圾、爱护公共卫生等,生活习惯包括讲文明、讲礼貌、不玩水、不浪费水等。

2. D　【解析】榜样示范法充分利用了幼儿好模仿的心理特点。通过树立榜样,为幼儿示范良好的卫生习惯。

3. D　【解析】文艺作品中的人物形象鲜明,易于给幼儿留下深刻的印象,成为他们模仿的对象。题干中教师向幼儿讲述故事,组织幼儿讨论,引导幼儿形成良好的生活习惯,运用了榜样示范法。

4. A　【解析】收拾整理活动可以教会儿童整理玩具、物品的方法,发展儿童的秩序感。题干中教师指导幼儿收拾整理个人用品、学习用具和玩具材料,这可以发展儿童的秩序感、独立生活能力。

二、简答题(参考答案)

如何利用榜样示范法进行幼儿生活常规教育?

(1)充分利用幼儿好模仿的心理特点。通过树立榜样,可以为幼儿示范良好的卫生习惯。成人的言行被幼儿看在眼里，记在心里，落实在行动上。因此，教师要提高个人修养，为幼儿树立好榜样。

(2)同伴间的影响力对幼儿的发展具有不可估量的作用。教师要善于抓住日常生活中的点滴小事，把握好教育时机，让幼儿向同伴学习。

(3)文艺作品中的人物形象鲜明，易于给幼儿留下深刻的印象，成为他们模仿的对象。如为教育幼儿爱惜粮食，教师向幼儿讲述了《大公鸡和漏嘴巴》的故事，再组织幼儿讨论故事中的不同角色，启发幼儿要爱惜粮食，通过这样的方式可以产生较好的教育效果。

三、论述题(参考答案)

试述幼儿生活常规教育的内容与要求。

幼儿生活常规教育的主要内容：(1)学习有规律的生活的基本常识，能自觉遵守作息时间和生活制度。(2)学习生活的基本技能，培养生活自理能力，包括吃饭、穿衣、刷牙、洗脸、收拾玩具和书本、铺床等生活技能。(3)培养良好的生活卫生习惯，卫生习惯包括饭前便后洗手，定时排便，不乱扔垃圾，爱护公共卫生等，生活习惯包括讲文明、讲礼貌、不玩水、不浪费水等。

幼儿生活常规教育的总体要求：(1)对不同年龄幼儿的要求应有差别。根据不同年龄儿童身心发育的特点，教师应制定不同的生活常规要求。一般小班为最基本的生活要求，中班、大班的要求逐渐增多，难度增大。(2)具体而规范。幼儿在幼儿园一日生活的各个环节都必须按照生活常规教育的具体要求接受培训和训练。通过日复一日的动力定型，儿童就会养成良好的生活行为和习惯。(3)保育与教育相结合。培养幼儿生活常规需要保育和教育同时进行。幼儿年龄越小，越需要通过保育的手段使其养成良好的习惯，并在一日生活中的每一个环节接受教育。(4)注意照顾个体差异。不同年龄、体质、气质的幼儿，生活和学习能力有明显的个体差异。尤其对于体弱多病的幼儿来说，完成生活常规要求较困难，教师更需要特别照顾，给予耐心细致的帮助。

四、材料分析题(参考答案)

(1)郑老师培养幼儿良好的生活卫生习惯的行为有：①培养幼儿养成良好的饮水习惯。材料中郑老师与幼儿共同创设“能量加油站”，引导幼儿以刷卡的方式记录喝水的次数。②培养幼儿养成良好的睡眠习惯，睡觉时不带小物品到床上。材料中郑老师放置收纳盒（“小房子”），让幼儿把自己的小物件、玩具分类放到“小房子”里面休息。③培养幼儿养成良好的如厕习惯，正确使用便池和抽水马桶，排便时不弄脏便池和衣裤。材料中郑老师在男生小便池里面贴上“怪兽”，引导幼儿对着怪兽射击。

(2)建议：①严格执行。作息制度一旦制定，必须严格执行，不得随意更改，持之以恒，才能起到预期的效果。②家园同步。争取让家长在节假日也安排好儿童的一日生活，保持良好的卫生习惯，饮食、起居要有规律。③个别照顾。对体弱多病，有生理缺陷或体力、智力较弱的儿童要给予个别照顾。④预防为主。学前儿童对疾病的抵抗力差，在集体生活中儿童接触密切，若发生传染

病，很容易蔓延；儿童好奇心重，探索欲望强，自我保护能力差，容易发生意外伤害。所以，要采取积极措施，加强儿童体格锻炼和户外活动，注意培养儿童良好的卫生习惯，防患于未然，促使儿童健康成长。

专题三　幼儿园卫生保健常规

一、单项选择题

答案速查

1～4	CCAC

1. C 【解析】教师应引导幼儿形成良好的生活常规，要求每人每日1巾1杯专用。教师在对小班幼儿进行常规教育时，应从正面、积极的角度去鼓励和引导幼儿，为幼儿提供正面积极的范例。故本题选择C选项。

2. C 【解析】3岁以上儿童每年健康检查1次。儿童定期健康检查项目包括：测量身长（身高）、体重，检查口腔、皮肤、心肺、肝脾、脊柱、四肢等，测查视力、听力，检测血红蛋白或血常规。

3. A 【解析】学校和托幼机构遇到以下病情应进行传染病疫情报告：(1)在同一宿舍或者同一班级，1天内有3例或者连续3天内有多个学生（5例以上）患病，并有相似症状（如发热、皮疹、腹泻、呕吐、黄疸等）或者有共同用餐、饮水史时。(2)当学校和托幼机构发现传染病或疑似传染病患者时。(3)个别学生出现不明原因的高热、呼吸急促或剧烈呕吐、腹泻等症状时。(4)学校发生群体性不明原因疾病或者其他突发公共卫生事件时。

4. C 【解析】《托儿所幼儿园卫生保健工作规范》规定，儿童离开园（所）3个月以上需重新按照入园（所）检查项目进行健康检查。

二、简答题（参考答案）

简述幼儿园的日常消毒常规。

(1)儿童活动室、卧室应当经常开窗通风，保持室内空气清新。每日至少开窗通风2次，每次至少10～15分钟。在不适宜开窗通风时，每日应当采取其他方法对室内空气消毒2次。

(2)餐桌每餐使用前消毒。水杯每日清洗消毒，用水杯喝豆浆、牛奶等易附着于杯壁的饮品后，应当及时清洗消毒。反复使用的餐巾每次使用后消毒。擦手毛巾每日消毒1次。

(3)门把手、水龙头、床围栏等儿童易触摸的物体表面每日消毒1次。坐便器每次使用后及时冲洗，接触皮肤部位及时消毒。

专题四　幼儿常见疾病预防和处理

一、单项选择题

答案速查

1～5	DBDBC	6～10	CADDB	11～15	CBDAC	16～20	DBBDD

1. D 【解析】水痘是一种传染性很强的出疹性传染病。病原体是水痘—带状病毒，主要通过空气飞沫经呼吸道传播。

2. B 【解析】空气飞沫传播是指病原体随着病人或携带者呼吸、谈话、咳嗽、喷嚏等产生的飞沫散布到空气中，被易感者吸入体内而引发疾病。空气飞沫传播是呼吸道传染病的主要传播方式。

3. D 【解析】如果儿童患佝偻病，会出现一系列神经精神症状，如多汗、夜惊、烦躁、睡眠不安等。同时，患儿大脑皮层兴奋性降低，条件反射形成缓慢，动作和语言发育迟滞，对周围环境中的事物缺乏兴趣。也会出现骨骼病变体征，表现为，(1)头部：早期可见囟门加大，颅缝加宽，边缘软，囟门闭合延迟，7～8个月时出现方颅。(2)胸部：婴儿期可出现肋软骨区膨大，因几根相连的肋骨都有隆起，故呈“串珠”样突起，如“串珠”向胸内扩大，可使肺脏受压造成局部肺不张。肋骨软化后，因受膈肌附着点长期牵引收缩，造成肋缘上部内陷，肋缘外翻，形成肋软沟。胸部肋骨与胸骨相连处内陷，使胸骨前凸，形成鸡胸。以剑突为中心内陷的漏斗胸亦可见到。(3)四肢：7～8个月以后的佝偻病儿，四肢各骺部均显膨大，在腕关节的尺、桡骨远端常可见钝圆形环状隆起，即佝偻病“手镯”。小儿开始行走以后，由于骨质软化及肌肉关节松弛，下肢常因负重而弯曲造成“O”形腿或“X”形腿。

4. B 【解析】斜视是指由先天或后天的因素导致的眼外肌协调运动失常，双眼不能同时注视同一物体。故本题选B项。

5. C 【解析】正确的刷牙方法是顺着牙齿生长的方向刷，先将牙刷平放在口腔里，刷毛轻压牙龈的边缘，然后轻轻转动手腕将刷毛逐渐转向牙面，上牙从上往下刷，下牙从下往上刷，反复刷动。每刷一个地方，需要往返5～10次，这样既能清洁牙齿表面和牙缝，又能使牙龈得到适当的按摩。刷完外面，再刷里面。牙齿的内面最容易藏垢纳污。刷上下前牙的内面时，应将牙刷竖起来，沿牙缝上下提拉刷动，刷后面大牙(臼齿)的咬合面时，则用横刷方法来回刷。

6. C 【解析】肺炎的症状是起病急、发热(营养不良者体温可不高，或反而降低)、咳嗽短促、胸痛、呼吸困难、气急、烦躁不安、面色苍白，严重者鼻翼扇动、指甲或唇周青紫，听诊呼吸音粗糙或稍减低，有湿啰音。继发于上呼吸道感染者，原有的咳嗽加剧，体温突然升高，为并发病征象。肺炎可出现心力衰竭和呼吸衰竭等严重的并发症，必须及时治疗。

7. A 【解析】预防接种是当前最有效、最经济、最简便的预防水痘的方法。

8. D 【解析】手足口病的症状之一是在指(趾)的背面、侧缘、手掌、足跖，尤其是指(趾)甲的周围，有时在臀部、躯干四肢发生红色斑丘疹，很快发展为水疱。题干描述的症状与手足口病的症状相符。

9. D 【解析】预防痱子的措施包括：(1)夏季应注意居室内通风、降温；(2)儿童应避免在烈日下玩耍，出汗后要及时擦干；(3)勤洗澡，洗后扑上痱子粉或擦痱子水；(4)衣服应选用纯棉面料，宽

大、柔软、舒适、吸水性强。

10. B 【解析】麻疹是由麻疹病毒引起的急性呼吸道传染病，具有高度传染性。故 A 项表述正确，B 项表述错误。病初的症状和患感冒差不多，有发烧、咳嗽、流鼻涕、眼怕光流泪等现象；发烧后 2 ~ 3 天，口腔黏膜会有改变，在两侧乳磨牙旁的颊黏膜上，可以看到周围有红晕、中心发白的小斑点，叫费—科氏斑，下唇也可有相似的斑点，这是麻疹所特有的症状；发烧后 3 ~ 4 天，开始出皮疹，皮疹先由耳后出现；出疹一般持续 3 ~ 4 天，疹子出齐后开始消退，体温逐渐恢复正常。故 C、D 两项表述也正确。本题为选非题，故正确答案为 B 项。

11. C 【解析】肺炎主要由细菌或者病毒自上呼吸道、气管、支气管向下蔓延，侵入肺泡而引起，因此肺炎常发生在上呼吸道感染或气管炎之后，但也可能一开始就患肺炎，最常见的是细菌感染，如肺炎球菌、金黄色葡萄球菌、溶血性链球菌、肺炎杆菌等。

12. B 【解析】年龄越小，弱视的治愈率越高，最佳治愈的年龄段为 3 ~ 6 岁。年龄大于 7 岁，治疗效果明显下降。

13. D 【解析】佝偻病中以维生素 D 缺乏性佝偻病最为常见，严重者可出现骨骼畸形和软化。常用药物有维生素 D、钙剂、磷剂。

14. A 【解析】弱视是指视力低下但又检查不出眼睛有器质性病变的眼疾。弱视患儿视力低下，缺乏良好的双眼单视，没有完善的立体视觉，无法完成许多精细工作（如穿珠、剪纸等），今后也难以胜任需要正常立体视觉的工作（如外科医生、精密仪器制造者、运动员等）。

15. C 【解析】缺铁性贫血是幼儿常见的疾病之一，该病的一般症状为：患儿常烦躁不安、精神不振、食欲减退，体重增长减慢，皮肤和黏膜变得苍白，以口唇、口腔黏膜、甲床和手掌最为明显，容易疲乏，注意力不集中，理解力降低，反应迟钝。

16. D 【解析】湿疹是婴幼儿常见的过敏性皮肤炎症，病因较为复杂，可由小儿的遗传过敏体质引发；也可由致敏食物引起，如鱼、虾、牛羊肉、鸡蛋、牛奶等；还可由接触丝织品、人造纤维、外用药物等引起。

17. B 【解析】饮食中铁的摄入量不足是导致缺铁性贫血的重要原因，也是最主要的原因。

18. B 【解析】肺炎是学前儿童常见病、多发病，一年四季均可发生，以冬春两季及气候突变时多见，与寒冷、空气干燥、小儿抵抗力降低有关。

19. D 【解析】煮沸法是简便可靠的消毒方法，被消毒的物品必须全部浸入水中，一般致病菌在煮沸 1 ~ 2 分钟后即可灭活。甲型或乙型肝炎病毒，煮沸 15 ~ 30 分钟方能灭活。

20. D 【解析】风疹症状一般为咳嗽、打喷嚏、流涕、咽痛、头痛、结膜炎、食欲不佳、发热（体温常在 38℃ ~ 39℃之间）等，这些症状出现半天至 1 天后，即开始发疹，可在软腭及咽部附近见到玫瑰色或出血性红点，大小如针头或稍大。出疹第一天末，全身遍布猩红色斑丘疹，第二天面部皮疹消退，很少脱皮。出疹一天后，全身症状很快消失。部分患儿可不出现皮疹；部分患儿表现为枕部、耳后和两侧颈部的淋巴结肿大。

二、简答题(参考答案)

1. 简述缺铁性贫血的病因。

(1)先天储铁不足:储铁不足,在乳儿期则会出现缺铁性贫血。早产、双胎儿往往先天储铁不足。

(2)饮食中铁的摄入量不足:这是导致缺铁性贫血的重要原因。

(3)生长发育过快:随着体重增长,血容量亦相对增加。生长发育越快,铁的需要量相对越大,越容易缺铁。

(4)疾病的影响:长期腹泻引起铁的吸收障碍。

2. 简述学前儿童急性上呼吸道感染的预防措施。

(1)应使学前儿童尽量避免接触急性上呼吸道感染者,隔离患者,以防传染他人;

(2)及时为患者治疗,防止并发症的发生(如中耳炎);

(3)加强营养,坚持“三浴”锻炼,增强儿童体质;

(4)注意室内通风换气,保持居室空气新鲜;

(5)注意根据气温的突然变化及时增减儿童所穿、盖的衣物;

(6)小儿不宜穿着过多,以防出汗后吹风受凉。

3. 简述学前儿童肺炎的预防及护理。

(1)应注意学前儿童的体格锻炼,增强体质,预防感冒、麻疹、百日咳、佝偻病等疾病,加强营养,这些均可减少肺炎的发生;

(2)患儿卧室应通风,保持空气新鲜,改善缺氧状况;

(3)患儿衣着要宽松,以免加重呼吸困难;

(4)患病期间及恢复期的饮食应易消化且富有营养,并保证有充足的维生素。

4. 简述幼儿龋齿的预防措施。

(1)教育儿童从小注意口腔卫生,养成早晚刷牙、吃东西后漱口、睡前不吃零食的习惯。

(2)注意正确的刷牙方法,即刷上牙内外面时从上往下刷,刷下牙内外面时从下往上刷,咬合面可以前后拉动着刷,各牙面和缝隙均应刷到,尤其要注意磨牙的咬合面的清洁。每次刷牙的时间不少于 3 分钟。

(3)根据儿童的年龄选择大小适宜的牙刷,每 3 个月更新一次牙刷,含氟牙膏对降低龋齿的发生率有一定的效果。

(4)合理营养,增强机体的抗龋能力。

(5)定期进行口腔检查,发现龋齿及时治疗。

5. 简述维生素 D 缺乏性佝偻病的病因及预防措施。

(1)病因:①紫外线照射不足是维生素 D 缺乏的主要原因;②食物中维生素 D 摄入不足;③生长速度过快,所需维生素 D 更多;④其他疾病影响;⑤某些药物的影响。

(2)预防:①孕妇及小儿应多做户外活动,多接触阳光,遵医嘱补充维生素 D。②对婴幼儿进行合理喂养,坚持母乳喂养至 8 个月,及时添加辅食。③维生素 AD 强化牛奶(AD 奶)能较好地防止小儿维生素 A 及维生素 D 的缺乏。④应特别注意早产儿、双胎儿及消化道疾病患儿的保健工作,可酌情增加维生素 D 的补充量。

6. 简述手足口病的病因和症状。

(1)病因:手足口病的病原体多见于肠道病毒 71 型(EV71)和库克萨基病毒(亦有译成"柯萨奇病毒")A 组 16 型,主要发生于学前儿童,尤以 3 岁以下年龄组发病率最高,多在夏季流行。

(2)症状:①潜伏期 4 ~6 日。最先出现轻微的症状,如发烧、全身不适、咳嗽、咽痛等。

②在指(趾)的背面、侧缘、手掌、足跖,尤其是指(趾)甲的周围,有时在臀部、躯干四肢发生红色斑丘疹,很快发展为水疱。

③口腔内在舌、硬腭、颊黏膜、齿龈上发生水疱,破溃后形成潜在的糜烂,可因疼痛影响进食。

④一般于 8 ~10 天水疱干涸,病愈。

三、论述题(参考答案)

1. 试述风疹的病因和症状。

(1)病因:风疹病毒由口、鼻及眼部的分泌物直接传给他人,或通过呼吸道飞沫传播,风疹病毒易被干燥或高热灭活,故密切接触才能感染。母亲妊娠期患风疹,病毒可经胎盘传给胎儿。

(2)症状:①潜伏期。10 ~23 天不等,一般为 16 ~18 天。

②前驱期。此期很短,症状大多不严重,易被忽略。一般为咳嗽、打喷嚏、流涕、咽痛、头痛、结膜炎、食欲不佳、发热(体温常在 38℃ ~39℃之间)等,这些症状出现半天至 1 天后,即开始发疹,可在软腭及咽部附近见到玫瑰色或出血性红点,大小如针头或稍大。

③发疹期。通常于发热后 1 ~2 天即出现特殊的斑丘疹,先见于面部,然后迅速遍及颈部、躯干和四肢,极少融合成片。出疹第一天末,全身遍布猩红色斑丘疹,第二天面部皮疹消退,很少脱皮。出疹一天后,全身症状很快消失。部分患儿可不出现皮疹;部分患儿表现为枕部、耳后和两侧颈部的淋巴结肿大。

2. 试述水痘的病因、症状及预防措施。

(1)病因

水痘是一种传染性很强的出疹性传染病。病原体是水痘—带状病毒,主要通过空气飞沫经呼吸道传播,也可通过接触病人疱疹内的疱浆而感染。传染性极强,一次患病可获终身免疫。

(2)症状

在皮疹出现前常有发热等前驱症状。1 ~2 天后出现皮疹,皮疹特点为向心性,以躯干、头、腰及头皮处多见,四肢稀少,受压或受刺激的部位如腰、臀等处,皮疹较密集。皮疹初为红色的小点,1 天左右转为水疱,3 ~4 天后水疱干缩,结成痂皮。干痂脱落后,皮肤上不留瘢痕。发疹期多有发热、精神不安、食欲不振等全身症状。在发病后 1 周内，由于新的皮疹陆续出现，陈旧的皮疹已结痂，也有的正处在水疱的阶段，所以患者皮肤上可见到三种皮疹：红色小点、水疱、结痂。出疹期间，皮肤刺痒。

(3) 预防措施

①隔离病人直至全部皮疹结痂，对接触病人的易感儿童应注意观察。室内通风换气，用紫外线对空气进行消毒。

②接种水痘减毒活疫苗，对保护易感者有较好的作用。

四、材料分析题(参考答案)

1. (1) 小李夫妇的孩子可能患了弱视。患弱视的儿童，不能建立双眼平视功能，难以形成立体视觉，故不能很好分辨物体的远近、深浅等，难以完成精细活动。材料中，孩子的左眼视力非常差，总是把一个物体看成两个物体，并在拿东西时，触摸目标特别困难，甚至不能判断自身位置，其表现是弱视的症状。弱视的病因有以下几个：

①斜视性弱视。由于斜视引起的复视和视觉紊乱，使患儿感到极度不适，为解决这种不适，大脑皮层视中枢就抑制由斜视眼传入的视觉冲动，久而久之便形成弱视。

②屈光参差性弱视。由于两眼的屈光参差较大，同一物体在两眼黄斑处所形成的物像的清晰度不等，致使双眼物像不易或不能融合为一。为了看清东西，消除产生的混淆或复像，大脑皮质只能抑制屈光不正较大的眼的物像，久而久之便发生弱视。

③形觉剥夺性弱视。婴儿期由于角膜浑浊、先天性白内障、上睑下垂等遮挡瞳孔使光线不能充分进入眼内，剥夺了黄斑接受正常光刺激的机会，会产生功能性障碍而发生弱视。

④先天性弱视。发病机制尚不十分清楚，愈后不佳。

(2) 凡弱视者均应散瞳验光，佩戴合适的矫正眼镜，或遵医嘱采取其他矫治措施。年龄越小，治愈率越高。年龄大于 7 岁，治疗效果明显下降，而到了青春期，治疗基本无望。对弱视应引起广泛的重视，学前儿童应在 4 岁前检查视力和眼位，以便及早发现弱视，及时治疗。

2. (1) 材料中豆豆出现发热、咳嗽，几天后手指、脚趾的背部、手掌、指甲周围、嘴巴周围等地方出现红色斑丘疹，很快发展成水疱等符合手足口病的症状。由此可以看出豆豆患了手足口病。

(2) 预防：①本病流行季节，教室和宿舍等场所要保持良好通风。②每日对玩具、个人卫生用具、餐具等物品进行清洗消毒。③进行清扫或消毒工作(尤其清扫厕所)时，工作人员应穿戴手套，清洗工作结束后应立即洗手。④每日对门把手、楼梯扶手、桌面等物体表面进行擦拭消毒。⑤教育指导儿童养成正确洗手的习惯。⑥每日进行晨检，发现可疑患儿时，要对患儿采取及时送诊、居家休息的措施；对患儿所用的物品要立即进行消毒处理。⑦患儿增多时，要及时向卫生和教育部门报告。根据疫情控制需要，教育和卫生部门可决定采取托幼机构放假措施。

专题五　幼儿营养与膳食

一、单项选择题

答案速查

1~5	BABCC	6~10	BCDAC	11~15	CDBBC	16~20	BDACB

1. B 【解析】维生素种类众多，根据溶解性的不同可分为水溶性维生素和脂溶性维生素两大类，前者有B族维生素和维生素C等，后者有维生素A、D、E、K。

2. A 【解析】维生素A与正常视力有密切关系，是维持暗视力所必需的物质。另外，维生素A也是维持上皮细胞的健全、生长发育和机体的免疫力所不可缺少的物质。维生素A严重缺乏会造成夜盲症和干眼病。还可有皮肤干燥、粗糙，毛发干、脆，易脱落，并易于反复发生呼吸道、消化道感染。

3. B 【解析】维生素B_1又称硫胺素，是一种水溶性维生素。它参与糖类的代谢，对维持神经系统正常功能起着重要作用。同时，维生素B_1可以促进肠蠕动，辅助消化。维生素B_1缺乏常引起"脚气病"，表现为乏力、肢体麻木、水肿、感觉迟钝等。维生素B_2又叫核黄素，是机体中许多重要辅酶的组成成分；能维护皮肤和黏膜的完整，参与蛋白质、脂肪和碳水化合物的代谢过程，与热量代谢直接相关。若缺乏维生素B_2，则物质代谢紊乱，可出现口角炎、舌炎、口腔溃疡等。故B项说法错误。

4. C 【解析】新鲜蔬菜和水果是维生素C的主要来源，深色蔬菜如韭菜、菠菜、芹菜、青椒等，水果如柑橘、山楂、鲜枣、柚子等，含维生素C较多。某些野果如酸枣、猕猴桃、刺梨等也富含维生素C。

5. C 【解析】维生素B_1又称硫胺素，是一种水溶性维生素。它参与糖类的代谢，对维持神经系统的正常功能起着重要作用。同时，维生素B_1可以促进肠蠕动，辅助消化。

6. B 【解析】维生素A缺乏会造成夜盲症和干眼病，还可造成皮肤干燥、粗糙，毛发干、脆，易于脱落，并易于反复发生呼吸道、消化道感染症状。维生素C缺乏会造成毛细血管通透性增加，导致坏血病。题干中明明毛发干、脆，易脱落，皮肤干燥、粗糙而且经常出现皮下血管出血，是由于明明体内缺乏维生素A和维生素C。

7. C 【解析】通常，幼儿一日膳食次数可定为三餐两点或三餐一点。故A项不正确。当食物中任何一种必需氨基酸缺乏或过量，就会造成人体内氨基酸的不平衡，使其他氨基酸不能被利用，从而影响蛋白质的合成。所以不能每餐食物都加氨基酸，对氨基酸的摄入必须结合幼儿的需求来决定。故B项不正确。钙的食物来源首选乳及乳制品，牛奶含钙丰富，吸收率也较高。其次是豆类、豆制品和绿叶蔬菜。故D项不正确。幼儿膳食巧搭配的方法有粗细粮搭配、米面搭配、荤素搭配、谷类与豆类搭配、蔬菜五色搭配、干稀搭配。故C项正确。

8. D 【解析】碘缺乏会导致甲状腺素合成不足,造成碘缺乏病。碘缺乏的典型症状为甲状腺肿大。胎儿发育期缺碘,婴儿出生后就会生长发育迟缓、智力低下,严重者发生“呆小症”,即“克汀”,表现为聋、哑、矮、傻。

9. A 【解析】锌的缺乏会引起蛋白质合成障碍、细胞分裂减少,导致幼儿生长发育迟缓、停滞、性发育延迟、智能发育迟缓、伤口愈合不良、食欲减退,甚至发生异食癖。

10. C 【解析】评价蛋白质的营养价值应从“量”和“质”两个方面进行。量就是看食物蛋白质的绝对含量,食物中蛋白质含量愈高,则营养价值愈高。质就是看食物中必需氨基酸的种类是否齐全,必需氨基酸的相互比例是否合适。

11. C 【解析】营养素是指食物中所含的能够维持生命和健康并促进机体生长发育的化学物质。营养素分为蛋白质、脂肪、碳水化合物、矿物质、维生素和水六大类。

12. D 【解析】维生素 B_1 缺乏常引起“脚气病”,表现为乏力、肢体麻木、水肿、感觉迟钝等。维生素 B_1 广泛存在于瘦肉、动物内脏、豆类、坚果类食物中,粮谷类食物外皮中维生素 B_1 含量也很丰富。所以幼儿膳食应注意粗细搭配,每天吃豆类及其制品,以获取维生素 B_1。

13. B 【解析】幼儿教师要培养幼儿各种有利于消化吸收的进食行为,告诉幼儿要细嚼慢咽每一口饭菜。故 B 项做法正确。

14. B 【解析】脂类的生理功能包括:(1)人体组织的重要组成成分;(2)供给机体能量;(3)保护机体组织、器官,维持体温恒定;(4)提供脂溶性维生素,并促进脂溶性维生素的吸收;(5)提供必需脂肪酸;(6)促进食欲,增加饱腹感。

15. C 【解析】碘是合成甲状腺素的原料。甲状腺素具有调节新陈代谢、促进神经系统发育的生理功能。碘缺乏会导致甲状腺素合成不足,造成碘缺乏病。碘缺乏的典型症状为甲状腺肿大。

16. B 【解析】钙是构成人体骨骼和牙齿的重要成分,并在维持神经和肌肉的兴奋性、血液凝固、心动节律方面发挥重要作用。铁是人体内含量最高的微量元素,是合成血红蛋白的原料,参与维持正常造血功能和体内氧的运送。碘是合成甲状腺素的原料。

17. D 【解析】维生素 D 可从食物中摄取,也可由皮肤合成。人体皮肤中的 7-脱氢胆固醇通过紫外线照射后,可转变为维生素 D,晒太阳是人体获得充足、有效的维生素 D 的最好来源。

18. A 【解析】维生素 C 是水溶性维生素,又名抗坏血酸。维生素 C 可以促进胶原合成,参与胆固醇代谢,增强机体免疫力,还能促进铁的吸收和利用。维生素 C 缺乏会造成毛细血管通透性增加,导致坏血病。

19. C 【解析】幼儿园教师和家长要注意幼儿良好饮食习惯的培养:按时定位进食,食前有准备;细嚼慢咽,专心进餐;饮食定量,控制零食;不偏食,饮食多样;注意饮食卫生和就餐礼貌。故 A 项错误,C 项正确。学龄前儿童的膳食应该以谷类为主,并适当注意粗细粮的合理搭配。同时鼓

励学龄前儿童适当多吃蔬菜和水果。故B项错误。学龄前儿童新陈代谢旺盛，活动量多，所以营养素需要量相对比成人多。水分需要量也大，其饮水以白开水为主。每天饮奶，足量饮水。故D项错误。综上所述，本题选C。

20. B 【解析】蛋白质的生理功能有：构成、更新和修复机体组织；调节生理功能；供给能量。B项属于脂类的生理功能。

二、简答题(参考答案)

1. 简述碳水化合物的生理功能。

(1)储存和提供能量；(2)构成组织及维持生命的物质；(3)有解毒作用；(4)调节血糖；(5)抗生酮作用；(6)节约蛋白质；(7)促进消化和排泄。

2. 简述钙的食物来源及生理功能。

(1)钙的食物来源首选乳及乳制品，牛奶含钙丰富，吸收率也较高。其次是豆类、豆制品和绿叶蔬菜，如小白菜、油菜、芹菜等。海产品如小虾皮、小鱼干、紫菜等也是钙的良好来源。

(2)钙的生理功能：钙是人体需要量最多的矿物质。它是构成人体骨骼和牙齿的重要成分，并在维持神经和肌肉的兴奋性、血液凝固、心动节律方面发挥重要作用。幼儿时期摄入充足的钙有助于增加骨密度，从而延缓成年后发生骨质疏松的年龄。幼儿缺钙会影响骨骼和牙齿发育，容易引发佝偻病，导致骨骼变形。

3. 简述维生素B_1的生理功能和人体缺乏时的症状。

(1)维生素B_1又称硫胺素，是一种水溶性维生素。它参与糖类的代谢，对维持神经系统的正常功能起着重要作用。同时，维生素B_1可以促进肠蠕动，辅助消化。

(2)维生素B_1缺乏常引起“脚气病”，表现为乏力、肢体麻木、水肿、感觉迟钝等。

4. 简述幼儿良好饮食习惯的内容。

(1)按时定位进食，食前有准备；(2)细嚼慢咽，专心进餐；(3)饮食定量，控制零食；(4)不偏食，饮食多样；(5)注意饮食卫生和就餐礼貌。

5. 简述托幼机构增进和保持幼儿食欲的方法。

(1)食物多样化，讲究色、香、味、形；(2)创造良好的进餐环境；(3)养成良好的饮食习惯；(4)保持愉快的情绪，餐前和进餐时不训斥、惩罚儿童，不强迫儿童进食，让儿童在轻松愉快的情绪状态下用餐。

三、材料分析题(参考答案)

1. (1)能吃完饭菜固然是最好。能把饭菜吃完的孩子占大多数，这些孩子没有挑食的习惯，能牢记老师的话，是老师眼中的“乖孩子”，小朋友的好榜样。对于这种孩子，应该在其他孩子面前加以鼓励，起到正面教育的作用。这样能激励类似博伦的孩子继续保持这种好习惯，还能给其他孩子一种目标的定向。

(2)不能把老师的意愿强压于孩子的身上。为什么会有那么多孩子一到吃饭就会那么痛苦,不难发现:一是有的孩子确实挑食,二是有的孩子确实是胃口不好,有的孩子胃容量不大,吃到一定限度就是吃不下了。如果一味地对孩子说:“不行,一定都要吃完。”对于这些孩子来说无疑就是一种压力。如果吃饭带着一种压力,那么本身很愉快的事情就变得痛苦。

(3)针对幼儿进餐应采取的措施:①指导家长,配合教育;②循循善诱,消除心结;③量身定做,尊重孩子身心发展的规律。

2. (1)生活老师的行为分析:①生活老师重视并做好餐前的卫生工作和准备工作;②提醒小朋友端汤时注意安全;③为小朋友们剔除鱼刺,并且提醒小朋友们小心鱼刺。这些说明生活老师是一个有经验、重视进餐环节细节的老师。

(2)教师的行为分析:教师正在组织其他小朋友讨论今天的饭菜,对小朋友讲解吃葱的好处的行为值得肯定,但是,进餐前批评小朋友会影响他们的食欲。

(3)幼儿的行为分析:小朋友一起摆放餐具、毛巾的行为值得肯定,小朋友饭菜搭配着吃是正确的进餐方式,先吃完的小朋友把碗筷放在指定的地方,然后看书去了,说明这些小朋友平时已经形成了好的习惯。几个小朋友把葱挑了出来放在桌上的行为需要慢慢引导、改正。

(4)保育建议:①进餐环境包括物质环境和精神环境的创设;②对幼儿良好饮食习惯的培养;③对幼儿饮食卫生、进餐礼仪的要求;④对幼儿进餐中应注意的问题进行提醒,提出建议;⑤对幼儿的正确行为进行肯定、表扬。

专题六　幼儿安全与急救

一、单项选择题

答案速查

1～5	ADBDB	6～10	CCDBC	11～14	ABAD

1. A 【解析】若是苍蝇、蚂蚁等小昆虫钻入耳内,爬来爬去,使幼儿感到疼痛,较易被发现。此时可用灯光对着外耳道口,利用昆虫的趋光性,引诱它爬出来;也可将半茶匙稍加热后的食用油、甘油、酒精倒入耳内,再让幼儿病耳朝下,控5～10分钟,被淹死的昆虫可随液体一道流出。

2. D 【解析】受到撞击或受到石子等的打击,皮肤未破损,但伤处肿痛、青紫,在损伤初期可局部冷敷,防止皮下继续出血。24小时后可热敷或用伤湿止痛膏等外贴患处。对严重者应限制受伤的肢体活动。

3. B 【解析】幼儿的骨骼韧性强、硬度较小,可塑性强,容易发生变形,一旦发生骨折,可能出现折而不断的现象,称为“青枝骨折”。

4. D 【解析】海姆立克急救法是针对气管异物患者的急救方法,利用冲击腹部膈肌下软组织产生向上的压力,压迫两肺下部,从而驱使肺部残留空气形成一股气流。这股带有冲击性、方向性的长驱直入气管的气流,就能将堵住气管、喉部的食物硬块等异物冲出气道,使患者获救。

5. B 【解析】被狗咬伤后,第一时间应快速彻底冲洗伤口。清洁流水冲洗 15 分钟,肥皂水冲洗 15 分钟,冲洗的水量要大,水流要急,最好对着自来水龙头急水冲洗,以最快速度把沾染在伤口上的狂犬病毒冲洗掉。

6. C 【解析】幼儿烫伤时可将损伤部位用凉水或冷开水反复冲洗,若手足灼伤可直接浸于冷水中,至疼痛缓解后去除冷水。故 A 项说法正确。被狗咬伤后,第一时间应快速彻底冲洗伤口。清洁流水冲洗 15 分钟,肥皂水冲洗 15 分钟,冲洗的水量要大,水流要急,最好对着自来水龙头急水冲洗,以最快速度把沾染在伤口上的狂犬病毒冲洗掉。除个别伤口大,又伤及血管需要止血外,一般不上任何药物,也不要包扎。及时送医院做进一步的救治处理,并在 24 小时内尽早注射狂犬病疫苗。故 B 项说法正确。骨折的急救原则是限制伤肢再活动,避免断骨再刺伤周围组织,减轻疼痛,这种处理叫"固定"。故 D 项说法正确。发现煤气中毒者应立即打开门窗或尽快将病人移至通风好的房间内或户外,呼吸新鲜空气。注意保暖,给病人盖好被子,防止受寒发生感冒、肺炎。故 C 项说法错误。

7. C 【解析】异物若卡在食道,患儿的食道部位会有明显的疼痛,在吞咽时,疼痛更明显,致使进食困难。如果异物在食道停留时间过长,还会引起局部及附近部位发炎,严重的会导致食道壁穿孔。一旦发生食道异物,应立即送患儿到医院医治,禁止采用吃东西把异物顶到胃中的做法。

8. D 【解析】火灾发生时,幼儿园要有明确的逃生路线,教师平日应熟悉路线。转移时,让学前儿童每人拿一块浸湿的小毛巾捂住口鼻以阻挡浓烟,弯腰向外跑,不能乘坐电梯。教师应维持好学前儿童的秩序,迅速有序转移,保证全部儿童跟随队伍转移。

9. B 【解析】黄蜂毒液呈碱性,可在伤口涂食醋等弱酸性液体;蜜蜂的毒液呈酸性,可在伤口涂淡碱水、肥皂水等弱碱性液体,以达到减轻疼痛和消除水肿的目的。

10. C 【解析】当幼儿烫伤时,教师首先要用冷水对幼儿烫伤部位进行反复冲洗,千万不可随意乱抹肥皂水、牙膏、酱油等。

11. A 【解析】处理眼内异物,不能用手或手帕揉擦,可让幼儿用力眨眼,利用泪水将异物带出;也可用温水或蒸馏水冲洗眼睛,还可翻开上、下眼睑,找到异物后用干净的棉签、纱布擦去。

12. B 【解析】儿童被咬伤时,教师要应采取以下措施:皮肤没有破损的情况下可以轻轻按摩及用温热毛巾敷于患处;皮肤破损流血的,要用温开水或生理盐水冲洗拭干后,以碘伏或酒精消毒、止血,并送至医院做消炎及病毒防治处理。

13. A 【解析】如果是开放性骨折,断骨刺穿了皮肤,伤口血流不止,在夹板固定前应先止血,局部消毒处理,不要将外露骨骼推入伤口,应盖上消毒纱布后再用夹板固定,送医院治疗。四肢固定时,要露出手指或脚趾,以便观察肢体的血液循环。若指趾苍白、发凉、麻木、青紫,表示绷带捆得太紧,应松开绷带,重新固定。不要盲目地搬动患儿,特别是在可能伤及患儿的脊柱和颈部时更应注意,以免加重伤势,或引起严重的并发症,甚至危及生命。

14. D 【解析】对新生儿使用胸外心脏按压法急救时：用双手握住其胸，用两拇指压胸骨（乳头连线的中央），使胸骨下陷 1 厘米左右，然后放松，每分钟按压 120 次左右。

二、简答题（参考答案）

1. 简述幼儿鼻出血常见的原因和处理方法。

（1）病因：鼻出血的原因较多，鼻外伤、鼻炎、鼻腔异物、上呼吸道感染等都能导致鼻出血的发生。儿童期较为常见。

（2）处理方法：

儿童发生鼻出血时，安慰儿童，不要紧张，安静坐下，头略向前低，捏住鼻翼，压迫止血，一般压住 5～10 分钟即可止血。如果仍然出血，可用 0.5% 麻黄碱或 1/1000 肾上腺素湿棉球填塞出血侧鼻孔，一定要深达出血部位。前额、鼻部用湿毛巾冷敷。

2. 简述地震的防范措施。

（1）园长一定要在思想上高度重视，做到宁可千日无震，不可一日不防，切实把保护教职工及儿童生命和国家财产安全放在首位；

（2）加强对保教人员和儿童防震抗灾知识及自救知识的宣传教育；

（3）选择合适位置作为避险区，制定好撤离疏散路线图，定期进行模拟演练。

3. 简述对幼儿划伤或割伤的处理。

（1）先用无菌纱布按压伤口止血；

（2）然后沿着伤口用 75% 的酒精由内向外消毒，最后敷上无菌纱布，用绷带包扎；

（3）若为玻璃器皿扎伤，应先用清水清洗伤口，用镊子清除碎玻璃片，消毒后进行包扎。

4. 简述海姆立克急救法的具体操作方法。

（1）1 岁以下婴儿：救护者坐在椅子上，将婴儿俯卧、头低脚高位，一手托其下颌，另一手用手掌根部撞击婴儿背部两侧肩胛骨之间的区域，拍击 5 次，然后让婴儿仰卧于大腿上，用双手的食指和中指做"挤压器"，放在两乳头连线中间向下一横指的地方，迅速轻柔地向里、向上挤压 5 次，以上两种冲击法交替进行。

（2）较大儿童：救护者站在患儿身后，从背后抱住其腹部，双臂围环其腰腹部，一手握拳，拳心向内按压于患儿的肚脐和肋骨之间的部位；另一手掌捂按在拳头之上，双手急速用力向里、向上挤压，反复实施，直至阻塞物吐出为止。

5. 简述被黄蜂和蜜蜂蜇伤时的处理。

（1）黄蜂毒液呈碱性，可在伤口涂食醋等弱酸性液体。

（2）蜜蜂的毒液呈酸性，可在伤口涂淡碱水、肥皂水等弱碱性液体，以达到减轻疼痛和消除水肿的目的。

（3）若蜇伤后还伴有中毒症状，应立即送往医院。

第四章 环境创设

①适宜性原则

②安全性原则

③参与性原则

④建立安全、温暖、互相信任的师幼关系

⑤建立学前儿童之间良好的同伴关系

⑥家长会

⑦培养入学的适应性而非小学化

一、单项选择题

答案速查

1~3	BCD

1. B 【解析】本题考查幼儿园环境创设的原则。幼儿园环境创设首先要考虑安全性。安全性原则不仅指幼儿园的园舍建筑、设施设备、活动场地、玩具教具等物质条件必须符合国家颁布的相关卫生标准和安全标准,还包括保教人员要为幼儿提供安全的心理环境,以确保幼儿在园内身体和心理没有危险和安全隐患。安全的幼儿园环境既是幼儿身心健康的基本保障,也是促进幼儿全面发展的基本条件。

2. C 【解析】本题考查教师与家长沟通的根本目的。家园合作是指幼儿园和家庭都把自己当作促进儿童发展的主体,双方积极主动地相互了解、相互配合、相互支持,通过幼儿园和家庭的双向互动,共同促进儿童的身心发展。教师与家长沟通的根本目的是家园合作,形成教育合力。

3. D 【解析】本题考查幼儿园环境的教育功能。题干中教师使用幼儿易于识别的生活行为规则标识图,有利于幼儿习得生活技能和行为准则,故本题选 D。

二、简答题(参考答案)

1. 简述社区在幼儿园教育中的作用。

(1)社区环境对学前儿童产生潜移默化的影响。社区环境或多或少地影响着学前儿童,一个自然环境优美的社区会让学前儿童产生美好的情感,和谐积极的社区人文环境会给学前儿童一种良好的情绪体验。具体而言,社区中的邻里关系、同伴关系、风土人情以及社区的建筑、活动设施、人文景观等都会对学前儿童产生各种各样的影响。可以说社区中的一人一景一物都具有一定的教育意义。

(2)社区资源为幼儿园提供了现实支持。幼儿园可以直接利用社区丰富的教育资源,让学前儿童走进社会的大课堂。如参观社区中的各种机构、设施，请社区的劳动模范、解放军战士、医务人员、警察叔叔等与学前儿童共同活动，慰问敬老院的爷爷、奶奶，或请他们到幼儿园做客等。社区的积极参与将会使幼儿园教育变得更生动、更富有时代气息。

(3)社区文化是一种现存的教育资源。优秀的社区文化是幼儿园教育的宝贵资源。如一些少数民族地区的幼儿园会有意识地让地区文化渗透到幼儿园，使幼儿园赋予一种与汉文化不同的民族特色。无论是幼儿园的环境布置、教师的服饰，还是幼儿园的生活课程、人际交往方式等，都反映出当地民族文化对幼儿园教育的影响。

2. 作为幼儿教师，如何在保教活动中营造更好的心理氛围？

(1)创设优美、整洁的幼儿园物理环境；

(2)以园长为中心，创设幼儿园教师之间和谐的精神环境；

(3)建立安全、温暖、互相信任的师幼关系；

(4)建立学前儿童之间良好的同伴关系；

(5)重视幼儿园文化建设，形成良好的幼儿园风气。

三、论述题(参考答案)

1. 有家长说："这家幼儿园天天让孩子玩，什么都没教。不教拼音，不教写字，孩子连字都认不了几个。"为什么说该家长的说法是错误的？请说明理由。

(1)该家长未正确理解幼儿的学习方式和特点。《3～6岁儿童学习与发展指南》指出，幼儿的学习是以直接经验为基础，在游戏和日常生活中进行的。要珍视游戏和生活的独特价值，创设丰富的教育环境，合理安排一日生活，最大限度地支持和满足幼儿通过直接感知、实际操作和亲身体验获取经验的需要，严禁"拔苗助长"式的超前教育和强化训练。

(2)该家长未正确理解幼儿园教育的目的。《幼儿园工作规程》指出，幼儿园的任务是：贯彻国家的教育方针，按照保育与教育相结合的原则，遵循幼儿身心发展特点和规律，实施德、智、体、美等方面全面发展的教育，促进幼儿身心和谐发展。幼儿园应以游戏为基本活动，寓教育于各项活动之中。

(3)该家长未正确理解幼儿园教育活动内容的特点。幼儿园教育的内容是广泛的，涉及儿童所接触的自然环境、社会环境、文学艺术等方方面面，具有广泛性、丰富性；但从儿童的认识水平和儿童阶段的教育任务看，这些教育内容又是粗浅的，具有启蒙性，教育过程中，并不强调教育内容的系统性和抽象逻辑性。

(4)该家长未正确理解幼小衔接的实质。幼小衔接的实质是幼儿在入学之前，需要达到的身心全面发展的水平，包括健康的身体、主动性、独立性、人际交往能力、规则意识和任务意识等方面的培养。该家长将幼小衔接片面理解为学习拼音、会写字，忽视了幼儿行为习惯、心理适应等方面的衔接。

综上所述，该家长观念陈旧，未正确理解幼儿身心发展和学习的特点，具有明显的小学化倾向，故其说法错误。

2. 什么是幼儿园环境？为什么幼儿园教育中要强调创设良好的幼儿园环境？请联系实际说明。

(1)对于幼儿园而言，环境分为广义和狭义两种。广义的幼儿园环境是指幼儿园教育赖以进行的一切条件的总和，包括幼儿园内部的小环境，又包括园外的家庭、社会、自然、文化等大环境。狭义的幼儿园环境是指在幼儿园中，对幼儿身心发展产生影响的物质与精神要素的总和。

(2)良好的幼儿园环境创设对于幼儿的发展具有重要意义，主要表现在以下几个方面：

①为幼儿提供发展保障。幼儿要在幼儿园吃饭、睡觉、游戏等，只有具备相应功能的建筑、空间设备，才能使幼儿感到安全、方便、舒适和愉悦。

②促进幼儿身心健康。宽敞的空间、齐全的设备器具可以使幼儿机体得到锻炼；整洁、优美的环境会给幼儿美的享受；具有探索性的环境可满足幼儿的好奇心，激发幼儿的探究热情，培养幼儿的探究能力；文明有序的集体活动环境有利于培养幼儿的适应能力；融洽和谐的人际关系可使幼儿感到宽松、自由、被尊重、被接纳，从而乐观自信。

③激发幼儿创造潜能。幼儿不是环境创设的消极旁观者和享用者，而是环境创设的积极参与者和互动者。在幼儿园环境创设的过程中，幼儿通过参与设计构思、材料搜集、动手制作和布置的全过程，可以激发他们自我发展的主人翁意识。在与环境交互的过程中，幼儿会根据自己的需要自由选择环境、探索环境、控制和驾驭环境，其积极性、主动性、创造性都可以得到最大限度的释放。

3. 试述如何做好幼小衔接工作。

(1)幼儿园针对幼小衔接需要开展的工作：

①培养幼儿对小学生活的热爱和向往。对小学生活充满向往，有上小学的愿望，是幼儿开启小学学习生活的情感动力，也是重要的入学心理准备。主要包括：建立积极的入学期待；帮助幼儿初步了解小学生活。

②培养幼儿对小学生活的适应性。培养幼儿对小学生活的适应性，特别是独立性、人际交往和合作能力、规则意识和任务意识，不仅关系着幼儿入学后的生活质量，也关系着他们在小学的学习质量，是幼小衔接的重要内容。主要包括：培养幼儿的独立性；发展幼儿的人际交往和合作能力；培养幼儿的规则意识和任务意识；培养幼儿的运动习惯。

③帮助幼儿做好入学前的学习准备。学习准备主要着眼于幼儿终身学习的需要，发展他们基本的学习素质，并在此过程中，帮助他们打下今后学习的基础。幼儿园大致需要做好以下三方面的工作：保护幼儿的好奇心；培养幼儿养成良好的学习习惯；激发幼儿的学习兴趣，培养学习能力。

④构建良好的家园幼小衔接协作体系。幼儿园的幼小衔接工作离不开家长的密切配合。幼儿园应该基于幼小衔接的实际情况和家长进行沟通协作。

(2)家庭针对幼小衔接需要开展的工作：

①培养幼儿适应新环境的能力。首先,家长要有意识地培养幼儿的独立能力,让幼儿明白自己的事情自己去做,不要过分依赖别人。其次,家长要注意培养幼儿的基本学习能力,包括注意力、阅读、提问与回答、听讲、做作业等各个方面能力。最后,家长还需要注意培养幼儿的人际交往能力。

②培养幼儿良好的行为习惯。首先,引导幼儿学习习惯的养成。其次,帮助幼儿养成良好的时间观念。此外,家长要及时纠正幼儿的不良习惯,注意观察幼儿的一言一行,发现有不良习惯要马上制止,并教给幼儿怎么做是正确的。

③加强与幼儿园、小学的沟通合作。家长要加强与幼儿园教师、小学教师的沟通与合作,了解幼儿在幼儿园或者学校的情况,有的放矢地帮助幼儿从幼儿园过渡到小学。

四、材料分析题(参考答案)

1. 张老师的做法是有待加强的,李老师的做法是值得我们学习的。具体原因如下：

(1)张老师和李老师都遵循了环境创设的教育性原则。幼儿园环境的教育性体现在环境作为一种教育影响的存在,在创设时要依据教育目标的需要,有目的、有计划、有组织地提供更多的刺激或可供幼儿模仿学习的因素,使幼儿得到全面的发展。材料中张老师和李老师在春天来临之际,设计了关于春天的环境创设,在环境创设中体现了教育目标,能潜移默化影响幼儿。

(2)李老师遵循了环境创设的幼儿参与性原则,而张老师却没有做到。幼儿参与性原则是指环境的创设过程是幼儿与教师共同合作、共同参与的过程。材料中张老师直接自己进行了环境创设,并没有让孩子参与到环境创设的过程中,没有体现环境创设的幼儿参与性原则。而李老师在环境创设的过程中只画了树干,并希望幼儿能随时将自己看到的信息用剪纸、绘画等方式反映出来,使幼儿融入环境创设中,体现了环境创设的幼儿参与性原则。

(3)李老师的做法能够更好地促进幼儿想象力和创造力的发展,而张老师的做法反而不利于幼儿想象力和创造力的发挥。幼儿的创作过程和作品是他们表达自己的认识和情感的重要方式,应支持幼儿富有个性和创造性的表达。材料中张老师限制了幼儿想象力的发展,而李老师为幼儿创造了条件和机会,促进了幼儿想象力和创造力的发展。

2. (1)材料中家长的观念过于小学化,没有正确地理解幼小衔接的含义。幼小衔接是指幼儿园与小学根据儿童身心发展的阶段性、连续性规律以及儿童可持续发展的需要,做好两个教育阶段的衔接工作,使儿童顺利适应小学学习生活,并为今后的发展打好基础。而幼儿园在幼小衔接方面需要做的工作是为儿童做好小学入学准备,幼儿园全面的入学准备是指幼儿在入学之前,

需要达到的身心全面发展的水平,包括健康的身体、主动性、独立性、人际交往能力、规则意识和任务意识等方面的培养。材料中的家长将幼小衔接片面理解为知识方面的衔接,忽视了幼儿行为习惯、心理适应等方面的衔接。

(2)对于家长观念中存在的误区,我们可以这么做:

①幼儿园可以利用家长学校、讲座、网络、家园联系栏、家长会等多种途径做好幼小衔接的家长宣传、指导工作,引导家长树立科学的儿童观、教育观。

②教育行政部门加强对幼儿园幼小衔接工作的管理。首先,要督促幼儿园全面贯彻落实《幼儿园教育指导纲要(试行)》和《3~6岁儿童学习与发展指南》精神,坚持正确的办园方向,加强教学活动管理,坚决反对幼儿园进行各类经典诵读、英语、珠心算、知识教学等"特色教育"以及开设兴趣班、入学准备班等小学化做法。其次,要加强对幼儿园开展"幼小衔接"的指导,督促幼儿园根据儿童身心发展规律和本园幼儿特点建立完整的幼小衔接活动体系,有计划地开展幼小衔接活动,为大班幼儿毕业之后进入小学做好相应准备。最后,要加强对幼儿园的日常工作检查督导以及年检工作。对办园方向不正确、搞小学化的幼儿园,要及时给予批评教育;对小学化倾向比较严重的幼儿园,给予必要处分;对小学化倾向严重且屡教不改的幼儿园,进行严厉处罚。

③利用报刊、网络、电视等大众传播媒介,介绍幼儿园教育的基本理念、内容与方法,幼小衔接工作的意义、内容与途径,以及科学保教、科学育儿、促进儿童健康成长的科学观念,引导社会树立正确的教育观念。

3.(1)不适宜。首先,幼儿对于科学经验的获得是在接触自然、生活事物和现象中通过积累有益的直接经验和感性认识获得的,而不是通过抽象的计算得到的;其次,"许多幼儿不用做计算题就能轻松完成拼图,也未对图片中的季节特征产生观察与探究的兴趣",说明教师提供的拼图太简单,远远低于大班幼儿的发展水平。

(2)该材料在设计上存在的问题如下:①内容设置本末倒置,过分注重抽象的计算,材料本身不具有较强的操作性;②幼儿科学学习的核心是激发探究兴趣,体验探究过程,发展初步的探究能力。正确科学材料的投放,要能够激发幼儿的探究能力,但是案例中教师投放的材料是幼儿比较熟悉的,且远远低于幼儿的发展水平,不符合幼儿的发展需要,也没有激发幼儿的探究欲望;③幼儿以具体形象思维为主,应注重引导幼儿通过直接感知、亲身体验和实际操作进行科学学习,不应为追求知识和技能的掌握,对幼儿进行灌输和强化训练。材料中教师利用抽象的计算题对幼儿进行数学教育,做法并不妥当。

具体建议如下:①教师可以通过游戏和实物等方式对幼儿进行数学教育,使幼儿的学习具有趣味性和可操作性;②教师在投放材料时,要从本班幼儿的发展水平出发,提供针对性较强的材料;③教师投放的材料要符合幼儿的兴趣和需要,能够引发幼儿的探究欲望。

专题一 幼儿园环境创设

一、单项选择题

答案速查

1～5	BDBBA	6～10	DDBBB	11～15	BDCBC	16～18	BAA

1. B 【解析】幼儿园环境按其性质可分为物质环境和精神环境两种类型。因此,幼儿园环境创设主要是指为幼儿提供合格的物质条件和良好的精神环境。

2. D 【解析】经济性原则是指创设幼儿园环境应坚持低成本、高效益的原则,力求以最小的投入发挥最大的教育效益。幼儿园环境创设要因地制宜、就地取材,在保证清洁卫生的前提下,合理利用废旧物品制作玩教具,如纸盒、饮料瓶、果壳等,减少铺张浪费,避免过度追求高档化和形式化。题干中,沿海幼儿园和农村幼儿园根据当地的实际情况,因地制宜进行办园,体现的是经济性原则。

3. B 【解析】幼儿园环境创设的适宜性原则体现在:(1)幼儿园空间环境的创设要从幼儿的生理特性出发;(2)幼儿园空间环境的创设要体现幼儿的年龄差异,满足不同层次发展的需要。题干中,教师要根据幼儿不同的年龄特征为其提供适宜的发展环境,体现了环境创设的适宜性原则。

4. B 【解析】幼儿参与到环境创设中不仅能给他们提供参与活动的机会,培养动手操作的能力,满足自我表现的愿望,还能促进学前儿童与环境、教师之间的沟通,使他们更加爱护环境。题干中老师根据幼儿讨论的结果进行环境创设,体现该教师尊重幼儿的主体性和参与性。

5. A 【解析】动态性原则是指幼儿园物质环境创设要从空间、内容、材料、规则等方面关注环境的不断变化和生成。在创设幼儿园物质环境时遵循动态性原则,具体包括两个方面:一方面,幼儿园物质环境应尽量体现"动"的形式,能和幼儿随时随地进行互动;另一方面,动态性还体现在变化性和生成性两方面。题干中环境内容随季节、节日等的变化不断更新,体现了动态性原则。

6. D 【解析】广义的幼儿园环境是指幼儿园教育赖以进行的一切条件的总和,包括幼儿园内部的小环境,又包括园外的家庭、社会、自然、文化等大环境。狭义的幼儿园环境是指在幼儿园中,对幼儿身心发展产生影响的物质与精神要素的总和。

7. D 【解析】幼儿参与性原则是指环境的创设过程是幼儿与教师共同合作、共同参与的过程。题干的表述体现了创设环境应遵循幼儿参与性原则。

8. B 【解析】幼儿园环境创设的安全性原则是指幼儿园的园舍建筑、设施设备、活动场地、玩具教具等物质条件必须符合国家颁布的相关卫生标准和安全标准,同时保教人员也要为幼儿提供安全的心理环境,以确保幼儿在园时身体和心理两方面都没有危险和安全隐患。题干中,幼儿园里的开关、插座一般设置在幼儿不易够到的位置,小班一般不用体积过小的玩具等做法是为了

保证幼儿的安全,这体现了幼儿园环境创设的安全性原则。

9. B 【解析】幼儿园环境的教育性体现在环境作为一种教育影响的存在,在创设时要依据教育目标的需要,有目的、有计划、有组织地提供更多的刺激或可供幼儿模仿学习的因素,使幼儿得到全面的发展。题干的描述体现了环境创设的教育性。

10. B 【解析】幼儿园环境的教育性体现在环境作为一种教育影响的存在,在创设时要依据教育目标的需要,有目的、有计划、有组织地提供更多的刺激或可供幼儿模仿学习的因素,使幼儿得到全面的发展。题干中徐老师布置主题墙,正是利用了环境的教育性,从而达到让幼儿了解和认识蔬菜的目的。

11. B 【解析】题干描述的是幼儿园环境创设方法中的探索法,该方法可以培养幼儿学习的内在动机,提高幼儿与环境、材料交往的积极性。

12. D 【解析】在幼儿园中,不论是开展活动还是设计课程,都应该坚持以幼儿为中心,把注意力放在幼儿的需要和兴趣上,这样才能让幼儿成为真正的主人。同样,环境的创设更应该注意到幼儿的主体地位,建立一个符合幼儿发展规律、满足个体差异、吸引幼儿注意、激发幼儿学习与游戏热情的环境。教师应关注环境创设是否可以激发幼儿的思考,是否让幼儿积极参与其中,发挥其主观能动性等。故 D 项说法错误。

13. C 【解析】幼儿园物质环境的创设要坚持低成本、高效益的经济性原则,力求以最小的投入发挥最大的教育效益。幼儿园环境创设要因地制宜、就地取材,在保证清洁卫生的前提下,合理利用废旧物品制作玩教具,如纸盒、饮料瓶、果壳等,减少铺张浪费,避免过度追求高档化和形式化。

14. B 【解析】幼儿园环境创设的适宜性原则是指幼儿园环境的创设应当满足幼儿的基本需要,包括生活、游戏和学习的需要,符合幼儿身心发展的水平和特点,使每一个幼儿都能在自己的原有水平上得到发展。题干中,老师考虑小班幼儿爱模仿的年龄特点,给小班幼儿提供同种类的玩具数量多一些,体现了适宜性原则。

15. C 【解析】幼儿园物质环境的创设要坚持低成本、高效益的经济性原则,力求以最小的投入发挥最大的教育效益。幼儿园环境创设要因地制宜、就地取材,在保证清洁卫生的前提下,合理利用废旧物品制作玩教具,如纸盒、饮料瓶、果壳等,减少铺张浪费,避免过度追求高档化和形式化。题干中利用当地的自然优势,体现的是环境创设的因地制宜,即经济性原则。

16. B 【解析】幼儿参与性原则是指环境创设过程需要幼儿与教师共同合作、共同参与。环境创设的过程是幼儿与教师共同参与合作的过程,同时也要关注幼儿参与创设环境的深度与广度。题干的描述体现了幼儿园环境创设的幼儿参与性原则。

17. A 【解析】在环境创设中,教师要把设施、设备、执教玩具、操作材料等所有物质材料的安全和卫生始终放在首位。尖头飞镖对幼儿有一定的伤害性,不适合投放在幼儿园中,故 A 项没有考虑幼儿园环境创设的安全性原则。

18. A 【解析】幼儿园环境的教育性体现在环境作为一种教育影响的存在，在创设时要依据教育目标的需要，有目的、有计划、有组织地提供更多的刺激或可供幼儿模仿学习的因素，使幼儿得到全面的发展。题干中教师收集名胜古迹的图片贴在教室的墙上，为国庆节活动做准备，体现了教育性原则。

二、简答题(参考答案)

1. 简述幼儿园环境创设的一般原则。

(1)教育性原则；(2)适宜性原则；(3)安全性原则；(4)参与性原则；(5)丰富性原则；(6)动态性原则；(7)经济性原则。

2. 简述幼儿园环境创设的安全性原则的要求。

幼儿园环境创设首先要考虑安全性。(1)保证幼儿园园舍建筑的安全；(2)保证幼儿园教学用具的安全；(3)幼儿园的活动空间和人数要控制在一定的比例范围内。

三、材料分析题(参考答案)

1. 问题：(1)班级环境创设时没有考虑到幼儿的兴趣。环境要体现教育目标，也必须符合幼儿的需要和兴趣，但幼儿现存的兴趣无论广度和深度都有限，他们对自己的需要也往往不能意识到。因此，只要是幼儿发展所必需的东西，应当将其纳入环境中，并引导和发展幼儿的兴趣。材料中的李老师上网搜了许多与“马路上的车”有关的文字和图片资料，并没有考虑到幼儿的兴趣和需要，只是单纯地完成园长布置的任务。

(2)班级环境创设时没有体现幼儿参与性原则。幼儿参与到环境创设中不仅能给他们提供参与活动的机会，培养动手操作的能力，满足自我表现的愿望，还能促进学前儿童与环境、教师之间的沟通，使他们更加爱护环境。材料中的李老师精心布置了主题墙，没有邀请幼儿参与到环境创设中，不利于幼儿主体性的发挥。

(3)没有体现出适宜性原则。适宜性原则是指幼儿园环境的创设应当满足幼儿的基本需要，包括生活、游戏和学习的需要，符合幼儿身心发展的水平和特点，使每一个幼儿都能在自己的原有水平上得到发展。材料中的李老师上网搜了许多与“马路上的车”有关的文字资料，不符合中班幼儿的年龄特征，导致孩子看不明白。

建议：(1)幼儿教师创设的环境应让幼儿感兴趣。李老师在以后的环境创设中应使环境符合幼儿的需要和兴趣。

(2)环境的创设过程是幼儿与教师共同合作、共同参与的过程。李老师在以后的环境创设中应让幼儿参与环境的创设，这有助于培养幼儿的主体意识、责任感、合作精神。这是对幼儿最好的教育，其效果绝不亚于教师创设的现成环境。

(3)李老师在以后的环境创设中还应遵循适宜性原则。根据幼儿不同的年龄特征为其提供适宜

的发展环境。

(4)幼儿园环境的教育性就体现在环境作为一种教育影响的存在,在创设时要依据教育目标的需要,有目的、有计划、有组织地提供更多的刺激或可供幼儿模仿学习的因素,使幼儿得到全面的发展。李老师在以后的环境创设中要注意符合幼儿全面发展的需要,与幼儿园教育目标相一致。

2. (1)存在的主要问题是:

①区域设置过多过满,容易影响项目选择并引发纠纷。材料中每个班都至少设置了7~8个区域,内容过多,会影响幼儿的选择。

②部分活动区域材料更换不及时,影响了孩子的活动积极性。材料中语言区的图片已经积了一层灰,智力区的拼图无人问津,这些材料对该班的幼儿没有起到实质性的作用,却没有及时更换,对幼儿的活动有一定的影响。

③部分区域提供的活动材料过难,影响了孩子的活动兴趣。

(2)建议:

①将班上的区域进行整合,数量控制在6个左右。

②及时根据幼儿活动进度和教育内容需要更换调整语言区的图片。

③智力活动区内提供的拼图要符合本班大部分孩子的认知程度,避免因过难而影响幼儿操作的成就感。

3. (1)①王老师组织的活动体现了教师是一日生活的支持者、引导者和组织者。材料中,王老师支持幼儿的想法和意见,引导幼儿翻阅图书,与家长一起上网查询、搜集相关资料,组织幼儿饲养金鱼、小乌龟等体现了这一点。②教师是儿童社会沟通的中介者。学前教育机构是儿童最早接触的家庭以外的社会环境,教师是儿童了解社会、开阔视野、走向社会生活的重要引路人。学前儿童对社会积极的认知、态度与情感体验都是在与教师的交往中完成的。材料中,王老师引导幼儿开展关于饲养动物的相关活动,体现了教师是儿童与社会沟通的中介者。

(2)①安全性原则。幼儿园环境创设首先要考虑安全性。安全性原则不仅指幼儿园的园舍建筑、设施设备、活动场地、玩具教具等物质条件必须符合国家颁布的相关卫生标准和安全标准,还包括保教人员要为幼儿提供安全的心理环境,以确保幼儿在园时身体和心理两方面都没有危险和安全隐患。材料中,王老师和幼儿讨论教室里养什么动物合适,得出了养金鱼、小乌龟的结论,这是为了给幼儿提供一个安全的环境,体现了环境创设的安全性原则。

②参与性原则。参与性原则是指幼儿园环境创设需要教师、幼儿和家长共同参与。教师除了要积极创设幼儿熟悉和喜爱的环境之外,还要调动幼儿和家长的积极性,让他们主动参与到环境创设中去。材料中,王老师引导幼儿询问家长,和他们一起翻阅图书,上网查询、搜集相关资料,并将搜集到的资料展示出来,体现了参与性原则。

③适宜性原则。幼儿园环境是幼儿生活与学习的环境，幼儿园环境的创设应当满足幼儿的基本需要，包括生活、游戏和学习的需要，符合幼儿身心发展的水平和特点，使每一个幼儿都能在自己的原有水平上得到发展。材料中，王老师针对大班儿童的心理特点开展了此次动物饲养活动，体现了幼儿园环境创设的适宜性原则。

专题二　常见活动区的创设及其功能

一、单项选择题

答案速查

1～5	BBCCB	6～10	CCCCA

1. B 【解析】区域活动的材料和工具要符合幼儿的年龄特点，这样容易引起幼儿操作的兴趣，幼儿也容易在操作中获得成就感。小班幼儿喜欢玩平行游戏，所以老师提供给他们的玩具应该是同种类的多一些；同时，为小班幼儿提供的材料应体积大一些，以免被幼儿误吞或是塞入鼻孔中，从而造成伤害。

2. B 【解析】层次性原则是指在选择和投放操作材料时，要将所投放的材料与所要达成的目标之间，按照由浅入深、从易到难的要求，分解出若干个能与幼儿认知发展相吻合的层次，投放角度不同、难度不同的材料，满足幼儿个体操作和学习的需要，从而更高效地实现教育目标。题干中王老师根据幼儿能力水平发展各异的情况，在益智区投放了不同难度的记录表，照顾了个体差异，符合层次性原则。

3. C 【解析】科学区是幼儿进行科学探索的活动区。探索的内容包括动植物现象、物理现象、化学现象等，通过观察和实验，发现问题、提出问题和解决问题。题干中，放大镜、天平、水箱等属于科学探究性材料，应投放在科学区。

4. C 【解析】层次性原则是指在选择和投放操作材料时，要将所投放的材料与所要达成的目标之间，按照由浅入深、从易到难的要求，分解出若干个能与幼儿认知发展相吻合的层次，投放角度不同、难度不同的材料，满足幼儿个体操作和学习的需要，从而更高效地实现教育目标。题干中教师准备了长短不一的鱼钩线，方便每个幼儿根据自己的动作发展状况选择适宜长度的玩具，这体现了活动区材料投放的层次性。

5. B 【解析】操作性原则是指幼儿喜欢操作摆弄，教师所提供的区域活动材料最好能让幼儿动手做做、摆摆，再配以说说、画画，这样有助于吸引幼儿主动地参与操作，激发创造欲望，在操作中使逻辑思维能力、动手能力以及合作能力得到发展。

6. C 【解析】根据动静分区的原则，图书区和娃娃家区域是不能放在一起的，娃娃家的小朋友会干扰在图书区阅读的小朋友，所以 A 项错误。自选游戏是幼儿自由选择、自主决定的活动，它注重游戏活动本身，注重让儿童自选、自由地开展活动，充分发挥游戏的自主性特点。环境的创设过程应是幼儿与教师共同合作、共同参与的过程。B 项错误。在积木区提供一些玩偶等辅助材料，

可以帮助幼儿思考,C 项正确。娃娃家属于角色扮演区,在角色扮演区的氛围创设中,可设计一些隔断,以确定本区的活动范围,D 项错误。

7. C 【解析】益智区是幼儿通过手脑并用操作材料进行逻辑思维活动的游戏场所。在益智区,幼儿可以进行诸如玩拼图、走迷宫、下棋、玩扑克牌游戏、几何图形拼摆、操作七巧板等活动。

8. C 【解析】教师在指导幼儿的区域活动时,应加强区域间的配合、渗透,加强横向联系。不同区域虽然是相对独立的,但它们之间可以相互联系起来,这可以增强活动的趣味性,使儿童保持活动的兴趣。题干中,尹老师引导幼儿将制作好的动物指偶放到语言区一起进行桌面游戏,主要目的是增进区域之间的互动。

9. C 【解析】适宜性指的是区域活动的材料和工具要符合幼儿的年龄特点,这样容易引起幼儿操作的兴趣,幼儿也容易在操作中获得成就感。其次适宜性还体现在活动材料和工具的投放要适量和有序。

10. A 【解析】幼儿园在布置娃娃家、商店等活动区时,应多提供原材料和半成品,让幼儿有更多的机会参与制作活动。

二、简答题(参考答案)

1. 简述幼儿园活动区材料投放的原则。

(1)目的性;(2)适宜性;(3)丰富性;(4)层次性;(5)操作性。

2. 简述幼儿园常见的活动区。

(1)表现性活动区:①装扮区;②表演区;③建构区;④美工区。

(2)探索性活动区:①益智区;②科学区;③沙水区;④种植饲养区。

(3)运动性活动区:①固定运动器械区;②可移动运动器材区;③自然游戏区。

(4)欣赏性活动区:①阅读区;②展示区。

3. 简述幼儿园活动区材料投放利用的具体要求。

(1)按目标投放材料;(2)按主题投放材料;(3)投放不同层次的材料;(4)分期分批投放材料;(5)有些材料需随时投放。

4. 简述幼儿园活动区材料投放时遵循适宜性原则应注意的问题。

(1)区域活动的材料和工具要符合幼儿的年龄特点,这样容易引起幼儿操作的兴趣,幼儿也容易在操作中获得成就感。

(2)区域活动材料和工具的适宜性还体现为适量和有序。活动区材料的种类和数量能满足幼儿操作需要即可,并非越多越好。

(3)所增添的区域活动材料必须是幼儿熟悉的,在幼儿懂得操作要求的基础上放置在活动区中,这样既明确体现了材料的功能性,又奠定了活动区有序的基础,有助于幼儿形成使用工具、材料的良好操作习惯。

5. 简述幼儿园活动区的功能。

(1)能适应幼儿个别差异的需要,扩充幼儿学习的领域;

(2)引发幼儿学习动机、培养幼儿独立探索的精神;

(3)给幼儿提供相互学习与观摩的机会,培养幼儿想象力、创造力、观察力和动手操作的能力;

(4)为幼儿创设互动的学习环境;

(5)为幼儿提供个别化的学习机会;

(6)为幼儿提供静态和动态相平衡的课程;

(7)给教师提供观察与评价幼儿的机会。

三、论述题(参考答案)

试述创设活动区的具体要求。

(1)多样而丰富的内容。为适应幼儿个别差异,要根据幼儿的兴趣和身心发展水平或配合教育任务,设置多种活动区,并要经常更换活动区的内容。

(2)要易于观察或记录。无论活动区布置在室内任何角落,都必须方便教师的观察或记录。

(3)合乎安全原则。设备、材料的放置应合乎幼儿的身高,并坚固耐用。

(4)类似的活动安排在一起,注意动静交替。如将安静的图书区、自然区放在一起,以免其它活动干扰。

(5)活动时所需材料应置于附近。各种设备、材料应尽量放在幼儿伸手可及之处,刺激并便于幼儿充分利用其开展活动。切忌束之高阁,限制幼儿利用。

(6)有足够的自由活动空间。单纯追求活动区的多而全,造成每一区的活动空间和整个室内空间过于拥挤、狭小,反而影响幼儿活动的开展。如果空间有限,可根据幼儿兴趣和教育的需要轮流安排活动区,不必同时设置所有的活动区。

(7)注意活动区间的相对封闭与分割。活动区之间形成间隔,使每个区域独成一体,有利于幼儿在区域内的活动,特别是对于一些独立操作性较强的活动区更应如此。但应注意的是,封闭的程度要以幼儿之间互不干扰活动、教师置身于活动区外又能观察到幼儿的活动为原则。对于一些独立性不太强的活动区,如美工区、建构区、角色区等,可以利用活动柜、桌椅、布袋、积木矮墙等相隔成区。当然,这种分割与封闭都是相对的,应根据本园和本班的实际,灵活掌握。

(8)注意光线的明暗。对于需要光线的活动区,如图书区、观察区,要将其安排在光线充足、照明好的位置上,使幼儿在活动的过程中,不仅在知识、技能上能得到发展,而且在健康上也能得到保障。

四、材料分析题(参考答案)

1. 该幼儿园结构区的材料投放符合分期分批投放材料的具体要求。材料是幼儿在活动区活动的物质支柱,是幼儿学习的基本工具。创设各个活动区时,教师都会准备很多种类不同的材料,但

切勿全部投放到区域中，而应根据各个阶段的教育目标及目标的完成情况分阶段、分批、由易到难地进行投放。一个目标完成了，材料再随之进行更换和调整。材料中该幼儿园刚开始投放一些大型的积塑；然后投放木板海绵块，暗示幼儿混合使用材料；最后投放纸盒、易拉罐等材料，鼓励幼儿搭建有主题的物体。这种分期分批的投放，适应了幼儿的身心发展特点，能促进幼儿想象力和创造能力的发展，满足幼儿个体操作和学习的需要。

2. 该区域活动材料投放的策略主要有：

(1)注意目的性。教师要明确各个区域的各种材料所隐含的不同教育功能，并能在此基础上将幼儿发展目标和材料的教育功能对应起来，有目的地引导幼儿进行操作探索活动，以达到区域活动的预定教育目标。材料中，中班幼儿开始学习使用筷子，于是教师在不同活动区投放了筷子，发挥了筷子在不同活动区的教育功能，体现了材料投放的目的性。

(2)注意适宜性。区域活动的材料和工具要符合幼儿的年龄特点，这样容易引起幼儿操作的兴趣，幼儿也容易在操作中获得成就感。材料中，中班幼儿开始学习使用筷子，并且有的幼儿对筷子产生了很大兴趣，老师针对幼儿的年龄特点和兴趣，将筷子投放到了不同的区域，幼儿玩得不亦乐乎。

(3)注意丰富性。为满足幼儿操作需要，要提供数量充足，形式、功能多样的活动区材料。材料中，老师让幼儿和家长共同收集许多不同材质、颜色、长短、粗细的筷子，并与幼儿探讨筷子的不同玩法，保证了筷子数量充足和形式、功能多样。

(4)注意操作性。幼儿喜欢操作摆弄，教师所提供的区域活动材料最好能让幼儿动手做做、摆摆，再配以说说、画画。材料中，教师和幼儿一起探讨筷子的玩法，并将幼儿的想法具体实施操作，有助于吸引幼儿主动地参与操作，激发创造欲望。

(5)注意开放性。区域材料的投放要通过大小环境的配合，主要是通过与家庭、社区的合作，互相取长补短、同心协力，在一个开放的系统中培养符合新时代要求的幼儿。材料中，教师请幼儿和家长共同收集不同材质、颜色、长短、粗细的筷子，充分体现了开放性原则。

3. 小班幼儿的独立性差，爱模仿别人。看见别人玩什么，自己也玩什么；看见别人有什么，自己就想要什么，所以小班玩具的种类不必很多，但同样的玩具要多准备几套，以防止幼儿为争抢玩具而发生攻击性行为。

(1)小 A 班老师为幼儿创设的活动环境，投放的同类材料的数量较多，符合小班幼儿身心发展的特点和需求，所以小 A 班老师的做法比较合理。

(2)小 B 班老师为幼儿创设了丰富的活动环境，但投放的同类玩具或材料的数量较少，容易引发幼儿之间的争抢行为，所以小 B 班老师的做法不合理。

专题三　幼儿园心理环境创设

一、单项选择题

答案速查

1～5	ADCDD

1. A　【解析】幼儿园心理环境指对幼儿构成影响的，由人际关系、文化观念等因素交织在一起所形成的精神氛围。A 选项园舍建筑不属于幼儿园的心理环境。

2. D　【解析】题干中，不强迫幼儿画画，允许幼儿做自己想做的事，体现了李老师对幼儿的尊重，发挥了幼儿的主动性。

3. C　【解析】幼儿园心理环境指对幼儿构成影响的，由人际关系、文化观念等因素交织在一起所形成的精神氛围。故本题选 C。

4. D　【解析】A 选项中对儿童的批评会伤害儿童，不利于培养儿童的抗挫折能力。B 选项中采取威胁和恐吓的教育方式是错误的，对幼儿来说，良好的心理环境的创设不能使用威胁和恐吓。C 选项中教师的做法不符合教师职业道德，幼儿教师必须对所有的孩子一视同仁，必须关注每一个孩子，这样才能促进儿童积极情绪的发展，才能创设良好的心理环境。D 选项中教师的言语充满了鼓励性，有利于幼儿园心理环境的创设。

5. D　【解析】学前阶段，模仿是幼儿主要的学习方式之一，教师自身的心理状态、教师之间的和谐的交往行为，都能对幼儿的同伴交往提供榜样。如果教师之间和谐相处，形成互相关心、团结合作的氛围，幼儿之间的交往也容易产生积极和谐的行为方式。故本题选 D。

二、简答题(参考答案)

1. 简述幼儿园心理环境创设的意义。

(1)有利于幼儿适应幼儿园生活；(2)有利于幼儿形成良好个性，适应社会生活；(3)有利于幼儿园员工的成长与发展。

2. 简述幼儿园心理环境创设的方法。

(1)创设优美、整洁的幼儿园物理环境；(2)以园长为中心，创设幼儿园教师之间和谐的精神环境；(3)建立安全、温暖、互相信任的师幼关系；(4)建立学前儿童之间良好的同伴关系；(5)重视幼儿园文化建设，形成良好的幼儿园风气。

3. 简述教师的言行对幼儿心理环境形成的重要作用。

(1)教师的言行影响幼儿的安全感；(2)教师的言行影响幼儿自我价值的形成；(3)教师的言行影响幼儿独立人格的形成。

专题四 幼儿园与家庭的合作

一、单项选择题

答案速查

1～5	ADABB	6～8	DCD

1. A 【解析】在家长开放日，家长可以亲自体验和参与幼儿园的教学活动，观察自己的孩子在幼儿园的学习生活情况，了解孩子的进步和差距，并及时同教师交流。请家长参加大班幼儿离园告别会适合在家长开放日进行，故A项正确。

2. D 【解析】家长开放日指幼儿园定期或不定期地向家长开放，届时邀请家长来园观摩和参观幼儿园的活动。

3. A 【解析】家庭访问是加强幼儿园与家庭联系的一种方式。教师可以向家长汇报学前儿童每天在幼儿园的表现，以通过家庭教育和幼儿园联合，或解决学前儿童发展过程中的问题，或进一步巩固其良好的行为习惯。

4. B 【解析】家长开放日指幼儿园定期或不定期地向家长开放，届时邀请家长来园观摩或参观幼儿园的活动。家长观摩或参观幼儿园的活动，可以从中具体了解幼儿园教育工作的内容、方法；可亲眼看到自己孩子在各方面的表现，得知孩子的发展水平与交友状况，特别是可以看到自己的孩子在与同龄幼儿相比较中显示出的优势与不足，从而有助于家长深入了解孩子，与教师合作有针对性地教育孩子。

5. B 【解析】家园合作的形式包括：(1)集体方式有家长会、家长学校、家长开放日、家长接待日和专家咨询、家园联系栏、小报小刊和学习材料提供。(2)个别方式有家庭访问、个别谈话、家园联系册或联系卡、书信、电话、网络、接送孩子时的随机交流。

6. D 【解析】家长作为重要的教育力量表现在：(1)家长的参与极有利于幼儿的发展；(2)家长是教师最好的合作者，是教师了解幼儿的最好信息源；(3)家长参与幼儿在园的活动能够大大提高幼儿活动的兴趣和积极性；(4)家长与教师的配合使教育计划的可行性、幼儿园课程的适宜性、教育的连续性和有效性等都能更好地得到保证；(5)家长本身是幼儿园宝贵的教育资源。

7. C 【解析】家访是教师进入儿童家庭了解儿童情况的一种方式。题干中针对乐乐的情况，林老师可进行家访，了解乐乐出现此情况的原因，与家长合作，从而能更好地解决乐乐爱打人、不来幼儿园的问题。

8. D 【解析】家长接待日是幼儿园安排一个固定的时间，由主管领导接待家长的来访，解答家长对园所及班级保育教育、管理等方面工作的疑问，听取家长的意见和建议，或设意见箱收集家长的意见，从而更好地改进和完善园所工作，拉近家园之间的距离。

二、简答题(参考答案)

1. 简述家园合作的必要性。

(1)家庭是幼儿成长最自然的生态环境;

(2)家庭是幼儿的第一个学校;

(3)家长是幼儿园重要的教育力量。

2. 简述幼儿园与家长互动沟通的方式。

(1)集体方式:①家长会;②家长学校;③家长开放日;④家长接待日和专家咨询;⑤家园联系栏;⑥小报、小刊和学习材料提供。

(2)个别方式:①家庭访问;②个别谈话;③家园联系册或联系卡;④书信、电话、网络等;⑤接送孩子时的随机交流。

三、论述题(参考答案)

结合实际,分析我国家园合作中易出现的问题和解决策略。

家园合作中易出现的问题:

(1)家长和教师之间存在矛盾与冲突。

(2)合作不够深入,合作内容脱节。

(3)家长参与配合不够好,援助学前教育少。

(4)母亲参与度明显高于父亲,不利于儿童阳刚性格的培养。

家园合作中存在问题的解决措施:

(1)幼儿园要主动创造条件开辟沟通渠道。

①教师要以诚相待,放下权威,把"支持每个家庭在学校里找到归属感和幸福感,家长和教师共同思考家庭参与的途径,不断丰富和支持家长参与学校教育"作为宗旨,实现与家长真正意义上的沟通和交流;

②引导家长对自己孩子在幼儿园活动中的表现进行观察;

③利用现代科学技术和网络技术,建立幼儿园网站,为家园双方提供相互交流的平台,加强家园交流的双向互动和信息共享;

④定期就儿童的家园表现进行交流;

⑤家访工作要落到实处;

⑥在家长每日接送孩子时,教师应尽可能地和家长交流。

(2)家长要积极参与幼儿园保教活动。

①在家园合作过程中,家长要谨记,在教育孩子的问题上,家长和教师是平等、共育、合作的关系;

②家长要有参与幼儿园教学的积极性和兴趣。

四、材料分析题(参考答案)

1.(1)分析:

“过于保护”的家庭教育模式,会造成孩子缺乏自信。在家里,父母对孩子过于保护,孩子的日常生活事务都由家长包办代理,而且活动中还受到父母的诸多限制,不允许“玩”这,不准“做”那,怕有危险、出意外。因此养成了晨晨过度依赖及胆小怕事的个性。

(2)措施:

①给予信任,帮其战胜胆怯心理。针对晨晨畏惧、怯懦的特点,教师应该采取树立榜样和耐心帮助相结合的方法,促使晨晨克服胆怯心理,以勇敢、无畏的精神去锻炼自己。

②家园配合,共施良策,促其转变。主动与家长联络交流,共同研究探索一套科学的、适应晨晨特点的教育方案。如让晨晨动手做自己能做的事;关注和支持晨晨有益的兴趣和爱好,并为之提供方便,培养他的主动性和参与意识;多以积极肯定的态度来帮助晨晨树立自强、自立、自信的信念。

2.(1)铭铭存在的问题:

①自理能力弱。材料中的铭铭吃饭、穿衣动作很慢,还经常把饭菜掉在桌子上,衣服穿反。

②缺乏同伴交往经验。材料中的铭铭和其他孩子玩不到一起,经常独自看着同伴游戏,老师鼓励他去参加小朋友的游戏,他也不愿意。

(2)铭铭出现问题的原因:

①早期亲子交往经验的缺乏。幼儿在与父母的交往过程中不但实际练习着社交方式,而且发现自己的行为可以引起父母的反应,由此可以获得一种最初的“自我肯定”的概念。这种概念是幼儿将来自信心和自尊感的基础,也是其同伴交往积极、健康发展的先决条件之一。材料中的铭铭爸妈由于工作忙,基本顾不上铭铭,使其从小缺少与父母的亲子交往,没有形成良好的依恋关系,也使其在同伴交往方面存在问题。

②不正确的教养方式。家长对幼儿过分保护,不让幼儿做一些力所能及的事,甚至包办代替,会使幼儿缺乏锻炼的机会,不利于幼儿独立性的发展和良好行为习惯的养成。材料中的铭铭一直由奶奶抚养,并且奶奶对他十分宠爱,从不让他自己动手,导致其出现吃饭、穿衣动作很慢,衣服穿反等问题。

(3)措施:①幼儿园方面:教师要及时关心铭铭,入园时积极接待铭铭,通过玩游戏或者看图书的方式转移其注意力,让其减弱与奶奶分离的焦虑。对于铭铭这样害羞和孤僻的儿童,还可以引导他们与更小的儿童一起活动,从而增强其交往的信心,提高他们的社会交往能力。同时在保育的过程中锻炼其自理能力。②家庭方面:创设良好的家庭环境,不仅仅要满足物质要求,也要满足精神需求,比如,让孩子多动手操作,促进自理能力的发展;要有意识地培养孩子的人际交往能力,多和同伴交往,锻炼孩子的交往能力。要改变父母对孩子缺乏关心和教育,奶奶过分宠爱孩子的现状，父母应多抽出时间关心、教育幼儿，奶奶也要改变其溺爱孩子的行为，让铭铭自己动手处理自己的事情。

3. 教师有针对性的指导将缩短教师与家长的距离，使家长在活动中获得正确的育儿观念和育儿方法，并将观念和方法融入与孩子相处的每一刻，从而最终实现孩子健康和谐的发展。指导方式有如下几种：

(1)直接指导。开展亲子活动时，教师介绍一些教育观念及方法，或者直接告诉家长该怎样协助孩子完成游戏。针对材料中的情况，我会告诉家长怎样参与亲子活动，而不仅仅是拍照片。

(2)个别指导。在父母指导孩子游戏的过程中，教师可以采用个别指导方法协助父母。对于“有些家长陪在幼儿旁边，看到幼儿操作有困难，要么直接上阵，亲自解决”这种情况，要告诉家长放手让孩子亲自操作，亲自体验。

(3)评价性指导。在每次活动的结束部分，教师可以将在活动中观察到的父母指导孩子的一些好的例子介绍给大家，然后分析其中蕴含的科学的观念，以此带给家长一些启发。指出不妥的行为，与家长一起解决。

(4)点拨式指导。在父母指导孩子活动有一点小困难时，教师应帮助父母，提供解决问题的方法，并告诉他为什么要这样做，使家长在以后碰到此类问题时有可借鉴的经验。

(5)归结性指导。在活动结束时，教师要将本次活动的目的和家长应如何指导孩子的方法加以小结，帮助家长巩固练习。

专题五　幼儿园与社区的合作

一、单项选择题

答案速查

1～4	CDBD

1. C 【解析】社区学前教育是指以学前儿童及其家庭为对象开展的各种形式的优生、优育、优教活动，目的在于尽可能使社区内所有学前儿童获得良好的教育与发展。社区的自然景观、名胜古迹、公园、游乐园、图书馆等人文设施，是学前儿童游览、游玩、参观、开阔儿童的视野，增进身心健康的好去处，社区内的商店、超市、银行、邮电局、敬老院、电影院、学校是学前儿童丰富社会认知、积累社会经验、进行社会性教育的重要资源。故组织幼儿参观医院、社区超市属于社区学前教育。

2. D 【解析】社区文化对幼儿园教育具有重要的意义，它无形地影响着幼儿园的教育，优秀的社区文化更是幼儿园教育的宝贵资源。题干中有的幼儿园将社区的历史、风俗、革命传统等作为乡土教材来利用，丰富了教育内容，发挥了社区文化对幼儿园教育的意义。

3. B 【解析】题干的描述是幼儿园与社区的合作，幼儿园可以采用“请进来”的形式，把社区里不同职业的人士适当、适时地请到幼儿园来参与儿童教育，与儿童一起活动。

4. D 【解析】幼儿园与社区合作,可以在一定程度上优化社区学前教育功能,具体表现为两方面:(1)向社区普及优生、优育、优教的知识,指导家庭优生、优育、优教;(2)提高社区成员的文化素养水平,改进其陈旧观念与不良习惯,创造良好的社区生活环境与气氛。故D项不属于幼儿园为社区提供的支持。

二、简答题(参考答案)

简述幼儿园与社区合作的内容与方法。

(1)整合社区资源,促进儿童发展。①带儿童到社区去开展教育活动;②把社区的人力资源请进幼儿园。

(2)发挥幼儿园的教育优势,为社区建设出力。

专题六　幼儿园与小学衔接

一、单项选择题

答案速查

1~5	ACADB	6~10	AACBA

1. A 【解析】幼小衔接工作的重点应当放在培养幼儿的入学适应性上。教师要针对过渡期幼儿的特点及实际情况,着重培养幼儿适应新环境的各种素质,帮助幼儿顺利完成幼小过渡,而不是把小学的一套简单地下放到幼儿园。在大班下学期,幼儿园可以带领大班幼儿参观小学,讲讲小学有趣的活动,唤起他们对小学生活的好奇和向往,为入学做好心理准备。B、C、D三项是完全小学化的教学方式,不利于培养幼儿的入学适应性。故本题选A。

2. C 【解析】题干的表述说明幼儿的独立性、生活自理能力对入学后的适应影响很大。在培养幼儿对小学生活的适应性方面,应注意培养幼儿的独立性。

3. A 【解析】对小学生活充满向往,有上小学的愿望,是幼儿开启小学学习生活的情感动力,也是重要的入学心理准备。题干中,要求家长带领孩子参观即将进入的小学,看看小学教室、操场等,初步熟悉从家庭到学校的路径,可以唤起孩子对小学生活的好奇和向往,为入学做好心理准备。故本题选A。

4. D 【解析】题干中,齐齐上课期间乱走动、有许多小动作是规则意识较弱的表现,忘记老师布置的作业是任务意识较弱的表现,因此齐齐需要加强任务意识和规则意识的培养。

5. B 【解析】幼小衔接工作是培养入学的适应性而非小学化。幼小衔接工作的重点应当放在培养幼儿的入学适应性上。教师要针对过渡期幼儿的特点及实际情况,着重培养幼儿适应新环境的各种素质,帮助幼儿顺利完成幼小过渡,而不是把小学的一套简单地下放到幼儿园。严禁幼儿园提前教授小学教育内容。幼儿园不得以举办兴趣班、特长班和实验班为名进行各种提前学习和强化训练活动,不得给幼儿布置家庭作业。故B项说法错误,本题选B。

6. A 【解析】学习准备主要着眼于幼儿终身学习的需要,发展他们基本的学习素质,并在此过程中，帮助他们打下今后学习的基础。B、C、D 三项均是帮助幼儿做好入小学前的学习准备。A 项，幼儿园在入小学前教幼儿拼音、认字、做算术是小学化的表现，是不正确的。

7. A 【解析】幼小衔接工作的重点应放在培养幼儿的入学适应性上。教师一定要遵循过渡期幼儿身心发展的特点和实际情况，重视培养幼儿适应新环境的各种素质，帮助幼儿顺利完成幼小过渡，而不是把小学的一套简单地转移到幼儿园。

8. C 【解析】幼小衔接的工作是长期性而非突击性的。对幼儿园来讲，在时间上要把幼小衔接工作贯穿于幼儿园教育的各个阶段，而不仅仅是大班后期。

9. B 【解析】幼儿入学后学习成为必须要完成的任务，但由于幼儿园时期幼儿所需完成的任务不多，他们一时难以形成这样的任务意识。题干中反映的问题说明了这一点。所以，为避免这种问题，幼儿园应当注意培养幼儿的规则意识和任务意识，特别是在大班阶段，做好幼小衔接工作。

10. A 【解析】题干中，教师与幼儿共同创设“小学调查”的主题墙，这种做法可以使幼儿提前了解小学校园，有利于激发幼儿良好的入学动机。

二、简答题（参考答案）

1. 简述做好幼小衔接工作的意义。

（1）做好幼小衔接工作，是学前儿童身心健康发展的需要；

（2）做好幼小衔接工作，是儿童入学适应不良现状的实践要求；

（3）做好幼小衔接工作，是幼儿园教育内容的重要组成部分；

（4）做好幼小衔接工作，符合世界幼儿园教育的发展潮流。

2. 简述幼儿园实施幼小衔接工作的指导思想。

（1）长期性而非突击性；（2）整体性而非单项性；（3）培养入学的适应性而非小学化；（4）家、园、校的一致性而非孤立化。

3. 简述幼儿园培养幼儿对小学生活的适应性的措施。

（1）培养幼儿的独立性；（2）发展幼儿的人际交往和合作能力；（3）培养幼儿的规则意识和任务意识；（4）培养幼儿的运动习惯。

4. 幼儿园应如何帮助幼儿做好入学前的学习准备？

（1）保护幼儿的好奇心；（2）培养幼儿养成良好的学习习惯；（3）激发幼儿的学习兴趣，培养学习能力。

5. 简述家庭针对幼小衔接需要开展的工作。

（1）培养幼儿适应新环境的能力；（2）培养幼儿良好的行为习惯；（3）加强与幼儿园、小学的沟通合作。

三、论述题(参考答案)

试述幼儿阶段与小学阶段的不同特点。

(1)办学性质不同。从办学性质上来看,幼儿园教育是非义务教育,没有统一的教材,没有成套的考核条例,办学与教学随意性较强;而小学是义务教育,有严格的教育要求,学校对学生学习成绩要进行考试、检查。

(2)教学内容不同。幼儿园所学的内容是与幼儿生活紧密相关的浅显知识;小学的教育内容是以符号为媒介的学科知识,其抽象水平相对较高,这种学习内容只有当学习者的思维具有一定的抽象、概括能力时才能理解和接受。

(3)教学方法不同。幼儿园教师多采用归纳法,即让幼儿看到许多有关的现象,让幼儿开动脑筋,自己去归纳、发现其中的规律;小学教师则多采用演绎法,即教师教学生一些规律性的知识,然后用例题来证明此规律是正确的,这一过程与幼儿阶段的学习过程正好相反。

(4)主导活动方面。学前阶段的主导活动是多种多样、丰富多彩的游戏,幼儿在玩中"学",教师指导方法比较直观、灵活、多样,没有家庭作业及考试制度;小学阶段的主导活动是各种学科文化知识的学习,以上课为主要的教学形式,教学方法相对固定、单一,有一定的家庭作业及必要的考试制度。

(5)作息制度及生活管理。学前阶段的生活节奏是宽松的;一日生活中游戏活动时间较多;生活管理不带强制性,没有出勤要求;教师对幼儿在生活上的照顾比较周到和细致。小学阶段的生活节奏快速、紧张;作息制度非常严格,每天上课时间较长;纪律及行为规范带有强制性;教师对儿童在生活上的照料明显减少。

(6)师幼关系。学前阶段教师与幼儿个别接触机会多,时间长,涉及面广,关系密切、具体;小学阶段师生接触主要是在课堂上,个别接触少,涉及面较窄。

(7)环境设备的选择与布置。学前阶段教室的环境布置生动活泼,有许多活动区域,其中有丰富的玩具和材料供幼儿动手操作、摆弄,幼儿可以自由选择游戏及进行同伴交往;小学阶段教室的环境布置相对严肃,成套的课桌椅排列固定,教室内没有玩具,学生自由选择活动的余地较少。

(8)社会及成人对幼儿的要求和期望。社会及成人对幼儿的要求相对宽松,幼儿的学习压力小、自由多,没有非完成不可的社会任务;对小学生的要求相对严格、具体,家长对小学生具有很高的期望,儿童的学习压力大、自由少,要负担一定的社会责任。

四、材料分析题(参考答案)

1.(1)幼小衔接工作具有整体性而非单项性。幼小衔接是全面素质教育的重要组成部分,应当从幼儿德、智、体、美各方面全面进行,不应仅仅偏重某一方面。在幼小衔接中,偏重"智"的倾向比较严重。材料中,家长希望幼儿园老师提前教授小学的内容,属于过分重视幼儿在学习方面的衔接。科学的幼小衔接除了学习方面之外,还应考虑幼儿体质、社会适应以及环境适应等方面的过渡。

(2)幼小衔接应注重培养幼儿入学的适应性而非小学化。帮助幼儿做好入学前的准备,主要是提高幼儿的主体适应性,而不是提前教给幼儿小学的知识。材料中,家长认为,要与小学搞好衔接工作就要提前用小学的教育方式对待幼儿,让幼儿提前学习小学的教育内容。这种观点是不正确的。教师要针对过渡期幼儿的特点及实际情况,着重培养幼儿适应新环境的各种素质,帮助幼儿顺利完成幼小过渡,而不是把小学的一套简单地下放到幼儿园。

(3)幼小衔接要遵循家、园、校的一致性而非孤立化的原则。在做幼小衔接工作的时候,幼儿园应充分发掘家庭和社区教育资源的作用,视家庭为"幼儿园重要的合作伙伴","应本着尊重、平等、合作的原则,争取家长的理解、支持和主动参与,并积极支持、帮助家长提高教育能力",同时建立幼儿园与小学之间的联系,共同做好衔接工作。材料中,家长虽然已经意识到幼小衔接的重要性,但却认为幼小衔接工作应该提前教给幼儿小学的知识,说明教师在家园沟通方面的工作需要继续加强。

2. (1)①这一现象说明家长对学前阶段与小学阶段的不同教育特点理解不到位。幼儿园以游戏作为基本活动,所学的内容是与幼儿生活紧密相关的浅显知识;小学的教育内容是以符号为媒介的学科知识,有严格的教育要求。家长认为贝贝整天沉浸在搭积木、画画、看图画书中,什么都不会,说明家长没有理解两个阶段中幼儿的发展状况是不同的。

②这一现象说明在家园合作中教师与家长的沟通出现了问题。教师没有做好家长的工作,导致家长把入学准备错误地理解为提前教授小学内容。由此造成的来自家长的压力,对幼儿园的幼小衔接工作造成了很大的冲击。

③这一现象说明部分学前教育机构一味地迎合应试教育的需求,教育大环境浮躁。同龄的小兰上辅导班学写字和数学,是学前教育小学化倾向的典型表现,部分机构不考虑幼儿的发展规律和特点,提前进行小学课程,造成幼儿间差距的增大,加深了家长们的焦虑。

(2)①帮助家长分析幼儿园小学化倾向的危害。幼儿教育小学化倾向最后危害的还是幼儿,幼儿教育与小学教育是不同的概念,因此在幼儿教育过程中若是使用小学的内容,不仅违背了幼儿的成长原则,同时也是一种教育资源的浪费,属于重复性教育,压缩了幼儿本身应该动手动脑的活动和游戏时间。

②引导家长明确幼小衔接内涵,解除家长后顾之忧。幼小衔接是全面素质教育的重要组成部分,做好幼小衔接工作,必须促进幼儿的全面发展,培养入学的适应性而非小学化。

③帮助家长转变教育观念,树立正确的幼儿教育观。儿童的发展是一个持续渐进的过程,具有阶段性特征,同时要充分理解和尊重幼儿发展进程中的个别差异,支持和引导他们从原有水平向更高水平发展。幼儿的学习是以直接经验为基础,在游戏和日常生活中进行,幼儿在活动过

程中表现出的积极态度和良好行为倾向是终身学习与发展所必需的宝贵品质，家长应该理解幼儿的学习方式和特点，重视幼儿的学习品质。

3.（1）幼儿教育与小学教育的不同：

①办学性质的不同。幼儿园教育是非义务教育，没有统一的教材，没有成套的考核条例，办学与教学随意性较强。小学是义务教育，有严格的教育要求，学校对学生学习成绩要进行考试、检查。②教学内容的不同。幼儿园所学的内容是与幼儿生活紧密相关的浅显知识。小学的教育内容是以符号为媒介的学科知识，其抽象水平相对较高，这种学习内容只有当学习者的思维具有一定的抽象、概括能力时才能理解和接受。③教学方法的不同。幼儿园教师多采用归纳法，即让幼儿看到许多有关的现象，让幼儿开动脑筋，自己去归纳、发现其中的规律。小学教师则多采用演绎法，即教师教学生一些规律性的知识，然后用例题来证明此规律是正确的，这一过程与幼儿阶段的学习过程正好相反。材料中大班幼儿成为小学生后“不习惯老师的教学风格”体现了这一点。④主导活动方面的不同。幼儿园的主导活动是多种多样、丰富多彩的游戏，幼儿在玩中“学”，教师指导方法比较直观、灵活、多样，没有家庭作业及考试制度。小学的主导活动是各种学科文化知识的学习，以上课为主要的教学形式，教学方法相对固定、单一，有一定的家庭作业及必要的考试制度。⑤作息制度及生活管理的不同。幼儿园生活节奏是宽松的。一日生活中游戏活动时间较多；生活管理不带强制性，没有出勤要求；教师对幼儿在生活上的照顾比较周到和细致。小学生活节奏快速、紧张；作息制度非常严格，每天上课时间较长；纪律及行为规范带有强制性；教师对儿童在生活上的照料明显减少。材料中大班幼儿成为小学生后“早上起不来”“上课想上厕所”等体现了这一点。⑥师幼关系的不同。幼儿园教师与幼儿个别接触机会多，时间长，涉及面广，关系密切、具体。小学师生接触主要是在课堂上，个别接触少，涉及面较窄。材料中幼儿园的孩子将老师当成姐姐、妈妈或阿姨，而小学老师会批评学生，体现了这一点。⑦环境设备的选择与布置的不同。幼儿园教室的环境布置生动活泼，有许多活动区域，在其中有丰富的玩具和材料供幼儿动手操作、摆弄，幼儿可以自由选择游戏及进行同伴交往。小学教室的环境布置相对严肃，成套的课桌椅排列固定，教室内没有玩具，学生自由选择活动的余地较少。⑧社会及成人对幼儿的要求和期望不同。对幼儿的要求相对宽松，幼儿的学习压力小，自由多，没有非完成不可的社会任务。对小学生的要求相对严格、具体，家长对小学生抱有很高的期望，儿童的学习压力大，自由少，要负担一定的社会责任。

（2）如何做好幼小衔接工作：

幼儿园角度：①培养幼儿对小学生活的热爱和向往；②培养幼儿对小学生活的适应性；③帮助幼儿做好入学前的学习准备；④构建良好的家园幼小衔接协作体系。

家长角度：①培养幼儿适应新环境的能力；②培养幼儿良好的行为习惯；③加强与幼儿园、小学的沟通合作。

第五章 游戏活动的指导

①自主自愿

②游戏的过程

③虚构和现实

④象征性游戏

⑤结构性游戏

⑥表演游戏

⑦认知和语言

⑧创造力

⑨社会性

⑩以间接指导为主

⑪游戏

一、单项选择题

答案速查

1～5	DDDAD	6～8	BBA

1. D 【解析】本题考查幼儿的自发性游戏。依据游戏中的教育目的性成分,可以将儿童的游戏分为自发游戏和教学游戏。自发性游戏是指幼儿自己想出来的、自己发起的游戏,这种游戏完全符合游戏的特点,最贴近游戏的本质,也是幼儿最愿意玩的游戏。自发游戏是儿童的权利,应得到尊重。当然儿童的自发游戏有时也需要成人加以适当的引导,从而使游戏的题材和内容更加健康、有趣、积极。自发性游戏除了具备一般游戏的功能外,还特别有利于培养幼儿的自主性、独立性和创造性。幼儿只有有了一定的自主性,才可能成为自己活动的真正主体,才可能使以自主性为显著特征的游戏成为幼儿的基本活动。作为幼儿教师,应充分认识自发性游戏对幼儿的重要作用,应准许、支持并鼓励幼儿进行自发性游戏。

2. D 【解析】本题考查幼儿游戏的类型。表演游戏是指儿童根据故事、童话的内容,运用动作、表情、语言,通过扮演角色,进行创造性表演的游戏。题干中儿童通过塑造角色来表现文艺作品内容,这种游戏类型属于表演游戏。

3. D 【解析】本题考查幼儿游戏的类型。规则性游戏是一种由两人以上参加的,按一定规则从事的游戏。幼儿赛跑、下棋都需要遵循游戏的规则,属于规则游戏。

4. A 【解析】本题考查小班幼儿角色游戏的特点。题干中小班幼儿在玩“娃娃家”的游戏时,经常会出现多个同一角色,说明小班幼儿喜欢模仿其他人的行为,看到别人玩什么就会玩什么。

5. D 【解析】本题考查小班幼儿角色游戏的特点。题干中,小班“医院”存在六位“小医生”,他们都积极地为老师看病、打针,忙着自己的工作,但他们并没有意识到彼此的角色和行为都是重复的,也没有进行很好的沟通与合作,说明他们仍处于平行游戏的状态。

易混辨析：考生易混淆独自游戏、平行游戏和联合游戏的概念。独自游戏，幼儿只专注于自己；平行游戏，幼儿各玩各的，但游戏的材料类似；联合游戏，同伴之间一起游戏，有交流，无共同目标和分工。

6. B　**【解析】**本题考查幼儿游戏的指导。为了让幼儿在游戏中实现一物多玩，就要充分发挥幼儿的自主性，让他们自己去体验和探索玩具玩法的多种可能。如果教师一味地限制幼儿，则无法达到让幼儿实现一物多玩的目的。故本题选 B。

7. B　**【解析】**本题考查幼儿游戏的类型。结构游戏又称建构游戏或造型游戏，是指儿童运用积木、积塑、金属材料、泥、沙等各种材料进行建构或构造，从而创造性地反映现实生活的游戏。题干中幼儿以积木、沙、雪等材料为道具来模仿现实生活，符合结构游戏的特点，故属于结构游戏。

8. A　**【解析】**本题考查幼儿游戏的类型。感觉机能性游戏又称为练习性游戏或机械性游戏，它是幼儿发展中最早出现的一种游戏形式，其动因来自感觉器官所获得的快感，由简单的重复运动所组成，如奔跑、跳跃、攀登、摇拨浪鼓、骑木马、敲打和摆弄物体等。

二、简答题(参考答案)

1. 简述游戏对幼儿发展的作用。

(1)游戏促进幼儿身体的发展：①游戏提高幼儿肌肉的协调性和灵活性；②幼儿的感觉运动能力得到发展；③有助于幼儿增加对身体机能的认识。

(2)游戏促进幼儿认知和语言的发展：①游戏提高了幼儿的感知能力；②游戏激发了幼儿的想象力；③游戏发展了幼儿的思维能力；④游戏培养了幼儿的语言能力。

(3)游戏促进幼儿创造力的发展：①游戏为幼儿提供了宽松的心理氛围；②游戏激发了幼儿的探究行为，有利于幼儿发散性思维的形成。

(4)游戏促进幼儿情感的发展：①游戏使幼儿有机会表现自己的情感；②游戏能使幼儿充分体验到快乐之情；③游戏能起到缓解幼儿的紧张心理、降低幼儿的惧怕情绪的作用；④游戏能使幼儿进行情感宣泄。

(5)游戏促进幼儿社会性的发展：①游戏有助于克服幼儿的自我中心；②游戏培养了幼儿的合群行为；③游戏发展了幼儿遵守规则的能力。

2. 简述角色游戏活动中教师的观察要点及其目的。

角色游戏是幼儿期最典型、最有特色的一种游戏。教师对于角色游戏的观察是多维度的，不同年龄班，角色游戏的观察要点和目的也不一样，具体表现为：

(1)小班观察要点：游戏内容是否重复操作，是否只是在摆弄玩具，主题是否单一，情节是否简单。

目的：注意规则意识的培养，让儿童在游戏中学会独立。

(2)中班观察要点：游戏主题是否稳定，有没有与别人交往的愿望，是否具备交往的技能，发生纠纷的情节和原因。

目的:指导儿童学会并掌握交往技能和规范,促进儿童与同伴的交往,帮助幼儿在游戏中解决简单的问题,引导幼儿分享游戏经验。

(3)大班观察要点:游戏主题能否主动反映生活经验和人际关系,能否合理地按照自己的意愿计划游戏,解决问题的能力是否提高。

目的:培养儿童的独立性,鼓励儿童在游戏中的创造性。通过讨论、交流让儿童相互学习,拓展思路,不断提高角色游戏水平。

三、论述题(参考答案)

幼儿园集体教学活动和游戏的涵义分别是什么?试述两者的区别与联系。

涵义:幼儿园集体教学活动一般是在教师直接指导下进行的活动。它的特点是全班幼儿在同一时间内做相同的事情,活动过程以教师的引导和组织为主;游戏是一种主动、自愿、愉快、假想的社会性活动,是学前儿童获得知识最有效的手段。

(1)区别:①活动中的主体不同。游戏中幼儿是游戏的主人、是活动的真正主体,幼儿可以自由支配自己的活动,教师更多起到的是观察者和指导者的作用。而集体教学活动是在教师的引导与支持下所进行的教学活动,教师的参与支配程度相对更高。②活动的形式不同。集体教学活动是在教师的引导下有目的、有计划、全体幼儿在同一时间所进行的活动,具有集中性和统一性的特征。而游戏中幼儿的活动是自主的,可以通过集体的形式进行,也可以小组或个别的形式组织。

(2)联系:①教育目的一致。游戏的内容与目的要围绕教学的目标进行,教师要使幼儿在游戏中获得的愉快体验与教学目标实现有机统一。因此,教师既要熟悉游戏的理论,了解幼儿的身心发展水平、年龄特点、兴趣爱好,又要安排与之相适宜的教学活动,并与游戏结合在一起。②两者互为补充。游戏是顺利开展集体教学活动的"温床",集体教学活动又能提升和巩固儿童的知识经验。因此,教师在进行教学活动时要体现"寓教学于游戏"的教育理念,在课程游戏化的大背景下,幼儿园的游戏活动可以辅助集体教学活动,集体活动也可以用游戏的方式来开展,或者可以用游戏活动作为集体活动的延伸,让游戏活动与集体教学活动有效衔接起来。

四、材料分析题(参考答案)

1.(1)李老师的阻止行为不合适。

①李老师的阻止行为违背了幼儿游戏的自主性。游戏是儿童自主自愿的活动,游戏不要求务必达到外在的任务和要求,没有严格的程序和方式,儿童完全可以自由自在地进行游戏,玩什么、怎么玩,均由儿童自己决定。材料中幼儿玩得不亦乐乎,但李老师却加以阻止,违背了幼儿游戏的自主性特点。②李老师的阻止行为不利于幼儿想象力的发展。幼儿对游戏充满了兴趣,在游戏中,幼儿能够无拘无束地玩耍,产生许多新颖的想法和独特的行为,激发幼儿创造性的萌芽并发展。象征游戏是幼儿期幼儿的典型游戏,也是幼儿最喜爱的一种游戏,幼儿进行这种游戏,对其创造力水平的提高有直接的影响。材料中幼儿将玩具吹风机当"手枪"、仿真型灯箱当"大炮",这都体现了幼儿在游戏中对于游戏材料的假想,而教师强调"吹风机"是"理发店"的玩具,

阻碍了幼儿想象力的发展。③李老师对游戏的介入与指导不合理。教师对幼儿游戏的指导必须以保证幼儿游戏的特点为前提，在观察的基础上把握好介入时机，推动游戏的发展。材料中李老师能及时发现幼儿在游戏过程中出现的情况是值得肯定的，但是选择以现实代言人的身份进行指导，介入的时机与方法是错误的，容易使幼儿丧失游戏的兴趣。

(2)教师应在保证幼儿游戏特点的前提下指导幼儿的游戏。①尊重幼儿游戏的自主性。幼儿在游戏中想象、探索、表现、创造的同时，是幼儿自主性得到极大提高和体现的时候，也是游戏功能正在实现的时候，所以教师应予以尊重、鼓励。②以间接指导为主。教师应该有观察幼儿游戏的意识，重视对幼儿游戏的观察，在观察的基础上，参与幼儿的游戏。③选择恰当的时机与方式介入幼儿的游戏。教师应根据幼儿游戏的性质及正在游戏的幼儿的特征，进行仔细观察，不断变换所扮演的角色，推动游戏的发展。

2. (1)从材料中可以看出幼儿从上述活动中获得了体力、认知、情感、社会性等方面的经验。

(2)①从体力方面来看，幼儿在游戏活动中能够锻炼身体，促进正常的生长发育。材料中，幼儿通过连接竹片可以训练手部肌肉，使手指活动变得越来越精确。除此之外，幼儿通过控制自己的动作使乒乓球从一头滚落到另一头，有利于增强自己的动作协调性和稳定性。

②从认知方面来看，通过游戏，幼儿开始认识世界，了解事物之间的关系，知识、能力都得到了相应的发展。首先，游戏丰富了幼儿的知识。材料中，幼儿通过调节连接的竹片，可以获得关于高低、远近、倾斜度等概念的认识；其次，通过解决游戏中遇到的诸多困难，幼儿提升了自己的问题解决能力；最后，幼儿在合作游戏中产生了交往的需要，通过游戏幼儿可以扩大自己的词汇量，加深对词义的理解，语言表达能力也得到了一定程度的提高。

③从情感方面来看，游戏能使幼儿充分体验到快乐之情。材料中的幼儿通过不断的尝试最终使球落到了竹筒里，这一结果有利于帮助他们获得成就感和自信心。

④从社会性方面来看，游戏为幼儿提供了大量交往的机会，使幼儿逐步学会了认识自己和同伴，并能正确地处理自己和同伴之间的关系，加快幼儿的社会化进程。材料中幼儿通过与同伴的交流、协商与合作积累了社会交往经验，在一定程度上提高了幼儿的社会交往能力。

3. (1)王老师的做法更恰当。

(2)①幼儿是独特的人，因而有着他们自己的意愿和兴趣。显然，幼儿在按自己的意愿和兴趣活动时，他们对活动有很高的自主性。教师应予以尊重，而不能因为不符合自己的想法、经验就批评或不予理睬，甚至强行制止。材料中，李老师直接为幼儿提供了烧烤材料，没有尊重幼儿游戏的自主性；王老师与幼儿提前商量，让他们自己寻找材料，尊重了幼儿游戏的自主性。

②幼儿游戏会随着年龄的增长、身心的发展变化而发展，教师对幼儿游戏的指导应考虑这种发展，如象征性游戏在小班处于萌芽期、中班处于高峰期、大班处于高水平期，因此，在小班应多丰富幼儿的生活经验、吸引幼儿参与到象征性游戏当中；中班应尽量多地为幼儿提供多种条件，对其游戏进行引导；大班则可以减少玩象征性游戏的时间，增加幼儿在游戏中面对问题、思考问

题、解决问题的机会。材料中的幼儿处于大班,但李老师在游戏前直接为幼儿准备各种设备和逼真的食材,代替幼儿解决了诸多问题,并不利于幼儿自主性的发挥和问题解决能力的提高。而王老师则充分考虑到了幼儿游戏发展水平的年龄特点,提供给幼儿自主选择、自主决定的机会,故指导较为适宜。

专题一　幼儿游戏概述

一、单项选择题

答案速查

1~5	AACDA	6~10	CAACC	11~15	CBBBD	16~20	DDDAC
21~25	DCCAD	26~30	BDDCD	31~37	BCBDDCB		

1. A 【解析】在练习性游戏阶段,儿童的游戏以动作为主,实质上是感知动作的自我训练。其作用是使已获得的技能巩固化,并将已经掌握的动作重新组织。儿童经过动作的反复练习,从控制自己动作和体验动作与结果之间的因果关系中得到快乐和满足。

2. A 【解析】表演游戏又称为戏剧游戏,它是以故事或童话情节为表演内容的一种游戏形式。在表演游戏中,儿童扮演故事或童话中的人物,并以故事中人物的语言、动作和表情进行活动。

> **易混辨析:**考生易混淆角色游戏和表演游戏,在做此类试题时,可通过以下关键点进行区分。表演游戏中,幼儿扮演的角色以一定的故事或童话为依据,情节内容也是对故事或童话情节内容的反映;在角色游戏中,幼儿扮演的角色既是生活印象的再现,又是幼儿自由创造的表现。

3. C 【解析】弗洛伊德认为游戏也有潜意识成分,游戏是补偿现实生活中不能满足的愿望和控制创伤性事件的手段。在游戏中,幼儿可以"复活"他们的快乐经验,也能修复自己的精神创伤。

4. D 【解析】平行游戏指 2 岁半至 3 岁半以后的儿童,他们会在一起玩,一般各玩各的,彼此之间交流很少,但是会察觉到其他儿童的存在。他们喜欢用与别人相同的材料或玩具做游戏,但并不试图影响别人的行为。同时,儿童之间会相互模仿,形成初步的玩伴关系。题干中同处于建构区的幼儿看到其他幼儿用积木建小房子,便也跟着这么做,属于平行游戏。

5. A 【解析】角色游戏是指学前儿童通过模仿和想象,扮演角色,创造性地反映周围现实生活的一种游戏,又称想象性游戏。结构游戏是指儿童利用积木、积塑、泥、沙等结构材料进行建造的游戏。表演游戏是指儿童根据故事、童话的内容,运用动作、表情、语言、扮演角色,进行创造性表演的游戏。题干中幼儿扮演各种角色但并没有固定的剧本,所以属于角色游戏。

6. C 【解析】结构性游戏又称建构游戏或造型游戏,是指儿童运用积木、积塑、金属材料、泥、沙等各种材料进行建构或构造,从而创造性地反映现实生活的游戏。

7. A 【解析】幼儿游戏有利于促进幼儿情感的发展。"游戏治疗"理论和实践表明,游戏是幼儿发泄自己不良情绪的一种重要形式。通过游戏,可以使幼儿的情绪变得平静、缓和,有利于抑制、

降低消极情绪的负面作用。

8. A 【解析】游戏促进幼儿创造力的发展表现之一是游戏激发幼儿的探究行为，有利于儿童发散性思维的形成。在游戏中，幼儿能变换各种方式来对待物体，通过对同一游戏材料做出不同的设想和行为，或对不同的物体做出同一种思考和动作，能扩大幼儿与游戏材料相互作用的范围，增加相互作用的频率，使求异思维得到充分的训练。儿童在游戏中玩出新玩法，这体现了游戏可以促进儿童创造力的发展。

9. C 【解析】表演游戏是一种创造性游戏，它与其他游戏一样，幼儿可以自主地选择游戏的主题、内容，决定游戏的难易程度，并按自己的意愿开展游戏。幼儿通过表演一个又一个文学(艺)作品，在游戏中享受着表演和成长的快乐，因此表演游戏具有游戏性。同时，表演游戏还具有区别于其他游戏的根本特征——表演性。幼儿利用语言、动作、表情、道具扮演文学(艺)作品中的角色，体验角色的情感，创造性地再现作品内容，幼儿的表演与作品紧密相连。

10. C 【解析】感觉机能性游戏又称为练习性游戏或机械性游戏。它是儿童发展中最早出现的一种游戏形式，其动因来自感觉器官所获得的快感，由简单的重复运动所组成。儿童通过自己的身体作为游戏的中心，逐渐地会摆弄与操作具体物体，并不断反复练习已有动作，从简单的、重复的练习中，尝试发现、探索新的动作，在反复的成功的摆弄和练习中，获得愉快的体验，游戏的驱动力就是获得“机能性的快乐”、“动”即快乐。该游戏的主要表现形式为徒手游戏或重复地操作物体的游戏。故 C 项表述错误。

11. C 【解析】席勒、斯宾塞的“精力过剩说”提出，把游戏看作是幼儿借以发泄体内过剩精力的一种方式。

12. B 【解析】结构性游戏又称建构游戏或造型游戏，是指儿童运用积木、积塑、金属材料、泥、沙等各种材料进行建构或构造，从而创造性地反映现实生活的游戏。堆雪人属于结构性游戏。

13. B 【解析】象征性游戏是处于前运算阶段(2 ~ 7 岁)儿童常进行的一类游戏。它是把知觉到的事物用它的替代物来象征的一种游戏形式。儿童将某物体作为一种信号物来代替现实的客体，这就是象征游戏的开始。题干中孩子的游戏属于象征性游戏。

14. B 【解析】教师对儿童游戏的评价应该是正面评价，这样才能保持儿童在游戏过程中的愉悦、成功的情绪体验，有利于激起儿童再次游戏的愿望。

15. D 【解析】表演游戏是儿童根据故事、童话的内容，运用动作、表情、言语，通过扮演角色，进行创造性表演的游戏。

16. D 【解析】合作游戏是幼儿后期出现的较高级的游戏形式，是一种有着共同需要、共同计划、协商完成的游戏活动。

17. D 【解析】智力游戏是指以生动、新颖、有趣的游戏形式，使儿童在轻松愉快的活动中，增进知识、发展智力的游戏。猜谜语有利于幼儿增进知识、发展智力，属于智力游戏。

18. D 【解析】表演游戏又称为戏剧游戏，它是以故事或童话情节为表演内容的一种游戏形式。

在表演游戏中,儿童扮演故事或童话中的人物,并以故事中人物的语言、动作和表情进行活动。

19. A 【解析】帕登以儿童社会性发展为依据,把游戏分为以下六种:非游戏行为、旁观游戏、独立游戏、平行游戏、联合游戏、合作游戏。其中平行游戏主要发生在2岁半至3岁半以后的儿童,他们会在一起玩,一般各玩各的,彼此之间交流很少,但是会察觉到其他儿童的存在。他们喜欢用与别人相同的材料或玩具做游戏,但并不试图影响别人的行为。同时,儿童之间会相互模仿,形成初步的玩伴关系。

20. C 【解析】游戏扩大了儿童的社交范围,增加了儿童的社交频率,使儿童掌握了与人交往的技能和艺术,社交能力也得到不断的提高。题干中儿童在结构游戏中由独自搭建发展到与同伴联合搭建,主要发展了儿童的社交能力。

21. D 【解析】儿童的游戏以模仿现实生活的某一个侧面为基础,但又不是照样模仿,而是加入了儿童的想象活动。儿童可以依靠想象不断变换物体的功能,不断变换人物的角色,不断变换游戏的情节,儿童在想象中把狭小的游戏场所变成无比广阔的天地。可以说,正是儿童的想象和创造性才使游戏的方式千变万化、多姿多彩,富有趣味性。题干中幼儿将小板凳想象成汽车,并模仿司机,将木棍当做枪、针筒,这些都反映了幼儿的游戏是充满想象和创造的活动。本题选D。

22. C 【解析】游戏是在假想的情景中反映真实的生活,是虚构和现实的统一。儿童对游戏的假想表现在:(1)对游戏角色的假想(以人代人);(2)对游戏材料的假想(以物代物);(3)对游戏情景的假想(情景转换)。

23. C 【解析】游戏能促进学前儿童的创造力的发展。学前儿童的创造力在游戏中表现得十分明显,若是在搭积木、做手工的时候就去想象,去思考:我想搭一个什么样的东西?它的主要特征是什么?用什么搭?怎样搭才像?然后搭造出一个新的“产品”,这个思考、想象的过程就是孩子发展创造力的过程。

24. A 【解析】游戏是儿童最为喜欢的活动和交往方式,伴随游戏,儿童彼此交流思想、表达情感,学会处理人与人之间的关系,扩大了词汇量,加深了对词义的理解,语言表达能力得到了训练和提高。如针对语音能力和技巧的绕口令游戏,针对词汇掌握的词语接龙游戏。

25. D 【解析】智力游戏是以生动、新颖、有趣的游戏形式,使儿童在轻松愉快的活动中,增进知识、发展智力的游戏。题干中“谁最高,谁最矮”的游戏能帮助幼儿理解“量”是相对的,发展幼儿的数学能力,属于智力游戏。

26. B 【解析】创造性游戏强调儿童的主动性和创造性,大都由儿童自由地玩,包括角色游戏、结构游戏和表演游戏等。

27. D 【解析】游戏是儿童自主自愿的活动。在游戏中,儿童是出于自己的兴趣和愿望、自发自愿自主地进行游戏,而不是在外在的强制下进行游戏,他们可以自由表达自己的内心,显露自己的潜力。题干中教师要求幼儿按照流程图玩游戏,违背了游戏的自主自愿特征。

28. D　【解析】“造城堡”游戏属于结构游戏。ABC 三项均属于角色游戏。

29. C　【解析】游戏在幼儿的情感发展中有着重要作用。它不仅能满足幼儿表达自己情感的需要,而且还能使幼儿的良好情感发扬光大,不良情感得到控制和矫正。题干中幼儿能够控制自己的欲望,轮流当“切西瓜的人”,体现了游戏能促进幼儿情感的发展。

30. D　【解析】象征性游戏是处于前运算阶段(2 ~7 岁)儿童常进行的一类游戏。它是把知觉到的事物用它的替代物来象征的一种游戏形式。儿童将一物体作为一种信号物来代替现实的客体,这就是象征游戏的开始。

31. B　【解析】结构游戏的教育作用是:(1)使幼儿了解各种结构材料的性质,增强对数量和图形的理解,获得对称、平衡、高度、长度、厚薄、宽窄、上下、左右等概念和组合、堆积、排列各种形体的技能。(2)有利于幼儿感知、观察和思维能力的发展,并使手指小肌肉群得到锻炼,从而刺激大脑中枢,使幼儿智能得到发展。(3)拼插出来的成品色彩鲜艳,形象逼真,促进幼儿审美力的发展,同时成功的满足会不断增强幼儿的求知欲望和学习的兴趣。

32. C　【解析】感觉机能性游戏又称为练习性游戏或机械性游戏。它是儿童发展中最早出现的一种游戏形式,其动因来自感觉器官所获得的快感,由简单的重复运动所组成。例如,奔跑、跳跃、攀登、摇拨浪鼓、骑木马、敲打和摆弄物体等。题干中,幼儿反复敲打桌子,在房间里跑来跑去,在椅子上摇来摇去,都是感觉机能性游戏的表现。

33. B　【解析】游戏是幼儿进行社会交往的起点,并为幼儿提供了大量交往的机会,使幼儿逐步学会了认识自己和同伴,并能正确地处理自己和同伴之间的关系。题干中教师主要考察的是幼儿的社会交往能力。

34. D　【解析】游戏可以使人放松,但这种放松恰恰是通过“紧张”获得的。如在“丢手绢”游戏中,游戏者往往是很“紧张”的,他们非常注意丢手绢者的一举一动,做好了当手绢丢在自己的身后能够立即站起来跑的准备。

35. D　【解析】动机或需要是游戏的心理动力。一个活动之所以成为游戏,最为关键的是活动的动机源于儿童的内驱力,即内在需要,而不是外界强制所为。A 选项表述正确。儿童游戏过程中使用的语言,不仅具有交流、组织及调节的作用,而且成为角色扮演的表现手段。也就是说,游戏过程中的儿童语言具有两种形态:游戏语言和角色语言。B 选项表述正确。任何游戏在不同程度上都包含着智力因素。C 选项表述正确。游戏中学前儿童情感的社会化主要通过两条途径实现:一是游戏的社会性使儿童的社会性情感增强,儿童必须根据游戏的社会要求调控自己的情绪,掌握情绪识别与表达的社会技能;二是从亲子游戏向同伴游戏扩展,儿童的人际情感不断复杂化并且获得多种情感寄托。故 D 选项表述不正确。

36. C　【解析】游戏激发了幼儿的想象力。幼儿在游戏中要进行想象,把一个物体想象成另外一个物体,把一个人想象成另外一个人,在此过程中,幼儿的想象力得到了发展。

37. B　【解析】结构游戏是指儿童运用积木、积塑、金属材料、泥、沙等各种材料进行建构或构造,从而创造性地反映现实生活的游戏。题干中，幼儿用泥捏制出各种用具、水果、人和动物，这种游戏属于结构游戏。

二、简答题（参考答案）

1. 简述幼儿游戏的内涵。

(1)游戏是幼儿最喜爱的活动，是幼儿生活的主要内容；

(2)游戏是幼儿对生长的适应，符合幼儿身心发展的特点；

(3)游戏是幼儿的自发学习。

2. 简述幼儿游戏的特点。

(1)游戏是儿童自主自愿的活动（自由性）；

(2)儿童重视的是游戏的过程，而非游戏的结果，无强制性的外在目的；

(3)游戏是充满想象和创造的活动（想象性）；

(4)游戏具有假想成分，是在假想的情景中反映社会生活，是虚构和现实统一的活动（虚构性和社会性）；

(5)游戏是能给儿童带来积极情感体验的活动（愉悦性）；

(6)游戏是具体的活动。

3. 简述游戏对幼儿认知和语言的促进作用。

(1)游戏提高了儿童的感知能力；(2)游戏激发了儿童的想象力；(3)游戏发展了儿童的思维能力；(4)游戏培养了儿童的语言能力。

4. 简述游戏促进幼儿创造力发展的主要表现。

(1)游戏为幼儿提供了宽松的心理氛围；

(2)游戏激发了幼儿的探究行为，有利于幼儿发散性思维的形成。

5. 简述角色游戏和表演游戏的异同。

角色游戏是指学前儿童以模仿和想象，通过扮演角色，创造性地反映周围现实生活的一种游戏。表演游戏又称为戏剧游戏，它是以故事或童话情节为表演内容的一种游戏形式。

(1)相同点：二者都是以想象为基础的，都是幼儿扮演角色的游戏，以表演角色的活动为满足。

(2)不同点：表演游戏中，幼儿扮演的角色以一定的故事或童话为依据，情节内容也是对故事或童话情节内容的反映；而在角色游戏中，幼儿扮演的角色既是生活印象的再现，又是幼儿自由创造的表现。

6. 简述游戏促进幼儿社会性发展的主要表现。

(1)游戏有助于克服幼儿的自我中心；(2)游戏培养了幼儿的合群行为；(3)游戏发展了幼儿遵守规则的能力。

7. 简述以认知发展为依据的游戏分类。

(1)感觉机能性游戏。它是儿童发展中最早出现的一种游戏形式，其动因来自感觉器官所获得

的快感，由简单的重复运动所组成。

(2)象征性游戏。象征性游戏是处于前运算阶段(2～7岁)的儿童常进行的一类游戏。它是把知觉到的事物用它的替代物来象征的一种游戏形式。儿童将某物体作为一种信号物来代替现实的客体，这就是象征性游戏的开始。

(3)结构性游戏。结构性游戏又称建构游戏或造型游戏，是指儿童运用积木、积塑、金属材料、泥、沙等各种材料进行建构或构造，从而创造性地反映现实生活的游戏。

(4)规则性游戏。规则性游戏是一种由两人以上参加的，按一定规则从事的游戏。规则可以是由成人事先制定的，也可以是按照故事情节要求的，还可以是儿童按他们假设的情节自己规定的。规则游戏是儿童游戏的高级发展形式。

三、材料分析题(参考答案)

1. (1)游戏促进儿童认知和语言的发展。①游戏提高了儿童的感知能力；②游戏激发了儿童的想象力；③游戏发展了儿童的思维能力；④游戏培养了儿童的语言能力。材料中，萱萱通过和砚砚在游戏中的交流学到了车辆消毒的知识，绿色圆形积木充当消毒标志锻炼了其想象能力和思维能力。

(2)促进儿童创造力的发展。①游戏为儿童提供了宽松的心理氛围。儿童的创造性只有在自由、轻松、愉快的气氛中才能产生，而游戏则为儿童提供了这种心理氛围。②游戏激发了儿童的探究行为，有利于儿童发散性思维的形成。材料中，绿色圆形积木充当消毒标志体现了萱萱创造力的发展。

(3)促进儿童情感的发展。①游戏使儿童有机会表现自己的情感。②游戏能使儿童充分体验到快乐之情。③游戏能起到缓解儿童的紧张心理、降低儿童的惧怕情绪的作用，从而减少儿童的心理压力，使儿童的心理处于健康状态。④游戏能使儿童进行情感宣泄。材料中萱萱和娃娃家的妈妈以及砚砚愉快地进行游戏，促进了其情感的发展。

(4)促进儿童社会性的发展。①游戏有助于克服儿童的自我中心。②游戏培养了儿童的合群行为。③游戏发展了儿童遵守规则的能力。材料中萱萱和娃娃家的妈妈以及砚砚遵循游戏规则，愉快交流，在交流过程中发展了社会性。

2. (1)游戏是学前儿童的基本活动，是学前儿童喜爱的、主动的活动，是学前儿童反映现实生活的活动。儿童的游戏具有以下特点：①游戏是儿童自主自愿的活动(自由性)；②儿童重视的是游戏的过程，而非游戏的结果，无强制性的外在目的；③游戏是充满想象和创造的活动(想象性)；④游戏具有假想成分，是在假想的情景中反映社会生活，是虚构和现实统一的活动(虚构性和社会性)；⑤游戏是能给儿童带来积极情感体验的活动(愉悦性)；⑥游戏是具体的活动。

(2)材料中的教师没有尊重幼儿的意愿，强制要求幼儿上台表演，违背了自主自愿的特点；材料中的教师不时地按照故事情节规范语言，纠正孩子们的动作，使得幼儿失去了创造的机会，也不会给幼儿带来愉悦性。

(3)综上所述,该材料中的老师组织的所谓"游戏"活动并不是真正的游戏,违背了游戏的本质特点。教师在组织儿童进行游戏的时候,应当充分尊重儿童游戏的兴趣和意愿,根据儿童的身心特点及生活经验进行游戏环境的创设,在儿童游戏的过程中,用心观察儿童在游戏中的表现,鼓励儿童的自主性和创造性,在幼儿园中为儿童提供他们感兴趣的游戏材料和游戏环境。

专题二　幼儿游戏的指导

一、单项选择题

答案速查

1 ~5	CAADC	6 ~10	ADCAC	11 ~16	DBAACB

1. C　【解析】C 项中教师没有参与到幼儿的游戏中,而是作为游戏的旁观者,这种做法是不恰当的。

2. A　【解析】内部干预是指教师以游戏中的角色身份参与幼儿的游戏,以游戏情节需要的角色动作和语言来引导幼儿的游戏行为。

3. A　【解析】幼儿的游戏水平具有年龄差异性。在角色游戏中,小班幼儿以模仿为主,大班幼儿则以创造为主。教师应针对幼儿的年龄特点和游戏水平,有针对性地进行指导。

4. D　【解析】语言指导是教师通过运用"询问式""建议式""鼓励式""澄清式""邀请式""角色式""指令式"等不同形式的语言指导儿童游戏的方法。题干中李老师通过提出问题激发幼儿的求知欲和阅读兴趣,并请幼儿自主阅读去寻找答案,这体现的介入策略是语言指导。

5. C　【解析】适宜的介入时机有:(1)当幼儿游戏出现困难时介入;(2)当必要的游戏秩序受到威胁时介入;(3)当幼儿对游戏失去兴趣或准备放弃时介入;(4)在游戏内容发展或技能方面发生困难时介入。教师在介入时,应该尊重幼儿游戏的想象、探究、表现和创造性。C 项描述的现象是游戏秩序受到威胁。

6. A　【解析】教师更多的应以游戏伙伴的身份进入儿童的活动,成为活动的支持者,这样才能保证孩子在一日生活中顺利地按照自己的意愿去发展。

7. D　【解析】舞台管理者是指教师不参与游戏,但积极地帮助幼儿为游戏做准备,并随时为正在进行的游戏提供帮助,如回应幼儿关于材料的要求,协助幼儿布置环境,提出适当的建议以延伸幼儿的游戏等。

8. C　【解析】平行式介入是指幼儿教师在幼儿附近,和幼儿玩相同或不同材料的游戏,目的在于引导幼儿模仿,幼儿教师起着示范指导的作用,这种指导是隐性的。当幼儿对幼儿教师新提供的材料不感兴趣或者不会玩、不喜欢玩、只会一种玩法时,幼儿教师可用这种方式介入进行指导。

9. A　【解析】A 项李老师的指导是不恰当的,玩沙的人数要根据场地的大小决定,并不是人越多越好。

10. C　【解析】材料指引是通过教师为儿童提供材料,引发游戏的兴趣,促进游戏的延续和提升的方法。材料可以是实物(成品、半成品和废旧品)和图片、图书等。

11. D 【解析】大班角色游戏的特点包括:(1)游戏经验丰富,主题新颖,内容丰富,游戏所反映的人际关系较为复杂;(2)处于合作游戏阶段,喜欢与伙伴共同游戏;(3)能按照自己的愿望主动选择游戏主题,并有计划地开展游戏;(4)在游戏中独立解决问题的能力增强。

12. B 【解析】在建构游戏中,小班幼儿没有明显的建构目的,而是喜欢重复简单的搭建动作,并享受重复动作带给自己的快乐体验,如用积木搭高了之后再推倒,并享受着积木倒塌过程中的视觉和听觉刺激,乐此不疲。

13. A 【解析】"和幼儿一起讨论'怎样玩更合适',并为幼儿的游戏提供支持"既避免了幼儿因打斗玩耍而出现的危险行为,又充分满足了幼儿继续游戏的心理需求。A 项符合题意。B 项中仅仅制止打斗,不能彻底解决幼儿的争斗问题,且将幼儿拼搭好的手枪、宝剑拆掉,容易使幼儿丧失游戏兴趣,打击幼儿游戏的积极性。C 项的做法是教师不负责的表现,且容易造成意外事故。D 项的做法没有尊重幼儿的游戏意愿,且没有支持幼儿的游戏。

易错提示:教师对幼儿游戏的指导是常考点,考生在做题时需要注意,(1)教师对幼儿游戏的指导要符合幼儿的发展水平,不能只考虑游戏对幼儿某方面的促进作用;(2)教师对幼儿游戏的指导要符合幼儿游戏的特点,要体现幼儿在游戏中的自主性,不能以教师的意愿为主;(3)教师要把握合适的介入时机,在介入之前,教师一定要仔细观察,选择适宜的时机再介入。

14. A 【解析】交叉式介入法是指教师以角色的身份参与游戏,以游戏情节需要的动作、语言来引导幼儿游戏的发展。题干描述的介入方法是交叉式介入法。

15. C 【解析】无论采用何种干预方式,一旦幼儿开始表现出所期望的游戏行为,成人就应转而扮演无指导性的共同游戏者,或完全从游戏中退出,以便让幼儿重新控制游戏,从而培养幼儿的独立性和自信心。

16. B 【解析】小班幼儿的游戏具有目的性不强,兴趣不稳定,兴趣持续时间短,重内容、轻规则的特点。

二、简答题(参考答案)

1. 简述教师介入幼儿游戏的恰当时机。

(1)当幼儿游戏出现困难时介入;(2)当必要的游戏秩序受到威胁时介入;(3)当幼儿对游戏失去兴趣或准备放弃时介入;(4)在游戏内容发展或技能方面发生困难时介入。

2. 简述教师指导幼儿游戏的要点。

(1)尊重幼儿游戏的自主性;(2)以间接指导为主;(3)按幼儿游戏发展的特点指导游戏;(4)按各种类型游戏的特点指导游戏;(5)正确评价幼儿的游戏;(6)使游戏成为幼儿园的基本活动。

3. 简述衡量幼儿游戏是否成功的关键。

(1)幼儿是否按意愿选择玩具做游戏,幼儿在游戏中是否感到轻松、愉快,发挥了创造性;

(2)幼儿在游戏中能否克服困难,遵守游戏规则,不依赖他人独立游戏;

(3)幼儿能否正确使用玩具、爱护玩具,会收放玩具;

(4)幼儿在游戏中能否对同伴友爱、谦让,能否与同伴合作,愿意帮助别人、不妨碍别人;

(5)游戏内容是否健康,是否有益于幼儿的身心发展。

4. 简述教师应如何确保游戏成为幼儿园的基本活动。

(1)重视幼儿的自发性游戏;(2)充分利用游戏组织幼儿园各类教育活动;(3)满足幼儿对多种游戏的需要。

5. 简述中班幼儿角色游戏的指导要点。

(1)教师应为幼儿提供丰富且富有变化的游戏材料,鼓励幼儿不断丰富游戏主题;

(2)以游戏者的身份介入游戏,指导游戏;

(3)通过幼儿讨论等形式展开游戏评价;

(4)指导幼儿在游戏中逐渐掌握社会规则和交往技能,逐渐学会独立解决问题。

6. 简述幼儿智力游戏的组织与指导原则。

(1)选择和编制合适的智力游戏;(2)帮助幼儿构建规则意识;(3)培养幼儿的游戏策略意识,而不是教给幼儿游戏的策略。

7. 简述小班幼儿的游戏特点。

(1)目的性不强;(2)兴趣不稳定;(3)兴趣持续时间短;(4)重内容,轻规则。

8. 简述为幼儿结构游戏创造良好条件的策略。

(1)引导幼儿认识建构材料,丰富幼儿相关经验;

(2)教会幼儿构造的基本技能,培养他们的独立构造能力;

(3)提供丰富的结构材料和进行结构游戏的场所;

(4)培养幼儿良好的行为习惯。

三、论述题(参考答案)

1. 试述大班幼儿结构游戏的特点和指导要点。

(1)大班幼儿结构游戏的特点:

①结构游戏的目的性、计划性和持久性增强,建构内容丰富,使用材料增多,有一定的独立构造能力;

②能合作选取丰富多样的材料,围绕主题大胆动手、尝试,灵活应用多种技能进行一定的设想规划,围绕主题进行较复杂的建构;

③希望自己的作品有新意,追求结构的逼真和完美。

(2)指导要点:

①丰富幼儿的结构造型知识和生活印象;②指导幼儿学习表现物体的细节和特征;③指导幼儿制订计划(包括协商确定主题,商量结构步骤及方法,如何分工合作等);④重点指导幼儿掌握并应用新的技能;⑤教育幼儿重视结构成果;⑥引导幼儿开展参加人数多、持续时间长的大型结构活动。

2. 试述幼儿音乐游戏的指导内容和指导原则。

(1)音乐游戏的指导内容:

①自娱性音乐游戏的指导。自娱性音乐游戏的特点是“自发性、趣味性、随机性”,这决定了教师的指导应当少之又少,基本上只提供游戏材料或者间接指导,尽量不干涉幼儿游戏。教师应创设丰富的音乐环境,提供自娱性音乐游戏的平台。音乐环境一般包括小舞台和音乐区,教师要用心布置该区域,调动幼儿积极性。

②教学性音乐游戏的指导。教师要通过选择合适的、有趣的内容,通过教师的感染力来激发幼儿游戏的兴趣。注重游戏过程中的音乐体验,给幼儿充分地表现自我的机会。

(2)音乐游戏的指导原则:

①“漫不经心的娱乐”原则,强调幼儿自身的参与和感受,从幼儿身心特点出发,让幼儿在亲身参与和感受中体会音乐的魅力和内涵。

②“幼儿主体、教师引导”原则:在了解幼儿的基础上,以促进幼儿的发展为目的来设计游戏,确定游戏主题;充分发挥幼儿的想象力,与他们共同设计音乐游戏;要以幼儿为主体,帮助幼儿建立规则意识;当幼儿没有兴趣继续进行游戏时,教师可以参与到游戏中去,通过一些示范活动与鼓励重新激发起幼儿游戏的兴趣。此外,教师还要在音乐游戏中扮演多种角色,灵活处理突发事件。

四、材料分析题(参考答案)

1. (1)游戏是幼儿的自发学习。材料中,贝贝看到老师拿雪花片当菜,在接下来的游戏中,也将雪花片当作菜,这是一种自发的学习。瓜瓜把手指当成筷子,夹起一片雪花片“啊呜啊呜”地吃起来,也是一种自发的学习。

(2)教师的回应策略:中班角色游戏重点是引导幼儿解决游戏冲突。①教师应结合幼儿的社会经验,为幼儿提供丰富且富有变化的游戏材料,鼓励幼儿不断丰富游戏主题;②仔细观察并认真分析发生冲突的起因,以游戏者的身份介入游戏,指导游戏;③通过幼儿讨论等形式展开游戏评价,增长幼儿的游戏经验,丰富游戏内容;④指导幼儿在游戏中逐渐掌握社会规则和交往技能,逐渐学会独立解决问题。材料中,教师首先应该为幼儿提供足够量的“菜”,还应启发幼儿想象没有菜了,可以怎么办?其次,教师可以扮演卖菜的,丰富游戏主题。再者,在指导的过程中,应让幼儿学会独立解决问题。最后,在游戏结束时,组织幼儿讨论游戏中遇到的问题,增长游戏经验。

2. (1)教师在幼儿游戏时的三次介入时机是合适的,理由如下:

①当幼儿因为建构主题而争论不休,导致建构游戏迟迟无法开始时,教师进行了第一次介入,帮助幼儿确立了建构主题,保证了游戏顺利开始。

②当幼儿在游戏过程中遇到困难,准备放弃时,教师进行了第二次介入,用提示性的语言帮助幼儿克服游戏困难,使得游戏能顺利开展下去。

③当幼儿在教师的启发下借助梯子进行游戏时,教师进行了第三次介入,悄悄扶着梯子,确保了

幼儿游戏过程的安全。

(2)①当幼儿游戏出现困难时介入。当幼儿不知道自己该做什么游戏、如何去游戏时,教师的介入是引导幼儿开始游戏的关键。

②当必要的游戏秩序受到威胁时介入。当必要的游戏秩序受到威胁时,教师可用游戏口吻自然地制止幼儿的干扰行为,并提出活动建议。

③当幼儿对游戏失去兴趣或准备放弃时介入。这时教师的介入可以帮助幼儿拓展游戏内容,提高游戏技能,进一步激发幼儿的游戏兴趣。

④在游戏内容发展或技能方面发生困难时介入。在这种情况下,教师可以作为游戏同伴介入游戏给予幼儿示范,或者让幼儿相互启发,相互影响,以帮助幼儿克服困难,拓展游戏。

3. (1)与幼儿一起准备游戏环境,侧重语言引导,培养幼儿的自主性;(2)认真观察游戏,给幼儿提供必要的条件和机会以及适当的引导;(3)允许并鼓励幼儿在游戏中进行创造,培养幼儿的创造性。材料中,刘老师带领幼儿去参观真实的理发店,为大班幼儿提供种类较多的游戏材料,以鼓励和支持他们进行多样化探索。

4. (1)①表演游戏可以加深幼儿对文学作品的学习理解;②对幼儿语言的发展有突出作用;③有助于发展幼儿的想象力;④有助于培养幼儿良好的个性;⑤有效地使幼儿受到艺术熏陶。材料中,教师通过让幼儿扮演角色,体会到《孙悟空打妖怪》作品内容的实质,让幼儿设计头饰,充分发展幼儿的想象力和合作的能力,并让幼儿受到艺术熏陶。

(2)教师首先为幼儿提供了感兴趣的游戏材料,激发了幼儿参与游戏的兴趣和热情。在发现幼儿争抢孙悟空面具时,及时介入加以引导,建议他们协商分工扮演其他角色让幼儿感受到合作表演的乐趣。

5. (1)①材料中王老师充分尊重幼儿游戏的氛围和游戏中的想象、探索、表现、创造。当幼儿提出游戏里没有小朋友扮演交警时,王老师没有立即停止游戏进行指导和说明,而是保持游戏的氛围,运用言语解决了这一问题,保证了幼儿游戏的积极性,同时也提高了幼儿游戏的自主性,保证了游戏的正常进行和游戏功能的实现。②王老师在看到幼儿游戏进程受阻的情况下才介入,同时以舞台管理者的角色介入游戏,积极地帮助幼儿为游戏做准备,并随时为正在进行的游戏提供帮助。没有破坏游戏进程,更没有控制游戏进程,在充分尊重幼儿游戏自主性的前提下保证游戏的顺利进行。

(2)如何指导幼儿开展角色游戏:

角色游戏前期准备:丰富幼儿的生活经验,提供适合的场所以及丰富的游戏材料,提供充足的游戏时间。

角色游戏过程中的现场指导:鼓励和启发幼儿按照自己的意愿自主确定游戏主题;教会幼儿分配游戏角色;观察、参与幼儿游戏,尊重幼儿个体差异性,给予适宜的指导。

角色游戏结束环节的指导:愉快地结束游戏,培养幼儿对游戏的兴趣;引导幼儿收拾游戏材料和场地,培养幼儿良好的习惯;评价游戏,丰富幼儿的游戏经验,提升游戏水平。

第六章 教育活动的组织与实施

刷考点

①内容领域 ④正面教育 ⑦从自我中心到社会化

②组织形式 ⑤从具体到抽象

③情感态度领域 ⑥从同化到顺应

刷真题

一、单项选择题

答案速查

1～5	ACBCD

1. A 【解析】本题考查幼儿园社会教育的原则。在学前儿童社会教育中,坚持正面教育原则的要求包括:(1)对学前儿童提出正确要求;(2)创设积极的环境;(3)树立良好的榜样;(4)以鼓励表扬为主。

2. C 【解析】本题考查学前儿童科学教育的方法。学前儿童科学教育中观察的方法是指教师有目的、有计划地组织和启发儿童运用多种感官,去感知客观世界的事物与现象,使之获得具体的印象,并在此基础上逐步形成概念的一种方法。题干中的教师让幼儿通过视觉、嗅觉等多种感官观察不同的液体,这种教学方法是观察法。

易混辨析:考生易混淆学前儿童科学教育方法中的观察法和实验法。考生在做题时,需要注意两者的区别。

观察法——有目的、有计划地组织和启发儿童运用多种感官,去感知客观世界的事物与现象,使之获得具体的印象,并在此基础上逐步形成概念的一种方法。

实验法——在人为控制条件下,教师或儿童利用一些材料、仪器或设备,通过简单演示或操作,对周围常见的科学现象加以验证的一种方法。

3. B 【解析】本题考查布卢姆教育目标分类。布卢姆将教育目标划分为认知、情感、动作技能三大类,分别涵盖三个不同的方面。题干中"了解青蛙的生长发育过程"是知识的掌握和理解,因此属于认知目标。

易错提示:幼儿园教育活动的目标表述可通过以下方法进行区分与记忆。

在情感态度方面,包括兴趣、爱好、态度、习惯的养成和好奇心、价值观的培养等;

在认知方面,包括对知识的理解、记忆、掌握等;

在技能方面,包括操作、表达、交往、创造等能力的形成。

4. C　【解析】本题考查幼儿园教育活动内容选择的原则。题干中教师在重阳节组织幼儿到敬老院探访老人，将教学内容与幼儿的生活实际相结合，体现了幼儿园教育内容选择的生活性原则。

5. D　【解析】本题考查学前儿童绘画中的特殊表现。夸张性又称稚拙性，指儿童在绘画中常常不自觉地把自己关心的事物，或认为重要的事物画得很仔细、很突出，而没注意到事物的整体结构的现象。如，画人时，一般头部画得比较大，整个身体却画得比较矮小，不合比例；画人跑时，把两条腿画得很长。

二、简答题（参考答案）

1. 简述种植活动对幼儿发展的价值。

(1) 在种植活动中，幼儿亲历了植物的生长变化，能激发幼儿热爱自然、关爱生命的兴趣与情感。

(2) 在种植活动中，幼儿亲自操作，种植一些易于生长的植物，不仅能学习一些简单的劳动技能，而且能了解植物的外形特征和生活习性，从中获得很多有关植物生长的知识经验。

(3) 在种植活动中，幼儿对植物进行观察、分析、比较、记录，有利于培养幼儿长期系统观察的能力，促进幼儿认知能力的发展。

2. 体育活动中与活动后，教师分别可以从哪些方面判断幼儿的活动量是否合适？

(1) 在体育活动中，教师可从幼儿的面色、汗量、呼吸、动作、注意力和反应力、精神状态等方面观察幼儿状态。

①适度疲劳状态：面色稍红，汗量不多；呼吸中速或较快；动作协调、准确，步态轻稳；注意力集中，反应正常；情绪愉快。

②中度疲劳状态：面色相当红，汗量较多；呼吸显著加快、加深；动作协调性、准确性和速度均降低；能集中注意力，但不够稳定，反应减弱；略有倦意。

③非常疲劳状态：面色十分红或苍白，大量出汗，呼吸急促、表浅、节奏紊乱；动作失调、步态不稳，用力颤抖；注意力分散，反应迟钝；精神疲乏。

(2) 在体育活动后，教师可从幼儿的食欲、睡眠、精神状态等方面观察幼儿状态。

①适度疲劳状态：饮食良好，食欲增加；入睡较快，睡眠良好；精神爽快，情绪好，状态稳定。

②中度疲劳状态：食欲一般，有时略有降低；入睡较慢或睡眠一般；精神略有不振，情绪一般。

③非常疲劳状态：食欲降低，进食量减少，甚至有恶心、呕吐现象；很难入眠，睡眠不安；精神恍惚，心悸，厌倦练习。

三、论述题（参考答案）

试述积极师幼关系的意义，并联系实际谈谈教师应如何建立积极的师幼关系？

(1) 积极师幼关系的意义：

①幼儿从与教师的关系中获得关爱。教师对幼儿的关爱是在一定师幼关系中实现的，脱离一定的师幼关系就不可能存在对幼儿真正的关爱。

②幼儿获得来自教师的安全感。教师充满期待和关爱的眼神、目光、微笑、点头等都是幼儿学习和发展的动力。幼儿从良好的师幼关系中可以获得心理上的安全感。

③教师的榜样作用来自一定的师幼关系之中。教师要发挥应有的榜样作用需要与幼儿建立平等交往的关系,教师以关怀、接纳、开放的态度与幼儿相处,让幼儿深深感受到教师的行为方式和态度。

④良好的师幼关系有助于教师对幼儿给予更多的理解与关注。如果教师与幼儿建立了一种良好的关系,教师自然会理解孩子们的所作所为,并会对孩子们的行为做出适当的反应。

⑤良好师幼关系有助于教师指导幼儿之间的同伴关系。帮助幼儿建立良好的伙伴关系是教师的职责,教师与幼儿的关系也会影响幼儿之间的同伴关系。

(2)构建良好师幼关系的策略:

①关爱幼儿。关爱幼儿是对幼儿教师的基本要求,也只有在关爱幼儿的基础上才有可能与幼儿建立良好的关系。关爱给幼儿带来自信、安全、信任感,同时也形成了幼儿对教师的信赖关系。但是,需要注意的是,教师对幼儿的关爱不是体现在一时一事之中,而是体现在教师与幼儿互动的整个过程之中。

②与幼儿经常性的平等交谈。教师应在日常生活中对幼儿感兴趣的事物、话题与幼儿平等、亲切地交谈,这种形式的互动有利于良好师幼关系的形成。此外,教师面对幼儿要坦白诚实。

③参与幼儿的活动。在幼儿园的教育活动中,有许多是幼儿自主的活动,如游戏活动、活动区活动以及幼儿的个别活动等,教师应该积极地参与到幼儿自主的活动中去。这要求教师做到:以普通的活动参与者心理参与;积极主动地与幼儿交往;对幼儿和幼儿的活动真正关注并感兴趣。

④与幼儿建立个人关系。教师与个别幼儿的关系,尤其是与班级里特殊的幼儿的关系,常常会影响着教师与其他幼儿的关系,教师应该设法与个别幼儿建立良好的个人关系,并以个人关系影响与其他幼儿的关系。

⑤积极回应幼儿的社会性行为。教师应该对幼儿的行为做出适当的反应,尤其是一些良好的社会性行为,如具有合作、谦让、互助、负责、正直、友好、勇敢等特征的行为。这要求教师做到:理解与宽容地对待幼儿的错误;帮助幼儿形成良好的同伴关系;帮助幼儿摆脱不良行为习惯。

此外,教师对幼儿应一视同仁,因人施教,应做到以身作则,为人师表。

四、活动设计题(参考答案)

1.

小豆芽(中班)

一、活动目标

1. 了解豆芽的生长顺序,知道豆芽生长过程中需要提供适宜的生长条件;

2. 能够用图画表现豆芽生长过程,并能将生长阶段和所需条件正确对应;

3. 喜欢参加科学活动,对植物的生长变化感兴趣。

二、活动准备

班级植物角发好的豆芽，一把绿豆；记录了豆芽生长过程的视频；讲述豆芽生长条件的 PPT 课件；绘画用的相关材料；代表生长条件的“温度计、黑色纱布、水”等贴纸。

三、活动过程

1. 魔术导入，引发幼儿兴趣，引出活动主题

教师出示绿豆，以变魔术的形式，将绿豆变成绿豆芽，引发幼儿的兴趣。通过提问引导幼儿思考绿豆和绿豆芽之间的关系，引出本次的活动主题。

教师：大自然是一位神奇的魔术师，可以把绿豆变成绿豆芽。它是怎么做到的呢？大家的想法非常有趣，我们来看看究竟是不是这样吧！

2. 播放视频，初步感知豆芽的生长过程

教师播放提前准备好的豆芽生长过程的视频，引导幼儿仔细观看并鼓励幼儿大胆表达，并结合视频内容梳理豆芽的生长过程。

教师：绿豆是怎么变成小豆芽的呢？视频中的小豆芽看起来像什么？

小结：绿豆泡在水里会长出小芽，像动物的短尾巴；后来绿豆里长出了绿色的小叶子，像一只小蜗牛；小尾巴越长越长，像一只小蝌蚪；最后，绿豆皮掉了下来，变成了细细长长的小豆芽。

3. 播放课件，深入探究豆芽的生长条件

教师播放课件，引导幼儿观察豆芽生长过程中，老师都做了哪些事情，并猜测原因，深入理解豆芽的生长过程，体会自然的神奇和种植的辛苦。

教师：豆芽被放在了哪里？老师每隔一段时间会做什么？豆芽盆的旁边放了什么？

小结：发绿豆芽的过程中，要注意避光；每隔几个小时，要用清水冲洗豆芽；在发豆芽期间，要注意保持温度，不能太冷或太热。

4. 绘图匹配，巩固提升对豆芽生长过程和生长条件的理解

教师组织小朋友为豆芽制作“成长记录册”，画出豆芽生长的过程，并将教师准备好的贴纸贴在不同的时间段，提示生长条件的变化。

教师组织幼儿分享自己制作的“成长记录册”。

5. 活动结束，教师总结

教师引导幼儿分享其他植物的生长变化过程，引发幼儿对植物生长的好奇。

四、活动延伸

鼓励幼儿回家后，和爸爸妈妈一起试着“变魔法”，尝试用绿豆发豆芽，体会大自然的神奇。

2. 好玩的买卖游戏（大班）

一、设计思路

大班幼儿由于缺乏对人民币的认识，所以在活动中会出现随意付款和收款的现象，针对这一情况以及大班幼儿的认知发展情况，设计了“好玩的买卖游戏”这一数学活动，既可以帮助幼儿认识人民币，也可以帮助幼儿发展数学认知能力，并让幼儿体会数学和生活之间的联系。

二、活动名称

《好玩的买卖游戏》(大班科学活动)

三、活动目标

1. 认识人民币,知道人民币要和物品价格对应才能购买物品。

2. 能根据物品的价格,正确支付相应面值的人民币,积极地参与到游戏中,并遵守游戏的规则。

3. 体验数学和生活之间的紧密联系,感知游戏的乐趣。

四、活动准备

物质准备:不同面值的人民币样品若干,贴有价格标签的玩具、书本、零食等材料若干。

经验准备:幼儿已了解人民币有不同的面值,有和家人一起用人民币购物的经验。

五、活动过程

1. 开始部分

教师向幼儿展示货品架,引起幼儿的兴趣。

师:小朋友们,今天我们的“小超市”要开始营业了,让我们一起来看一看小超市里都有什么吧。小朋友们都发现了它们有什么共同的地方吗?(玩具、书本、零食上都贴有价格标签)

2. 基本部分

(1)教师将不同面值的人民币发放给小朋友,引导小朋友们树立看标签价格购物的意识。

师:小朋友们,老师已经把不同面值的人民币给到每一位小朋友了,请小朋友们来看一看,怎么样才能买到我们想要的物品呢?(与标签价格相对应的人民币能够买到对应的物品)

(2)教师拿出一个玩具,请幼儿出示对应价钱的人民币,并请其他幼儿来判断出示的对不对。

(3)教师出示大面额的人民币与价值较小的物品,请幼儿来判断应该找给顾客多少钱。

(4)引导幼儿与同伴进行讨论,并说一说自己想要购买的物品,与同伴展示自己手中对应的人民币,看一看自己的钱够不够。

(5)教师引导幼儿进行游戏,向幼儿介绍游戏的规则。

师:“小超市”开张了,可是“小超市”里没有售货员,谁愿意当售货员?

师:我们已经有了小售货员,请其他的小朋友来到“小超市”购买你想要的物品吧!小售货员要看清楚小顾客手里的钱是多少,钱收多了要把多出来的钱找零给顾客。请开始吧。

(6)小顾客和售货员的身份互换,再一次进行游戏。

3. 结束部分

游戏结束,请小朋友们分享自己买了哪些物品,花了多少钱。

六、活动延伸

请小朋友们回家和自己的爸爸妈妈分享今天的游戏,并且在进行下一次购物游戏时能够将价钱与标签价格对应上。

3.

高高兴兴上幼儿园(小班)

主题活动目标

(1)认识幼儿园,了解幼儿园的环境;

(2)可以积极参与幼儿园的各项活动,敢于表达自己的想法;

(3)喜欢上幼儿园,体验幼儿园生活的乐趣。

子活动一

小班语言活动:我爱上幼儿园

(一)活动目标

(1)了解幼儿园的环境;

(2)能用自己的语言讲述图片的内容,大胆表达自己的想法;

(3)乐于分享自己对幼儿园的喜爱之情。

(二)活动准备

《果果爱上幼儿园》的故事音频、幼儿园的环境图片。

(三)活动过程

1. 故事导入,引起幼儿的兴趣

教师播放《果果爱上幼儿园》的故事音频,引出活动主题——我爱上幼儿园。

师:小朋友们,故事听完了,你们都听到了什么?

2. 观察图片,初步感知幼儿园环境

教师引导幼儿观察图片,熟悉幼儿园环境。

师:你看到了什么? 他们在做什么? 这是哪里?

3. 幼儿交流讨论,深入理解

教师鼓励,请个别幼儿大胆说说自己对幼儿园的想法,增加幼儿对幼儿园的喜爱之情。

师:小朋友们,你们在幼儿园开心吗? 为什么?

4. 讲述活动,加深对幼儿园环境的了解

教师组织讲述活动,引导幼儿用简短的语言描述幼儿园环境。

师:幼儿园里有什么? 你们谁愿意说一说呢?

5. 活动结束,教师总结

教师总结活动情况,并激发幼儿对幼儿园的热爱之情。

(四)活动延伸

教师可以组织幼儿参观幼儿园,了解幼儿园的环境。

子活动二

小班音乐活动:《我上幼儿园》

活动目标

(1)理解《我上幼儿园》歌词内容;

(2)能用自然声音歌唱,并可以随音乐做动作;

(3)感受音乐活动的快乐。

子活动三

小班社会活动:《我爱我的幼儿园》

活动目标

(1)了解幼儿园的环境,知道本班的位置;

(2)尝试用语言大胆地说出幼儿园的生活;

(3)体验在幼儿园生活中的快乐。

专题一　幼儿园教育活动概述

一、单项选择题

答案速查

1 ~6	ADCBDB

1. A 【解析】幼儿园教育的内容是广泛的,涉及儿童所接触的自然环境、社会环境、文学艺术等方面面,具有广泛性、丰富性;但从儿童的认识水平和儿童阶段的教育任务看,这些教育内容又是粗浅的,具有启蒙性,教育过程中,并不强调教育内容的系统性和抽象逻辑性。

2. D 【解析】根据幼儿园教育活动的不同内容,可以分为健康领域教育活动、语言领域教育活动、科学领域教育活动、社会领域教育活动和艺术领域教育活动五类。

3. C 【解析】实验法是幼儿在教师指导下,运用一定的材料、设备进行动手操作,观察和研究这种操作所引起的现象和过程,验证自己的设想,以获取知识的教学方法。这种方法较多运用在科学活动中。题干描述的方法是实验法。

4. B 【解析】题干描述的是区角活动的概念,也称小组活动是由教师创设一定的环境,提供相应的材料并给予一定的间接影响的教育活动类型。小组活动中,儿童可以在同一时间单元里选择不同的活动内容,一般组织比较宽松,时间相对自由,儿童可以相互合作,也可以个别操作。

5. D 【解析】幼儿园教育活动内容具有生活性和生成性,具体表现在:与中小学教育不同,儿童的学习侧重感性经验、直接经验的积累,他们是通过游戏、观察、操作在一日生活的活动之中获得各方面发展的,具有突出的生活性。在丰富的社会生活之中,儿童在亲身接触认识各种事物,形成已有知识经验的基础上,不断拓展其认识范围,生成新的、超出原有教育内容的知识经验。题干的描述体现了幼儿园教育活动内容具有生活性和生成性。

6. B　【解析】幼儿的年龄特征决定了兴趣是直接支配他们学习的最大内在动力，有了兴趣，幼儿就有了主动参与活动的愿望和积极的态度。“小猫钓鱼”的游戏符合幼儿的年龄特征，能提高幼儿的参与兴趣。

二、简答题（参考答案）

1. 简述幼儿园教育活动内容选择的原则。

（1）时代性原则；（2）生活性原则；（3）兴趣性原则；（4）内容和目标相一致的原则；（5）因地制宜原则。

2. 简述布卢姆的教育目标类型。

（1）认知领域，主要包括知识的掌握、理解或回忆、再认，以及认知能力的形成、发展等方面的目标。

（2）情感态度领域，主要包括兴趣、态度、习惯和价值观等方面的形成、发展的目标。

（3）动作技能领域，主要包括神经肌肉协调的操作技能、动作技能和行动等方面的目标。

3. 简述幼儿园教学活动的常用方法。

（1）口授法。幼儿园常用的口授法有谈话法、讲解与讲述法等。

（2）直观法。幼儿园常用的直观法主要有观察法、演示法、示范法、范例法。

（3）活动法。幼儿园常用的活动法主要有游戏法、实验法、练习法。

专题二　幼儿园主题活动

一、单项选择题

答案速查

1～3	ADB

1. A　【解析】主题活动强调从幼儿的认知水平、经验和兴趣出发，加强学科、领域之间的横向联系。题干中由“丰收水果店”的主题联系其他领域的学习，体现了知识的横向联系特点。

2. D　【解析】幼儿园主题活动的特点包括：（1）学习内容之间的有机关联；（2）各种教育资源的整合；（3）活动具有动态生成性；（4）多种活动形式的运用。A、B、C 三项均符合主题活动的特点，故答案选 D 项。

3. B　【解析】在制定主题活动的总目标时，首先需要分析主题潜在的多种价值，包括教育价值和发展价值。其次，制定总目标时应注意涵盖情感态度、认知、技能三个维度。在情感态度方面，包括兴趣、爱好、态度、习惯的养成和好奇心、价值观的培养等。在认知方面，包括对知识的理解、记忆、掌握等。在技能方面，包括操作、表达、交往、创造等能力的形成。因此，题干中设置的目标是认知领域的目标。

二、活动设计题(参考答案)

1. 秋天在哪里?(大班)

主题活动总目标

(1)了解秋天的季节特征;

(2)喜欢亲近大自然,感受秋天景色的美;

(3)尝试用艺术形式表达对秋天的感知,体验创作的乐趣;

(4)发展想象力和动手能力。

子活动一

大班健康活动《秋天天气凉》

(一)活动目标

(1)发现秋天气温变化与人们着装变化的规律;

(2)感知秋天天气凉爽;

(3)了解秋天保健的基本常识。

(二)活动准备

(1)经验准备:师幼共同记录一个多月以来的气温变化,并绘制成坐标图。

(2)物质准备:挑选从开学到现在所拍摄的、可以凸显衣服长度、厚度变化的幼儿照片。

(三)活动过程

1. 记一记,比一比

(1)出示师幼共同记录的一个多月以来气温变化的坐标图。

师:这张图记录了从开学到现在一个多月以来每天的气温,看一看,比一比,你发现了什么?

(2)启发幼儿根据图表的曲线,说一说一个多月以来气温的变化情况,帮助幼儿提升经验。

(3)引导幼儿共同得出结论:进入秋天以后,气温在逐步下降。

2. 想一想,说一说

(1)引导幼儿回顾开学以来自己衣着的变化。

(2)出示从开学到现在拍的幼儿着装照片,引导幼儿观察比较。

师:这是刚开学时拍摄的照片,那时你们穿的是什么? 这是昨天拍摄的照片,随着天气的变化,大家穿的服装有什么不同?

(3)小结:秋天到了,天气越来越凉,大家穿的衣服越来越厚,越来越多。

3. 走一走,跑一跑

(1)带幼儿到户外散步,感受秋风吹拂的感觉,体验秋天天气凉,提醒幼儿要随气温的变化加减衣物。

(2)组织幼儿在户外跑一跑,并说一说秋天运动后的感觉。

(3)小结:秋天到了,气候干燥,要注意多喝水,补充身体的水分。

(四)活动延伸

利用上午、中午、下午三个时间段分别带幼儿穿同样的衣服到户外散步,感受秋天早晚凉、中午热的季节特征,提醒幼儿早晚要添加衣物。

子活动二

大班科学活动《秋天菊花开》

(一)活动目标

(1)知道菊花在秋天开放;

(2)感受菊花的美与香;

(3)欣赏儿歌,体会菊花的品性。

(二)活动准备

环境创设:师幼一起收集各种菊花的图片,请园丁挑选几盆有代表性的菊花盆栽,挑选合适的场地布置成"菊花展厅"。

(三)活动过程

1. 提问引入

(1)师:春天桃花开,夏天荷花开,冬天梅花开,秋天什么花开?(菊花)

(2)小结:秋天,许多花儿已慢慢凋谢,但菊花却开得最灿烂。

2. 赏菊品香

(1)带领幼儿到事先布置好的菊花展厅观赏菊花。

(2)引导幼儿观察比较各种菊花的颜色、花瓣、花苞及花朵的数量。

师:看一看,都有什么颜色的菊花,它们的花瓣分别是什么形状的?

(3)启发幼儿闻一闻菊花的气味,感受菊花的清香。

师:菊花有哪些颜色,是什么样子的?深深吸一口气,你闻到菊花的香味了吗?是什么味道的?

(4)小结:菊花的色彩丰富,有红、黄、白、紫、绿、橙、粉等颜色;常常是一朵或几朵簇生。花朵的大小和形状各有不同,有单瓣,有复瓣;有扁形,有球形;花絮有长有短,有平有卷;有空心和实心;有挺直的和下垂的;气味清香。

3. 听歌怡情

(1)教师朗诵儿歌《菊花》,幼儿欣赏。

(2)引发交流:你听到儿歌里说了什么?为什么黄叶和秋风说菊花是勇敢和坚强的?

(3)引导幼儿跟念儿歌。

(四)活动延伸

(1)在美工区提供棉签、颜料、画纸等美工材料,让幼儿画菊花;

(2)师幼一起利用各种美术手段表现菊花,布置"秋天菊花开"主题墙饰;

(3)在自然角里尝试养护菊花,提醒幼儿为菊花浇水,数数开了几朵菊花。

2.　安全我知道(小班)

主题活动总目标

(1)了解生活中的安全注意事项。

(2)掌握发生危险时的基本逃生方法。

(3)提高自我保护意识和处理安全事故的能力。

子活动一

小班健康活动《会咬人的电》

(一)活动目标

(1)具有安全用电的意识。

(2)认识"有电危险"的标志。

(3)学会安全用电,知道不能用手触摸插座的插孔。

(二)活动准备

多媒体教学动画《会咬人的电》、"有电危险"的标志图片、接线板。

(三)活动过程

1. 幼儿观看动画,教师根据动画内容对幼儿进行简单提问。

(1)动画里都有谁?

(2)他们偷的宝贝是什么?

(3)接线板里面藏着什么?可以用手触摸接线板吗?触摸了会发生什么呢?

(4)我们的教室里有接线板吗?我们能用手去触摸吗?

2. 认识"有电危险"的标志

教师出示图片引导幼儿认一认、说一说在哪儿见过这样的标志,以加强幼儿对"有电危险"标志的认识。(幼儿自由交谈)

3. 教师小结

不管是在幼儿园还是家里,我们都不能碰接线板,更不能用手指或小金属片去捅插线板和插座的小嘴巴,插头要请大人来插,小朋友要学会安全用电。

子活动二

小班社会活动《火灾来了怎么办》

活动目标

(1)了解火灾发生的几种原因,懂得如何防范。

(2)初步掌握几种自救逃生的方法及技能。

(3)具备初步的自我保护意识。

子活动三

小班语言活动《小蜜蜂遇险记》

活动目标

(1)能仔细观察图片内容,用完整的语句大胆地在同伴面前讲述图片内容。

(2)发展幼儿思维的发散性和独创性。

(3)知道在自己或别人有危险时,要积极勇敢地自救或帮助他人。

3. **春雨(中班)**

主题活动总目标

(1)了解关于春雨的一些科学现象;

(2)感受大自然的变化,激发探索大自然的兴趣。

子活动一

中班科学活动《下雨的秘密》

(一)活动目标

(1)自己尝试做小实验,初步感知“水蒸气蒸发”以及“雨是怎样形成的”等一些科学现象;

(2)了解雨与人类的关系;

(3)激发幼儿观察、发现、探索自然的兴趣。

(二)活动准备

(1)木偶小兔、兔妈妈;

(2)酒精灯、烧杯、玻璃片、玻璃杯、火柴;

(3)故事《小水滴旅行记》、有关幻灯片、配套音乐。

(三)活动过程

1. 木偶表演,提出问题

教师:兔妈妈带小兔出去玩,忽然,天下雨了,小兔问妈妈:“天上为什么会下雨?”

根据故事情境播放幻灯片,提出问题:“小朋友,你知道天上为什么会下雨吗?”

2. 做小实验

(1)教师点燃酒精灯,把水加热;

(2)教师提出问题:仔细观察一下,你发现了什么?

(3)小结:水热了就会有水蒸气,许多水蒸气向上跑的现象叫作“蒸发”。

(4)讨论:你平时看到过“蒸发”现象吗?

3. 观察水蒸气遇冷变成小水珠的现象

(1)请你摸一下,玻璃片是冷的还是热的?

(2)倒热水在杯里,问:杯子里冒出来的是什么?(水蒸气)

(3)把玻璃片盖在杯上,会出现什么?为什么玻璃片上会有小水珠?得出实验结果:水蒸气遇冷就会变成小水珠。

4.放幻灯片(通过直观教学,重点理解"为什么会下雨"的科学现象)

(1)太阳是一个大火球,又像一个奇怪的炉子,衣服、手帕、江河、土地里的水被太阳一晒,都变成了水蒸气,这么多的水蒸气都到哪里去了呢?

(2)请小朋友听一个有趣的故事《小水滴旅行记》(结合幻灯片)。

(3)请小朋友把"天上为什么会下雨"的小秘密告诉兔妈妈和小兔。

5.了解雨与人类的关系

(1)请幼儿试着说出雨的好处。

(2)请幼儿试着说出雨的危害。

子活动二

中班音乐活动《春雨沙沙》

活动目标

(1)注意力集中地欣赏歌曲,知道歌曲名字,初步理解歌曲的内容;

(2)感受和表现音乐力度的强弱,会用自然声音唱歌;

(3)大胆运用肢体表演春雨,感受春雨悄悄下的意境和种子发芽的喜悦。

子活动三

中班语言活动《春天到了》

活动目标

(1)欣赏并理解散文故事,把图片贴到相应的匹配位置上;

(2)感受春天里大自然变化的美丽景象。

专题三 学前儿童健康教育

一、单项选择题

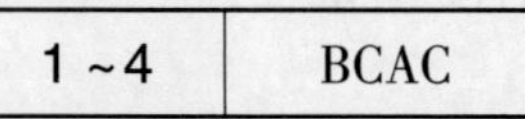

1 ~4	BCAC

1. B 【解析】中班幼儿健康教育目标之一:进一步认识身体的主要器官,逐步形成接受疾病预防与治疗的积极态度和行为;结合品尝经验,进一步认识各类常见食物,爱吃各类食物的同时,懂得要科学合理地进食,逐步形成良好的饮食习惯。

2. C 【解析】大班幼儿健康教育目标之一:进一步认识身体的主要器官及重要功能,并懂得简单的保护方法;了解有关预防龋齿及换牙的知识;注意用眼卫生。

3. A 【解析】在体育活动中，幼儿已经非常疲劳的表现是：面色十分红或苍白，大量出汗，呼吸急促、表浅、节奏紊乱，动作失调、步态不稳、用力颤抖，注意力分散，反应迟钝，精神疲乏。

4. C 【解析】游戏法是以游戏形式组织幼儿进行身体锻炼的方法。在幼儿园体育教学中，游戏法是最常用、最有效的一种主要方法。它突出的优点是能引起学前儿童浓厚的兴趣，产生强烈的练习欲望，提高教学的效果。

二、简答题（参考答案）

1. 简述学前儿童健康教育活动的组织形式。

(1)身体保健教育活动的组织形式：集体教学形式和日常教育形式。

(2)身体锻炼活动的组织形式：幼儿体育教学、幼儿早操活动和幼儿户外体育活动等。

2. 简述中班的健康教育目标。

(1)初步学会穿脱衣服、整理衣服；学习整理活动用具，能保持玩具清洁；有初步的生活自理能力。

(2)结合品尝经验，进一步认识各类常见食物，爱吃各类食物的同时，懂得要科学合理地进食，逐步形成良好的饮食习惯。

(3)进一步认识身体的主要器官，逐步形成接受疾病预防与治疗的积极态度和行为；在成人帮助下学习处理常见外伤的最简单的方法，知道快乐有益于健康。

(4)认识有关安全标志，能够在成人提醒下遵守交通规则；不接触危险物品；遇到危险时能告诉成人，有初步的自我保护意识。

(5)愿与父母分床而眠。

(6)喜欢并较积极地参加体育活动；能听信号按节奏协调地走和跑；按要求跳、投掷、抛接，能左右手拍球；能随音乐节奏做徒手操和轻器械操；能注意活动中的安全与合作，爱护公物，能及时收拾小型体育器材。

三、活动设计题（参考答案）

1. **投掷对垒战（中班）**

（一）活动目标

1. 在抛、投掷与躲避的游戏中，锻炼投准和躲闪能力，提高身体的协调性、灵敏性；

2. 感受游戏规则的意义，愿意遵守游戏规则；

3. 体验对垒游戏（单手投掷）的乐趣。

（二）活动准备

1. 请幼儿用气球灌水、扎紧，制作水球若干；音乐《青蛙与蛤蟆》；

2. 用警戒桩和小旗绳围成宽 5 米、长 8 米左右的长方形池塘；1.5 米 ×3 米不透光的布一块；

3. 根据幼儿人数事先分好 A、B、C、D 四队。

(三)活动过程

1. 律动热身,进入情境

(1)慢跑热身

教师带领幼儿绕池塘慢跑,同时进行身体各部位的热身。

(2)自由律动

播放音乐《青蛙与蛤蟆》,师幼一起自由律动。

2. 情境学习,提升能力

(1)情境对垒,自主尝试

请AB两队、CD两队分别选择做青蛙或蛤蟆,面对面站在池塘两侧,想办法用水球攻击对方。教师仔细观察幼儿的探索行为,如抛、投掷等动作尝试。

(中班幼儿投掷能力一般在4米左右,池塘的宽度可设置为5米左右。这样在第一轮尝试中,幼儿投掷的水球一般不会攻击到其他幼儿身上。同时,借助向前滚的力量,水球又大致可以滚到对面幼儿的旁边,幼儿可以随手捡起身边的水球多次尝试)

(2)分享展示,发现多种方法

请个别幼儿示范自己的方法,教师注意引导其他幼儿仔细观察。

(相同动作可以请两边的幼儿分别展示,让同伴从两个角度进行观察学习。在幼儿分享自己的方法时,教师重点强调出手的角度、站立的方式、身体和手臂的动作)

(3)再次练习,寻找适合自己的方法

幼儿再次练习的过程中,教师巡视,并进行个别化的指导。

(鼓励幼儿在尝试多种方法的过程中进行自我比较和调整,寻找到自己目前比较擅长的方法)

3. 游戏巩固,拓展锻炼

两队青蛙在池塘里游来游去,一队蛤蟆做裁判,举起不透光的布,遮挡住另一队蛤蟆。开始时,水球全部给躲在遮挡布后面的蛤蟆做炸弹。

游戏规则:青蛙在池塘里游来游去,并唱歌,等躲在布后的蛤蟆发出口令"停",所有青蛙停止歌唱,并蹲在地上。裁判选一只青蛙发出叫声,请遮挡布后的蛤蟆猜猜他是谁。每只蛤蟆一次机会,猜对为止。猜对的蛤蟆有一次机会在布的后面根据发出声音的位置发射水球炸弹,如果一次击中,便获胜。一次不中,裁判撤掉遮挡布,青蛙开始在池塘里四处游动躲避,蛤蟆在池塘外攻击。落在池塘里的水球炸弹,青蛙可以捡起来回击蛤蟆,被击中的退出游戏。最后,留下的队员多的一队获胜。

每一轮游戏结束后,引导幼儿从自己的投掷方法、动作以及如何更进一步投准、投远几个方面共同讨论,分享经验。

(四)活动延伸

教师引导幼儿活动后整理器械,并及时更换衣物,让幼儿懂得在游戏过程中注意身体健康及安全。

2. 沙包乐(大班)

(一)活动目标

(1)探索将沙包夹在两脚间向前掷包的动作,锻炼幼儿的运动协调能力;

(2)主动尝试练习,发现问题,并积极表述自己的解决方法;

(3)积极参与竞赛游戏,与同伴一起体验胜利的快乐。

(二)活动准备

经验准备:幼儿已有玩沙包的经验。

物质准备:沙包人手一个。

(三)活动过程

1. 准备部分

幼儿排成4列,站在相对应的垫子上做热身运动。

上肢动作——下蹲动作——腿动作——体侧动作——跳跃动作。

2. 基本过程

(1)自由玩沙包,拓展沙包玩法

师:今天我们要用沙包锻炼身体,请小朋友先自己一个人玩沙包,看谁能玩得和别人不一样。你们找个地方去玩一玩吧。

(幼儿自由探索玩沙包,教师观察指导)

师:谁来说一说你是怎样玩的?(抛、接、头顶着走平衡木、投掷……)

(2)学习新玩法,双脚夹沙包跳

(听口令,幼儿呈两排横队,面对面站)

①教师示范讲解。

师:刚才小朋友用许多方法玩沙包,我有一种用脚来玩沙包的新方法,你们想不想学一学?

(教师示范讲解,将沙包放在地上,用双脚夹住,然后用力跳起,将沙包抛向前方,强调要在跳起时用力抛出沙包,这种玩法叫"夹包跳")

②幼儿练习,教师观察指导。

③请两名幼儿做示范(一强一弱),教师帮助幼儿掌握动作要领。

师:把沙包放在脚的什么部位最好?在什么时候抛出沙包?跳得高好还是跳得低好?

(教师小结:用双脚紧紧夹住沙包,要夹在前脚掌处,跳起时用力向前抛出,要跳高一些)

④幼儿练习,教师指导。

(3)游戏:投石进河

(听口哨声,幼儿呈四路纵队)

师:今天我们学会了一个新本领——夹包跳,下面我们来玩游戏“投石进河”,每四个小朋友为一组,轮流跑到“河边”,将沙包放在横线上,用夹沙包跳的方法将沙包投进“河里”,一定要在投进后才可以跑回,回来后拍下一个小朋友的手,击掌后下一个小朋友才可以出发,最先投完沙包的那一组为冠军。

(小朋友开展竞赛,教师观察指导。教师总结小朋友的竞赛情况)

3.结束部分

师:今天我们学习了一种沙包的新玩法,请小朋友们想一想,夹包跳除了可以向前抛,还可以向什么地方抛?你们可以再想一些新的玩法,咱们下次再玩。

(四)活动延伸

教师引导幼儿回家后和家长一起玩游戏,锻炼幼儿身体的协调能力。

3.

牙齿真干净(小班)

(一)活动目标

(1)明白不刷牙,牙齿会有小细菌,会得蛀牙。

(2)学习正确的刷牙方法,明白饭后要漱口刷牙。

(3)明白天天漱口刷牙能够保护牙齿,养成饭后漱口、刷牙的好习惯。

(二)活动准备

一盒饼干、水盆3个、水杯人手一份、牙齿模具、图片、儿歌《小牙刷》。

(三)活动过程

1.实物导入,激发幼儿兴趣

(1)教师出示一盒饼干,请幼儿猜一猜:礼盒里可能是什么?教师可简单描述一下外形等。

(2)请幼儿尝一尝,并提问:是什么味道呀?鼓励幼儿用一句完整的话大胆说出自己品尝到的味道。

2.做实验,发现问题

(1)提问:嘴里的饼干都吃完了吗?小朋友之间互相看一看。确定没有饼干了。

(2)小实验。分三组进行。请幼儿取水杯,来漱漱口,漱口的时候要轻轻地吐到盆里并进行观察。

(3)提问讨论:漱口时发现盆里有什么?是哪来的?粘在牙齿上时间长了会怎样?

(4)教师与幼儿小结:原来吃完东西,看起来好像都咽下去了,其实还有一些小小的、碎碎的东西粘在我们的牙齿上,留在我们的牙缝里,时间长了,牙齿会有小虫子,牙齿会生病。

3. 观看图片

(1)提问:图片上的这个小朋友怎么了?(我的牙好疼)

(2)为什么会牙疼?再播放牙疼的原因。

(3)师小结:爱吃甜食,吃过东西就去睡觉,不爱刷牙的小朋友,细菌就会在他的牙齿里住下来,把牙齿弄黑、弄坏、弄出小洞。这样就不能很好地咀嚼食物,并且还很疼,影响我们吃饭睡觉,说话也说不清楚,牙齿也变得不好看了。所以每一天吃完饭后要漱口刷牙,我们要保护好自己的牙齿。

4. 学习正确刷牙方法

(1)教师出示牙齿模具,幼儿欣赏儿歌,教师示范刷牙方法。

(2)幼儿边唱儿歌边徒手操作学刷牙。

儿歌:小牙刷手中拿,上排从上往下刷,下排从下往上刷,两边来回再刷刷,里里外外真干净,我的小牙不生病。

5. 活动总结

教师总结:今天小朋友们学会了刷牙,天天刷能使我们的牙齿白白的、亮亮的,吃起来东西香香的,这样我们的身体就会长得棒棒的。

专题四　学前儿童语言教育

一、单项选择题

答案速查

1~5	CCDBB

1. C　**【解析】**故事由于篇幅较长无法一次讲完时,教师可在情节扣人心弦处有意停下,且每次中断时巧妙设置疑问、悬念,让幼儿猜想,可以发展幼儿的思维能力。

2. C　**【解析】**大班幼儿文学作品学习活动的目标之一是:初步感知文学作品语言和结构的艺术表现特点,开始接触文学作品的艺术语言构成方式。故题干描述的目标适合大班幼儿。

3. D　**【解析】**谈话活动创设的是日常口语交往情境,要求儿童调动自己已有的经验,围绕一定的话题倾听他人的意见,表达自己的想法。谈话活动的重点目标在于培养儿童运用口头语言与他人交际的意识、情感和能力。故 D 项正确。A 项属于讲述活动的目标;B 项属于听说游戏的目标;C 项属于早期阅读的目标。

4. B　**【解析】**在谈话活动中,小班幼儿的目标是学会安静地听同伴说话,不随便插嘴,初步学习常见的交往语言和礼貌用语。

5. B　**【解析】**在围绕故事开展系列创造性语言活动中,中班幼儿的要求是编高潮和结局,即编"有趣情节";大班幼儿的要求是编完整故事;小班则是编结局。

二、简答题(参考答案)

1. 简述学前儿童语言教育总目标(终期目标)。

(1)乐意与人交谈,讲话礼貌;(2)注意倾听对方讲话,能理解日常用语;(3)能清楚地说出自己想说的事;(4)喜欢听故事、看图书;(5)能听懂和会说普通话。

2. 简述中班儿童听说游戏的活动目标。

(1)在游戏中巩固练习发音,正确运用代词、方位词、副词、动词、连词和介词等;

(2)能说简单而完整的合成句;

(3)能听懂并理解多种游戏规则;

(4)学习较迅速地领悟游戏中的语言规则,并能及时做出相应的反应。

3. 简述学前儿童语言教育的内容。

(1)专门的语言教育内容。专门的语言教育内容分别蕴含在谈话活动、讲述活动、听说游戏、文学活动和早期阅读活动这几种形式之中。

(2)渗透的语言教育内容。渗透的语言教育内容通常出现在以下几种情景之中:①日常生活中的语言交往;②自由游戏中的语言交往;③其他领域活动中的语言交往;④随机渗透在日常生活环节中的语言学习。

三、活动设计题(参考答案)

1.

春雨的吉他(中班)

(一)活动目标

(1)能听懂并理解诗歌的内容,了解诗歌中“竖”“伸”“停”等动词;

(2)能够尝试替换诗歌中的词句,进行简单仿编;

(3)萌发热爱春天、热爱大自然的情感。

(二)活动准备

教学挂图、背景音乐、下雨的声音的音频。

(三)活动过程

1. 谈话导入,激发幼儿兴趣。

(1)师:小朋友们,春天来了,春天都有哪些美丽的景色呢?用好听的词语形容一下。

(2)播放春雨的声音。

师:咦,你们听,这是什么声音?

引导幼儿模仿下雨的声音(沙沙沙……滴答滴答……)。

师:你见过春天的雨吗?春雨是怎样的呢?(词语渗透:细密的、春雨绵绵、柔风细雨、细雨如丝)

小结:春天的雨细细的、小小的,像在演奏一首美妙的乐曲。

2. 播放背景音乐，教师完整朗诵诗歌，幼儿初步感受诗歌的美妙。

(1)师：今天老师带来了一首好听的诗歌，让我们一起来听一听！

(2)教师有感情地朗诵诗歌。

提问：你听到了什么？听完之后有什么感受？

3. 教师出示挂图引导幼儿观察，帮助幼儿理解诗歌的内容和意境。

师：为什么说春雨在弹吉他？是谁在听春雨弹吉他？

师：花婆婆听到了春雨弹吉他的声音是什么反应？蜗牛弟弟、蝴蝶姐妹又是什么反应？

小结：春雨弹吉他的声音美妙动听，让花婆婆情不自禁地竖起了耳朵，蜗牛弟弟伸长了脖子，蝴蝶姐妹停止了飞舞，陶醉地欣赏春雨的吉他声。

4. 再次完整欣赏诗歌，体会诗歌的意境。

5. 伴随优美的背景音乐，师幼一起朗诵诗歌。

6. 引导幼儿尝试替换诗歌中的词语，仿编诗歌。

师：春天里不仅有"滴滴答"的春雨的声音，还有许多动听的声音，如果把这些声音编进诗歌里，一定很好听。那春天里还有哪些动听的声音呢？我们一起来试一试。

如："呼呼呼，呼呼呼，春风在弹吉他……他们都陶醉在春风的吉他声中"；"喳喳喳，喳喳喳，小鸟在弹吉他……他们都陶醉在小鸟的吉他声中"等。

7. 结束活动。

师：让我们一起去寻找更多春天美妙的声音，把它们编进诗歌里吧！

(四)活动延伸

将这首美妙的诗歌——春雨的吉他，画成一幅美丽的画。

2.

小老虎请客(小班)

(一)活动目标

(1)观察画面，大胆猜想并表达，初步理解儿歌内容。

(2)在听听、讲讲、找找中掌握每种动物的叫声及喜爱的食物，借助儿歌进行大胆表达。

(二)活动准备

《小老虎请客》PPT，儿歌《小老虎请客》教学图谱。幼儿人手一份操作卡和各种食物图片。

(三)活动过程

1. 导入活动——听声音猜动物

(1)观看 PPT 课件——《小老虎请客》

师：瞧！谁来了？(小老虎)小老虎为什么这么开心？我们来问问它吧！

(2)创设小老虎请客情境

师：小老虎，你好，请问你为什么这么开心？

小老虎：大家好，我是小老虎，今天我过生日，请来了许多小动物。听！它们来啦！

小结：哦，原来小老虎要过生日请客呢！

(3)听声音，猜动物

提问：第一位客人会是谁？(小黄狗)(小黄狗，汪汪汪)(以此类推，引出小花猫、小山羊和小鸡)

2. 在情境中引导幼儿大胆讲述

(1)分句学习儿歌

师：瞧！小老虎请来了这么多小客人，它还给小客人准备了好吃的食物。

师：有什么呢？

师：小黄狗，汪汪汪，吃什么？(吃骨头)我们把它连起来说一说。

(以此类推，提问小花猫、小山羊和小鸡)

(2)完整学习儿歌

①看图谱，学习儿歌

师：小朋友真能干，不仅让小动物吃到了自己最爱吃的食物，而且还编了一首好听的儿歌，我们来读一读自己编的儿歌。

②边说儿歌，边表演，引导幼儿学会看图说儿歌，从而发现儿歌的特点。

(3)创编儿歌

师：小花猫还没吃饱，它还喜欢吃什么？(小花猫，喵喵喵，吃什么，吃老鼠)

3. 分组操作

师：又有客人来了，我们帮小老虎去招待它们吧！(请小朋友找找与动物或食物相对应的朋友)

4. 结束活动

师：小动物都吃饱了，我们带小动物出去散散步吧！

(四)活动延伸

组织幼儿在美工区画一画小动物们。

附儿歌：

小老虎请客

小黄狗，汪汪汪，吃什么？吃骨头。
小花猫，喵喵喵，吃什么？吃小鱼。
小山羊，咩咩咩，吃什么？吃青草。
小鸡，叽叽叽，吃什么？吃虫子。

3.　**蒲公英(大班)**

(一)活动目标

(1)在观察认识蒲公英的基础上，欣赏散文，理解散文优美的词句和比喻句；

(2)学会有感情地朗诵散文,并能用绘画等形式表达自己对作品的理解;

(3)扩展幼儿的想象,运用积累的经验与词汇,仿编新的散文。

(二)活动准备

(1)幼儿观察过蒲公英,了解它的外形特征;

(2)音频《蒲公英》、水彩笔、油画棒、白纸。

(三)活动过程

(1)教师提出话题"我们看到的蒲公英是什么样的",引出散文的名字。

(2)幼儿听录音一遍,教师提问:蒲公英在什么季节开花?散文里说青草地上怎么样?我最喜欢什么?蒲公英开着什么颜色的小花朵?散文里说"多么有趣的蒲公英",它什么地方有趣?

(3)教师朗诵一遍散文,事先要求幼儿注意倾听,找一找散文里是怎么说蒲公英有趣的。提问:田野的风吹来,它怎么样?(帮助幼儿理解"飞扬"和"比柳絮还轻"一句)飞着飞着,它又怎么样了?为什么说它像一片片雪花?(帮幼儿理解"轻盈地降落",可请幼儿用动作表演出来)

(4)举例说明什么是比喻句,让幼儿学说比喻句。然后继续讨论:①为什么说花托结出的种子像雪白的绒毛似的球?②为什么飞着飞着,又像一片片雪花?③你觉得散文听起来怎么样?为什么很美呢?教师帮助幼儿归纳词语丰富、语句优美的特点。

(5)提出问题:"春天除了蒲公英开花外,还有哪些花儿也开放了?"

(6)教师和幼儿一起讨论:阳光照在上面,花怎么样?春风吹过,它会怎么样?像什么?如果春雨打在花上,花儿会怎么样?手摸上去、蜜蜂飞来呢?启发幼儿充分想象,鼓励幼儿说出与别人不一样的话。要求幼儿运用恰当的词语进行描述。

(四)活动延伸

(1)带领幼儿外出观察,观察后谈话:"你看到什么花儿也开放了,它们开着什么样的小花朵?"

(2)在观察、谈话的基础上,提出绘画要求,请幼儿画出自己最喜欢的花,在绘画中表现出它们的特征。

专题五　学前儿童社会教育

一、单项选择题

答案速查

1~5	BCACA

1. B　【解析】教育儿童初步懂得不提无理要求、不无故发脾气,属于小班社会教育目标。

2. C　【解析】榜样示范法是指在学前儿童社会教育中,教师用他人的好思想、好行动和英雄事迹去影响和教育儿童,促使儿童形成良好社会品质的方法。

3. A　【解析】讲解法是指教师以口头言语对社会教育内容进行系统和生动的解释,以使儿童较系统地理解社会教育的内容和意义,掌握正确的行为准则和方法,从而指导其行为的一种方法。

这是学前儿童社会教育中最经常使用的一种方法。

4. C　【解析】共情训练法(移情训练法)是指通过一些形式让学前儿童去理解和分享他人的情绪体验,以使学前儿童在以后的生活中对他人的类似情绪能主动、习惯地自然理解和分享的方法。

5. A　【解析】正面教育原则要求教师对学前儿童提出正确要求,希望学前儿童表现出某种举动的时候,教师要直接告诉学前儿童具体如何去做和做什么,而不是告诉他们不要去做什么。针对幼儿乱丢废纸的情况,教师明确告诉幼儿正确的做法,这属于正面教育原则。

二、简答题(参考答案)

简述学前儿童社会教育的方法。

(1)学前儿童社会教育的一般方法:讲解法;谈话法;讨论法;观察、演示法;参观法;行为练习法;强化评价法。

(2)学前儿童社会教育的特殊方法:榜样示范法;角色扮演法;陶冶熏陶法;共情训练法;价值澄清法。

三、活动设计题(参考答案)

1.

垃圾"回家"(大班)

(一)活动目标

(1)了解垃圾的来源,认识其危害,并能区分可回收、不可回收及有害垃圾;

(2)养成不乱丢垃圾的好习惯,建立初步的环保意识;

(3)愿意为维护环境卫生做一些力所能及的事。

(二)活动准备

(1)经验准备:请幼儿观察居住小区及周围的环境,和父母一起讨论并收集有关生活垃圾的相关图片。

(2)物质准备:事先收集一些废旧材料。如可乐瓶、牛奶瓶、玻璃瓶、纸盒、废电池、废纸等;可回收垃圾桶、不可回收垃圾桶和有害垃圾桶各一个;两段录像短片(整洁和脏乱小区的环境录像、垃圾分类回收和处理的科技短片)。油画棒、画纸若干。

(三)活动过程

1. 录像导入,了解垃圾的来源

播放录像(录像内容:整洁美丽的小区,又脏又乱、蚊蝇飞舞的小区景象),提问:"你们喜欢哪个小区,为什么?""垃圾从哪里来?""垃圾有什么危害?"

让幼儿了解满地的垃圾是因为人们不讲卫生,随意丢弃杂物而造成的。肮脏的环境给人们的健康带来许多危害,使幼儿产生送垃圾"回家"的愿望。

2. 师生讨论,了解垃圾的分类及处理

播放科教短片:垃圾的分类和处理。提问:"垃圾可以分成几类?""哪些垃圾可以重新回收?”“我们该怎么做?”

通过短片让幼儿了解垃圾的种类及不同的处理方法,知道有些垃圾可以回收,有些垃圾对人体有害,对我们的生存环境有影响,从而产生分类丢垃圾的意识。

3. 动手操作,送垃圾“回家”

幼儿亲身尝试,将实物垃圾送到环保垃圾桶内。提问:“你们认识这个垃圾桶吗? 可回收垃圾桶是什么颜色的? 不可回收垃圾桶是什么颜色的? 有害垃圾桶又是什么颜色的? 你们能将这些垃圾送回它们的‘家’吗?”

认识环保垃圾桶,了解绿色代表可回收垃圾桶,黄色代表不可回收垃圾桶,红色代表有害垃圾桶。在送垃圾“回家”的游戏中,能正确分类投放,帮助幼儿树立环保从我做起的意识。

4. 设计“环保标志”

幼儿结合自身说说我们该如何保护环境,引出设计“环保标志”。

提问:“保护我们的生存环境,我们该做些什么?”鼓励幼儿为环保活动做力所能及的事,争做“小小环保宣传员”。设计“环保警示标志”,张贴“我们只有一个地球”等宣传画。

(四)活动延伸

收集废旧材料,投放在活动区中。

2.

各种各样的车(中班)

(一)活动目标

(1)加强对生活中常见车辆的认识。

(2)掌握三种特殊车辆的用途:警车、救护车、消防车。

(3)明白在有困难时拨打相应的求助电话:110、120、119。

(二)活动准备

课件PPT《各种各样的车》,带声音的警车、救护车、消防车模型,自行车铃铛声、摩托车加油门声、汽车喇叭声和火车鸣笛声的音频。

(三)活动过程

1. 谈话导入,引发幼儿对车的兴趣

师:宝贝们是如何来幼儿园的?(引导幼儿说出骑自行车、电瓶车、摩托车等)

师:除了我们平常见过的这些车之外,你还知道哪些车?(引导幼儿说出更多的车,如火车、货车等)

2. 出示课件,认识、掌握生活中常见车辆及用途

听声音,辨别车辆。

(1)自行车铃铛声。

师:什么车? 由什么组成? 怎样才能走?(引导幼儿说出自行车由车身和两个轮子组成;自行车要用脚蹬才能走)

模仿骑自行车动作和铃铛发出的响声。

(2)摩托车加油门声。

师:什么车? 由什么组成? 怎样才能走? (引导幼儿说出摩托车的组成和自行车一样,但要加油才能走)

(3)汽车喇叭声。

师:什么车? 由什么组成? 怎样才能走? (引导幼儿说出汽车由车身和四个轮胎组成,和摩托车一样,加上油才能走)

(4)火车鸣笛声。

师:什么车? 由什么组成? 怎样才能走? (引导幼儿说出火车由很多节车厢组成,有些火车是烧煤才能走)

师小结:生活中有各种各样的车,有脚蹬的如自行车;有用电的如电瓶车;有用油的如摩托车、汽车等。

3.特殊车辆的认识与掌握

(1)情境引入:警车、救护车、消防车。

利用故事引入三种特殊车辆,并播放声音,让幼儿大胆猜测车辆的种类。

(2)出示三种车辆模型,强调三种特殊车辆的用途。幼儿仔细观察,发现其特征——三种车辆上都有相应数字即相应的电话号码:警车(110)、救护车(120)、消防车(119),明白在遇到困难时及时拨打相应电话。

(3)经过小实例让幼儿掌握在遇到困难时拨打相应求助电话。

4.游戏“找朋友”

课件:人们在生活中的各种场景图,让幼儿给相应的图片找到朋友。

上学——骑自行车、电动车;外出——坐公共汽车等。

5.律动《去郊游》,放松心情,结束活动

教师:刚刚认识了警车、救护车、消防车,听了它们特殊的声音,心里很紧张呢! 我们来放松一下,一起去郊游吧! (引导幼儿说出和很多小伙伴去郊游时应坐大客车)

专题六 学前儿童科学教育

一、单项选择题

答案速查

1～5	DBBBB	6～8	AAA

1.D 【解析】所谓时代性是指学前儿童科学教育的内容应是适当反映时代与科技进步的新知识。所谓民族性是指科学教育的内容应对保存、传播和发展我国的优秀民族文化传统有所体现。题干中,老师既展示电动豆浆机,又展示石磨,引导儿童在古今的对比中体会现代科学技术的先进和古代人民的智慧。

2. B　【解析】3 ~4 岁儿童科学学习的特点之一：认识带有明显的拟人化倾向。由于3 ~4 岁儿童的感知受自我中心的影响，所以他们常以自身的结构去理解物体的结构，以自己的生活体验去解释科学现象，对有生命的东西和无生命的东西分辨不清，认识带有明显的拟人化现象。

3. B　【解析】帮助儿童学习运用简单的工具进行测量的方法是中班儿童科学教育活动中的方法技能方面的目标。

4. B　【解析】幼儿的思维特点是以具体形象思维为主，因此在引导幼儿进行科学探究时应注重引导幼儿通过直接感知、亲身体验和实际操作进行科学学习，不应为追求知识和技能的掌握，对幼儿进行灌输和强化训练。ACD 三项，幼儿通过亲身体验和直接感知都可以进行探究，B 选项春天的气候成因对于幼儿来说比较抽象，不适合幼儿进行探究。

5. B　【解析】观察测量是指通过眼睛、手等感官的观察来测量物体。

6. A　【解析】在选择学前儿童科学教育活动内容时应遵循教育内容的科学性和考虑学前儿童科学教育的启蒙性。所谓科学性是指学前儿童科学教育的内容应符合科学原理，不违背科学事实。所谓启蒙性是指学前儿童科学教育的内容应是粗浅的而不是系统的科学知识，应是儿童可见、可直接探索的内容，不能超越儿童的发展水平和理解能力。教师让儿童一个学期认识近 200 种昆虫很明显违背科学性和启蒙性。

7. A　【解析】操作是幼儿通过亲自动手操作直观教具，在摆弄物体过程中进行探索，从而获得科学经验、知识、技能的一种方法。题干中教师主要采用的教学方法是操作法。

8. A　【解析】随着身心的发展，4 ~5 岁儿童比 3 ~4 岁儿童显得更加活泼好动，好奇好问，对大自然产生浓厚的兴趣，什么都想去看看摸摸，逐渐会学习运用感官去探索、了解新事物。题干的描述是儿童好奇好问特点的具体表现。

二、简答题(参考答案)

1. 简述 5 ~6 岁儿童科学教育活动中知识方面的目标。

(1)帮助儿童初步了解不同环境中的动植物及其与环境的相互关系；

(2)帮助儿童了解周围生活中的环境污染现象和人们保护生态环境的活动；

(3)帮助儿童获取有关季节与人类、动植物、环境等关系的感性经验，形成四季的初步概念；

(4)引导儿童探索周围生活中常见的自然现象，获取有关的科学经验；

(5)让儿童接触周围生活中的现代科学技术及其在生活中的运用。

2. 简述选择学前儿童科学教育内容的要求。

(1)科学性和启蒙性；(2)时代性和民族性；(3)广泛性和代表性；(4)地方性和季节性。

3. 简述学前儿童科学教育活动内容选择的“科学性和启蒙性”体现在哪些方面。

(1)科学启蒙就是要选择儿童可以直接探索的内容，让儿童通过自己直接的探索活动，在力所能

及的范围内学科学；

(2)科学启蒙就是要选择儿童可以理解的内容，将复杂、深奥的科学道理寓于简单、明显的现象中，让儿童通过具体经验获得对科学知识的粗浅理解；

(3)科学启蒙就是要选择儿童日常生活中熟悉的内容，引导其获得日常生活中的科学经验。

4. 简述学前儿童科学教育的方法。

(1)观察；(2)实验与操作；(3)游戏；(4)分类与测量；(5)早期科学阅读。

5. 简述4~5岁儿童科学学习的特点。

(1)好奇、好问；(2)初步理解科学现象中表面的和简单的因果关系；(3)开始根据事物的表面属性、功用和情境进行概括分类。

三、活动设计题(参考答案)

1. 有魔力的磁铁(中班)

(一)活动目标

(1)认识磁铁，了解它的特征及用途；

(2)动手实验，获取有关磁铁的直接经验，体验探索成功的快乐；

(3)尝试运用磁铁的特性解决生活和游戏中的问题，培养幼儿的探索兴趣和思维能力。

(二)活动准备

(1)幼儿人手一块磁铁；数种材料(布、塑料插片、纸、木、回形针、钥匙等)。

(2)背面有回形针的五彩小鸟卡片，背景图，背景音乐，记录表。

(三)活动过程

1. 情境导入：五彩小鸟魔术秀。

出示图片，教师给幼儿展示静态的小鸟卡片。

师：瞧，小鸟在干什么？小鸟会变魔术，魔术开始了！

(配上有鸟叫声的音乐，教师隔着垫板移动磁铁，使小鸟飞起来)

师：你知道小鸟是怎么在垫板上飞起来的吗？

(请幼儿猜测)

师：原来有一块宝贝帮助了小鸟，它使小鸟飞了起来。

(出示磁铁)

师：它有一个好听的名字叫磁铁。

2. 操作探索：有趣的磁铁。

(1)师：磁铁非常有趣，它也喜欢交朋友，今天老师带来两个“小伙伴”，看看磁铁喜欢和谁交朋友。

(2)老师分别出示一串钥匙，一块塑料插片。

师:磁铁喜欢和谁交朋友呢?为什么?

总结:磁铁特别喜欢和铁做的东西交朋友,比如刚才的钥匙。

师:今天老师准备了很多有趣的东西,请你带着磁铁去试一试、玩一玩,看看会发生什么好玩的事。

(3)教师介绍规则:人手一份操作记录表,待会儿请你们用手中的磁铁分别吸一下老师给你们提供的东西,看看什么东西会被磁铁吸住,被吸住的东西就在表格里打"√",吸不住的东西就在表格中打"×"。

(4)幼儿动手操作。

师:刚刚小朋友们和磁铁玩得很开心,现在请你来说一说,你发现了什么?磁铁吸住了什么东西?哪些东西没有被磁铁吸住?

(5)引导幼儿说说自己在操作过程中的发现,教师操作演示材料。

(6)被磁铁吸住的东西有什么共同的特点呢?(它们都是铁做的)

(7)教师小结:原来磁铁喜欢回形针、铁夹这些铁制品,所以磁铁也叫吸铁石,说明它会吸住铁的东西。如果是磁铁吸不住的,那说明这样东西就不是铁做的,像纸、布、木头等。

3. 经验迁移。

(1)师:磁铁有这么大的本领,我们需要它来帮忙啦!老师有一把钥匙掉进了玩具堆里,谁能用最快的方法把它找出来。

(2)请幼儿尝试找钥匙。

(3)师:因为钥匙是铁做的,我们用磁铁马上就能吸住它,所以很快就找到了。

4. 整理材料,活动结束。

(四)活动延伸

带领幼儿到室外继续探索,发现更多可以被磁铁吸住的物体,同时在区角活动中增加磁铁类游戏,如:两端装有不同磁极磁铁的小火车、小猫钓鱼(鱼嘴装有回形针,鱼竿顶端装有磁铁)

2. **奇妙的影子(大班)**

(一)活动目标

(1)探究影子的成因,初步了解影子的变化与光之间的关系。

(2)能合理进行光与影子关系的猜想,并乐于操作,验证。

(二)活动准备

光线较暗的教室,手电筒、玻璃片、透光纸、纸、布娃娃、剪刀、记录纸、《西游记》人物卡片。

(三)活动过程

1. 猜谜导入,激发幼儿活动兴趣

请幼儿猜谜语:有个好朋友,天天跟我走,有时走在前,有时走在后,我和他说话,就是不开口。

2. 组织幼儿操作实验,了解影子的成因

(1)引导幼儿回顾经验,理解影子的成因之一:光。

教师可结合幼儿的经验进行提问:“你们都在什么地方见过影子?为什么会有影子?在什么地方没有影子?”

教师小结:有光的地方有影子,没有光就没有影子。

(2)幼儿进行探究实验,发现影子的成因之二:不透光的物体遮住了光才会形成影子。

教师出示各种材料,如手电筒、玻璃片、透光纸、纸、布娃娃、剪刀等,指导幼儿两人一组,用手电筒做光源,分别照射物体进行实验,并做好记录(有影子的用对号表示)。

引导幼儿交流实验结果,并思考为什么纸、布娃娃、剪刀有影子,当光照射在玻璃片、透光纸这些透光的物体时,没有影子。

小结:当光照在纸、布娃娃、小玩具这些不透光物体上时,就会产生影子,当光照射玻璃片、透光纸这些透光的物体时,没有影子,光线能穿透过去。

3. 幼儿操作探究,探究影子的变化与光和物体的距离、位置有关

(1)操作验证,探究影子的变化与光和物体距离位置的关系。

幼儿两人一组,用手电筒做光源,从远近不同距离、高低不同角度照射布娃娃,观察布娃娃影子的大小变化,并做好记录。

(2)幼儿交流分享实验结果。

小结:当光离物体近时,影子变大;离物体远时,影子变小;光从低处照向物体时,影子变大;从高处照向物体时,影子变小。

(四)活动延伸

科学区提供各种用卡纸剪的《西游记》中的人物卡片、手电筒等,组织幼儿玩皮影戏的游戏,继续探究光与影的秘密。

3. **有趣的肥皂(中班)**

(一)活动目标

(1)能运用各种感官感知肥皂的主要特征,了解肥皂的基本用途。

(2)乐于参与活动,能大胆表述自己的发现。

(3)在游戏中体验成功的喜悦。

(二)活动准备

小猴姐姐玩偶,水盆,各种样式的肥皂,黑纸盒;课件《有趣的肥皂》。

(三)活动过程

1. 调动幼儿已有的生活经验,认识肥皂

师:嗨!小朋友们,你们好,我是小猴姐姐,今天我想带你们去小猴王国旅行,你们看,小猴

姐姐这里有一只神秘的盒子，盒子里有一样东西，猜猜会是什么呢？

师：原来是肥皂宝宝，肥皂宝宝请出来。

2. 幼儿感知各种各样的肥皂，说说自己的发现和肥皂的作用。

（1）哇，这么多的肥皂宝宝呀，请你们每人挑一块自己喜欢的肥皂宝宝，拿在手中仔细看一看、摸一摸、闻一闻，说说你的肥皂宝宝是什么样子的？

（2）先与旁边小朋友互相讲一讲，再请小朋友来告诉大家。

师：这么多肥皂宝宝是不是一样的？有什么不一样？（有各种形状、各种颜色、闻起来有的有香味，有的有药味）

3. 欣赏课件，认识新式肥皂，进一步了解肥皂给人们生活带来的方便。

幼儿看课件认识蛋糕肥皂、棒棒糖肥皂、不锈钢肥皂等。

师：很多新式肥皂看起来更漂亮，用起来更方便，对我们的健康越来越有好处，所以人们越来越喜欢使用肥皂。

4. 说说肥皂的用途。

师：那你们在什么地方也见过肥皂宝宝？肥皂宝宝是用来干什么的呢？它有什么用？

什么时候要洗手（在饭前便后、手脏）、洗澡（晚上睡觉前）、洗衣服（衣服脏了）等。

5. 感知肥皂遇水后的变化。

师：小猴姐姐告诉你们一个小秘密，肥皂宝宝有一个好朋友，他们经常在一起玩游戏，知道它是谁吗？（水）你们也想跟肥皂宝宝和水一起来玩玩吗？（先把袖口卷起来）

（1）老师提出要求：看一看，肥皂在水里会有什么变化？你发现了什么，把你的发现告诉大家。

（2）幼儿尝试跟肥皂宝宝和水一起玩。

6. 引导幼儿在玩中发现肥皂的小秘密。

把肥皂放在水盆中，引导幼儿洗洗手，然后用毛巾把小手擦干。再过来告诉大家自己的发现。

（1）肥皂在水中摸起来有什么感觉？（滑滑的）

（2）小手搓一搓会发现什么？（白泡泡变成黑泡泡）

（3）刚开始的水是没有颜色的，然后呢？现在呢？（肥皂溶在水中，水变白了，就叫肥皂水，肥皂水变成脏水。）

（四）活动延伸

幼儿在轻松、愉快音乐声中玩“吹泡泡”游戏。

4.　　**使声音变大（大班）**

（一）活动目标

（1）勇于提出问题，大胆实践，培养科学探索精神。

（2）培养归纳思维，通过比较，了解声音在固体中和空气中的传播是不一样的。

(3)知道把声音拢起来后,声音放大了。

(二)活动准备

幼儿2~4人一组,每组钟表1个、方纸筒4个、带盖的铁盒1个、观察记录表一人一张。

(三)活动过程

1.幼儿探究活动一

探究的问题:在同一位置、相同的距离,怎样使桌上钟表的声音听起来变大?

幼儿讨论:我用什么方法听?

试一试:把耳朵贴在桌面上,在桌边听钟表的声音。

记一记"我"的观察记录。

说一说"我"的发现。

耳朵贴在桌面听到的钟表声音比在桌边听到的钟表声音大。

2.幼儿探究活动二

探究的问题:在同一位置、相同的距离,怎样使盒子里钟表的声音听起来变大?

幼儿讨论:"我"可以用什么方法听?

试一试:把耳朵贴在盒盖上,贴近盒盖听钟表的声音;把耳朵贴在木头桌子上。

记一记"我"的观察记录。

说一说"我"的发现。

玩一玩游戏:纸筒里的钟表声。

(1)耳朵靠近纸筒口听一听,放在纸筒中的钟表和不放在纸筒中的钟表声音一样吗?

(2)再往上加一个纸筒,钟表的声音变大了还是变小了?

(3)再往上加第三、第四个纸筒,听听钟表的声音有什么不一样?

(4)讨论结果:纸筒拢住声音,使钟表的声音听得更清楚。

专题七　学前儿童数学教育

一、单项选择题

答案速查

1~6	BCBBBA

1.B　【解析】在数学教育中,讨论是引导儿童有目的、探讨性地主动学习数学的一种重要方法,它是一种多边的活动过程,可以是教师与儿童,也可以是儿童与儿童间的讨论。题干中教师适合用归纳性讨论的方法,归纳性讨论的目的在于帮助儿童归纳操作中的体验,使之条理化、概念化。

2.C　【解析】题干的表述体现了儿童还不能从事物的具体特征中摆脱出来,从而抽象出数量特征,这种由事物的具体特征而带来的干扰,将随着他们对数学知识的抽象性质的理解而逐渐减少。

3. B 【解析】中班幼儿的数学教育目标包括：认识10以内的数字，理解数字的含义，会用数字表示物体的数量；学习10以内的基数：顺着数、倒着数、学习目测数群，学习不受物体空间排列形式和物体大小等外部因素的干扰，正确判断10以内的数量，感知和体验10以内自然数列中相邻两数的等差关系；学习10以内的序数等。

4. B 【解析】操作法是指提供给儿童合适的材料、教具、环境，让儿童在摆弄、实践过程中进行探索，获得数学感性经验和逻辑知识的一种方法。

5. B 【解析】学前数学教育内容应具有生活性，是指数学教育活动内容应与儿童的生活实际紧密联系，活动内容应该是儿童所熟悉的，也是他们所能理解的，让他们感受到数学与人们生活的关系。例如，这是一棵大树，那是一棵小树；今天班上有3个小朋友没有来；手帕是正方形的，毛巾是长方形的等。儿童在与环境的接触中获得了许多数学感性经验。

6. A 【解析】讲解演示法是教师通过语言和运用直观教具，把抽象的数、量、形等知识加以说明和解释，具体地呈现出来的一种教学方法。它是讲解与演示相结合的方法。

二、简答题(参考答案)

1. 简述学前儿童数学学习的心理特点。

(1)从具体到抽象；(2)从个别到一般；(3)从外部动作到内部动作；(4)从同化到顺应；(5)从不自觉到自觉；(6)从自我中心到社会化。

2. 简述数学教育活动内容选择的要求。

(1)学前数学教育活动内容应具有启蒙性；

(2)学前数学教育活动内容应具有生活性；

(3)学前数学教育活动内容应具有可探索性；

(4)学前数学教育活动内容应具有系统性。

三、活动设计题(参考答案)

1. **我们来测量(大班)**

(一)活动设计意图

最近发现孩子们比较喜欢用手或者借助其他工具测量桌子有多长，喜欢比较谁的身高高等，针对孩子的兴趣特点，我特意组织了“我们来测量”的活动。

(二)活动目标

(1)学习用自然测量的方法测量物体的长短，并会用表格的形式进行记录；

(2)初步感知同样的距离，使用的测量工具不同，测得的数据也不同，训练思维的相对性。

(三)活动准备

(1)每两人一张桌子；

(2)各种自然测量的工具(铅笔、积木、布条、纸条等)；

(3)记录表、笔。

(四)活动过程

1. 问题导入,引出主题

师:我们马上要搬到新的幼儿园了,需要定做一批新的桌子,现在请小朋友们帮一个忙,测量一下我们的桌子长的边到底有多长。可是我们没有尺子,你们说怎么办呢?

2. 学习正确的自然测量的方法

师:对,我们可以用好多材料来进行测量,在你们凳子底下有一支铅笔,现在就请你用这只铅笔先来测一测自己桌子的长边,记住自己测到的数字。

(1)集体测量,并讨论出正确的测量方法

师:谁来说说你用铅笔测到了几段?是怎么测量的?(个别幼儿边讲解边示范)

(2)教师总结

师:我们测量时,使用的工具头要和起点对齐,然后测下一段时工具的头和上次的尾要紧接住,就是首尾相接,这样能测得比较准确些。

师:刚才我们用铅笔测量了桌子的长度。老师又为小朋友们准备了一些其他的测量工具,而且还准备了一张记录表,请你们把每种工具测到的结果用笔记录下来。

3. 运用正确的测量方法进行测量,体验测量工具的长短与测量结果的关系

(1)出示记录表

师:我们先来看看这张记录表,记录表上前面的格子告诉我们什么,后面的格子又记录什么呢?(幼儿讲述:一个是画选用的工具、一个是记录数据)

(2)提出测量要求

师:现在请你们选择相应的工具对桌子进行测量,测量时注意要首尾相接,把测到的数字记录在后面的格子里。如果时间不够可以选择其中的两种工具进行测量记录。

(3)幼儿进行测量

(4)讨论交流测量结果

师:谁来分享你的测量结果?

师:我们用两种不同的测量工具测同一张桌子,测出的结果是一样的吗?你能发现其中的什么秘密?

小结:测量同一样物体时,测量工具越长,测量的次数越少,测量工具越短,测量的次数就越多。

2.

比高矮(中班)

(一)活动目标

(1)学习比较物体高矮的正确方法(在同一个起点上)。

(2)能够按照高矮特征给三个物体进行正反排序。

(二)活动准备

高矮不同的长颈鹿图片三张,山羊图片一张,幼儿用书。

(三)活动过程

1. 讲述《长颈鹿和山羊》的故事,自然引出高矮的概念

(1)出示山羊和长颈鹿图片。教师一手拿着山羊图片,一手拿着长颈鹿的图片说:"老师今天给大家请来了两位动物朋友,我们和它们打个招呼吧!"幼儿分别与山羊和长颈鹿打招呼。教师边表演边说:"可是,山羊和长颈鹿怎么都不说话呢?它们两个怎么了?闹矛盾了?为什么呢?"

(2)讲述《长颈鹿和山羊》的故事。

提问:"说一说山羊和长颈鹿为什么不开心呢?他们两个这样做对吗?他们应该怎么做?"

师:原来山羊和长颈鹿不开心是因为高矮的问题,高有高的好处,矮有矮的方便,好朋友之间要互相尊重,不能嘲笑别人。

2. 学习三个物体比较高矮的方法,并按照一定的顺序排列

(1)教师:长颈鹿改掉了爱嘲笑别人的坏习惯,别的长颈鹿也愿意和它交朋友。(出示另外两张长颈鹿的图片)他们三个是好朋友,三个好朋友也是有高有矮的,我们来帮它们比一比吧!

(2)个别幼儿操作,教师指导。

(3)大家说说比较高矮的方法。

(4)教师边演示边强调三个长颈鹿比较高矮的方法:让三只长颈鹿脚对齐,站在同一个平面上,先找出最高的那个,然后再将剩下的两个进行比较。这样我们就按照从高到矮的顺序帮它们排好队了。

(5)讨论:还可以怎样来排呢?(用同样的方法引导幼儿进行从矮到高的排序。)

(6)教师小结:比较高矮时,我们要把物体放在同一起点上,可以按照从矮到高的顺序排,也可以按照从高到矮的顺序排。

3. 幼儿三人一组比较高矮,并按一定的顺序排队

(1)教师:你们想和长颈鹿一样也来比一比吗?

(2)教师请幼儿三人一组自由组合,排队比高矮,并说一说他们是按照什么顺序排的,还能怎么排。

(3)重复游戏,请幼儿换朋友,三人一组重新组合。

4. 巩固练习,强化对高矮的认识

(1)打开幼儿用书,教师说明操作方法,请幼儿按要求操作。

(2)教师巡回指导帮助个别幼儿。

(3)请幼儿互相交流分享,体验成功操作的乐趣。

（四）活动延伸

引导幼儿把图书角的图书按照高矮的顺序排列。

3. 4以内的数（小班）

（一）活动目标

（1）感知4以内的数，学习手口一致地点数并能说出总数。

（2）初步学习从左到右或从上到下按物数数的方法。

（3）体验数学活动的乐趣。

（二）活动准备

兔子、猫、狗图片，若干点子卡小红旗（两面点子的排列方式不同，数量不等），若干小红花等。

（三）活动过程

1. 学习按序点数的方法

（1）学习从左到右按物数数

师：今天，教师请了很多小动物和我们一起学本领。我们一起来看看、说说有哪些小动物。（分别演示猫、狗、兔的图片）

师：每种小动物各有几只呀？（一只猫、一只狗、一只兔）

师（一边指着图一边说）：对，是一只猫、一只狗、一只兔。合起来一共有几只小动物呀？（三只）

师：我们再一起来数一数。从哪边开始数呢？

师（边说边伸出右手指向小猫）：我们数数时一般先伸出右手，小动物横着排队时，我们可以从左到右数。（请小朋友举起右手，从左到右一起数。）当幼儿数到3时，教师可围着三个小动物画一个大圆圈，并大声说："一共有3只小动物。"

（2）学习从上到下按物数数

师：小动物们觉得小朋友本领学得很快，它们决定回去请更多的小伙伴来和大家一起学本领。

师：喵喵，谁先来了？（教师出示4只小猫的图）

师：它们是横着排队还是竖着排队的？

师：我们该从哪边数呢？

师：小动物竖着排队时，我们可以从上到下数一数。举起我们的右手？

师：好，我们一起来数一数。（在图的右上方演示从上往下的箭头标记）

（3）巩固练习数数方法

师：汪汪汪，猜猜我是谁？（演示小狗图）

师：长耳朵、短尾巴，走起路来蹦蹦跳。你们猜是谁？（演示小兔图）

师：小狗、小兔排着不一样的队伍来和小朋友一起学本领了，我们用什么方法来数小狗有几只、小兔有几只？请小朋友想一想，再和旁边的小朋友说一说。

2. 看点卡数数，巩固数数方法

师（演示点子卡）：点子朋友也知道小朋友爱动脑筋了，它们也赶来了。有的点子是横着排的，有的是竖着排的，它们都藏在小红旗里。（出示学具）现在我来考考大家，每个小朋友拿一面红旗（学具），先把正反两面都看一看，然后再想一想，用什么方法来数，想好后，可以数给教师看，也可数给旁边的小朋友看，数得好，说得对的，教师还会奖励小红花。

3. 游戏"找朋友"，巩固对4以内数量的感知

师：今天我们做游戏，老师有个要求，我说2个朋友拉拉手，你们就2个朋友拉拉手，我说3个朋友拉拉手你们就3个朋友拉拉手，看看谁最能干，会找对朋友，好不好？（教师说数字，幼儿玩游戏）一遍游戏后停下来检查找对了没有，再继续游戏。

专题八　学前儿童音乐教育

一、单项选择题

答案速查

1~5	BABCC

1. B 【解析】中班幼儿歌唱活动的目标：(1)能用正确的姿势、自然的声音歌唱，并做到吐字清楚、唱准曲调和节奏；(2)在有伴奏的情况下，能独立而完整地演唱，并初步学会接唱和对唱；(3)在集体的歌唱活动中能够注意控制自己的音色，使自己的歌声与集体的声音相协调；(4)能学习用不同的速度、力度和音色变化来表现歌曲的形象、内容和情感；(5)能够为熟悉、短小、工整而多重复的简单歌曲增编新的歌词，并能尝试独立地将新编的歌词填入曲调中唱出；(6)喜欢自己歌唱，也喜欢在集体中歌唱，并能大胆地、独立地在集体面前表演。

2. A 【解析】动作材料是指通过跟随音乐做动作的方式参与到音乐进行的过程中去，这是学前儿童感知、理解和表现音乐最自然、最重要的途径之一。

3. B 【解析】模仿动作是指儿童在表现特定事物的外在形态和运动状况时所用的身体动作。3~4岁儿童最感兴趣的是模仿动作。因为他们所关心的不是动作本身，而是该动作所表现的熟悉事物。所以，在为4岁以前儿童选择韵律动作时，应以模仿为主。

4. C 【解析】基本动作复习或练习导入主要适应于从复习某个熟悉的动作开始练习新动作学习的活动，或直接从观察新动作示范开始的新动作学习活动。

5. C 【解析】一些结构短小、内容紧凑、形象集中、音乐表现手法相对单一的歌曲可以采用整体教唱法。

二、简答题（参考答案）

1. 简述小班歌唱活动的目标。

（1）学习用正确的姿势、自然的声音歌唱，并基本做到吐字清楚、唱准曲调和节奏；

（2）能跟着歌曲的前奏整齐地开始和结束；

(3)在有伴奏的情况下,能独立地、基本完整地唱熟悉的歌曲;

(4)能初步理解和表现歌曲的形象、内容和情感;

(5)在教师的帮助、引导下,能够为熟悉、短小、工整而多重复的简单歌曲增编新的歌词;

(6)喜欢自己歌唱,也喜欢与同伴一起歌唱,并能注意使自己的歌声与集体相一致。

2. 简述学前儿童歌唱活动中教唱新歌的方法。

(1)整体教唱法。教师范唱后,幼儿从头至尾学唱整首歌曲。这种教唱方法使幼儿能够感受歌曲完整的艺术形象。

(2)分句教唱法。教师范唱一句,幼儿跟学一句。这种形式比较容易学唱,常用于歌曲中的重点乐句和难点乐句。

三、活动设计题(参考答案)

1. **小老鼠找朋友(大班)**

(一)活动目标

(1)在歌词和教师动作的提示下,用"找朋友"的方法玩游戏。

(2)迁移生活中的经验表现高兴和孤单的样子,并创编小老鼠寻找老猫的动作。

(3)在游戏中体验卧底追逃游戏所带来的乐趣。

(二)活动准备

会玩"猫捉老鼠"的游戏。

(三)活动过程

1. 故事导入

师:"有一只小老鼠住在一楼,空空的房子里只有它自己,它觉得很孤单,想要去找好朋友,孩子们,你们知道孤单是什么意思吗?"(一个人)"那你们一个人在家孤单的时候是什么样子的?我们一起来学一学。(耸肩、无聊)"

2. 学习《小老鼠找朋友》游戏的玩法

师:我就是那只孤单的小老鼠,现在我要出门去找好朋友了,待会儿我请到谁,谁就和我一起坐电梯去找好朋友。(第一遍音乐)

(1)教师当老鼠边唱边随乐合拍走,做孤单造型不动,唱到"来来来"时双手伸向台下做出邀请状,然后双手拉着台下幼儿A的双手上台站好。

(2)依次上二楼、三楼。

师:二楼的小老鼠也在找朋友,它们是怎么找朋友的?请你仔细地看一看。继续出发上楼找好朋友,以此类推教师邀请其他幼儿。

(3)最后上四楼。

师:"四楼,住着一只大老猫,它真的肚子饿,想要吃小老鼠,看看看、听听听,猫在哪?哇!

我们太幸运了，今天猫不在家，我们赶紧跑回家！”

3. 巩固游戏的玩法

师：“过了一天，我又觉得孤单了，我又想找好朋友，这次我邀请你们来和我一起玩，刚才我是唱到哪一句的时候找好朋友的？我们一起做一遍！”（教师和孩子一起练习“来来来，好朋友”的动作）

（1）教师当老鼠边唱边随乐合拍走和幼儿手拉手，两人各自找一个朋友“上二楼”。

（2）教师和幼儿 A、B、C 四人两两合作（邀请者和被邀请者）手拉手边唱歌边随乐合拍走；四人各自找一个人“上三楼”。

（3）“四楼，住着一只大老猫，它真的肚子饿，想要吃小老鼠，看看看、听听听，猫在哪？”

“哇！我们太幸运了，今天猫不在家，我们赶紧跑回家！”

4. 变化游戏玩法，揭秘卧底猫

师：“收到可靠的消息，猫今天在家，你们敢不敢和我去冒险？这次我会邀请更多的好朋友一起去挑战！但是我们一定要注意了，当猫‘喵’一声的时候，我们要赶紧跑回家哦！”

（1）依照玩法依次上二楼、三楼，这次可一次邀请多个幼儿，直到把所有的孩子都邀请出来。

（2）师：“四楼，住着一只大老猫，它真的肚子饿，想要吃小老鼠，看看看、听听听，猫在哪？”唱完老师大叫一声喵……小老鼠赶紧跑回家。

师：“现在你们知道谁是猫了吧？对，就是老师，我把自己伪装成一只小老鼠，一开始你们都没有发现我是猫，我可不是一只简单的猫，我是混在老鼠群里的猫，我是一只卧底猫。”揭秘卧底猫是老师。

5. 请幼儿玩卧底游戏

（1）师：“你们想不想当卧底猫呀？怎样才可以当好卧底猫？要注意哪些问题？”

小结：“卧底猫要伪装好，不要被别人看出来，当唱到‘猫在哪？’就要暴露自己的身份出来抓小老鼠，千万不要忘了自己是只猫哦！”

“现在请所有的小朋友闭上眼睛，把头埋在自己的膝盖上，老师摸到谁，谁就是那只卧底猫！”

（2）幼儿随乐完整做游戏，教师指导。

师：“你们喜欢这个游戏吗？找好朋友的时候你的心情是怎样的？一开始你觉得谁是卧底猫？当听见猫叫的时候你有什么感觉？你当卧底猫的心情是怎样的？”

2. **小老鼠上灯台（小班）**

（一）活动目标

（1）初步理解歌词内容，学习用自然的声音演唱歌曲，并能用动作表现；

（2）喜欢参加音乐活动，体验与同伴一起游戏的快乐。

（二）活动准备

小老鼠头饰人手一个，大猫头饰一个，《小老鼠上灯台》图片及音乐、小老鼠图片、大胖猫图片。

(三)活动过程

1. 谜语引出主题

幼儿猜谜语"两撇小胡子,贼头又贼脑,喜欢偷油吃"。

出示小老鼠图片,并讨论小老鼠特征,继而请出大胖猫。

2. 讲故事,帮幼儿熟悉并理解歌词内容

通过讲述故事,让孩子感受歌曲中的故事情节,理解和熟悉歌曲的内容。

有一群小老鼠肚子饿了,想出去找东西吃,找呀,找呀,找到了一盏灯,啊!好香呀!那灯里面肯定有油,他们就爬呀,爬呀,爬上去偷油吃。正吃着高兴呢,突然"喵喵喵"大胖猫来了,小老鼠听到了大胖猫的声音,害怕极了,叽里咕噜地滚下来,赶快跑到洞里躲起来了。

3. 播放第一遍歌曲,使幼儿熟悉歌曲旋律

这么好玩的事情,我们把它唱出来吧。

4. 再次播放歌曲,启发幼儿用动作表现歌曲内容

(1)启发幼儿学小老鼠的动作;

(2)启发幼儿学大胖猫的动作;

(3)幼儿自由结伴,尝试表演动作。

5. 教师和幼儿一起完整表演歌曲,感受表演的乐趣

(1)幼儿扮老鼠,教师扮猫一起表演;

(2)幼儿扮老鼠或"猫"一起表演。

专题九　学前儿童美术教育

一、单项选择题

答案速查

1~6	DCDCBD

1. D 【解析】小班幼儿手工活动目标包括:(1)参加手工活动,体验手工活动的快乐,培养对手工活动的兴趣并愿意尝试各种手工工具和材料,培养儿童安全、卫生、整洁的手工活动习惯;(2)学习用胶棒、胶水等粘贴沙子、种子等点状材料。(3)体验泥的可塑性,学习用搓、揉圆、压扁、粘合的方法塑造简单的立体物象。D项属于中班幼儿手工活动目标。

2. C 【解析】中班(4~5岁)儿童绘画目标中,教师应引导儿童学习用各种线条表现感受过的物体的基本结构和主要特征。

3. D 【解析】展开式是指儿童作画时,往往把从不同角度看到的东西,生活中知道的东西,头脑中想到的东西,无所顾虑地统统摆到画面上,既不肯缺画某个部分,也不能让两部分重叠。题干的描述属于展开式的特征。

4. C 【解析】图式期是儿童绘画的典型时期,4岁以后的儿童开始努力将头脑中的表象用图画的

方式表现出来。这一时期的儿童表达意愿、发泄情感的欲望增强,但又受语言尤其是文字符号的限制,不得不借助动作和表象来表达,图画便成了他们最有效的交流形式。儿童画不仅表示意中之物,也多少有点像所画的对象。

5. B 【解析】对于小班儿童来说,可引导儿童体验泥的可塑性,学习用搓、抟圆、压扁、粘合的方法塑造简单的立体物象。

6. D 【解析】夸张性又称稚拙性,指儿童在绘画中常常不自觉地把自己关心的事物,或认为重要的事物画得很仔细、很突出,而没注意到事物的整体结构的现象。题干的描述符合儿童绘画表现的夸张性的特征。

二、简答题(参考答案)

简述学前儿童美术教育的方法。

(1)感知欣赏法;(2)示范和范例法;(3)游戏练习法;(4)线索启迪法。

三、活动设计题(参考答案)

1. **扎染手帕(大班)**

(一)活动目标

(1)尝试自己设计图稿,选择材料扎染手帕。

(2)能大胆操作,并积极向同伴展示和介绍自己的扎染作品和经验。

(3)培养观察、操作、表达能力,提高审美情趣及创新意识。

(二)活动准备

(1)幼儿已有用皮筋、玩具等工具和材料进行扎染的经验。用不同方法制作的扎染作品若干,相对应的方法图谱。

(2)白色手帕、剪刀、各色食用染料、牛皮筋、塑料抽拉带、细铜丝等。

(三)活动过程

1. 欣赏用不同方法扎染的手帕,迁移已有经验,进一步了解与其对应的扎法

(1)师:今天老师带来了几块扎染手帕,你最喜欢哪块?为什么?

师:像火车道的花纹在哪里呢?

(2)师:你知道这些好看的花纹是用什么方法扎出来的吗?

教师根据幼儿交流情况,在手帕的下方出示相应的方法图谱。

2. 回忆经验,明确设计图稿与作品的关系,产生设计、扎染手帕的愿望

(1)出示设计图稿,引导幼儿观察设计的花纹,猜测扎法。

师:昨天,我们一起设计了一张手帕的图稿,看一看,上面都有哪些花纹?怎样才能在手帕上出现这些花纹呢?

(2)出示扎染好的手帕,引导幼儿比较。

师:这是我们扎染出来的手帕,看看和设计图一样吗?想一想,这两个圆怎么会一个大一个小的呢?怎样才能让扎染出来的两个圆一样大呢?

3. 设计、扎染

(1)共同讨论制作要求。

师:今天我们来做小小设计师,自己设计图稿,扎染一块漂亮的手帕。大家先要想好在手帕的什么地方染出什么样的花纹,然后把它画下来,再根据图稿上的花纹选择合适的材料扎染。

(2)设计图稿并制作。

教师观察并指导幼儿设计图稿,根据图稿选择合适的方法及材料进行制作。

(3)染色。

教师帮助幼儿拧干手帕,并到水池里冲洗多余的染料。

4. 欣赏作品

(1)展示设计图稿及扎染的手帕,自由欣赏。

(2)将手帕与设计图稿进行对比,分析成功的地方。

教师引导幼儿共同分析原因,使幼儿知道在扎染手帕时要看清楚设计图稿上花纹的位置,并把手帕折叠平整。

(3)产生继续探索使用多种材料进行扎染的兴趣。

2. 可爱的小娃娃(中班)

(一)设计意图

日常生活中,幼儿比较喜欢玩橡皮泥,根据幼儿的年龄特点,满足幼儿玩橡皮泥的兴趣,因此设计了此次活动,激发幼儿的创作欲望,满足幼儿的个性化创作需求。

(二)活动目标

(1)会用搓圆、压扁、搓条等技能,表现泥娃娃的特征;

(2)尝试对泥娃娃进行装饰;

(3)感受泥工活动的乐趣。

(三)活动准备

橡皮泥、小胡萝卜块、豆子等可装饰材料,PPT课件,教师提前制作的泥娃娃。

(四)活动过程

1. 开始部分

幼儿欣赏泥娃娃的画面,听《泥娃娃》儿歌,感受歌曲带来的气氛和快乐,引入活动。

2. 基本部分

(1)出示教师制作的泥娃娃,引发幼儿兴趣。

(2)学做泥娃娃。

①请幼儿观察泥娃娃的基本形状及组成部分，思考泥娃娃的鼻子、嘴巴等用何种形状、材料制作，教师总结制作方法。

②装饰材料的使用介绍，观看泥娃娃图片，想一想可以为泥娃娃做哪些装饰（帽子、围巾、手套等），以及泥娃娃的动作可以有哪些（做游戏、滑雪、扫雪……）。

③请幼儿仔细欣赏装饰效果及材料，思考自己想要制作的装饰品。

（3）幼儿操作，教师巡回指导。

鼓励幼儿大胆创作，指导幼儿将泥娃娃的身体和头抟圆。

3. 结束部分

展览作品，幼儿互相欣赏，教师总结点评。

（五）活动延伸

请幼儿在休息时，与好朋友互相介绍自己的泥娃娃。

专题十　幼儿园教育活动中的师幼关系

一、单项选择题

答案速查

1～3	CDC

1. C　【解析】在与幼儿的互动过程中，幼儿教师要以正面的、鼓励性的语言组织集体教学，以诚恳的微笑以及适当的肢体语言给幼儿提供宽松、民主的心理环境，且能积极应答和适当处理每位幼儿的询问、请求等，与幼儿平等对话，做幼儿学习活动的支持者、合作者和引导者。对幼儿纪律的遵守要求严格，不利于营造轻松的互动氛围，不利于尽快建立和谐师幼关系。

2. D　【解析】理想的师幼互动，应该建立在平等的师幼关系上。幼儿与成人都是人类个体生命存在的组成部分，师幼双方皆为具有独立人格的主体，一方不依附于任何一方，也不受任何一方的控制。互动双方对彼此间的平等关系要有清晰的认同，尤其是教师，要做到平视幼儿。D选项教师用幼儿能理解的语言及时回应体现了平等的师幼关系。

3. C　【解析】良好的师幼关系具有民主性的特点，表现为教师与幼儿自由交流、讨论，共同制订活动计划和规则，以平等的身份参与幼儿的探索活动。在民主、平等的氛围中，教师不再以权威自居、发号施令，幼儿敢于表达自己的感受、乐于表达自己的想法。在所表述的做法中，C项的做法是不妥的，没有考虑到幼儿的兴趣和需要。

二、简答题（参考答案）

幼儿教师应如何建立理想的师幼关系？

（1）关爱幼儿；（2）与幼儿经常性的平等交谈；（3）参与幼儿的活动；（4）与幼儿建立个人关系；（5）积极回应幼儿的社会性行为。

第七章　教育评价

刷考点

①个体内差异评价
②形成性评价
③日常教育工作
④观察法
⑤档案袋评定法

单项选择题

D 【解析】本题考查幼儿园教育评价的类型。形成性评价是指在教育活动过程中评价活动本身的效果,目的在于及时了解教育活动过程中的情况,以便及时地获取反馈信息,适时调节控制,以缩小工作过程与目标之间的差距,并通过评价研究工作进程、总结经验教训,及时改进工作。题干中王老师在教学过程中随时观察和评价幼儿的行为表现,以便及时地获取反馈信息,适时调整指导策略,故体现的是形成性评价。

专题一　幼儿园教育评价概述

一、单项选择题

答案速查

1 ~4	DAAD

1. D 【解析】根据教育评价的不同功能,可将幼儿园教育评价分为三种类型,即诊断性评价、形成性评价和终结性评价。形成性评价一般都是非正式的评价,它是在教育过程中持续进行的评价,其目的在于及时了解教育活动的反馈和成效,以便及时调整教育策略,优化教育过程。

2. A 【解析】诊断性评价是指在教育活动开始之前,为使其计划更有效地实施而进行的预测性评价,其目的在于了解评价对象的基本情况,为制订教育计划或解决问题搜集资料、做好准备。

> **方法技巧**:考生在面对诊断性评价、形成性评价和终结性评价的试题时,可通过以下方法进行区分。
>
> 诊断性评价——一般发生在教育活动开始之前;
>
> 形成性评价——在计划实施过程中不断进行的动态评价;
>
> 终结性评价——一般发生在完成某个阶段教育活动之后。

3. A 【解析】幼儿园评价是了解教育的适宜性、有效性,调整和改进工作,促进每一个幼儿发展,提高教育质量的必要手段。

4. D 【解析】根据评价的参照体系分类,可以将幼儿园教育评价分为相对评价、绝对评价、个体内差异评价。绝对评价是在评价对象的集合之外确定一个标准,评价时将评价对象与这个客观标准进行比较,评价其达到标准的程度,从而做出价值判断。幼儿园实际工作中经常出现绝对评价。题干中要求将班级幼儿的身高、体重与标准进行比较,属于绝对评价。

二、简答题(参考答案)

简述幼儿园教育评价应注意的问题。

(1)树立正确的评价观;

(2)与日常教育工作相结合;

(3)充分、合理地运用评价结果。

专题二　幼儿发展评价的方法

一、单项选择题

答案速查

1～4	ACDD

1. A 【解析】幼儿园教育评价方法主要包括测验、观察、谈话法、作品分析法和档案袋评定法等,其中,观察法是幼儿教育评价最主要的方法。

2. C 【解析】档案袋评定法又称成长记录袋,是指幼儿教师或家长有目的地收集儿童的各种有关表现材料,并进行合理的分析与解释,以反映儿童在学习与发展过程中的努力、进步状况或成就的一种方法。故档案袋的内容包括项目、项目的评定标准、有关要求和说明、学生完成项目的佐证材料。学生简介不属于档案袋内容。所以C项错误。

3. D 【解析】时间抽样观察法是对特定时间内幼儿所发生的行为进行观察和记录的方法。题干中李老师使用的是时间抽样观察法。

4. D 【解析】作品分析法是通过分析幼儿的作品(如手工、图画等)去了解幼儿心理的方法。题干中通过对幼儿绘画作业的分析来了解幼儿,体现的是作品分析法。

二、简答题(参考答案)

简述幼儿发展评价的方法。

(1)测验法;(2)观察法;(3)谈话法;(4)作品分析法;(5)档案袋评定法。

三、材料分析题(参考答案)

(1)材料中的幼儿教师对乐乐小朋友采取的评价方法包括:作品分析法和谈话法。幼儿教师通过观察乐乐小朋友的画,发现乐乐的画除了画了妈妈,还画了许多心形图案,这显然是作品分析值得注意的地方。谈话法是评价者通过与调查对象当面交谈来获取信息,进行评价的方法。幼儿教师如果只通过作品对乐乐进行评价,显然无法了解画妈妈的画上为什么会有杂乱无章的心形图案。通过谈话不但知道了原因,而且发现了乐乐对妈妈的喜爱之情和对感情的表达之意。

(2)幼儿的想象力丰富,如果乐乐把妈妈画好后就此停下来,单从作品的布局来评价,将是一幅很成功的作品,但孩子的情感往往是通过作品反映出来的,因此画好妈妈的画后又画了许多心形图案。幼儿教师淡化了评价的甄别与选拔功能,通过有效引导评价,将定量评价结果和定性评价整合应用,教师的评价取向重心已经发生了转移,从关注幼儿的成长、进步以及情感、态度、价值观入手。该幼儿教师的评价体现了评价的综合性特征,更加注重幼儿的创造力、观察力、逻辑思维能力、整合能力等,也体现了发展性和多元化的教育评价理念。

下篇　全真模考

国家教师资格考试全真模拟试卷(一)

一、单项选择题

答案速查

1～5	ABBCC	6～10	ADCBC

1. A 【解析】语序策略指儿童完全根据句子中词的顺序来理解句子。国内外的研究发现,5～6岁儿童在经常使用主动语态句的过程中,已形成一种把句子中出现的名词—动词—名词的词序当作施事—动作—受事来进行句子加工的策略。

2. B 【解析】幼儿期是幼儿理智感开始发展的时期。幼儿的理智感有一种特殊的表现形式,即好奇好问。另一种表现形式是与动作相联系的"破坏"行为。对一般儿童来说,5岁左右,这种情感已明显地发展起来,突出表现在幼儿很喜欢提问题,并由于提问和得到满意的回答而感到愉快。

3. B 【解析】经验性指的是幼儿从他自己的具体生活经验去思维的,而不是按逻辑推理进行思维。题干中小小知道人喝开水不生病,便认为小鱼喝开水也不会生病,这是从自己的生活经验进行思维的,体现了思维的经验性。

4. C 【解析】陈鹤琴的活教育方法论的基本原则是"做中教、做中学、做中求进步"。活教育重视直接经验,强调以"做"为中心,主张在学校里的一切活动,"凡是儿童自己能够做的,应当让他自己做"。做了就与事物发生直接的接触,就得到直接的经验,就知道做事的困难,就认识事物的性质。

5. C 【解析】某一教育活动目标是指一个具体的教育活动所要达到的结果,或引起幼儿行为的变化,是最具操作性的目标。

6. A 【解析】角色游戏是指学前儿童以模仿和想象,通过扮演角色,创造性地反映周围现实生活的一种游戏,又称想象性游戏。

7. D 【解析】儿童的社会性是后天形成的,是在与环境的相互作用中逐渐实现的。

8. C 【解析】脱臼后不能随意搬动,应止痛固定后送医院处理。不要用药膏涂抹在脱臼部位,以防病情加重。

9. B 【解析】儿童缺乏维生素 B_2 容易出现口角炎、唇炎、舌炎、脂溢性皮炎、眼部炎症等。

10. C 【解析】《3～6岁儿童学习与发展指南》健康领域"生活习惯与生活能力"目标1"具有良好的生活与卫生习惯"指出,3～4岁的幼儿不用脏手揉眼睛,连续看电视等不超过15分钟。4～5岁幼儿知道保护眼睛,不在光线过强或过暗的地方看书,连续看电视等不超过20分钟。5～6岁的幼儿能够主动保护眼睛。不在光线过强或过暗的地方看书,连续看电视等不超过30分钟。

二、简答题(参考答案)

11. 简述《幼儿园教育指导纲要(试行)》中语言领域的目标。

(1)乐意与人交谈,讲话礼貌;(2)注意倾听对方讲话,能理解日常用语;(3)能清楚地说出自己想说的事;(4)喜欢听故事,爱看图书;(5)能听懂和会说普通话。

12. 简述幼儿大小知觉的发展。

(1)2.5~3 岁是幼儿判别平面图形大小能力急剧发展的阶段。

(2)4~5 岁的幼儿在判别积木大小时,要用手逐块地摸积木的边缘,或把积木叠在一起进行比较。

(3)6~7 岁的幼儿,由于经验的作用,已经可以单凭视觉辨别出积木的大小。

三、论述题(参考答案)

13. 试述教师在组织幼儿园活动时,如何发挥一日活动整体教育功能的原则。

幼儿园应充分认识和利用一日生活中各种活动的教育价值,通过合理组织、科学安排,让一日活动发挥一致、连贯、整体的教育功能,寓教育于一日活动之中。

(1)一日生活中的各种活动不可偏废。无论是幼儿吃喝拉撒睡一类的生活活动,还是教学活动、参观访问等活动;无论是有组织的活动,还是儿童自主自由的活动,都各具重要的教育作用,对儿童的发展都是不可缺少的。因此,不能顾此失彼,随意削弱或取消任何一种活动。

(2)各种活动必须有机统一为一个整体。每一种活动不是分离地、孤立地对儿童发挥影响的。一日活动必须统一在共同的教育目标下,形成教育合力,才能发挥整体教育功能。因此,如何把教育目标渗透到各种活动中,每个活动怎样围绕目标来展开,就成为实践中应当特别关注的问题。

四、材料分析题(参考答案)

14. (1)小李老师在处理幼儿之间的问题时方法不恰当。没有了解东东和萌萌产生矛盾的原因,用恐吓的方法吓唬东东也是不正确的。

(2)假如我遇到此类问题我将会这样与孩子交流:①要理解孩子的内心世界。该材料中小李老师没有尊重东东,没有了解产生矛盾的原因。作为幼儿教师我们要尊重孩子,孩子虽小但他们也有自尊心,只有尊重他们,才能让孩子接受教师所讲的话。教师任何时候都不应该伤害孩子的自尊心,要讲道理,让孩子感受到老师是喜欢他的。②运用谈话的技巧。若孩子犯错,教师要用平静严肃的表情对孩子讲话,用词应简单易理解,让孩子认识到自己行为的错误性,而不可用责骂的语气对待他们,严禁打骂。材料中小李老师把东东拖到萌萌面前命令他给萌萌道歉,并恐吓说:“如果下次再抓伤人,老师就把手给绑了。”这种做法是不正确的,起不到教育东东的作用。③要与孩子建立平等关系,不要居高临下。如果教师想要接近孩子,必须放下自己的架子,同孩子建立一种平等的谈话方式,与孩子站在同样的高度,用孩子的眼光看问题。④重视运用非语言沟通策略。教师与儿童的非言语沟通主要是指教师运用微笑、点头、抚摸、搂、蹲下与儿童交谈等方式与儿童沟通。

15. (1)身体方面。游戏中乐乐的精细动作发展较好。材料中,乐乐能灵活使用各种拼插的建构技能,说明了他的手部精细动作发展较好。

(2)认知方面。游戏中乐乐的感知能力、思维能力和想象能力发展较好。材料中,乐乐能用多种雪花片拼成“摩天轮”,这是建立在乐乐对摩天轮特征和雪花片特征足够了解的基础上才能做到的,说明他感知能力发展较好。拼插过程中能将拼成的每个部分想象成摩天轮的零件,说明他想象能力发展较好。在发现建构的倾斜问题时,能自己独立想办法解决问题,说明他思维能力发展较好。

(3)情绪情感方面。游戏中乐乐能充分体验快乐并能充分表达自己的情感,情绪情感发展较好。材料中,乐乐在进行游戏时获得了愉快的情绪体验,搭建完成后开心地笑了,遇到困难时也没有气馁难过,说明他的积极情绪发展较好。

(4)社会性方面。游戏中乐乐的社会交往发展较弱。材料中,乐乐都是独自一人在进行游戏,面对花花的交流不予积极的回应,只是在最后搭建完成时开心地笑起来,说明他的交往技能发展较弱,在游戏中以自我为中心。

(5)创造力方面。游戏中乐乐的创造力具有较高的发展水平。材料中,乐乐建构时对不同技能的使用、建构材料颜色的搭配都展现了他较高的创造能力。

五、活动设计题(参考答案)

16. **花的礼物(大班)**

(一)活动目标

(1)通过看看、品品、听听、玩玩,了解花的用途;

(2)创造性地设计花的礼物;

(3)进一步萌发爱花、护花的意识。

(二)活动准备

(1)场地布置(花仙子的花园);

(2)金银花露、玫瑰花茶、菊花茶、桂花糕、蜂蜜、花卉精油、熏香用品、干花袋、花朵装饰品、花朵头箍、纸、记号笔若干。

(三)活动过程

1.观察环境,感知花的美

(1)带入场地:今天我们去花仙子的花园玩,好吗?

(2)观察环境:你们觉得花仙子的花园怎么样?为什么漂亮?看见花,你感觉怎么样?

2.观察、品尝、发现、感知花的用途

(1)出示花的礼物:花仙子还为我们准备了许多礼物,我们一起来看看,好吗?

(2)幼儿观察、品尝花的礼物。

①提问:你们认识这些礼物吗?它是怎么用的?

②教师和幼儿一起说说、尝尝、戴戴、喝喝、用用花的礼物。

(3)逐个提问:这是什么?可以用来做什么?

(4)小结:花的用途。

提问:花可以做什么?

①做药;②可以吃;③泡茶喝;④用花做好看的装饰品;⑤使空气清香;⑥可以美容……

3.创造花的艺术品

(1)观察花仙子的花朵头箍:花仙子的礼物你喜欢吗?我也要送点礼物给花仙子。我的头箍是用什么做的?

(2)提出创造的要求:你想不想用花做礼物送给别人?后面老师准备了纸笔,请你们把自己想做的花的礼物画下来。等下说给大家听,你做了什么花的礼物,准备送给谁。

(3)幼儿绘画:花的礼物。

(4)幼儿描述自己的创作。

4.情感激发

你觉得花的用处多吗?我们应该怎样对待花?(环保教育)

(四)活动延伸

小朋友们去公园玩的时候,总会去捡一片片不同的花瓣。教师可以教幼儿"怎么制作不同的花瓣标本",保存起来留作纪念。

国家教师资格考试全真模拟试卷(二)

一、单项选择题

答案速查

1~5	AAACD	6~10	CDDCB

1. A 【解析】洛克从唯物主义的立场出发,提出了著名的“白板说”。他认为人出生后心灵如同一块白板,没有任何标记和观念;人的一切知识都是后天得来的,都建立在经验的基础上。

2. A 【解析】反抗型幼儿在母亲要离开之前,总显得很警惕,有点大惊小怪。如果母亲要离开他,他就会表现出极度的反抗。但是与母亲在一起时,又无法把母亲作为他安全探究的基地。这类幼儿见到母亲回来时就寻求与母亲的接触,但同时又反抗与母亲接触,甚至还有点发怒的样子。

3. A 【解析】狭义的物质环境是指幼儿园内对幼儿发展有影响作用的各种物质要素的总和。包括园舍建筑、园内装饰、场所布置、设备条件、物理空间的设计与利用及各种材料的选择与搭配等。

4. C 【解析】教师和儿童既是课程评价的“对象”,又是课程评价的主体,而在多元评价的主体中,教师与儿童则是主体中的主体。

5. D 【解析】学前教育的目标最终要落实到每个儿童的身上,因此只有正确认识并理解儿童身心发展的特点和规律,才能制定出科学的学前教育目标。

6. C 【解析】注意的集中性是指心理活动在指向某一事物的同时,会对这个事物全神贯注,把精神都集中到这一事物上,使人的活动得以进行并使活动得以完成。人在注意力高度集中时,除了对目标物之外,对自己周围的其他事物就会“视而不见、听而不闻”了。

7. D 【解析】《3~6岁儿童学习与发展指南》中艺术领域的子领域是感受与欣赏、表现与创造。

8. D 【解析】处理眼内异物,不能用手或手帕揉擦,可让幼儿用力眨眼,利用泪水将异物带出。也可用温水或蒸馏水冲洗眼睛,还可翻开上、下眼睑,找到异物后用干净的棉签、纱布擦去。故D项做法错误。

9. C 【解析】幼儿想象的主题易受外界的干扰而变化。幼儿初期的孩子,想象不能按一定的目的坚持下去,很容易从一个主题转换到另一个主题,这主要是由幼儿初期孩子的直觉行动性思维决定的。题干描述的现象表明幼儿想象的主题不稳定。

10. B 【解析】注意的分散是与注意的稳定相反的一种状态,它是指幼儿的注意离开了当前应该指向的对象,而被一些与活动无关的刺激物所吸引的现象,俗语叫作分心。

二、简答题(参考答案)

11. 简述学前儿童想象力的培养措施。

(1)丰富幼儿的表象,发展幼儿的语言表现力;

(2)在文学艺术等多种活动中,创造幼儿想象发展的条件;

(3)在游戏中,鼓励和引导幼儿大胆想象;

(4)在活动中进行适当的训练,提高幼儿的想象力;

(5)抓住日常生活中的教育契机,引导幼儿进行想象;

(6)引导幼儿的想象符合客观规律。

12. 简述幼儿园游戏活动对幼儿情感发展的作用。

(1)游戏使儿童有机会表现自己的情感。

(2)游戏能使儿童充分体验到快乐之情。

(3)游戏能起到缓解儿童的紧张心理、降低儿童的惧怕情绪的作用,从而减少儿童的心理压力,使儿童的心理处于健康状态。

(4)游戏能使儿童进行情感宣泄。

三、论述题(参考答案)

13. 试述学前儿童比较的发展趋势。

比较是在思想上把各种事物进行对比,并确定它们的异同。比较是分类的前提,通过比较才能进行分类和概括。学前儿童对物体进行比较,有以下特点和发展趋势:

(1)逐渐学会找出事物的相应部分。儿童最初不善于寻找物体的相应部分,他们常常按照物体的颜色来进行比较。4~5岁的学前儿童逐渐能够找出物体的相应部分,并进行比较,但是他们只能找到两三个相应部分。

(2)先学会找物体的不同处,后学会找物体的相同处,最后学会找物体的相似处。学前儿童倾向于比较物体的不同之处。找出物体的相似之处,既要找出物体的共同处,又要找出其不同处,需要较复杂的分析和综合,这必须在成人的教育下才能学会。一般地说,加入第三种物体,有助于确定两种物体之间的相似点。

四、材料分析题(参考答案)

14. 游戏是幼儿自主的活动,并不是说幼儿的游戏不需要教师的指导。相反,教师在幼儿游戏中起着很重要的作用。教师对幼儿游戏的指导必须以保证幼儿游戏的特点为前提。否则,一切指导都可能是徒劳的,甚至可能成为幼儿发展的障碍。

(1)教师要尊重幼儿游戏的自主性。教师尊重幼儿游戏的意愿和兴趣,尊重幼儿游戏的氛围和游戏中的想象、探索、表现、创造。如材料中,老师在编织区拉着放射状的绳子(表示蜘蛛网的中轴线),墙上挂着一些不同颜色的毛线和细包装带,都可以激发幼儿的兴趣。

(2)教师要以间接指导为主。材料中当冰冰遇到困难时,老师并没有直接告诉他怎么做,而是采用示范的方式来引导幼儿。

(3)教师要适时提出开放性问题。在幼儿游戏的过程中,教师要善于把握时机,提出启发性的问题,以促进幼儿游戏的开展。如冰冰在制作蜘蛛网的过程中,老师一直在旁提醒,并提出启发性的问题。

(4)教师要及时提出合理化建议。当幼儿的游戏未能向前发展时,教师应给予提示、建议,以帮助幼儿更好地开展游戏。如冰冰在编网的时候没有规律,老师告诉他:“蜘蛛网是很有规律、很有次序的,一圈结完再结一圈,可是你刚才那圈还没结完。”

15.(1)丁老师投放材料的方式不适宜。原因如下:

①收集材料时,丁老师没有参考幼儿的意见,幼儿并未参与材料的选择,没有体现幼儿的主体地位;

②投放材料时,丁老师直接将材料放在美工区,没有分批次、分层次地投放材料,导致材料无序;

③幼儿操作材料时,丁老师并未指导幼儿的操作活动,导致幼儿漫无目的地操作材料,不能与材料进行有效的互动。

(2)活动区材料投放时应注意的问题:

①按目标投放材料。材料是为目标服务的,需完成的目标决定着投放的材料。

②按主题投放材料。主题内容是由若干个相关目标构成的,所以投放材料的目的是确保相关目标的达成,保证主题内容的完成。

③投放不同层次的材料。由于不同年龄班幼儿的发展水平不同,同一年龄班幼儿的发展也存在着差异。因此,投放的材料要有一定的层次性。

④分期分批投放材料。材料是幼儿在活动区活动的物质支柱,是幼儿学习的基本工具。创设活动区时,教师都会准备很多种不同的材料,但切勿全部投放到区域中,而应根据各个阶段的教育目标及目标的完成情况分阶段、分批、由易到难地进行投放。

⑤有些材料需随时投放。出现随时投放材料这种情况,一方面可能是幼儿的临时需要,另一方面也可能是活动进行不下去,需要提供一种新材料以促进活动情节的发展。因此,需要教师细心观察,根据幼儿的临时需要及时投放材料或补充材料,以使活动顺利进行。

五、活动设计题(参考答案)

16. **珍惜粮食(中班)**

(一)活动目标

(1)知道粮食来之不易;

(2)懂得爱惜粮食。

(二)活动准备

(1)水稻、麦子、农民种田图片。

(2)馒头、面包、包子、油条、面条、饺子等食品的图片。

(三)活动过程

1.教师出示图片

小朋友们,今天老师给大家带来两位好朋友,想不想见见它们?

欢迎它们和大家见面,拿出水稻、麦子的图片,我们请这两位朋友给大家做一下自我介绍。

水稻:我的名字叫水稻。小朋友们吃的白米饭是由我做成的。

麦子:小朋友们,你们好!我是麦子,白白的馒头是用我做成的。

小朋友,你们喜欢这两位朋友吗?他们有一个共同的名字叫粮食。

2. 粮食来之不易

(1)粮食今天有许多心里话想对小朋友们说,你们想听吗?让我们先请水稻来说一说吧!

A. 小朋友,这是一碗普通的白米饭,而我是一颗普通的米粒。你们知道我是怎样诞生的吗?

B. 你们看,农民们在做什么?仔细观察他们是怎样插秧的。(农民伯伯双脚泡在冷水中,弯着腰,时间长了,真是腰酸背痛)

C. 禾苗在农民的精心养护下,渐渐长高了,为了让庄稼长得更加茁壮,农民伯伯要做什么?(锄草、施肥、喷洒农药、引水浇灌)

经过半年多时间的辛勤劳动,庄稼成熟了。农民们还要做些什么?(农民们要把稻子割下来,捆成捆儿,运到地头,再经过脱粒、碾去稻壳等许多的工序,才能加工成我们现在吃的大米。

(2)下面请小麦来和大家说一说。

小朋友们,你知道我能做成哪些食品吗?(据幼儿所答出示馒头、面包、包子、油条、面条、饺子等食品的图片)

这么多好吃的都是粮食做成的,粮食与我们的关系怎么样?

(3)小结:为了种出一粒粒的粮食,农民们不怕风吹日晒雨淋,不怕劳累,洒下多少辛勤的汗水,正如我们所学的古诗《悯农》讲的那样,我们要爱惜粮食。

3. 怎样爱惜粮食

(1)请小朋友讲一讲你们是怎样对待粮食的?

(2)我们以后应该怎么对待粮食呢?

(四)活动延伸

回家和爸爸妈妈一起讨论你们最喜欢吃的食物是由什么做成的。

图书反馈

重磅!真题有奖征集!

「凡提供当年度考试真题者,根据真题完整度,可获得500元以内现金奖励。」

具体请联系QQ:1831595423

(温馨提示:所提供真题须是当年度考试真题,且真实有效。)

联系方式:400-600-3363　　研发部QQ:1831595423

招教网
招考资讯平台

山香官网
考编服务平台

山香网校
线上学习平台

图书订正链接
勘误更新平台